AF715153

# OÙ EST PASSÉ L'ARGENT DU REGGAE ?

# OÙ EST PASSÉ L'ARGENT DU REGGAE ?

## *Le casse à un milliard d'euros*

**Comment la Jamaïque
et les Jamaïcains se font « entuber »
depuis plus de soixante ans.**

**André R. Bertrand**
Docteur en droit, LL.M. Berkeley, 1978.

Docteur en droit, André R. Bertrand a entre autre publié précédemment *Le droit d'auteur* aux éditions Dalloz et *La musique et le droit - De Bach à Internet* chez LexisNexis.

© André R. Bertrand
Couverture et conception graphique : Grégory Hautbois

ISBN numérique : 9791043903793
EAN papier : 9791043903809

**Librinova**

Courriel : contact@librinova.com
Internet : www.librinova.com

Le Code de la propriété intellectuelle interdit les copies ou reproductions destinées à une utilisation collective. Toute représentation ou reproduction intégrale ou partielle faite par quelque procédé que ce soit, sans le consentement de l'auteur ou de ses ayants cause, est illicite et constitue une contrefaçon sanctionnée par les articles L335-2 et suivants du Code de la propriété intellectuelle.

*À la mémoire de*
*Sly Dunbar,*
*Robbie Shakespeare,*
*Jimmy Cliff,*
*Max Romeo,*
*Justin Hinds,*
*Scully,*
*Tyrone Downie,*
*Bunny Lee…*

# En guise de prolégomènes...

En mai 2019, suite à une grave opération et après trois mois de coma, je me suis réveillé dans un hôpital parisien, les mains attachées au lit pour que je n'arrache pas le tube du respirateur. Durant cette période j'ai vécu ce que l'on nomme une expérience de mort imminente (*near-death experience* ou NDE) et il m'a fallu plusieurs semaines pour véritablement reprendre mes esprits. Mes premières pensées furent pour mes deux filles étudiantes, auxquelles j'avais encore tant de choses à dire ; puis, même si l'on ne craint pas la mort, on ne peut manquer de faire son examen de conscience et j'avais tout loisir de faire le point sur les remords et les regrets.

Comme pour tant d'êtres humains, en dehors de ma famille, mon travail a été le centre de mon existence. Devenu avocat par accident, j'ai découvert que le droit n'était pas la justice et que mon métier, tout comme la langue d'Ésope, pouvait être utilisé pour le meilleur ou pour le pire.

Rien ne me prédestinait à m'intéresser à la Jamaïque ou au reggae. Ma vie, comme celle de tout un chacun, a été une succession d'opportunités, résultant aussi bien du hasard que de choix plus ou moins conscients. Si j'ai fait du droit, c'est parce que je me suis trompé de file lors de mon inscription à la fac, un jour de septembre 1970... Je reviendrai sur cet épisode cocasse auquel je dois ma carrière d'avocat en droit des affaires, mais il a eu une conséquence inattendue : trente ans plus tard, je me suis retrouvé à la tête d'une croisade visant à défendre les intérêts des artistes, des musiciens et des producteurs d'origine jamaïcaine. Cette immersion dans la musique et surtout le reggae, m'a amené à m'interroger sur la gestion mondiale des droits, en cette époque cruciale où le streaming était en train de devenir le principal mode d'exploitation des enregistrements.

Je voyais bien que la situation jamaïcaine posait des problèmes inédits. Comment une poignée de Noirs pauvres d'une petite île coloniale de 2,5 millions d'habitants avait-elle pu lancer un mouvement musical qui allait conquérir le monde et générer des milliards d'euros de revenus et de chiffre d'affaires ? Pourquoi ces chanteurs et ces musiciens étaient-ils encore aussi indigents ? On les disait ingérables, illettrés, irresponsables et drogués. On mettait leur pauvreté sur le dos de la paresse et de l'ignorance. Pendant plus de quinze ans, j'ai épluché les contrats, suivi les pistes de l'argent, débusqué les arnaques, découvert ce que cachaient les acronymes de nombreuses organisations et peu à peu, le tableau s'est éclairci. J'ai découvert qu'en fait, depuis près de soixante ans, un dixième à peu près du PIB national de la Jamaïque – la part de la musique – est détourné par l'industrie musicale et les escrocs internationaux, par des sociétés de gestion collective de droits, ainsi que par l'État français ! Car tous se servent au passage...

Au fil du temps, la pelote s'est dévidée et j'en ai enfin compris le cheminement. Du fond de mon lit d'hôpital, je réalisai qu'il me restait quelque chose à accomplir : raconter cette histoire. Il ne fallait pas que ce travail soit perdu, car malgré mes victoires judiciaires, le système mafieux mis en place il y a près d'un demi-siècle continue de fonctionner, non seulement au préjudice de ces mêmes chanteurs, musiciens et producteurs (dont la plupart sont aujourd'hui décédés), mais à celui de leurs héritiers, voire de la génération qui les a remplacés. Et la même situation sévit partout dans le monde : les artistes africains, notamment ceux de l'afrobeat, en sont tout autant victimes et des pays comme le Nigéria sont également privés des revenus de leurs musiques.

Ce livre est en grande partie un ouvrage de droit et d'économie de l'industrie musicale, deux sujets arides qui n'intéressent pas grand monde. Pour le rendre plus accessible j'ai choisi d'aborder le problème sous son aspect humain, car c'est de cette manière que j'ai vécu mon *aventure* jamaïcaine.

Pendant quinze ans, j'ai défendu devant les tribunaux près de 400 artistes et producteurs jamaïcains ou leurs héritiers et ce furent autant de rencontres et de surprises. Sans parler de la découverte d'une musique, ce fut également celle d'une communauté, ainsi que de personnages attachants et hauts en couleur : plus qu'un livre de droit ou une autobiographie, ce livre est une incursion dans les rouages du système qui contrôle depuis soixante ans la vie de ces gens.

André Malraux disait : « Le cinéma est un art et par ailleurs, c'est aussi une industrie. » Cette phrase célèbre est transposable à la musique, qui est également une industrie. Si la Jamaïque produit des artistes et producteurs de grand talent, comme Bob Marley, Jimmy Cliff, Burning Spear ou Lee Perry, la commercialisation de leurs enregistrements est entre les mains d'une industrie sans état d'âme. Si, pour diverses raisons, le reggae soulève des problèmes juridiques inédits, il pose également une question fondamentale : comment une poignée de Noirs pauvres a-t-elle pu imposer sa musique sur la totalité du globe ? Aucun des autres styles n'y est jamais parvenu, ni le tango, ni la bossa-nova, ni le zydeco[1] ni la musique zouloue, ni aucune autre « musique du monde ». Seul le reggae a véritablement défié le temps et l'espace.

Ce livre n'existerait pas sans la journaliste Hélène Lee, à l'origine de mon plongeon dans le reggae, sans Docteur X-Ray, Marin Weiss, Olivier Albot, Jorge Irie et Grégory Hautbois, qui ont bien voulu relire mon manuscrit et y apporter d'utiles corrections – et une partie de l'iconographie. Il n'existerait pas non plus sans mon complice Ignacio Diez, qui a été mon associé pendant plus de vingt-cinq ans et qui a partagé toutes mes *aventures jamaïcaines*. Ce livre n'aurait jamais pris vie sans le soutien de mon indéfectible ami, mon confrère portugais Manuel Lopes Rocha, qui a découvert que les artistes du Cap-Vert partageaient les mêmes problèmes que ceux de la Jamaïque.

---

[1] Le zydeco – ou zarico – est une musique populaire interprétée par les Noirs et les Créoles de Louisiane, née dans les années 1930 de la fusion du blues, du rhythm and blues et du folklore cajun d'origine française.

Qu'ils soient tous remerciés de leur amitié et de leur aide. J'espère que la version française et, comme je l'espère, sa traduction anglaise, seront utiles aussi bien à des artistes ou même des producteurs qu'à des étudiants en droit, de futurs juristes, avocats, voire des juges. Et j'espère aussi que ce livre permettra à mes deux filles, Camille et Pauline, de découvrir une nouvelle facette de leur père, de mieux le connaître et de mieux le comprendre.

À Paris, le 2 mars 2026,

André R. Bertrand

BANK OF JAMAICA
MOODIE
MUSIC
MONEY MONEY
2000
Fifty

# I – Comment j'ai découvert que la Jamaïque était un « réservoir à tubes, entubé ».

Je suis né au Maroc, à Marrakech, en 1952, durant les dernières années du Protectorat. Malgré les événements qui ont agité le pays jusqu'à ce que celui-ci gagne son indépendance, ma prime enfance a bénéficié d'un cadre idyllique, surtout après que mes parents ont déménagé dans le quartier Semlalia du Guéliz. Celui-ci allait être jusqu'à mon baccalauréat, mon cocon et surtout le repaire de mes copains, Olivier, Patrick, Ralph et Abderahman, pour n'en citer que les principaux, des catholiques, des juifs et des musulmans, parmi lesquels j'étais le seul protestant. Sans oublier Claude, surnommé par tous 'Coco', un petit Marocain, le fils d'une bonne, né diabétique, qui serait sans doute mort peu de temps après sa naissance s'il n'avait été soigné, puis élevé par un couple de Français, qui finirent même par l'adopter, en contournant la loi marocaine, qui interdit l'adoption.

On parle toujours de colonisation quand on évoque la présence française au Maghreb, mais je n'ai jamais connu de colons au sens strict du terme. Quelques Européens possédaient bien de belles fermes à la sortie de Marrakech, sur la route d'Essaouira (qui s'appelait alors Mogador). Mais celles-ci restaient modestes par rapport aux grandes exploitations françaises et aucune n'avait vu le jour sur des terrains volés aux indigènes.

Mon père était photographe, il exploitait un fonds de commerce dont il n'était que locataire. C'était donc un petit commerçant. Le père d'Olivier était architecte, celui d'Abderahman travaillait au tribunal et était certainement fonctionnaire, celui de Coco était opticien, alors que celui de Ralph dirigeait une petite conserverie de fruits et de confiture. Ralph – qui a fait carrière en Australie – était peut-être celui dont les parents étaient les mieux lotis, mais il m'est impossible de l'affirmer car nous avions tous le sentiment d'être égaux.

Alors que j'avais environ neuf ans, pour ma rentrée au CM1, mes parents qui n'avaient pas vraiment le temps de s'occuper de moi m'ont envoyé dans un pensionnat catholique à Casablanca, l'École Charles de Foucauld. Cette institution était à cette époque dirigée par des frères et des sœurs de Bétharram, qui portaient la soutane. Là j'ai eu d'autres copains, notamment jusqu'en 6e, comme Boro, d'origine soudanaise, dont le père était ébéniste à Essaouira. Certains ont été dans la même classe que moi jusqu'à la fin de ma scolarité. Je suis resté pensionnaire dans cet établissement jusqu'à mon baccalauréat, ne rentrant à Marrakech, en bus ou en train, que toutes les six semaines durant l'année scolaire. En été, période de forte chaleur à Marrakech, mes parents m'envoyaient toujours deux mois en Suisse, chez ma grand-mère maternelle, dans le petit village de Kirchberg, à une trentaine de kilomètres de Berne. Grâce à ce séjour annuel, j'ai appris dès mon plus jeune âge le *schwyzerdütsch*, le patois suisse, ce qui m'a été bien souvent utile dans ma vie d'adulte.

Bref, j'ai vécu une enfance et une adolescence entre trois pôles : Marrakech, où vivaient mes parents et les copains de mon quartier ; Casablanca, le pensionnat où je passais la moitié de l'année ; et la Suisse alémanique où chaque été je séjournais deux mois chez ma grand-mère. Comme tous les petits commerçants, mes parents ont connu des hauts et des bas, nous n'étions pas riches, mais je n'ai manqué de rien. Il est vrai que dans les années soixante la vie était très bon marché au Maroc. Avec un dirham, l'équivalent d'un franc français à l'époque, on pouvait acheter quatre baguettes, ou deux kilos de tomates au marché du Guéliz et même quatre kilos dans la médina, ainsi qu'un Coca-Cola ou un Fanta avec deux madeleines à la buvette du pensionnat. Mais j'avais conscience de la pauvreté, je voyais bien les mendiants faire la quête dans rue et très tôt j'ai réalisé que j'étais un privilégié et qu'il ne fallait rien gaspiller, surtout pas la nourriture, ce que me rappelaient immanquablement mes parents quand j'avais des difficultés à terminer mon assiette.

Mais rien ne me préparait, par ma naissance, mon environnement ou mon éducation, à faire des études supérieures et à m'intéresser à une petite île des Antilles. Pendant près de quarante années, je n'ai eu aucun lien avec la Jamaïque ou le reggae. Je n'ai pas souvenir d'avoir entendu du reggae au Maroc durant mon adolescence.

Mes parents n'étaient pas ce qu'on peut appeler des mélomanes. Ils possédaient un meuble radio qui trônait dans un coin du salon, équipé d'un électrophone. C'est sur celui-ci qu'au début des années 1960 mon frère Robert, mon aîné de dix ans, écoutait ses deux premiers 45 tours (45t), *L'idole des jeunes* de Johnny Hallyday et *Hound Dog* d'Elvis Presley.

À l'époque au Maroc on captait mal les radios françaises, du moins durant la journée. Il existait une radio nationale marocaine francophone, qui diffusait aussi bien de la musique classique que du jazz ou des variétés. Mais dans la seconde partie des années 1960 le rhythm and blues a fini par dominer sa programmation, ce qui m'a permis de découvrir Otis Redding, Sam & Dave, Wilson Pickett, Aretha Franklin et James Brown... Dans la deuxième partie des années 1960, à la nuit tombée, je réussissais à capter certaines radios françaises et notamment le *Pop Club* de José Arthur, l'émission de France Inter où je découvris en 1967 le tube planétaire de Procol Harum, *A Whiter Shade of Pale*, interprété par la suite par des dizaines d'artistes, notamment par le célèbre pianiste jamaïcain Jackie Mittoo.

Dans les deux cafés du Guéliz, le quartier européen de Marrakech où j'allais avec mes amis jouer au flipper, on pouvait écouter des 45t sur un juke-box, notamment ceux des groupes anglais : les Beatles, les Rolling Stones, les Animals etc. Et, bien sûr, ceux du chanteur marocain Vigon, dont nous fredonnions tous le tube local, *Un petit ange noir*. Enfin, deux ou trois fois par an, un groupe venu de Casablanca donnait un concert de rock à la terrasse du café Atlas.

Au début des années soixante, le monde n'était pas encore très mondialisé. Internet n'existait pas, il fallait attendre plusieurs heures pour pouvoir téléphoner de Marrakech à Paris. Les Marrakchis qui en avaient les moyens se rendaient une fois par an en France, généralement au mois d'août pour fuir les grandes chaleurs. Le voyage de Casablanca à Paris prenait encore près de cinq heures en Super Constellation, avant d'être réduit quelques années plus tard à moins de trois heures grâce aux Caravelle d'Air France ou de la Royal Air Maroc. Malgré les touristes qui venaient déjà régulièrement et dont l'afflux a commencé à augmenter à partir des années 1965-1966, le pays restait relativement isolé.

À partir de 1963-1964 notre horizon musical, à mes amis et à moi, s'est brusquement élargi grâce au mensuel *Salut les copains*, que nous lisions avidement pour avoir des nouvelles de nos idoles et surtout pour connaître les chansons qu'écoutaient les jeunes Français de notre âge en Métropole. Quand on en avait les moyens, on fonçait chez le seul disquaire de Marrakech acheter un 45t, que nous écoutions sur un tourne-disque. Johnny Hallyday, Eddy Mitchell, Richard Anthony, Hervé Vilard, Christophe et Adamo figuraient parmi nos chanteurs favoris aux côtés de Françoise Hardy, Sylvie Vartan, France Gall et Sheila. Mais, contrairement à mes copains, j'avais déjà une prédilection pour les groupes anglo-saxons, notamment les Kinks et les Rolling Stones.

Dans la seconde partie des années 1960, Marrakech devint une destination touristique à la mode. De nombreux artistes y séjournaient déjà et certains, comme Michel Polnareff, s'arrêtaient à la boutique de mes parents. Comme Polnareff circulait à moto, un mannequin en tenue légère juché sur son porte-bagages, je l'ai poursuivi pour obtenir un autographe. Qui aurait pu imaginer que près de quarante plus tard il croiserait à nouveau ma route, lorsque Michel Laguens, l'un de ses photographes attitrés, me demanderait d'être son avocat...

Mon père était souvent sollicité comme photographe pour faire des reportages sur les célébrités qui séjournaient à

Marrakech, artistes ou musiciens mais également acteurs, comme Orson Welles, ou actrices, comme Rita Hayworth. Mon père a également photographié une panoplie de milliardaires, comme Barbara Hutton, une riche héritière américaine (alors la femme la plus riche du monde !) et Gunter Sachs, le mari de Brigitte Bardot, qui avait acheté une villa à Marrakech. À la fin des années 1960, comme j'avais appris à manier un appareil photo, mon père m'a demandé à plusieurs reprises de le remplacer sur certains reportages. C'est ainsi que j'ai rencontré l'écrivain Paul-Loup Sulitzer, qui plus tard deviendrait célèbre pour ses romans grand public, mais qui n'était encore, à l'époque, que le plus jeune millionnaire de France – il venait de faire fortune dans le commerce des porte-clés.

Les prises de vue avaient lieu soit à l'hôtel de la Mamounia, soit à la villa Taylor, la propriété de la comtesse Boule de Breteuil, alors le refuge de la jet-set. J'y croisais son fils, Jean, qui connaîtrait une fin tragique quelques années plus tard après avoir joué un rôle d'intermédiaire dans l'overdose de Jim Morrison, le chanteur des Doors. Les Rolling Stones furent, quelques semaines avant le décès tragique de Brian Jones, les hôtes de John Paul Getty, dont la villa alors en cours de travaux fut également l'objet d'un reportage de mon père.

Mais de reggae, point. Je n'avais jamais entendu ce mot. Rétrospectivement, cela n'a rien d'étonnant. Il s'agissait alors d'une musique confidentielle, confinée à d'étroites communautés de Londres, Manchester ou New York.

Le premier événement qui allait réorienter radicalement ma vie s'est produit vers Pâques 1970, trois mois avant mon bac. Marie-Jeanne, mon amour de jeunesse, redoublait sa terminale. Ses parents, qui avaient de grands projets pour son avenir, demandèrent à mon père de m'éloigner d'elle pour qu'elle puisse se concentrer sur ses examens. Son père appela le mien et fut sans doute maladroit, suggérant qu'il envisageait des études universitaires pour sa fille, alors que moi je n'avais certainement pas d'autre ambition que de reprendre le commerce familial... Mon père en prit ombrage et quelques minutes plus tard il me convoqua pour me dire qu'il n'était pas question qu'on prenne le fils Bertrand pour un imbécile : moi aussi j'irais étudier en France après avoir obtenu mon baccalauréat.

Je n'ai qu'un vague souvenir de cet examen, que j'ai réussi de justesse en juin 1970 à Casablanca. Il est vrai qu'à cette époque, son taux de réussite devait être de l'ordre de 30%. Mais je me souviens mieux des jours de célébration qui suivirent l'annonce de mon résultat. Deux autres lauréats vinrent de Casablanca me rejoindre à Marrakech. L'un était accompagné de son cousin qui terminait son année préparatoire à l'École de commerce de Dijon et celui-ci m'a rapidement convaincu de le rejoindre en Bourgogne. J'ai facilement persuadé mes parents de me soutenir dans cette entreprise en leur vendant l'idée que des études de commerce me serviraient pour reprendre leur magasin. Et Dijon était proche de la Suisse, où je pourrais rendre visite régulièrement à ma grand-mère maternelle.

Mais quelques semaines plus tard mon projet fumeux tomba à l'eau : un courrier de l'école de commerce m'annonçait que, compte-tenu de mon médiocre livret scolaire, je n'étais même pas admissible en classe préparatoire. Il me fallait trouver une solution de remplacement rapidement car ma mère avait prévu de m'accompagner à Dijon avant de rentrer au Maroc par la route. Je lui ai annoncé que nous irions bien à Dijon, mais que je m'inscrirais plutôt à la faculté des sciences économiques où le baccalauréat suffisait. Je me revois devant la faculté, disant adieu à ma mère, une petite valise à la main, puis j'entrai dans le bâtiment pour m'inscrire en sciences économiques. J'interpelle une personne dans le hall pour lui demander à qui je devais m'adresser pour m'inscrire. Elle m'indiqua une file d'attente, où je fis la queue. Mon tour venu, j'ai remis au préposé le document qui justifiait ma réussite au baccalauréat et je m'acquittai des frais d'inscription. Un coup de tampon et je reçus ma carte d'étudiant... une carte d'étudiant en droit et non pas en sciences économiques ! Je m'étais trompé de file lors de mon inscription ! Comme je n'avais pas les moyens de me payer une autre inscription, je me suis retrouvé inscrit par accident dans cette faculté. Ainsi va le destin...

Les jours suivants je suis allé faire les vendanges dans le village de Gevrey-Chambertin pour gagner le premier argent nécessaire au financement de mes études. J'étais porteur, c'est-à-dire que je devais ramener des hottes de raisin du champ au tracteur, un travail assez pénible. On avait droit à de bons et copieux repas et on dormait sur place dans une sorte de dortoir. La majorité des vendangeurs étaient étudiants, avec des profils très différents, puisque certains étaient des maoïstes parisiens qui se faisaient livrer *L'Humanité* tous les matins.

Je me souviens parfaitement de mon premier cours de droit. Il s'agissait d'un cours de droit constitutionnel. Il avait lieu dans un grand amphithéâtre qui devait accueillir près de mille étudiants et il commença par la phrase suivante : « Michel Debré, le père de la V^e^ République... ». J'ai paniqué car je n'avais jamais entendu parler de Michel Debré ni même de la V^e^ République, car en histoire, au Maroc, le programme de terminale s'arrêtait à la Seconde Guerre mondiale. Au-delà de 1945 on considérait que l'histoire cédait la place à la politique, un sujet tabou au Maroc. Et bien entendu, malgré les événements de la guerre d'Algérie, on n'y discutait jamais de la politique française.

Au mois de février 1971 j'ai fait la connaissance d'Élisabeth, une étudiante en anglais originaire de Saulieu. Elle allait partager ma vie pendant cinq ans à Dijon, deux ans à Orléans et deux ans à Berkeley en Californie. Elle venait d'une famille de médecins et avait reçu une éducation très bourgeoise. C'est elle qui m'a initié à la musique classique, ainsi qu'à Bob Dylan, Leonard Cohen et Joan Baez – mais toujours pas de reggae. Après avoir achevé ma maîtrise en droit j'ai changé d'orientation universitaire. Pendant deux années j'ai suivi les cours de Jacques Berque au Collège de France, ainsi que le séminaire hebdomadaire de Germaine Tillion, pour soutenir devant eux et le professeur André en juin 1977 une thèse de doctorat sur la famille berbère au Maroc central. J'avais l'intention de publier un livre illustré de photographies de mon père, en hommage à celui-ci, sous le titre *Tribus berbères du Haut-Atlas* aux éditions Edita-Vilo. Comme je rédigeais déjà des notices pour l'*Encyclopédie berbère*, tout semblait me prédestiner à devenir islamologue. C'est alors que Jacques Berque, qui voyait en moi un héritier spirituel, m'encourage à poursuivre ces études aux États-Unis. Grâce à sa lettre de recommandation, je fus admis dans plusieurs universités et bénéficiai même d'une bourse.

C'est ainsi qu'accompagné d'Élisabeth, devenue mon épouse, j'ai en 1977-1979 poursuivi mes études de droit et de sociologie à l'université de Berkeley, en Californie.

Mes cours de droit ne m'ont pas empêché de goûter pour la première fois sur ce campus, aux plaisirs de la vie d'étudiant. Avec Élisabeth nous allions souvent à des concerts, gratuits sur le campus, qui m'ont permis de découvrir le groupe It's a Beautiful Day et son tube *White Bird*, ainsi que des chanteurs et chanteuses de la Bay Area (baie de San Francisco), plus folk, comme Malvina Reynolds l'interprète de *Little Boxes*. Nous avons également assisté à de nombreux concerts payants : Ray Charles, les Eagles, les Kinks, Jethro Tull et surtout les Grateful Dead, dont nous sommes devenus fans. La même année, Bob Marley & The Wailers apparaissaient en concert à Oakland, la ville voisine, mais nous n'y avons pas porté attention.

Après avoir obtenu mon master en droit (LL.M.) en juin 1978, Élisabeth m'a convaincu de rester une année supplémentaire à Berkeley. Mais pour renouveler mon visa étudiant je devais justifier d'un stage. C'est ainsi que j'ai répondu à une annonce d'Howard Anawalt, un professeur de droit qui cherchait un assistant parlant français pour préparer un cours sur le droit de l'informatique, une matière qui venait de voir le jour aux États-Unis. En 1978 la France venait d'adopter la loi Informatique et libertés et il lui avait semblé important de s'adjoindre un assistant capable de déchiffrer ce texte, innovant à l'époque, surtout pour des Américains. Ce n'était pas un gros travail, mais la cinquantaine d'heures dédiées à ce sujet allaient être lourdes de conséquences...

De retour à Paris, j'ai d'abord travaillé comme collaborateur dans un grand cabinet américain, puis j'ai été embauché par Bernard Arnault (futur fondateur du groupe LVMH, alors président de la société Ferinel), pour aller en Floride étudier la faisabilité d'un projet immobilier. Il ne m'a fallu que quelques semaines pour réaliser que son projet de « vente d'appartements en l'état futur d'achèvement », en d'autres termes la vente d'appartements sur plans, était interdit par les lois de l'État de Floride. Ma mission, par conséquent, fut annulée au bout de trois mois et quelque temps plus tard Bernard Arnault réorientait ses activités. Après le rachat de Boussac en faillite Arnault s'est retrouvé propriétaire de la marque Dior, la première de ce qui deviendrait son empire du luxe. De retour en France, j'ai entamé le 2 janvier 1982 une carrière de juriste d'entreprise dans une petite firme d'agrochimie, la Quinoléine et c'est là que ma vie a pris son deuxième gros tournant.

En septembre 1982 mon voisin de bureau, le responsable des achats de la firme, m'a offert une entrée gratuite pour le SICOB (Salon des industries et du commerce de bureau), qui était à l'époque la principale manifestation annuelle en matière d'informatique et se tenait au CNIT de La Défense. Dans un des escaliers du CNIT était dressée une sorte de comptoir sur lequel on avait disposé une pile de revues avec la mention : « *Expertises*, la revue du droit de l'informatique, le numéro 20 francs ». En montant l'escalier je me suis naturellement arrêté pour feuilleter cette revue qui m'a semblé sans grand intérêt, ce que j'ai fait remarquer à haute voix. Immédiatement j'ai vu surgir un personnage hirsute de derrière le comptoir : « Qu'est-ce qu'elle a ma revue ? Ne la critiquez pas si vous n'êtes pas capable d'en faire autant ! ». C'est ainsi que j'ai fait connaissance de Daniel Duthil, l'éditeur de la revue *Expertises*, qui m'a immédiatement mis en demeure d'écrire un article pour son numéro à venir. Cet article intitulé *Informatique et droit de la concurrence* fut publié en février 1983 dans le n°48 de cette revue. À peine était-il paru que Daniel Duthil m'en demandait un autre. Le mois suivant il me sollicitait pour un troisième article ainsi que pour un livre consacré aux contrats informatiques. Comme il craignait que d'autres éditeurs ne s'attaquent à ce créneau novateur, il insista pour que je boucle cet ouvrage en un mois.

Ce fut un marathon. La seule machine de traitement de texte à ma disposition était celle de la Quinoléine, une machine de la marque Philips qui occupait le petit bureau du service de recherches. Je n'en disposais qu'en dehors des heures de travail, soit entre 7 h et 8 h 30 le matin et 19 h et 22 h 30 le soir. J'ai pourtant réussi à respecter le délai imposé. Mon livre *Les contrats informatiques* fut publié en mai 1983. Daniel Duthil soutint ma candidature au prix 1983 de l'Association française des informaticiens (AFIN). Ce prix consistait en une médaille et un billet d'avion pour le Comdex (*Computer Dealers' Exhibition*) la plus grande exposition de matériel informatique qui se tenait alors annuellement à Las Vegas. Durant les mois suivants j'ai publié dans *Expertises* plusieurs articles sur un nouveau sujet d'actualité, la protection juridique des logiciels. Mis à jour et réunis, ceux-ci ont formé la matière de mon second livre, publié en 1984 sous le titre *Les protections juridiques des logiciels.* J'ai alors été débauché par un chasseur de têtes et j'ai commencé une carrière chez un constructeur américain de matériel informatique, la société NCR, l'ancienne National Cash Register, qui n'est plus connue de nos jours que pour ses distributeurs automatiques de billets.

Concomitamment, grâce à Daniel Duthil, j'avais aussi rencontré trois autres personnes intéressées par le sujet : un professeur d'université, Xavier Linant de Bellefonds, un conseil juridique, Alain Hollande (pas de lien avec l'ancien président français) et un jeune avocat, Alain Bensoussan. Ensemble nous avons décidé de créer l'Association française de droit de l'informatique (AFDIT), dont j'ai été le premier président.

Durant les quatre années passées chez NCR, mon salaire d'embauche a été multiplié par quatre, grâce à des augmentations trimestrielles et diverses primes et de simple juriste, je suis devenu directeur juridique pour la France, puis pour l'Europe du Sud, le Moyen Orient et l'Afrique – une quarantaine de pays au total. Je me rendais souvent aux Caraïbes – Guadeloupe, Martinique, Porto Rico… – mais jamais en Jamaïque !

J'aurais pu faire carrière chez NCR, où j'étais sur le point d'être nommé a*ssistant general counsel* au siège de la société à Dayton (Ohio), ce qui me promettait une brillante carrière aux États-Unis, car six mois plus tard cette société était rachetée par AT&T. Mais à la fin de l'année 1989 j'avais pris une nouvelle bifurcation : ma compagne de l'époque, qui était avocate, m'avait convaincu de quitter mon poste de juriste d'entreprise

pour la rejoindre en tant qu'avocat, association qui fut d'ailleurs de courte durée.

Xavier Linant de Bellefonds me demandait, parallèlement, d'assurer quarante heures de cours sur les aspects modernes du droit d'auteur dans le cadre du DESS droit de l'audiovisuel de l'université Panthéon Sorbonne (Paris I). Pour m'y préparer je rédigeai un support de cours structuré selon vingt leçons, qui furent complétées et publiées quelques semaines plus tard, sous le titre *Droits d'auteurs et droits voisins*, aux éditions Masson. C'est à cette occasion que j'ai découvert l'existence de ces droits voisins du droit d'auteur, à savoir les droits des artistes et des producteurs.

On peut être le meilleur avocat du monde mais crever littéralement de faim, alors qu'un avocat incompétent peut faire fortune grâce aux clients obtenus en faisant le beau à la télévision, ou grâce à une clientèle obtenue par divers réseaux. La carrière d'un avocat dépend de nombreux facteurs, mais au final ce qui compte ce n'est pas son bon vouloir ou sa spécialité, mais sa clientèle.

Ma situation professionnelle a changé lorsqu'en 1992 l'équipe des juristes de La Redoute, alors chapeautée par Alain Bossu, a décidé de me confier les dossiers de propriété intellectuelle de leur société. À l'époque, ils supervisent en moyenne une douzaine litiges par an dans tous les domaines relevant de la propriété intellectuelle (droit d'auteur, dessins et modèles, marques et même brevets). Lorsque je suis devenu le conseil de cette société (qui était alors le leader français de la vente par correspondance), il était naturel que je me spécialise plutôt dans le droit de la mode. Toujours pas de reggae à l'horizon, même si à un moment donné, comme tout le monde, j'ai découvert les tubes de Bob Marley et de Jimmy Cliff qui ne m'ont pas laissé indifférent.

Ce n'est donc qu'au début des années 2000 que j'ai été entraîné, malgré moi, dans une véritable guerre, inconnue du public, contre l'industrie qui pillait la Jamaïque de sa principale richesse, à savoir les revenus de la musique, notamment du reggae et cela au détriment non seulement de ce pays, mais de centaines d'auteurs, compositeurs, producteurs, artistes-interprètes et musiciens jamaïcains.

Les deux chapitres que j'avais consacrés au droit des artistes et des producteurs dans la première édition de mon traité *Le droit d'auteur et les droits voisins*[2] étaient très académiques car il s'agissait à l'époque d'un droit peu connu, consacré en France par la loi Lang du 3 juillet 1985.

Au cours de mes recherches j'ai découvert que depuis le 1er janvier 1986, à la suite de cette loi Lang, il existait en France deux rémunérations légales collectées lors de la diffusion de disques à la radio, ainsi que sur la vente des supports d'enregistrement (cassettes et CD vierges). Mais je n'avais pas encore réalisé que ces rémunérations légales, collectées sur tous les enregistrements diffusés ou vendus en France, n'étaient véritablement réparties qu'aux enregistrements fixés pour la première fois en France ou en fonction des conventions internationales, ce qui avait pour objet d'exclure les enregistrements d'origine américaine. Ces rémunérations légales, collectées sur la diffusion et la vente des enregistrements américains, mais non reversées à leurs légitimes ayants droit, dites irrépartissables, se sont bientôt comptées en dizaines de millions de francs et sont devenues une sorte de budget annexe du ministère de la Culture.

Collecter au nom de Michael Jackson, de Madonna et/ou des Eagles lors de la diffusion publique de leurs enregistrements en France, pour affecter les sommes ainsi perçues au financement de disques français ou de tournées d'artistes français, relève à l'évidence d'une vaste escroquerie d'État. Mais, comme tous les universitaires, je n'avais pas vu l'arnaque avant qu'une consœur avocate, au printemps 1992, attire mon attention sur la question.

Je commençai d'abord par tenter de récupérer les rémunérations légales dues et payables aux artistes américains dans le cadre d'une *Performing Artists Society of America* (PASA) que j'avais aidé à fonder aux États-Unis. En vain. Je n'avais d'autre recours que d'alerter l'opinion publique sur cette

---

[2] Delmas, 1989.

escroquerie. J'ai donc pris rendez-vous au début de l'année 2001 avec une journaliste du quotidien *Le Monde*. Celle-ci après m'avoir écouté m'a éconduit en me disant textuellement : « En France, cela n'intéresse personne de savoir qu'on escroque les artistes américains, mais si des artistes du Tiers-Monde étaient escroqués de la même manière, cela pourrait intéresser le journal *Libération*. » Elle m'a suggéré de contacter Hélène Lee, chargée de la rubrique Musiques du Monde à *Libération*.

C'est dans ces circonstances que j'ai contacté cette journaliste, sans avoir conscience que ma vie allait prendre un nouveau tournant. À la suite de notre entretien qui s'est déroulé dans le petit appartement de la banlieue parisienne où elle vivait alors, je n'ai plus entendu parler d'Hélène Lee pendant plusieurs mois. J'ignorais qu'elle s'était rendue en Jamaïque pour y mener sa propre enquête, publiée dans l'édition de *Libération* du 27 septembre 2001, sous le titre *Jamaïque, le réservoir à tubes entubé*. Cet article, illustré par une belle photo du chanteur Max Romeo, dénonçait les agissements blâmables dont étaient victimes les producteurs et les artistes jamaïcains, tant de la part de certaines sociétés de gestion collective de droits et notamment de l'ADAMI, que d'un certain nombre de fabricants de disques. Il visait plus particulièrement la compilation *Absolute Reggae* d'EMI dont la plupart des titres avaient été licenciés à cette major par la société Culture Press, dont le gérant était un certain Enzo Hamilton.

Les réactions ne se sont pas fait attendre. Immédiatement l'ADAMI exige de *Libération* qu'ils publient un droit de réponse, qui était en partie mensonger, puisqu'il affirmait payer des millions de francs à la succession de Bob Marley, ce qui était faux, mais invérifiable à cette époque. Environ un mois plus tard, le 30 octobre 2001, Enzo Hamilton, le gérant de Culture Press, assignait en diffamation Hélène Lee, Serge July et la société Libération devant le tribunal correctionnel de Paris pour délit de diffamation publique envers particulier, commis à l'occasion de la publication de l'article *Jamaïque, le réservoir à tubes entubé*.

Les procédures pénales sont plus arides et plus expéditives que les procédures civiles, en ce sens que l'instruction se fait à la barre et qu'elles ignorent le concept de mise en état, qui, dans les procédures civiles, permet à chacune des parties de se faire communiquer les documents en possession de l'autre partie.

Dans une procédure en diffamation, le défendeur doit durant une audience du tribunal correctionnel, qui dure rarement plus de deux heures, établir la véracité des faits diffamatoires qui lui sont imputés. Il appartenait à Hélène Lee de prouver d'une manière unilatérale que ce qu'elle avait écrit était exact. Pour cela elle avait fait venir à l'audience deux producteurs jamaïcains de premier plan, Bunny 'Striker' Lee et Niney Holness dit 'The Observer', ainsi que les chanteurs Max Romeo et Winston McAnuff, qui furent entendus lors de l'audience du 28 juin 2002. Mais ils furent immédiatement contredits par Enzo Hamilton, le gérant de Culture Press, qui dans son costume trois pièces et son français impeccable a semblé plus crédible que trois Jamaïcains très différents mais bien identifiables, l'un grâce à sa casquette de marin, l'autre grâce à son doigt coupé et le dernier grâce à sa crinière de lion, dont il fallait traduire les explications données en *pidgin English.* De surcroît l'homme d'affaires produisait des contrats rédigés en anglais, sur lesquels le tribunal a à peine jeté un regard mais qu'il a estimés probants. Le plus choquant fut la production de lettres adressées en Jamaïque à des artistes, notamment à Max Romeo, mais retournées à l'expéditeur par les services postaux. Elles étaient censées contenir des redditions de comptes et des chèques que ces artistes, disait Hamilton, ne prenaient même pas la peine de collecter. Il a également présenté au tribunal deux lettres-contrats signées par Lucille Reid, la veuve du producteur Duke Reid, héritière de ses droits sur le catalogue Treasure Isle. Or, comme celle-ci était décédée le 24 septembre 1999, lesdits droits appartenaient alors à ses deux ou trois héritiers. Et Enzo Hamilton s'est bien gardé de dire que le 7 octobre 1996, le tribunal de commerce de Paris avait rendu un jugement en faveur de sa société et avait condamné Lucille Reid à lui payer 2,6 millions de francs, soit environ 430 000 €. Ce jugement dont j'ai découvert l'existence récemment est pour le moins troublant : comment Lucille Reid a-t-elle pu être condamnée à payer des dommages et intérêts à Culture Press qui exploitait illégalement le catalogue de son mari ?

Si le tribunal avait analysé un tant soit peu les arguments d'Enzo Hamilton il aurait immédiatement constaté que ceux-ci s'appuyaient sur des faux : comment une société peut-elle adresser des comptes et des chèques à des artistes avec lesquels elle n'a pas de contrat ? Le tribunal jugea pourtant l'article d'Hélène Lee partial et systématiquement orienté et, par jugement du 6 décembre 2002, condamna Serge July, Hélène Lee et la société Libération à lui payer conjointement 1 000 € de dommages et intérêts. Rétrospectivement on peut affirmer que ce jour-là, après la Jamaïque, ce furent les magistrats du tribunal correctionnel qui se firent entuber !

Quelques mois plus tard, après vingt-deux ans de collaboration à *Libération*, Hélène Lee était mise à l'écart par ce journal, ses articles déprogrammés : un licenciement pur et simple, sans indemnité. Un licenciement abusif, pour lequel elle allait par la suite obtenir des dommages et intérêts devant les prud'hommes.

À peu près à la même période, en 2002, je publiais un petit livre sur le droit de la musique sous le titre de *La musique et le droit : de Bach à Internet* aux éditions Litec, qui n'étaient pas mon éditeur habituel. Quelques semaines après sa parution Litec fut sommée par l'ADAMI de retirer cet ouvrage de la vente s'il ne voulait pas être poursuivi pour diffamation. On me demanda de justifier mes allégations, ce qui me fut facile grâce à de nombreux documents, tous plus compromettants les uns que les autres, que ce soit pour l'ADAMI ou pour le ministère de la Culture. L'éditeur ne céda pas aux menaces, l'ouvrage resta en librairie et il ne fut jamais l'objet d'une procédure en diffamation.

J'ai assuré la défense d'Hélène Lee devant les prud'hommes, alors que mes connaissances en droit du travail étaient limitées, parce que je me sentais responsable de la condamnation pour diffamation prononcée à son encontre. Dans les jours qui ont suivi je me suis mis en tête de faire juger, non pas sur le plan pénal, mais sur le plan civil – mon domaine – qu'effectivement, comme la journaliste l'affirmait dans son article de *Libération*, la société Culture Press avait littéralement escroqué de nombreux artistes et producteurs jamaïcains, en exploitant leurs enregistrements sans les rétribuer.

C'est dans ces circonstances que j'ai engagé le 23 août 2003 une première action contre Culture Press devant le tribunal de Paris, aux noms de Max Romeo, Winston McAnuff, Niney Holness et Bunny Lee, dont Enzo Hamilton avait licencié les enregistrements à EMI pour leur compilation *Absolute Reggae.*

Parallèlement, j'allais engager une série d'actions contre l'ADAMI pour que cette société de gestion collective paie enfin aux artistes jamaïcains les rémunérations légales qui leur étaient dues.

En 2002-2003, j'ignorais tout du reggae au-delà des quelques tubes diffusés par les radios, même si comme tout le monde j'avais vaguement entendu parler des rastas. Si je voulais défendre la cause de ces artistes et producteurs jamaïcains encore fallait-il que ceux-ci me demandent d'assurer la défense de leurs intérêts.

Gagner la confiance des artistes et des producteurs jamaïcains n'est pas simple, car la plupart sont persuadés, à juste raison, qu'on ne cherche qu'à abuser d'eux. Heureusement grâce à Hélène Lee j'avais déjà rencontré à Paris Bunny 'Striker' Lee, Niney 'The Observer' Holness et Max Romeo et elle m'ouvrit son carnet d'adresses, ou plutôt son répertoire téléphonique. Car les Jamaïcains n'écrivent pour ainsi dire pas (certains sont d'ailleurs illettrés) mais ils parlent longuement... surtout au téléphone. Hélène Lee fit le tour de ses contacts pour prévenir les artistes qu'un ami avocat allait défendre leurs droits en France. C'est ainsi que je suis entré en relation, dans un premier temps, avec plus d'une trentaine d'artistes, dont Jimmy Cliff, le plus connu.

À Londres comme à New York, les Jamaïcains constituent des communautés assez denses et très vite la nouvelle de ma croisade se propagea hors de l'Hexagone. De Londres je fus contacté par John Murray Smith, le manager de quelques artistes, qui me demanda de venir expliquer aux membres de la communauté jamaïcaine comment je pouvais défendre leurs droits en France. C'est ainsi qu'accompagné de ma femme

Carole et de mon beau-fils Franck (dix ans), je me suis retrouvé un samedi soir dans un centre communautaire de Londres à expliquer à une centaine de Jamaïcains et de Jamaïcaines, relativement âgés, quels étaient les droits des artistes et comment les Jamaïcains avaient été spoliés des rémunérations légales collectées en leur nom en France par l'ADAMI et la SPEDIDAM. Le lendemain, je retrouvais ces mêmes Jamaïcains à une sorte de pique-nique improvisé où je pus découvrir leurs habitudes culinaires et faire plus ample connaissance avec certains d'entre eux. J'ai un souvenir particulièrement vif d'I Jah Man, un homme paisible qui se tenait un peu à l'écart et m'apparut comme l'incarnation même du vrai Rasta.

En dehors des artistes et des producteurs qui sont venus à plusieurs reprises et longuement dans mon cabinet, j'en ai rencontré d'autres dans les studios d'enregistrement, comme Tyrone Downie, à leur hôtel à Paris, comme Rod Taylor, ou en banlieue comme les Jamaica All Stars, sans parler de ceux que j'ai hébergés pour une ou plusieurs nuits chez moi, comme Pablo Moses qui m'appela un jour de Roissy où il avait loupé son avion pour la Jamaïque.

C'est dans ces circonstances que j'ai été amené à plaider de nombreuses affaires dans le domaine musical et plus particulièrement dans celui du reggae.

Durant les trente années de ma carrière d'avocat, j'ai dû plaider, aussi bien devant les juridictions françaises qui européennes, plus de sept cents fois dans au moins quatre cents affaires ayant trait à tous les domaines de la propriété intellectuelle, dont une cinquantaine d'affaires dites de droits voisins, plaidées entre 2002 et 2017 et concernant pour la plupart le reggae. Je suis à l'origine d'une quarantaine de jugements dans le domaine musical, ce qui doit correspondre à la moitié des décisions rendues dans le reste du monde. Sur la même période, les décisions rendues en matière musicale aux États-Unis, en Grande-Bretagne et en Allemagne n'ont pas dû dépasser une dizaine par pays.

J'ai défendu les artistes et les producteurs jamaïcains contre tous ceux qui court-circuitaient leurs droits : fabricants et labels de disques, majors comme Island/Universal, Virgin et EMI, ou labels moins connus comme Trojan/Sanctuary, Culture Press et Charly et même contre AMJ, une société japonaise spécialisée dans les *bootlegs* (répliques quasi-parfaites d'originaux au premier abord, mais d'une qualité sonore médiocre, disques pirates), ainsi que contre les sociétés de gestion collective, notamment l'ADAMI, la SPEDIDAM, la SCPP et la SACEM. J'ai gagné presque toutes ces affaires, quelques-unes difficilement, en appel, après avoir perdu en première instance.

De l'ensemble de ces litiges, il ressort que les auteurs, compositeurs, artistes, musiciens et producteurs de reggae sont victimes d'une multitude de ce qu'il faut bien appeler des escrocs. Ces gens se sont enrichis sur leur dos en les laissant dans la misère, escroqueries dont a également été victime leur pays, la Jamaïque. Ces artistes et producteurs sont également victimes d'être jamaïcains, dans la mesure où leur pays n'a pas pris pleinement conscience d'un certain nombre de mécanismes exploités adroitement pour escroquer les artistes locaux.

Ces procédures ne m'ont pas rendu riche, loin de là. Mais elles m'ont donné une grande satisfaction : je peux me regarder dans une glace tous les matins, ce qui ne doit pas être le cas de tous mes ex-confrères. Et quelle satisfaction que ces appels de Jamaïque, de Londres, de New York et d'ailleurs, d'artistes et de musiciens que je ne connaissais que de nom mais qui tenaient à me dire que c'était la première fois de leur carrière qu'un avocat leur faisait parvenir un chèque !

Durant ces quinze années, je n'ai pas rencontré tous mes clients jamaïcains ou leurs héritiers. Mais, à force de plaider leur cause, je connais leurs carrières, leurs principaux albums ou enregistrements, ainsi que, et surtout, leurs déboires, leurs galères, pour ne pas dire même leurs misères.

Contraint de prendre ma retraite à la fin de 2018, pour des raisons de santé, depuis lors il m'a semblé nécessaire de raconter mes *aventures jamaïcaines*, afin que le grand public, en France comme en Jamaïque ou ailleurs, sache *où est passé l'argent du reggae*. D'autant plus qu'à l'heure où j'écris ces lignes, cet argent est toujours détourné, si ce n'est par les mêmes personnes, du moins par les mêmes sociétés.

# II – Le droit, instrument de toutes les arnaques d'une industrie musicale instable.

Officiellement, le 25 janvier 2019, on recensait en France 84 619 articles de loi et 233 048 articles réglementaires. L'adage « nul n'est censé ignorer la loi », qui est le fondement de toute démocratie, est depuis des siècles une vaste farce. De surcroît, le droit n'est pas la justice, mais seulement l'ensemble des règles et des normes que toutes les personnes, y compris les étrangers, se doivent de respecter dans un pays déterminé. Dès leur enfance les êtres humains apprennent par morale et/ou religion qu'il est interdit de voler et de tuer. Mais la quasi-totalité ignore les lois et leurs arcanes.

Le passage du légal à l'illégal est souvent très mince. Si un professeur fait vingt copies de quelques pages d'un livre pour les distribuer à ses élèves, il commet un acte de contrefaçon, car ces copies sont considérées comme destinées à un usage collectif. Mais si chacun de ces vingt élèves fait lui-même une copie de ces pages, dans le but de les lire et de les étudier chez lui, c'est légal, car celles-ci sont considérées comme destinées à son usage privé. Dans les deux cas on arrive au même résultat, vingt copies de quelques pages, destinées à un groupe d'élèves, mais la première manière de procéder est illégale, alors que la seconde est légale.

Il est évident que de nombreux petits malins, ainsi qu'un grand nombre d'escrocs, utilisent les lois et la justice à leur profit.

Pendant près de soixante-dix ans, un pays, la Jamaïque et un peuple, les Jamaïcains, ont été dépossédés de leurs créations et de principales ressources, les revenus de leurs musiques et notamment du reggae. Si ce pillage a pu avoir lieu, c'est à cause des lois et du droit que certains ont su exploiter adroitement à leur profit et au détriment des artistes, des musiciens et des producteurs jamaïcains. Et cela grâce à des lois votées dans le but précis de les escroquer, ainsi que par le biais de montages juridiques et autres procédures judiciaires. Tout cela avec la complicité passive et quelquefois active, de magistrats, qui considèrent que les artistes et les producteurs jamaïcains sont tous des marginaux, des drogués et Dieu sait quoi d'autre. Cela s'appelle du racisme.

Nombreux sont ceux qui ont participé à ce vol, à ce pillage généralisé, qui, dans la plupart des cas, s'est fait au vu et au su de tous, en toute légalité et en conformité avec le droit applicable en France, en Grande-Bretagne ou aux États-Unis, voire en Jamaïque.

Car dans ces pays les juges ne rendent pas la Justice, mais, en principe, des jugements fondés sur le droit applicable à un moment donné. En conséquence, des agissements qui sont moralement répréhensibles et condamnables peuvent néanmoins être considérés comme licites, car conformes au droit ou à la loi. Ainsi, alors que la fraude fiscale est condamnable, l'optimisation fiscale est licite. Celui qui oublie de déclarer au fisc 5 000 € de revenus est condamnable, alors que celui qui économise 50 000 € d'impôts grâce à des astuces d'optimisation fiscale basées sur le Code des impôts, ne l'est pas. En conséquence, alors que les petits commerçants paient au minimum 25% d'impôt sur les sociétés, les grandes multinationales, toutes cotées en Bourse, en paient bien souvent moins de 10%. Ce concept d'optimisation fiscale est appliqué par un grand nombre d'acteurs de l'industrie musicale à leurs contrats, lesquels font en réalité l'objet d'astuces fiscales ayant pour but de leur permettre de payer moins d'impôts, mais également – ce qui est condamnable moralement et juridiquement – le moins de redevances possible aux artistes et aux producteurs dont ils exploitent les enregistrements.

La première astuce utilisée par les sociétés de l'industrie musicale pour payer moins d'impôts est d'opérer à partir de paradis fiscaux. Il en est ainsi de la nébuleuse Charly, dont le siège social est passé au fil des décennies de paradis fiscal en paradis fiscal : tout d'abord domicilié dans l'île anglo-normande de Sark, puis au Panama, ensuite à Vaduz au Liechtenstein et enfin dans les Caraïbes, notamment à Nevis et dans les îles Turks et Caïcos – tous des paradis fiscaux.

La seconde astuce consiste à transférer l'exploitation de ces disques d'une société située dans un pays où la fiscalité est relativement lourde à une société sœur, faisant partie du même groupe, située dans un pays où la fiscalité est plus acceptable. Ainsi les contrats de la société Island Ltd. (une société anglaise) sont exploités par Island Inc. ou même UMG Inc., des sociétés américaines qui paient moins d'impôts.

Enfin, la troisième astuce consiste à exploiter leur catalogue indirectement par l'intermédiaire de licenciés avec lesquels ces sociétés sont liées. Car la plupart des contrats d'artistes et de producteurs contiennent une clause qui prévoit que les titres commercialisés par des licenciés ne donneront lieu qu'à 50% de *royalties*. Ainsi, au lieu d'exploiter directement des enregistrements pour lesquels ils devaient payer, à titre d'exemple, 10% de redevances, ils les exploitent via des sociétés associées, ce qui leur permet de n'en payer finalement que 5%. Les sociétés Culture Press, une société française et Hartglobe, une société anglaise, qui font partie de la même nébuleuse Charly, ont licencié conjointement leurs catalogues respectifs à la société Charly Acquisitions, dont le siège social passe régulièrement d'un paradis fiscal à un autre, société dont on ignore le nom des dirigeants ainsi que celui de ses actionnaires et qui n'a jamais publié de bilan. Au mieux, si les sociétés Culture Press et Hartglobe doivent rendre des comptes, elles peuvent toujours affirmer en justice que leurs catalogues ont été exploités par un tiers licencié et qu'il n'ont généré que 50% de redevances payables aux artistes et/ou aux producteurs, conformément à leur contrat.

Cette optimisation contractuelle caractérise également les majors. Ainsi, on peut se demander comment Island Records

Ltd. qui a, semble-t-il, signé un contrat avec Jimmy Cliff en 1972, qu'elle a résilié l'année suivante (1973), peut revendiquer en 1985 et 1998 la propriété de onze enregistrements de ce chanteur exploités pour la fabrication et la commercialisation d'un album, *Reggae Greats*, édité sur le label Island mais fabriqué via une licence consentie à Spectrum Music, une division de PolyGram. Ces mêmes enregistrements ont également été licenciés par Universal à la société canadienne A&M Records, également une division de PolyGram, qui a été absorbée par le groupe UMG.

En France, il faut connaître plus d'une centaine d'articles pour maîtriser uniquement le droit d'auteur. L'édition 2024 du *Code de la propriété intellectuelle* annoté, publiée aux éditions Dalloz comportait près de 2 920 pages, soit plus de 320 pages que celle de l'édition 2023. Les contrats des artistes et producteurs jamaïcains signés avec des sociétés françaises sont régis par le droit français, qu'ils sont censés connaître, tout comme le droit anglais et américain régissent les contrats qu'ils ont signés avec des sociétés anglaises ou américaines.

Les Français, comme les autres Européens, tout comme les Américains et les Jamaïcains, à moins d'être juristes ou avocats, connaissent et encore vaguement, moins de 1% des lois en vigueur dans leur pays. Ils se fient surtout à leur sens moral, en distinguant simplement ce qui est bien et ce qui est mal, faisant d'eux bien souvent les victimes de leur conscience, pour ne pas dire de leur honnêteté.

Car on oublie toujours qu'il y a de par le monde, non pas des centaines de milliers mais des centaines de millions de personnes, de toutes origines, de toutes races, de toutes religions et de tous sexes qui n'ont pour seul but que de s'enrichir au détriment des autres et cela sans se soucier du mal qu'ils leur font. Certains sont de petits trafiquants, mais d'autres sont des hommes d'affaires, ainsi que des sociétés avec pignon sur rue, qui réussissent dans leurs condamnables entreprises grâce à... leur maîtrise du droit, ou avec l'aide de bons juristes et de bons avocats.

En France, comme dans tous les pays du monde, des millions de personnes sont régulièrement victimes de fraudes et

d'arnaques de toutes sortes dues aussi bien à des individus isolés qu'à des réseaux agissant de manière concertée. On y trouve bien, depuis quelques décennies, des bandes organisées d'origine étrangère, notamment des pays de l'Est (Roumanie, Serbie, Croatie, Albanie etc.), de vrais gangs spécialisés dans divers types de vols et de fraudes, qui envoient une grande partie de leur butin dans leur pays d'origine. Mais il s'agit de bandes de malfrats que l'on peut qualifier d'ordinaires. En revanche les personnes physiques, ainsi que les sociétés et organisations diverses qui, durant près de sept décennies, ont fait de la musique jamaïcaine la cible privilégiée de leur pillage, aussi bien en France qu'en Europe ou dans les Amériques, se donnent une image respectable et agissent à visage découvert, sous-traitant notamment dans les pays de l'Est des vinyles *bootlegs*.

Tous les Jamaïcains ne sont pas des anges. L'esclavagisme a laissé sa marque dans la mentalité locale et la vie humaine ne vaut pas cher – surtout une vie d'origine africaine. Dans les quartiers populaires de Kingston, que l'on désigne là-bas par le mot ghettos, la délinquance est le produit d'une situation politique instable, où les deux grands partis du pays arment leurs partisans miséreux. L'afflux d'armes dans ces ghettos peuplés d'indigents ne leur a pas laissé d'autre choix que de les utiliser pour obtenir de quoi manger ou se faire justice à leur manière. Une violence primaire, pourrait-on dire, qui fait chaque année aux alentours de 1 400 victimes.

La situation est différente dans le cas de l'industrie musicale jamaïcaine, victime, elle, d'une criminalité en col blanc, d'un pillage subtil, fondé essentiellement sur le fait que, il y a encore quelques décennies un grand nombre de Jamaïcains étaient illettrés et qu'aujourd'hui encore un nombre infime d'entre eux connaissent leurs droits. Cette situation a été exploitée pour déposséder les producteurs, les auteurs-compositeurs, les artistes et les musiciens jamaïcains des revenus de leurs créations et de leur travail. Cette dépossession est organisée par des réseaux d'individus sans scrupules, agissant dans l'ombre de structures fantômes et jouant sur toutes les failles d'une industrie musicale toujours instable, à la suite des évolutions combinées des lois et des technologies. Le droit de la musique est une matière complexe, dont les subtilités échappent même aux meilleurs juges, quelle que soit leur nationalité.

C'est ce pillage organisé que je vais tenter d'exposer et de dénoncer. Mais avant d'en arriver à notre sujet, nous devons expliquer quelques autres concepts juridiques de base.

Dans le cadre de cet ouvrage il faut, comme dans toutes les escroqueries, envisager le droit dans l'espace et dans le temps.

Les délits, c'est-à-dire toutes les formes d'escroqueries et de vols – ce qui inclut toutes les formes de contrefaçons, c'est-à-dire des atteintes aux droits des auteurs, des compositeurs, des éditeurs, des artistes-interprètes et des producteurs – tombent en principe sous le coup des lois du pays où ils ont été perpétrés. Un vol commis en Jamaïque tombe sous le coup des lois jamaïcaines et relève de la compétence des tribunaux jamaïcains, alors qu'un vol commis en France relève des tribunaux français et des lois françaises.

Mais la violation ou le non-respect d'un contrat, un délit civil, peut, selon les cas, être du ressort des tribunaux français, anglais ou autres, ainsi que des lois françaises, anglaises ou autres. Un contrat peut même être de la compétence exclusive des tribunaux français tout en étant soumis au droit anglais, ou de la compétence exclusive des tribunaux anglais tout en étant soumis au droit français et cela en vertu de la volonté des parties, qui est absolue en matière contractuelle, dès lors qu'on est en présence d'un contrat transnational.

Ainsi, tous les contrats conclus par Chris Blackwell avec des auteurs-compositeurs, producteurs et artistes-interprètes jamaïcains au nom d'Island Records Ltd. étaient soumis au droit anglais et à la compétence exclusive des juridictions anglaises, alors que ceux signés à partir de 1978 au nom d'Island Records Inc. étaient soumis au droit américain et aux juridictions américaines. Et cela alors que tous ces contrats étaient signés avec des artistes et/ou des producteurs jamaïcains qui vivaient en Jamaïque. Lorsque Richard Branson est allé à Kingston en 1978 pour y établir des contrats avec Prince Far I, Tappa Zukie et U-Brown, tous trois jamaïcains et domiciliés en Jamaïque, il a fait signer un contrat soumis au droit anglais et aux juridictions anglaises. Ces clauses, qui sont parfaitement légales, même si elles sont immorales, s'imposent aux juges. Un juge français ne peut se prononcer sur la validité d'un contrat dont les litiges sont soumis à la compétence exclusive d'un tribunal anglais ou américain.

Jusqu'à son indépendance en 1962 la Jamaïque était régie par le droit anglais et depuis elle l'est restée en matière contractuelle par les règles d'un droit jurisprudentiel, la *common law* anglo-saxonne. Mais ce droit est beaucoup moins équilibré et protecteur que le droit civil des contrats français. Celui-ci sanctionne traditionnellement de nullité les contrats affectés d'un vice du consentement, à savoir :

(i) l'erreur, qui est le fait de se tromper sur la nature de son engagement ;

(ii) le dol, le fait de tromper son cocontractant, soit activement, soit passivement en ne lui révélant pas certains points ;

(iii) la violence (contrat signé sous la contrainte etc.).

Il offre de plus un mécanisme, la lésion, qui permet de rééquilibrer financièrement les termes de contrats léonins ou déséquilibrés. Un exemple de dol : le fait par exemple de ne pas expliquer à des producteurs jamaïcains qu'ils doivent enregistrer à leur nom leurs phonogrammes dans la base de données des producteurs (en France la SCPP ou la SPPF) s'ils veulent percevoir les rémunérations légales qui leur sont dues sur la diffusion ou la vente de leurs phonogrammes. Or, ces concepts n'existent ni en droit anglais, ni en droit américain des contrats, à l'exception de la Louisiane.

En matière contractuelle, les auteurs, compositeurs et artistes bénéficient également en France de dispositions spécifiques qui ne figurent pas dans le Code civil mais dans le Code de la propriété intellectuelle. Leurs contrats, qui doivent impérativement être conclus par écrit, interdisent en principe, contrairement au droit américain, les cessions de droits contre une rémunération forfaitaire, celle-ci devant toujours être calculée proportionnellement aux revenus d'exploitation.

En conséquence, il est très difficile, voire impossible, de contester la validité de contrats soumis au droit anglais ou au droit américain, contrairement à ceux soumis au droit français.

En d'autres termes, les agissements de Chris Blackwell et de Richard Branson, ou de leurs sociétés Island et Virgin qui relèveraient en France du dol, voire d'un véritable abus de confiance, n'ont jamais été condamnés jusqu'à ce jour par des tribunaux anglais au regard du droit anglais, ni par des tribunaux américains au regard du droit américain. De plus, alors qu'en France ces mêmes contrats pourraient être réévalués au bénéfice des artistes au titre de la lésion, cette possibilité n'existe pas non plus en droit anglais ou américain.

Tous les contrats d'artiste, de production ou de licence contiennent une clause d'attribution de juridiction par laquelle les parties désignent un tribunal spécifique comme étant le seul compétent pour juger des éventuels litiges pouvant survenir à l'occasion de l'exécution dudit contrat. Cette désignation a force de loi. Seul le tribunal désigné a compétence pour juger de la validité et/ou de l'exécution du contrat.

Le problème est que le droit procédural anglo-saxon diverge fortement du droit procédural en vigueur dans les pays de droit civil. Aussi bien en Grande-Bretagne qu'aux États-Unis, la procédure repose sur le principe dit de la *cross-examination*, ou examen contradictoire. Les audiences peuvent durer plusieurs semaines, voire plusieurs mois et comme il faut également préparer les témoignages des parties, le moindre procès y coûte plusieurs millions de dollars ou de livres sterling. Aston 'Family Man' Barrett, le bassiste des Wailers, qui avait engagé une procédure à l'encontre d'Island Ltd. au printemps 2006, a non seulement perdu celle-ci, mais a dû payer près de 2 millions de livres à son avocat. Bref, lorsqu'un artiste ou un producteur a signé un contrat soumis à un tribunal anglais et que ce contrat n'a jamais été exécuté, il n'a pas la possibilité matérielle ou les moyens financiers de saisir le tribunal de référence.

Prenons, par exemple, un artiste ou un producteur qui s'est vu promettre 10% de royalties dans un contrat d'Island ou de Virgin soumis au droit anglais et qui n'a pas perçu un centime pendant dix ans, ou vingt, ou trente, voire plus. Où trouverait-il les moyens financiers de saisir un tribunal anglais pour faire constater le délit et obtenir le paiement des royalties qui lui sont dues ? Chris Blackwell, Richard Branson et quelques autres hommes d'affaires ont rapidement compris que le droit anglais leur donnait une sorte d'immunité, qui interdisait que l'on puisse contester leurs contrats et même qu'on puisse demander leur exécution judiciaire. C'est une des raisons qui justifient la suspicion des artistes face Au système légal et leurs réactions hostiles. Comme le remarquait l'un de mes clients, en Jamaïque, un tueur est moins cher qu'un avocat.

La situation est différente aux États-Unis où le plaignant pourra peut-être trouver un avocat qui acceptera d'être payé en honoraires de résultat, souvent près de 50% des sommes qui seront allouées par le tribunal. Cerise sur le gâteau, alors qu'en Europe les dommages et intérêts alloués ne correspondent qu'au préjudice subi, donc aux ventes ou aux redevances dont on a été privé, le droit américain, lui, permet d'obtenir des dommages-intérêts substantiels grâce aux *treble damage* et aux *punitive damages*, des dommages-intérêts triples ou punitifs alloués non pas par le juge mais par des jurys populaires, dont les membres sont sélectionnés par les avocats. Or, comme les jurés ont tendance à se mettre à la place des plaignants, ils accordent facilement des dommages punitifs.

En France, les procédures sont écrites. Le demandeur engage l'action en délivrant une assignation, fondée sur un certain nombre de pièces écrites. Celle-ci est ensuite enrôlée au tribunal. Le ou les défendeurs y répondent par écrit au moyen d'un ou deux jeux de conclusions. La procédure, qui prend environ dix-huit mois, se déroule sous le contrôle d'un juge dit de mise en état, auquel on peut éventuellement demander la communication forcée de documents, voire une provision sur des dommages et intérêts. L'affaire est ensuite plaidée lors d'une audience durant laquelle chaque partie plaide une heure au maximum. Le jugement est mis en délibéré, ce qui signifie qu'il est rendu par écrit un mois plus tard. Il en résulte qu'en France un avocat spécialisé consacre en moyenne une cinquantaine d'heures à une procédure de première instance, qu'il peut, dans un petit cabinet, facturer environ 15 000 €. Par ailleurs, la partie gagnante se voit également attribuer le remboursement d'une partie de ses frais d'avocat. Cela facilite l'accès aux tribunaux des plaignants impécunieux.

En marge de la durée des procédures et de leur coût, se pose également le problème de la qualité des jugements, pour ne pas dire de la compétence des magistrats, voire de leur corruption intellectuelle.

À Paris, où sont plaidés près de 80% des litiges de propriété intellectuelle, ceux-ci sont attribués à la 3e chambre, qui comporte selon les années entre trois et quatre sections. Chacune comprend trois juges, dont un président. Lorsqu'ils sont affectés à la 3e chambre, les magistrats sont rarement spécialisés ni vraiment compétents en matière de propriété intellectuelle. Entre les divers domaines – brevets, marques, dessins et modèles, droits d'auteur et droits voisins etc. – les règles et les fonctionnements diffèrent, sans parler du fait que pour la plupart ils relèvent, depuis les années 1990, aussi bien du droit français que du droit européen.

Dans les années 1970-2000, la plupart de ces magistrats de la 3e chambre avaient d'abord siégé dans une chambre spécialisée dans le droit de la construction. Aussi, il était de règle qu'on n'affecte chaque année qu'un seul nouveau magistrat à une section, où celui-ci serait en quelque sorte coaché et formé pendant quelques mois par ses deux collègues. Mais il est arrivé que tous les magistrats d'une section soient remplacés en même temps : pendant des mois, les avocats, souvent très spécialisés, ont dû plaider devant des juges qui ignoraient jusqu'aux fondements du droit qu'ils étaient censés appliquer. À la décharge des magistrats français on se doit de préciser qu'ils doivent rendre une douzaine de jugements par mois, alors qu'un juge anglais ou américain rend rarement plus de quatre décisions par mois.

En principe les juges doivent être impartiaux et traiter les justiciables de la même manière. Mais l'impartialité des juges français est un sujet tabou. Un grand nombre d'entre eux sont syndiqués, ce qui fait bien souvent débat, d'autant plus qu'un de leurs syndicats privilégie certains justiciables, pour ne pas dire certains délinquants, au détriment des victimes. La partialité des magistrats est même érigée en système en matière de conseil de prud'hommes, où l'on est jugé différemment en fonction du jour de la semaine, selon que le président d'une formation est un représentant syndical ou un représentant employeur.

Par ailleurs, indépendamment du fait que certains magistrats privilégient ouvertement certains avocats qu'ils fréquentent régulièrement, ainsi que quelques cabinets d'affaires, dans lesquels ils espèrent exercer en tant qu'avocats après avoir pris leur retraite, les intérêts personnels sont tout-puissants. D'autres font partie de réseaux tout aussi sujets à caution, comme ce président d'une chambre de la cour d'appel qui, pendant au moins deux ans, a rendu plusieurs arrêts en matière de reggae : ouvertement franc-maçon, on pouvait le voir, à la pause, déjeuner dans un restaurant proche du palais avec les avocats membres de sa loge.

Étrangement une recherche Google avec les mots clés juges/magistrats et corruption ne produit pas vraiment de résultats. Il y a de quoi se poser des questions, d'autant plus que les tentations sont grandes, dans la mesure où les magistrats français figurent parmi les plus mal payés d'Europe.

Mais en dehors de leur absence de maîtrise de droits spécifiques et complexes et de certains liens douteux, la plus grave accusation que l'on puisse porter à l'encontre des magistrats français – du moins ceux auxquels j'ai eu affaire – c'est ce que j'appelle leur corruption mentale. Dans de nombreux litiges, notamment tous ceux qui mettent en cause les organismes de gestion collective de droits comme la SACEM, la SPRE, l'ADAMI, la SPEDIDAM etc., les magistrats se sentent investis de la protection d'un ordre établi dont personne n'est dupe. Ainsi, l'avocat d'une de ces sociétés, qui à force d'être mon adversaire est devenu un ami, me disait que lorsqu'il plaidait pour un client, il pouvait aussi bien raconter une histoire de Martiens que sa sempiternelle plaidoirie, on lui donnerait toujours raison. Il ne s'agit donc pas de corruption au sens propre du terme, mais bien de corruption morale et intellectuelle qui pousse la quasi-totalité des magistrats à prendre systématiquement le parti des organisations de gestion collective, par crainte d'ouvrir une brèche dans un système qui risquerait alors d'exploser. Aux États-Unis, Trump s'est vanté il y a quelques années du fait que, même s'il abattait une personne en pleine rue, il ne serait jamais condamné. Dans le même ordre d'idées, en France, un cafetier, un salon de coiffure, une discothèque, ou même un auteur-compositeur ou un artiste, peut toujours assigner en justice la SACEM, la SPRE, l'ADAMI ou la SPEDIDAM pour ne citer que les principales organisations de gestion collective de droits : même si ses arguments sont juridiquement bien fondés, il n'aura que très rarement gain de cause.

Toutes les avancées en faveur aussi bien des titulaires de droits que des utilisateurs de musique ont été suscitées en France, soit par des questions dites préjudicielles concernant l'interprétation des directives européennes (soumises, elles, à la Cour de justice de l'Union européenne qui est chargée de trancher des litiges nationaux), soit plus rarement par les rapports de la Commission de contrôle de ces organismes, qui dépend la Cour des comptes.

Si en Jamaïque, comme en France, « nul n'est censé ignorer la loi », rares sont ceux, même parmi les juristes et les avocats de ces deux pays, qui ont quelques notions de base en droit de la musique. Et lorsque le trompettiste Johnny 'Dizzy' Moore enregistrait pour Coxsone dans les années 1961-1962 (Clue J & the Blues Blasters), aucun Jamaïcain n'avait la moindre idée du droit qui lui était applicable, tant au regard du droit du travail qu'en matière de propriété intellectuelle – et c'est encore souvent le cas aujourd'hui.

Même en Jamaïque, la question du droit applicable aux enregistrements réalisés dans ce pays fait débat. Jusqu'en 1993, la législation applicable en Jamaïque en matière de *copyright* était le *Copyright Act* anglais de 1911 ! Le premier *Copyright Act* jamaïcain, qui est plus ou moins une adaptation du *Copyright Act* anglais de 1988, n'est entré en vigueur dans ce pays que le 1er septembre 1993.

La situation est différente en France, comme dans la quasi-totalité des pays occidentaux, où les musiciens professionnels sont pour la plupart syndiqués. Même lorsqu'ils ne le sont pas, leurs droits sont quand même régis par des conventions collectives. En France celles-ci prévoient, en 2023, un salaire minimum forfaitaire d'environ 100 € net par cachet pour 3 heures d'enregistrement, auquel s'ajoutent environ 84% de charges salariales et patronales.

Par ailleurs, en France, lors des sessions d'enregistrement, les musiciens signent une feuille de présence qui entraîne ne une cession de leurs droits au producteur nommément désigné ; les informations recueillies sont ensuite compilées par la SPEDIDAM dans une base de données pour leur permettre de bénéficier automatiquement des rémunérations légales générées par lesdits enregistrements.

Dès le début du XX^e^ siècle, l'existence de lois relatives au droit d'auteur ou au *copyright*, ainsi que les décisions de justice faisant jurisprudence qui ont accompagné les évolutions technologiques, ont structuré une culture juridique qui a encadré les développements de l'industrie musicale sur ces deux continents. Mais c'est l'apparition du 45t, à l'origine du rock'n'roll, qui a véritablement lancé l'industrie du disque au milieu des années 1950. En 1953, à peine Elvis Presley avait-il enregistré son premier 45t *My Happiness* que celui-ci était exploité par le label Sun Records avec lequel cet artiste avait signé un contrat, léonin il est vrai. Mais en Jamaïque en 1962 quand Jimmy Cliff a enregistré *Dearest Beverly* et *Hurricane Hattie* pour Leslie Kong, celui-ci ne lui a pas fait signer de contrat. Et pourtant quelques semaines plus tard ce single était distribué en Grande-Bretagne par le label Island, sous licence de Leslie Kong.

Le fait que les artistes signaient rarement des contrats avec leurs producteurs jamaïcains a eu un effet pervers. Dans la plupart des contrats d'enregistrement classiques figure une clause de préférence, qui, comme c'est le cas dans les contrats d'édition, donne au producteur un droit de préférence, en réalité une option, sur les futurs enregistrements de l'artiste. Ainsi, le contrat standard, adapté de celui d'Island Records – que Richard Branson a fait signer à Mike Oldfield en 1972/3 (voir chapitre IX) contenait une clause de préférence qui donnait à Virgin Records un droit d'option sur 10 albums. Les producteurs peuvent toujours renoncer à exercer ce droit et libérer les artistes de leur engagement. Mais lorsqu'une telle clause existe, l'artiste est lié à son producteur ou à une maison de disques pour une durée de plusieurs années. Après avoir signé en 1972 un contrat avec Chris Blackwell pour l'album *Catch a Fire*, Bob Marley s'est retrouvé lié à Island Records Ltd. – alors une société anglaise – pour, en principe, les 9 albums suivants, c'est-à-dire jusqu'à sa mort et même au-delà, puisque *Legend*, l'album qui a connu le plus grand succès commercial, est en réalité une compilation posthume. Mais durant les dix premières années de sa carrière, Bob Marley avait déjà enregistré au moins 350 ou 400 titres avec quatre producteurs jamaïcains : Leslie Kong (1962-1963), Coxsone Dodd (1964-1966), à nouveau Leslie Kong (1969-1970), Lee Perry (1970-1971), puis Danny Sims (1968-1971), sans parler d'autres collaborations éparses sur divers labels ainsi que sur les siens propres, Wail'N Soul'M ou Tuff Gong Records. Le statut réel de ces enregistrements est très flou dès lors que les conditions dans lesquelles ils ont été réalisés le sont également. Bob Marley a-t-il perçu un cachet pour ces enregistrements, ou même des royalties ? Quid des musiciens qui y ont participé ? Ces questions ne sont pas anodines, puisque la quasi-totalité de ces enregistrements 45t ont été réédités après la mort du chanteur, d'abord sous forme d'albums, de CD lasers, puis à nouveau de vinyles et ils sont depuis quelques années exploités sous forme de streams.

Bien entendu, ce qui vaut pour Bob Marley s'applique également à tous les autres artistes et musiciens jamaïcains.

Que pouvaient donc savoir les Jamaïcains, parfois illettrés, du droit applicable à leurs enregistrements des années 1960 ? Ils se méfiaient instinctivement des écrits et donc des contrats, qui représentaient dans leur esprit le moyen utilisé par les ex-esclavagistes pour les entuber : ils préféraient faire vaguement confiance à ceux qu'ils fréquentaient quotidiennement et qui payaient peu mais cash. Quand les studios d'enregistrement et les labels locaux ont vu le jour et se sont développés, la quasi-totalité des artistes et des musiciens est restée attachée à son écurie, dont le producteur leur glissera quelques billets en situation d'urgence, qu'ils aient ou non un tube actif et sans prendre la peine de recourir à des comptes ni leur faire signer de reçu.

Quand ils enregistraient un single pour Duke Reid ou Bunny Lee – un travail qui ne prenait généralement pas plus de deux heures –, ils pouvaient facilement prévoir sa carrière : il serait joué quelques semaines dans les *sound systems*, ignoré par les deux stations radio du pays (qui ne passaient presque pas de ska ni de reggae, musiques trop rude dans le contexte post-colonial), pour finalement être vendu à quelques centaines d'exemplaires chez les disquaires de Kingston ou de Londres et exploité dans les juke-box des cafés. Mais ni eux, ni personne, ne pouvait prévoir que beaucoup de ces singles allaient être exploités dans le monde entier pendant des décennies et vendus à des centaines de milliers, voire des millions d'exemplaires et que les pressages originaux se vendraient à prix d'or sur le marché des collectionneurs. La Jamaïque était leur seul horizon et ils ignoraient qu'on distribuerait des compilations de reggae partout, de la Suède au Japon et qu'un jour il existerait une technologie appelée Internet qui permettrait de télécharger leurs œuvres ou de les écouter en streaming dans le monde entier.

La situation était différente pour les producteurs jamaïcains : ils avaient la possibilité, dès lors qu'une de leurs productions cartonnait en Jamaïque, de signer des sortes de licences de distribution avec des labels étrangers, aux clauses il est vrai léonines et contestables, mais qui leur permettaient de faire fabriquer et distribuer leurs enregistrements en Grande-Bretagne par Island, Pama ou Trojan et plus tard en France par Esoldun/Culture Press.

BANK OF JAMAICA
Produced
A Harder Version
MOODIE MUSIC
MML 2657
MONET MONEY
DONALD DUFFUS
A Moodie Music Ltd Production
Fifty
2000
AF4093
Dollars

# III – Le droit d'auteur, les droits voisins et le business de la musique.

Les chansons interprétées publiquement, comme leurs enregistrements, mettent en jeu deux sortes de droits distincts, qui constituent deux couches de droits. À la base on trouve le droit d'auteur dont sont investies les œuvres musicales avec ou sans paroles ; ce droit appartient aux auteurs des paroles et/ou aux compositeurs des mélodies.

Lorsqu'une composition musicale, avec ou sans paroles, est interprétée par un ou plusieurs artistes-interprètes (distincts des auteurs originaux), elle génère à leur profit un droit voisin du droit d'auteur. Ce droit s'étend au producteur de l'enregistrement dès lors que ladite interprétation est fixée sur un support. Ce droit, dont bénéficient donc les artistes interprètes et les producteurs, est dit voisin du droit d'auteur car il se superpose toujours au droit d'auteur dû aux auteurs compositeurs. L'œuvre précède toujours son interprétation et de ce fait les droits des artistes-interprètes et des producteurs sont en quelque sorte subordonnés aux droits des auteurs-compositeurs. Aussi les artistes-interprètes, d'une chanson et les producteurs de son enregistrement bénéficient-ils de ces droits dits voisins du droit d'auteur.

Alors que tous les grands domaines du droit prennent leur source dans le droit romain, le droit d'auteur est une conséquence de l'invention de l'imprimerie par Johannes Gutenberg en 1450. En permettant la diffusion d'ouvrages à plusieurs milliers d'exemplaires, l'imprimerie a changé le rôle des auteurs dont il a fallu préciser le statut. Le *Copyright Act* (ou

Statut d'Anne) adopté en Grande-Bretagne en 1710 est l'ancêtre de toute la législation en matière de droit d'auteur.

À la fin du XVIIIe et au début du XIXe, tous les grands pays occidentaux ont adopté des législations à ce sujet.

En France le droit d'auteur, qui s'appelait alors propriété littéraire et artistique, a vu le jour suite aux révolutions de 1791 et 1793 et dès 1850 la Société des auteurs, compositeurs et éditeurs de musique (SACEM) était créée. Mais ce droit, même s'il a conservé ses principes généraux, a connu depuis d'importantes évolutions.

Les règles fondamentales du droit d'auteur ont été codifiées en 1886 par la Convention de Berne sur la propriété littéraire et artistique. L'adoption de cette convention a été facilitée par le fait qu'à cette époque les pays de l'Europe continentale, ainsi que la plupart de leurs colonies, avaient adopté la loi française qui avait, de ce fait, infiltré ces pays dès l'époque napoléonienne. Ainsi le Portugal, qui n'a été occupé que quelques semaines par les troupes napoléoniennes, avait-il adopté les lois françaises de 1791/1793 avant que celles-ci ne soient adoptées quelques années plus tard par le Brésil. Au droit international issu de la Convention de Berne de 1886, révisée et amendée depuis à plusieurs reprises, s'ajoute également depuis 1993 un droit européen, issu de près d'une quinzaine de directives ou de règlements.

Mais en plus de ce droit positif, le domaine musical est régi par des usages professionnels qui concernent aussi bien les concerts que la fabrication et la diffusion de supports; ils peuvent être enregistrés dans des salles accessibles au public, ou au moyen de systèmes comme la radio, la télévision, Internet etc. Ces usages sont d'autant plus normatifs que les droits d'auteur perçus sur les concerts, la vente de support et les diffusions diverses le sont par une ou des sociétés de gestion collective de droits d'auteurs. En France on peut parler au singulier puisque la Société des auteurs, compositeurs et éditeurs de musique, plus connue sous l'acronyme SACEM, a un monopole en la matière.

Les juristes et même les magistrats opposent souvent le droit d'auteur français au *copyright* anglo-saxon. Ce dernier a vu le jour en Grande-Bretagne en 1709 et aux États-Unis en 1790, alors que le droit d'auteur a vu le jour en France en 1792-1793 ; mais il s'agit bien du même droit, même si les universitaires distinguent bien, en anglais, le concept d'*authors' rights* en vigueur dans tous les pays d'Europe continentale, de celui de *copyrights* en vigueur dans les pays anglo-saxons. Malgré quelques légères différences, ce que l'on désigne par *copyrights* n'est autre que le droit d'auteur, donc, en matière d'œuvre musicale, les droits des auteurs des chansons et des compositeurs de leurs musiques.

Mais que ce soit le *copyright* ou le droit d'auteur, leurs concepteurs n'envisageaient à l'origine que la musique sous forme écrite, c'est-à-dire un texte littéraire pour les paroles et une partition pour la musique.

Au fil du temps, le droit de *copyright* a évolué différemment en Grande-Bretagne et aux États-Unis. Aux États-Unis il désigne à la fois le droit d'auteur et les droits sur les enregistrements (*copyright in sound recordings*). Les exécutions ou interprétations d'artistes successifs sont assimilées à des créations et bénéficient d'un *copyright* qui est la propriété conjointe de l'artiste interprète et de la personne qui a financé l'enregistrement, ou du propriétaire des masters.

En plus des problèmes propres au droit des contrats ou à la procédure, se pose donc également celui des différences entre le *copyright* américain et le *copyright* anglais, qui a subi l'influence du droit européen et qui est donc plus proche, voire même identique, au droit français, sauf en matière de contrats. Il n'en est pas de même du *copyright* américain, qui diverge encore substantiellement du droit français, dans la mesure où il ne connaît pas l'exception de courte citation à laquelle il a préféré la notion de *fair use*, ou usage raisonnable, qui est beaucoup moins restrictive.

Alors que le droit d'auteur est la conséquence de l'invention de l'imprimerie, c'est l'invention de la technique d'enregistrement, donc du gramophone et de la radiodiffusion, qui est à l'origine des droits des artistes-interprètes et des producteurs de phonogrammes. En conséquence, alors que le droit d'auteur a pour ainsi dire trois siècles d'existence, les droits des artistes-interprètes et des producteurs de phonogrammes n'ont été véritablement reconnus que dans les années 1960. De ce décalage il résulte encore une hiérarchie entre ces droits, qui est défavorable aux artistes interprètes et aux musiciens.

À l'origine, en France comme à l'étranger, c'est la jurisprudence qui a permis de faire reconnaître quelques droits aux artistes-interprètes. Dans son arrêt *Furtwängler*, du nom du célèbre chef d'orchestre allemand, rendu le 4 janvier 1964, la Cour de cassation a posé le principe selon lequel un artiste a seul le droit d'autoriser l'utilisation de l'enregistrement de ses interprétations. Et dans un jugement du 19 mai 1982, dans une affaire mettant en cause un enregistrement clandestin de la voix de Maria Callas, le Tribunal de grande instance de Paris a affirmé que : « La voix est un attribut de la personnalité, une sorte d'image sonore dont l'enregistrement et la diffusion sans autorisation expresse et spéciale, est fautive. »

Mais le droit ainsi reconnu aux artistes-interprètes par la jurisprudence était limité au droit d'interdire ou d'autoriser l'enregistrement de leurs interprétations et leur commercialisation. Il ne leur reconnaissait pas pour autant un droit à rémunération lors de leur diffusion publique.

Quant aux producteurs de phonogrammes réalisés avec le consentement des artistes, ils détenaient avec ceux-ci une sorte de droit de propriété. Mais ils ne pouvaient invoquer que le droit de la responsabilité civile pour faire condamner les duplications ou reproductions illicites de leurs phonogrammes. Celles-ci étaient relativement rares, car dupliquer des disques était une opération technique complexe et coûteuse, qui n'était pas à la portée de tous.

Au début des années 1960, aussi bien en Jamaïque que dans le reste du monde, les artistes comme les producteurs n'avaient pour ainsi dire aucun droit, à l'exception de celui de faire fabriquer des disques à partir de leurs enregistrements. Dans le monde entier, les lois permettaient alors de diffuser des disques, y compris à la radio, sans avoir à rémunérer leurs interprètes et leurs producteurs. On considérait alors que ces diffusions assuraient la promotion des disques et contribuaient à leur notoriété, qui en retour leur assurait des salles de concert pleines et la garantie de meilleurs cachets.

Les grands principes du droit des artistes-interprètes, des musiciens et des producteurs, appelés droits voisins du droit d'auteur, n'ont véritablement vu le jour qu'en 1961, grâce à la Convention de Rome pour la protection des artistes interprètes ou exécutants, des producteurs de phonogrammes et des organismes de radiodiffusion.

Indépendamment du fait que cette Convention n'a été ratifiée que par 97 pays (à la date du 1er janvier 2023), parmi lesquels ne figurent pas les États-Unis, celle-ci n'est entrée en vigueur dans de nombreux pays signataires que dans les années 1980 ou 1990. Pour être précis, elle est entrée en vigueur le 18 mai 1964 au Royaume-Uni, le 21 octobre 1966 en Allemagne, le 3 juillet 1987 en France, le 7 octobre 1993 aux Pays-Bas et le 27 janvier 1994 en Jamaïque. Par ailleurs, certains pays comme la France ont ratifié cette convention avec des réserves qui en limitent la portée.

Une des conséquences de la Convention de Rome de 1961, est que dans les pays membres de celle-ci, en matière de musique enregistrée, le droit français comprend désormais deux composantes distinctes, pour ainsi dire deux couches de droits différents : le droit d'auteur, dont bénéficient depuis plus d'un siècle les auteurs des chansons et les compositeurs de leur musique et ces droits dits voisins (du droit d'auteur) dont bénéficient les artistes interprètes et les producteurs.

La situation est différente aussi bien en Grande-Bretagne (donc indirectement en Jamaïque) qu'aux États-Unis, pays dits de *copyright*.

Le champ du *Copyright Act* anglais de 1911 a été élargi au fil des années, pour accorder au producteur de sons enregistrés (*sound recordings*) le droit exclusif de reproduire ses enregistrements, un peu comme aux États-Unis. Mais après que la Grande-Bretagne a adopté la Convention de Rome de 1961 sur la protection des artistes et des phonogrammes, le *Copyright Act* anglais a été modifié le 18 mai 1964 pour intégrer ses principes. Depuis, ce document inclut une 2e partie intitulée *Rights in Performances*, qui parmi les droits économiques distingue entre les droits des artistes (identiques à ceux reconnus par le droit français) et ceux des personnes ayant des droits sur des enregistrements. En la matière, le droit anglais est donc très similaire, voire même identique au droit français.

Le *Copyright Act* jamaïcain de 1993 adopte les principes en vigueur en Europe, découlant de la Convention de Rome de 1961, en distinguant les droits des interprètes (§ 108 à 111) et ceux, non pas des producteurs, mais des personnes ayant les droits sur les enregistrements (*having recording rights* § 112 à 114). Mais cette loi est ambiguë dans la mesure où, selon son article 1.1.e, *est auteur de sons enregistrés, la personne qui a pris les dispositions nécessaires à la réalisation de l'enregistrement.* En principe, deux personnes se partagent les droits sur un enregistrement, appelé légalement phonogramme : son artiste interprète et son producteur.

Quant au droit américain, comme les États-Unis ne sont pas membres de la Convention de Rome de 1961, il reste un système particulier et à part, car il ne reconnaît qu'un *copyright in the sound recording*, donc un droit d'auteur à part entière sur les enregistrements sonores.

Mais on assiste depuis les années 2003-2010 à une harmonisation mondiale des droits. Ainsi le Traité de l'OMPI de 1996 sur les interprétations et exécutions et les phonogrammes (WPPT) assure la protection des droits de propriété intellectuelle des artistes interprètes ou exécutants, acteurs, chanteurs, musiciens etc. et des producteurs de phonogrammes dans un environnement numérique.

Distinction Droits d'auteurs / Droits voisins

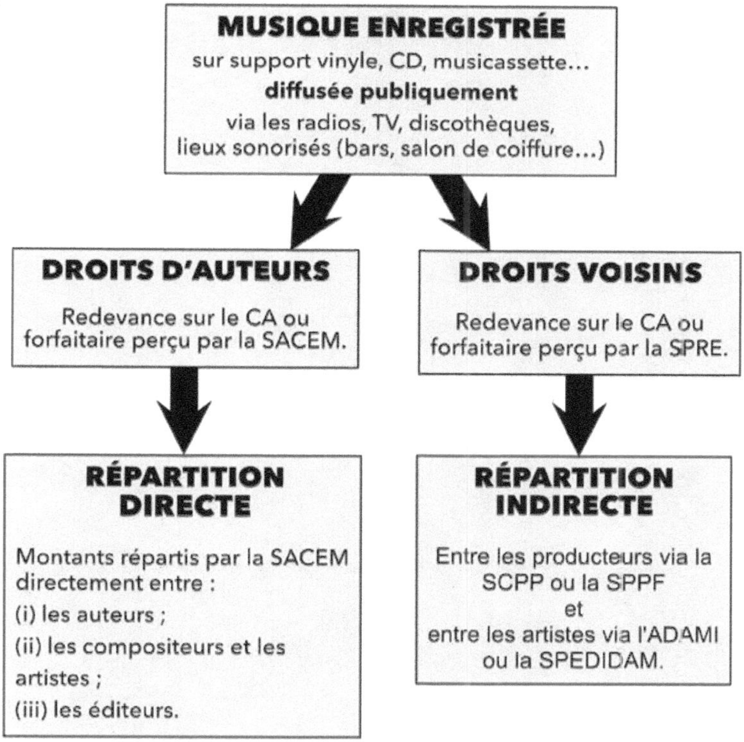

BANK OF JAMAICA
A Harder Version
Fifty
MOODIE MUSIC
MML 2657
MONEY MONEY
DONALD DUFFUS
A Moodie Music Ltd Production
2000
AF4093

# IV – L'industrie musicale, instable et évolutive et son business.

En France on parle d'industrie musicale, alors qu'il faudrait plutôt, comme les anglo-saxons, parler de business de la musique. Et plutôt que de musique, il serait plus approprié de parler de divertissement, une traduction imprécise du concept anglo-saxon d'*entertainment*. Les chanteurs comme les musiciens sont plus que des artistes-interprètes, ce sont également des *showmen*. Le public qui assiste à un concert de Taylor Swift ou des Rolling Stones y va tout autant pour écouter leurs chansons que pour assister à un show et se déconnecter pour quelques heures de ses préoccupations quotidiennes.

Les revenus de la majorité des artistes français, comme des anglais ou des américains, proviennent des salaires payés par leurs employeurs ou, pour ceux qui exercent des professions libérales, des honoraires qu'ils facturent. Ce n'est pas le cas de la quasi-totalité des artistes et des musiciens, car très peu sont salariés. Les artistes comme les musiciens connus ont plusieurs sources de revenus. Celles-ci ont évolué dans le temps, parallèlement à l'évolution de l'industrie musicale et des technologies, ainsi qu'en fonction des lois nationales et des traités internationaux.

Grossièrement, en 2025, un artiste-interprète perçoit :

(i) une rémunération dite cachet pour chacun de ses concerts ;

(ii) des redevances versées par son ou ses producteurs, souvent des labels de disques, pour la fabrication et la commercialisation de ses enregistrements ;

(iii) des rémunérations légales, à savoir la rémunération équitable sur la diffusion publique de ses enregistrements (radios etc) et la copie privée (prélevée notamment sur les CD vierges). Celles-ci sont collectées en France par la SPRE et Copie France et lui sont réparties par l'ADAMI.

Un musicien perçoit également :

(i) une rémunération au cachet pour chacun de ses concerts ;

(ii) un cachet pour ses séances d'enregistrement ;

(iii) des rémunérations légales, collectées de la même manière que pour les artistes, mais qui lui sont réparties par la SPEDIDAM.

Les ratios entre ces différents types de revenus (cachets divers et rémunérations légales) varient pour chaque artiste-interprète ainsi que pour chaque musicien. Un grand nombre gagne surtout leur vie grâce à leurs concerts ou leurs séances d'enregistrement, alors que pour d'autres les rémunérations légales constituent également une part importante de leurs revenus.

Les cachets payés aux artistes pour leurs concerts varient en fonction de leur notoriété et des salles ou des festivals où ceux-ci se produisent. Techniquement on parle de jauge – le nombre de places disponibles facturables par la billetterie.

Dans les années 1960 et 1970 ces salles étaient relativement petites. Donner une vingtaine de concerts à Paris dans une salle de 2000 places comme l'Olympia était alors une consécration. À Londres, le Lyceum Theatre où les 17 et 18 juillet 1975 Bob Marley & The Wailers ont enregistré leur album *Live* n'avait que 2100 places assises. Ce n'est qu'au milieu des années 1970 qu'on a commencé à donner des concerts dans des salles de sport aménagées, comme le Palais des Sport à Paris qui pouvait accueillir près de 5 000 spectateurs. À partir de 1980, les artistes et les groupes ayant une notoriété internationale ont commencé à donner des méga-concerts avec 100 000, voire

200 000 spectateurs lors de festivals ou dans des stades. Mais les chanteurs de reggae n'en ont guère profité. Le plus grand concert donné en France par Bob Marley & The Wailers, celui du 3 juillet 1980, eut lieu sur un terrain proche des pistes de l'aéroport du Bourget en banlieue parisienne. Il avait à l'époque défrayé la chronique pour ses 47 000 spectateurs payants, alors un record. (« Plus que le Pape ! » avaient alors clamé les Rastas…)

En 2018, Tim Leiweke, le patron d'Oak View Group, un réseau de 29 salles et de dizaines de stades aux États-Unis, soulignait : « Il y a vingt-cinq ans (en 1995), seuls les Pink Floyd pouvaient rapporter 27 millions de dollars [23 millions d'euros] en réalisant une grande tournée de concerts. En 2017, on a compté 47 tournées qui ont atteint ce niveau. En Amérique du Nord, nous avons vendu, pour la première fois de l'histoire, plus de billets de concert que de tickets de cinéma. Rien qu'en Amérique du Nord, l'industrie musicale a franchi les 10 milliards de dollars de chiffre d'affaires l'an dernier. »[3]

Selon une évaluation de la banque Goldman Sachs, en 2023, les revenus mondiaux des concerts ont dépassé les 28 milliards de dollars américains. Ce chiffre est surtout basé sur les données des géants du secteur, comme l'américain Live Nation, propriétaire de la plate-forme Ticketmaster qui représente plus de 75% de la vente mondiale des tickets de méga-concerts. En un an, cette plateforme a écoulé plus de 120 millions de billets dans le monde[4]. Toujours en 2023, les 100 plus grandes tournées mondiales ont généré 9,17 milliards de dollars selon le site spécialisé Pollstar. Mais tous ces chiffres ne tiennent pas compte des dizaines de milliers de concerts de quartiers donnés dans le monde entier, qui permettent à de nombreux musiciens de gagner de quoi vivre plus ou moins correctement.

La manière dont sont rémunérés les groupes ou les vedettes pour un concert ou un festival varie selon les cas et dépend

---

[3] Vulser N., Le business des concerts se porte à merveille, *Le Monde*, 12 juin 2018 sur www.lemonde.fr

[4] Musique : les milliards du business de concerts, *Les Échos,* 3 janv. 2024 sur www.lesechos.fr

surtout de l'accord passé avec le producteur du spectacle ou du festival. Ils peuvent recevoir, soit un cachet (qui peut varier d'un millier à plusieurs centaines de milliers d'euros), soit un pourcentage des recettes nettes.

Quant aux musiciens, ceux-ci, comme les techniciens, perçoivent un cachet pour leur prestation. En France ce cachet est en principe assimilé à un salaire et taxé comme tel, y compris pour les artistes étrangers. Ainsi pour ses apparitions et concerts sur les différentes chaînes de télévision françaises, Jimmy Cliff a toujours reçu un bulletin de salaire, dont avaient été prélevées les charges de sécurité sociale et de retraite, dont il ne bénéficierait jamais !

Lors des concerts, environ 8% des recettes de billetterie servent à payer les droits d'auteurs, qui sur un méga-concerts peuvent se chiffrer en centaines de milliers, voire même en millions d'euros. En 2023, les soixante-seize premiers concerts du *Era's Tour* de Taylor Swift, ceux donnés en Amérique du Nord, ont à eux seuls généré près de 2 milliards de dollars de billetterie, donc près de 160 millions de dollars en droits d'auteur. Durant cette tournée, cette artiste a vendu plus de 4,35 millions de billets pour soixante spectacles présentés dans vingt-quatre villes. Mais cette auteure-compositrice-interprète de 33 ans a également généré des ventes d'environ 200 millions de dollars américains en produits dérivés et son documentaire en tournée a rapporté 250 millions de dollars au box-office, devenant ainsi le film de concert le plus rentable de tous les temps.

Le business de la musique enregistrée a beaucoup évolué en un siècle, en fonction des évolutions technologiques. C'est à la fin de l'année 1877 que Thomas Edison a développé le premier phonographe, qui permettait d'écouter pendant quelques secondes de la musique enregistrée sur des cylindres. En France, à partir de 1890, ces cylindres étaient fabriqués et commercialisés par la société Pathé, fondée à Paris par les frères Charles et Émile Pathé, alors propriétaires d'un bistro.

Au phonographe succéda le gramophone inventé et breveté par l'allemand Emile Berliner entre 1886 et 1889. Il utilisait des disques 78 tours, dont chaque face ne pouvait contenir plus de

5 minutes de musique enregistrée. En conséquence de cette contrainte technique, certains concertos et symphonies classiques devaient être enregistrés sur deux disques.

Rapidement des sociétés spécialisées dans la fabrication et la commercialisation de ces disques 78 tours ont vu le jour. La plus ancienne est la Deutsche Grammophon Gesellschaft, créée le 6 décembre 1898 à Hanovre par Emile Berliner et son frère Joseph. Quelques semaines plus tard, en janvier 1889, Columbia Records voyait le jour à Washington. La société His Master's Voice, (en France La Voix de son Maître) n'a été fondée qu'en 1901 en Grande-Bretagne. Ce label fusionnera avec la Columbia en 1931 pour former l'Electric and Musical Industries Ltd., connue par la suite sous le sigle EMI.

La fabrication et la commercialisation de disques a littéralement explosé à partir des années 1950, suite à l'invention du microsillon vinyle 33 tours (33t) en 1948. Les premiers albums 33t, commercialisés à partir de 1951, ont rapidement été suivis par les 45t, inventés par la société RCA en 1949 et commercialisés à partir de 1951, soit sous la forme de *single*, avec deux titres (face A et B), ou plutôt quatre titres (2 par face). Le prix de vente plus abordable des singles garantira leur succès et dans une large mesure la diffusion du rock n'roll. En 1955 près de 3 millions du single *Rock Around the Clock* de Bill Haley and the Comets seront commercialisés mondialement.

La fabrication d'un disque implique d'abord l'enregistrement d'une interprétation. Avant l'invention du numérique, le support était une bande mère, en anglais *master*. À partir du master on réalise une matrice qui va permettre de presser un certain nombre de copies vinyles. Lorsque la première commence à s'user on en fabrique une autre.

Après les premiers balbutiements de pionniers comme Stanley Motta ou l'Indien Baba Tewari (propriétaire d'un des premiers cinémas de l'île) c'est le libano-cubain Ken Khouri (1917 – 2003) qui allait inaugurer l'industrie du disque en Jamaïque. D'abord marchand de meubles, il avait fait l'achat d'un magnétophone à Miami en 1949, sur lequel il se mit à enregistrer des morceaux de mento ou de calypso dans les clubs de Kingston ; il envoyait ensuite ses bandes en Angleterre pour y faire presser des disques, car à l'époque il n'existait pas de pressage sur place. En 1954 il achetait une presse et devenait le premier *presseur* de disques du pays. Son Studio Records Limited, renommé Federal Records Studio en 1957-58, est réputé pour ses enregistrements de mento et de calypso, styles festifs appréciés des propriétaires de gramophones ; plus tard, lorsqu'enfin les ghettos auraient accès à l'électricité, viendraient les musiques du petit peuple, le mento, le ska, le rocksteady et le reggae. Federal est le studio où l'on voit Jimmy Cliff enregistrer *The Harder They Come* pour le film éponyme de Perry Henzell (1972). C'est aussi celui où Bob Marley enregistrerait son premier single *Judge Not*.

Dès son premier titre *Naughty Little Flea* de Lord Flea (1957) Ken Khouri se fit remarquer pour ses fusions de mento et de rocksteady, les prédécesseurs du reggae, mais aussi pour avoir distribué dans les Caraïbes des disques de labels américains, légalement pressés en Jamaïque dans le cadre d'un contrat de distribution avec Mercury Records. Discogs liste respectivement 601, 1786 et 227 albums, compilations et singles commercialisés ou distribués sur les labels Federal Records Studio, Federal Record Mfg. Co. Ltd. et Federal Records.

Au début des années 1960, la vague de jeunes producteurs comme Clement 'Coxsone' Dodd, Duke Reid, Prince Buster ou Lloyd 'Matador' Daley louaient souvent le Federal Records Studio pour leurs sessions d'enregistrement. Mais en 1981, à la mort de Bob, son épouse Rita Marley achète à Ken Khouri le studio Federal de Marcus Garvey Drive (un fief du *Jamaican Labour Party*, JLP) et y relocalise le vieux Tuff Gong, jusqu'ici installé à Hope Road (tenu par le *People's National Party*, PNP).

Aujourd'hui il y a plus de 200 studios en Jamaïque, de technicité et d'importance variée. Souvent couplés à une boutique, ils ont longtemps été le centre du business : chanteurs et musiciens en quête d'un producteur s'y retrouvaient ; toute la scène défilait le samedi, jour de paye et un public avide s'arrachait les meilleures galettes. Mais aujourd'hui les boutiques de disques n'attirent plus guère que les touristes et c'est le numérique qui tient le haut du pavé.

En principe l'artiste qui enregistre une chanson le fait dans le cadre d'un contrat d'enregistrement signé avec un producteur. Dans les années 1950-1990, ce type de contrat ne prévoyait que la fabrication et la commercialisation de disques vinyle reproduisant ledit enregistrement, car c'était à l'époque tout ce dont disposait l'industrie musicale. En règle générale, les artistes percevaient, par contrat, entre 8 et 10% de royalties sur leurs ventes hors taxe (H.T.). Ces royalties constituaient généralement leur deuxième source de revenus après les cachets des concerts. Redevances et royalties étaient en principe payées annuellement à l'artiste.

Dans les années 1970, sur le marché de la musique enregistrée, seules les mini cassettes, ainsi que d'autres formats de cassettes aux États-Unis, concurrencent les disques vinyle 33t et 45t. Ce marché américain était évalué en 1977 à 3,9 milliards de dollars américains, dont 2,6 pour les seuls disques vinyle, le marché mondial étant lui de l'ordre de 8 milliards de dollars américains.

En 1982-83 on a vu apparaître les premiers *compact discs* (CD lasers) qui allaient remplacer les disques vinyle à la fin des années 1980. En 1990 le marché américain de la musique enregistrée était évalué à 7,7 milliards de dollars américains, dont 3,8 milliards pour les CD. Mais à cette période les royalties perçues par les auteurs-compositeurs comme par les artistes ou même certains producteurs étaient à peu près équivalentes à celles que généraient jusqu'ici les albums 33t.

En 2000, le marché des CD a atteint une sorte de pic. Le marché américain de la musique enregistrée, qui était alors évalué à 14,3 milliards de dollars américains, comptabilisait 13 milliards de dollars américains en ventes de CD. En 2001, avec l'avènement d'iTunes, nombreux sont ceux qui n'ont plus acheté de CD, préférant télécharger plutôt les titres de leur choix et avec le lancement de Spotify à la fin de l'année 2008 on a vu apparaître et se développer l'écoute des titres en streaming. En 2010 le marché américain de la musique enregistrée, qui avait fortement chuté, était évalué à 7,2 milliards de dollars américains (3,3 milliards de ventes de CD, 2,4 milliards en téléchargement et 0,3 milliard en streaming).

Sur un disque vinyle 33t commercialisé à environ 10 euros ou 10 dollars américains (H.T. ou TVA) à l'époque, l'artiste interprète percevait, théoriquement, entre 0,8 et 1 €/US $, alors que l'auteur compositeur en percevait environ 0,7 €/US $, une somme du même ordre de grandeur. La part du producteur était très variée selon les cas, car alors que certains producteurs assuraient également la fabrication et la distribution de leurs disques et même des disques de leurs concurrents, la plupart des producteurs jamaïcains se bornaient à confier la tâche à des structures extérieures. De ce fait ils ne touchaient que des royalties de l'ordre de 10% du prix de vente hors taxes, soit également de 0,8 à 1 €/US $.

L'apparition d'abord des plate-formes de téléchargement, comme iTunes, puis des plateformes de streaming comme Spotify et Deezer, a totalement modifié le business de la musique puisqu'en 2024, près de 84% des revenus de l'industrie musicale mondiale étaient générés par des exploitations numériques.

Outre les trois précitées et le site YouTube, on peut aujourd'hui écouter, voire télécharger de la musique sur Amazon, Soundcloud, Yandex, Qobuz, Beatport, Beatsource, Napster, Anghami, Boomplay, Pandora, Kkbox, Soundmahine, Lastfm...

En 2023, selon selon l'International Federation of the Phonographic Industry (IFPI), qui représente l'industrie de la musique enregistrée dans le monde, les revenus du secteur ont augmenté de 10,2% pour atteindre le chiffre d'affaires global de de 28,6 milliards de dollars américains en 2023, soit une neuvième année consécutive de croissance. Près de la moitié de ce chiffre d'affaires (48,9%) était constituée par les revenus du streaming. Le nombre d'abonnements payants à des services de streaming musical a dépassé pour la première fois les 500 millions et on dénombrait en 2023 plus de 667 millions d'utilisateurs de comptes payants, avec des taux de pénétration locaux très variables selon les pays.[5]

[5] Global Music Report de l'IFPI 2024 – *État des lieux de la musique enregistrée*, sur https://snepmusique.com

Depuis l'invention du disque, lorsqu'une chanson enregistrée est diffusée sur une radio, elle génère au profit de l'auteur, du compositeur, ainsi que de son éditeur, une redevance, collectée et répartie par un organisme de gestion collective de droits, en France la Société des Auteurs Compositeur et Éditeurs de Musique (SACEM). Il s'agit d'une redevance contractuelle, car la SACEM signe en principe un contrat avec la radio, ou avec toute autre structure, organisme ou association qui diffuse publiquement, ou dans un lieu public, de la musique, enregistrée ou non, appartenant à son répertoire.

Le montant de la redevance payée à la SACEM par les stations de radio au titre du droit de diffusion publique était variable, mais pouvait atteindre 7 à 8% de leurs recettes publicitaires hors taxes, soit grossièrement l'équivalent de 18 à 20 € par diffusion sur une radio nationale et de 3 €, voir moins à 6-8 € sur une radio locale.

Dès 1905 la jurisprudence a reconnu aux auteurs-compositeurs de musique un droit de reproduction mécanique, distinct de leur droit de diffusion public. Traditionnellement ce droit est administré en France par la Société pour l'administration du droit de reproduction mécanique, ou SDRM, créée en 1935, qui est en réalité une émanation de la SACEM dont elle partage l'adresse. La SDRM est membre du Bureau international des sociétés gérant les droits d'enregistrement et de reproduction mécanique (BIEM), qui compte 60 membres dans 56 pays. En France lors du pressage d'un disque vinyle ou CD, la SDRM prélève une redevance de droit d'auteur de 7,40% du prix de vente au détail de chaque exemplaire, ou de 9,009% de son prix de gros, avec un minimum de 0,4955 € pour un disque promotionnel offert gracieusement.

Un téléchargement relève en principe du droit de reproduction mécanique, alors qu'un stream met en jeu à la fois le droit de diffusion publique et le droit de reproduction mécanique. De ce fait, la frontière entre ces deux droits est difficile à déterminer et donne lieu à une répartition définie par les usages. De ce fait, en 2021, les droits mécaniques provenant des exploitations numériques représentaient plus de 50% du total des collectes, dont 25% du seul streaming.

En Grande-Bretagne les droits de représentation publique, donc les droits SACEM, sont administrés par la *Performing Right Society* ou PRS et les droits de reproduction mécanique, par la *Mechanical-Copyright Protection Society* ou MCPS.

Répartition des droits PRS/MCPS

| FORMAT | PRS | MCPS |
|---|---|---|
| **Téléchargement** | 25% | 75% |
| **Streaming** | 50% | 50% |
| **Web casting interactif** | 75% | 25% |
| **Sonneries musicales (téléphones)** | 33,33% | 66,67% |

Mais même si la distinction entre droit de communication au public et droit de reproduction présente encore un intérêt sur le plan juridique, du point de vue organisationnel, dans la mesure où les exploitations *on line* proviennent de plate-formes bien identifiées comme Spotify, Deezer ou Apple, la distinction devient théorique. La fabrication physique de disques, quant à elle, est réalisée par des usines de pressage qui nécessitent une collecte particulière des droits de reproduction. Se pose de ce fait la question de savoir si des sociétés comme la SDRM, qui en 2016 a encore collecté 324,7 millions d'euros de droits de reproduction mécaniques à divers titres, a encore un avenir en tant que société autonome, où si elle ne va pas finir par être absorbée par la SACEM – ce qui semble être le cas.

Les revenus des éditeurs de musique proviennent (i) de leurs droits propres, comme le droit de synchronisation, c'est-à-dire le droit d'autoriser l'usage des œuvres comme bandes-son de films ou d'œuvres audiovisuelles, ainsi que leur autorisation à des fins publicitaires et (ii) des droits de diffusion publique et de reproduction mécanique qu'ils partagent avec les auteurs-compositeurs, mais qui sont gérés collectivement par la SACEM/SDRM.

Statutairement, ou selon les usages, les éditeurs de musique perçoivent de la SACEM et/ou de la SDRM entre 33% et 50% des redevances collectées au nom des auteurs compositeurs. En France, les éditeurs de musique de variété sont regroupés au sein de la Chambre syndicale de l'édition musicale (CSDEM), qui est elle-même membre de l'*International Confederation of Music Publishers* (ICMP).

En 2022, selon la Confédération internationale des sociétés d'auteurs et compositeurs (CISAC), qui regroupe 225 organisations de gestion collective de droits d'auteurs et de compositeurs dans 116 pays, les collectes mondiales dans le seul domaine musical ont atteint 12,1 milliards d'euros (dont 10,8 milliards pour la seule musique), soit une augmentation de 26,7% par rapport à 2021 ; 4,08 milliards d'euros (+11%) pour la télévision et la radio ; 4,20 milliards d'euros pour le numérique (+33,5%) et 2,68 milliards d'euros (+69,9%) pour le live et les exécutions publiques. À ces exploitations il faut rajouter 10% d'autres droits divers (dont la copie privée, les CD et les enregistrements vidéo).

La Convention de Rome de 1961 a reconnu aux artistes, aux musiciens et aux producteurs un droit à rémunération équitable lors de la diffusion publique de leurs enregistrements. Cette rémunération, collectée en France depuis le 1er janvier 1986 par la SPRE, est ensuite répartie aux artistes par l'ADAMI, aux musiciens par la SPEDIDAM et aux producteurs par la SCPP ou la SPPF.

En France en 2023 la SPRE a collecté un total de 153,1 millions d'euros. Sur la plan mondial, ce sont près de 2 milliards d'euros qui sont collectés au titre de la rémunération équitable. Même si celle-ci est répartie en fonction des diffusions et donc aux artistes, musiciens et producteurs des enregistrements les plus diffusés, elle n'en constitue pas moins une rémunération appréciable pour un grand nombre d'entre eux.

De par leur naissance, les êtres humains deviennent citoyens d'un pays ou d'un autre. On peut avoir la nationalité de son pays de naissance (droit du sol), ou celle de ses parents (droit du sang). On peut même bénéficier de ces deux nationalités et être binational. Un artiste, qui peut être de nationalité jamaïcaine, anglaise, américaine ou même française peut enregistrer un titre de reggae à Kingston, à Londres, à New-York ou même à Paris et cela pour le compte d'un label ou d'une société jamaïcaine, anglaise, américaine ou française. Par ailleurs, un enregistrement réalisé dans un studio de Kingston est bien souvent mixé par la suite à Londres, New-York ou Paris, avant d'être commercialisé, d'abord en Europe, puis aux États-Unis ou vice-versa. Cette problématique n'est pas que théorique : elle a de lourdes conséquences pratiques, qui mettent en jeu des millions d'euros.

Ainsi, sur la pochette de l'album *Babylon by Bus*, il est écrit « enregistré live à Paris, Copenhague, Londres et Amsterdam », alors que sur le site www.bobmarley.com, qui peut être considéré comme référence officielle, il est écrit : « à l'exception de deux titres, cet album a été enregistré à Paris durant les trois concerts du Kaya Tour, donnés au Pavillon de Paris les 25, 26 et 27 juin 1977 ». Dans la biographie de Timothy White *Catch a Fire, The Life of Bob Marley* cet auteur précise que « durant l'hiver 1978, Island a sorti un double album live sous le titre *Babylon by Bus* avec des enregistrements réalisés en juin 1978 au Pavillon de Paris, mais sur sa pochette il est indiqué d'une manière erronée qu'il comporte des enregistrements réalisés à Copenhague, Londres et Amsterdam ». Toujours selon la pochette, cet album a ensuite été mixé par Jack Nuber dans les studios Criteria, à Miami en Floride, avant de sortir officiellement, à compter du 10 novembre 1978, sur le label Island, avec la notice ℗ 1978 Island Inc – une société américaine. Alors que, pour mémoire, l'album *Catch A Fire*, sorti en 1973, comportait la notice ℗ 1973 Island Records Ltd., – une société anglaise. Il en résulte que l'album *Babylon by Bus* a été dans sa quasi-totalité enregistré en France en juin 1978, puis mixé en Floride, aux États-Unis, avant d'être commercialisé en 1978, pour ainsi dire mondialement, par une société américaine. Quelle est donc la nationalité de cet album ? Est-ce son lieu d'enregistrement Paris ou son lieu de mixage et donc de finalisation, ou bien le lieu où il a été commercialisé pour la première fois (lieu de première publication) les États-Unis, ou encore la nationalité de son producteur, en l'occurrence une société américaine ?

La réponse à ces questions est très importante en France. Car si l'on considère que *Babylon by Bus*, bien que enregistré à Paris, est un disque américain, cela entraîne que les rémunérations légales générées par les titres de cet album sont considérées comme irrépartissables au regard de la loi française. Elles ne sont donc pas reversées à leurs légitimes ayants droit, à savoir Bob Marley, les Wailers et Island Records Inc., mais affectées à l'aide à la création. En d'autres termes, les 17 € de droits voisins générés en moyenne par une diffusion sur une radio nationale d'un des 13 enregistrements de cet album, notamment *Exodus* ou *Stir it Up*, qui sont bien collectés par la SPRE au nom des artistes, musiciens et producteurs, ne sont pas répartis et payés à ceux-ci, mais décrétés irrépartissables et affectés par les sociétés de gestion collective (ADAMI, SPEDIDAM et SCPP) au financement de projets culturels français.

Compte tenu de l'importance de l'année et du pays de publication et de l'année et du pays de fixation, ces données sont inscrites en France dans la base de données de la SCPP. Si l'on fait une recherche pour *Stir it Up*, par exemple, on constate que des dizaines d'enregistrements de ce titre enregistrés par Bob Marley & The Wailers figurent dans cette base de données, mais celui qui semble correspondre à l'album *Babylon by Bus*, d'une durée de 5'12s., a comme année et pays de fixation la France en 1978 et comme année et pays de publication, les États-Unis en 1978. Mais on découvre aussi parmi les autres enregistrements de ce même titre une version plus ancienne, d'une durée de 3'36s., réalisée en Jamaïque en 1973 et publiée la même année au Royaume-Uni. Lorsque cette version de 1973 est diffusée par une radio nationale en France, les 17 € de rémunération équitable qu'elle génère sont partagés pour 50% entre UMG (qui possède le catalogue Island), pour 25% entre les héritiers de Bob Marley et pour 25% entre les ayants droits des Wailers. La version 1978, celle de l'album *Babylon by Bus*, génère elle aussi une redevance de 17 €, mais ces droits irrépartissables sont affectés au financement d'aide à la création française et non pas aux auteurs. Les fans de Bob

Marley ignorent tout de ces arcanes juridiques et ils écoutent généralement la version que leur propose la plate-forme à laquelle ils sont abonnés.

De surcroît, par une directive européenne de 2006, la durée de protection des droits voisins a été portée de 50 à 70 ans après la date de leur publication. Pour mettre en œuvre cette extension de 20 ans de durée de protection des droits, on a retenu la date de 1963. En d'autres termes, les enregistrements réalisés jusqu'en 1963 sont déjà tombés dans le domaine public : ainsi tout titre, ou phonogramme, fixé en 1963 est dans le domaine public depuis le 1er janvier 2014, alors qu'un titre fixé en 1964 ne tombera dans le domaine public que le 1er janvier 2035. En conséquence, les enregistrements de reggae, comme tous les autres enregistrements, doivent également être envisagés dans le temps et dans l'espace, ce qui renforce la complexité du problème, d'autant plus que la loi ou le droit applicable en Jamaïque ou en France, en 1960, était différent de celui applicable en 2000 ou aujourd'hui.

Quelles lois régissent donc un enregistrement réalisé et même publié pour la première fois en Jamaïque en 1968, exploité ensuite via un album de 1978 par une société anglaise comme Trojan Records, puis dans les années 2000 par son successeur en titre, la société anglaise Sanctuary Records et finalement, depuis 2010, sous forme de streams sur Spotify au profit du groupe allemand BMG (qui a racheté le catalogue Trojan/Sanctuary) ? Se pose alors la question du droit applicable en Jamaïque en 1968 (enregistrement du single), en Angleterre en 1978 (fabrication et commercialisation par une société anglaise) et exploitation aujourd'hui sous forme de streams par une société allemande, via une plate-forme suédoise accessible par abonnement dans près de cent pays – dont la France ?

La cerise sur le gâteau : aujourd'hui, sur ces plateformes de streaming, on retrouve toutes ces éditions du titre (jamaïcaine, anglaise et major), celle des majors étant mieux référencée dans les playlists et mise en avant par rapport aux autres. Mais l'utilisateur consciencieux a bien de la peine à déterminer quel est l'éditeur de la version qui l'intéresse et à qui reviennent les droits.

En matière de droit des auteurs et des compositeurs, jusqu'à l'indépendance de la Jamaïque le 6 juin 1962, le *copyright* applicable dans ce pays était le *Copyright Act* anglais de 1911 (et non celui de 1956, qui n'a jamais été appliqué en Jamaïque). Tous les premiers enregistrements de reggae, ceux fixés sur un support en Jamaïque de 1952 à août 1993, sont donc en principe régis par le *Copyright Act* anglais de 1911, alors que ceux fixés après le 1er septembre 1993 sont régis par le *Copyright Act* Jamaïcain de 1993 (comme amendé depuis), qui contient des dispositions sur les droits voisins. Il faut noter que, suite à l'adoption du *Copyright Amendment Act* en 2015, la Jamaïque est le pays où la durée de protection des droits d'auteur, comme celle des artistes et des producteurs, est la plus longue, à savoir 95 ans après la mort de l'auteur. Cette prorogation de durée, rétroactive, s'applique à tous les enregistrements qui n'étaient pas dans le domaine public à la date du 1er septembre 1993. En conséquence, *Dearest Beverley* et *Hurricane Hattie* de Jimmy Cliff, enregistrés en 1962, déjà tombés dans le domaine public en Europe, sont protégés en Jamaïque jusqu'au 31 décembre 2057.

Jusque dans les années 1980, quand des enregistrements étaient diffusés à la radio, ni les artistes, ni les musiciens, ni les producteurs ne percevaient de redevances ou de rémunérations sur leurs diffusions. Quand dans les années 1960 on diffusait à la radio l'enregistrement de *Ne me quitte pas* interprété par Jacques Brel, celui-ci percevait une redevance de la SACEM en sa qualité d'auteur, ainsi qu'une autre en tant que compositeur, qu'il partageait avec Gérard Jouannest, co-compositeur de cette œuvre ; mais il ne percevait aucune redevance ou rémunération en tant qu'artiste-interprète.

Ce n'est que depuis les années 1980-1990 que, dans les pays européens, les revenus des artistes interprètes ne se limitent plus aux royalties versés par les maisons de disques ou les producteurs proportionnellement au nombre de disques vendus, ainsi qu'aux cachets perçus lors de leurs concerts. Comme les auteurs-compositeurs et éditeurs, dont les diffusions à la radio génèrent également des redevances, il bénéficie lors de ces mêmes diffusions d'une rémunération équitable, partagée à parts égales entre les artistes et les producteurs.

Comme expliqué plus haut, selon l'ADAMI, en 2018 une diffusion sur une radio nationale générait en moyenne 17 €, avant retenue des frais administratifs des diverses organisation de gestion collective, soit 50% ou 8,50 € pour l'artiste et les musiciens, payés à ceux-ci via l'ADAMI et la SPEDIDAM et 8,50 € pour le producteur, reversés à celui-ci par la SCPP ou la SPPF, cela en plus des 18 à 20 € payés aux auteurs-compositeurs et éditeurs via la SACEM.

En 2021, la situation était totalement transformée : sur un total de 15,1 milliards de dollars américains, 11,58 milliards provenaient du streaming, 1,6 milliard des disques vinyle et des CD et 0,5 milliards des téléchargements. Ce déplacement vers le streaming s'est étendu à tous les pays, aussi bien en Europe qu'en Asie. Le problème est que si l'industrie du disque, ainsi que les sociétés de gestion collective, ont réussi, jusqu'à l'arrivée des téléchargements et du streaming, à imposer un minimum de royalties pour les auteurs, les compositeurs, les artistes et même les producteurs, ce n'est plus le cas pour les téléchargements et les streams dont les prix ont été fixés unilatéralement, par iTunes pour les premiers et par les grandes plateformes comme Spotify et Deezer pour les seconds. Celles-ci, en effet, sont parties de leur propre modèle économique, à savoir un abonnement à 9,99 €/US $ par mois à l'époque. Car pour que les auteurs, compositeurs et artistes soient correctement rémunérés, du moins par rapport à la rémunération qu'ils percevaient sur les disques vinyle ou les CD, il faudrait que le prix des abonnements à Spotify et/ou Deezer soient doublés, voire même triplés. Selon un calcul fait par l'ADAMI en 2018, en France un artiste gagnait environ 100 € :

(i) lorsque son enregistrement était diffusé quatorze fois sur une radio nationale ;
(ii) lorsqu'il vendait cent albums ;
(iii) lorsqu'il était écouté 250 000 fois en streaming payant ou,

(iv) lorsqu'il était écouté un million de fois en streaming gratuit.

Comme les plateformes de streaming n'ont pas toutes le même modèle économique, en 2020, selon la SACEM, un million de streams génèrent en moyenne 2 000 € de droits d'auteur d'Apple Music, 1 300 € de Deezer, 1 100 € de Spotify, 225 € de Youtube et 173 € et 140 € sur les accès gratuits à Spotify et Deezer financés par la publicité. Ce même million de streams générait au profit des maisons de disque 6 622 € provenant d'Apple Music, 5 747 € de Deezer, 3 937 € de Spotify ainsi que 620 € de royalties. Mais le principal bénéficiaire du streaming était l'État, qui, sur un abonnement à une plate-forme de streaming à 9,99 €/mois, récupérait 1,99 € en TVA, le reste étant réparti à concurrence de 1,00 € pour les droits d'auteur, de 5,54 € pour les intermédiaires (donc environ 70% pour le producteur/maison de disques et 30% pour la plate-forme elle-même), alors que seulement 0,46 € étaient répartis aux artistes en fonction des écoutes mensuelles.

Mais avec les plateformes de streaming, ce que les artistes ont perdu en royalties par rapport aux disques vinyles ou CD, ils l'ont gagné par une exploitation mondialisée. En 2022, alors que le marché du streaming était dominé par Spotify (31%), suivi d'Apple Music (15%) et d'Amazon Music (13%), selon CertifiedStreams.com Sean Paul a gagné 931 000 US $ grâce au stream de ses enregistrements, suivi par Bob Marley (511 340 US $), Shaggy (496 080 US $), OMI (215 500 US $), Haddaway (175 540 US $), Damian Marley (156 400 US $), Beenie Man (152 640 US $), Shenseea (145 010 US $), Spice (114 800 US $), Inner Circle (110 660 US $), Popcaan (103 030 US $), Jimmy Cliff (99 200 US $), Chronixx (80 140 US $) et Koffee (73 320 US $).

Au début de l'année 2022, *I Can See Clearly Now* de Jimmy Cliff, un titre enregistré en 1993 pour la bande originale du film *Rasta Rockett*, avait été streamé 143 millions de fois sur Spotify et sa vidéo vue par 100 millions de personnes sur Youtube. D'après le magazine *Forbes*, en 2021, vingt ans après la mort de Bob Marley, sa succession a encaissé près de 16 millions de dollars pour l'ensemble de ses droits, tous types d'exploitation confondus, un montant relativement constant d'année en année qui le plaçait alors en onzième position des morts encaissant les plus gros revenus.

Certains titres de reggae ont donc allègrement franchi la révolution numérique et plus de cinquante ans après leur première commercialisation, ils sont streamés des milliers de fois chaque jour dans le monde entier. Mais lorsqu'en plus ils sont à la fois écrits, composés, interprétés et produits par la même personne (ce qui est le cas de la plupart des titres de Jimmy Cliff), ils peuvent générer beaucoup de royalties et de rémunérations diverses : en sa qualité d'auteur, compositeur ou producteur, il a droit aux royalties de diffusion publique et de reproduction mécanique, ainsi qu'à divers droits d'adaptation (notamment audiovisuelle et publicitaire). En tant que producteur il a également droit, dans certains cas de figure, à des royalties négociées ; en tant qu'artiste et producteur, il a droit aux rémunérations légales dues à ces deux catégories d'ayants droit. Et même lorsqu'il n'est pas producteur, il bénéficie de ses rémunérations légales d'artiste.

Il n'en demeure pas moins qu'en 2024, en Europe, le principal revenu des artistes, en dehors des cachets des concerts, était constitué non pas des royalties des maisons de disques, ou les streams de leurs enregistrements commercialisés par diverses plate-formes, mais de la rémunération équitable générée par la diffusion de leurs enregistrements à la radio. En Europe, celle-ci est toujours collectée et répartie par une organisation de gestion collective locale. C'est également le cas aux États-Unis, où cette rémunération qualifiée de *digital royalty* (car elle n'est collectée que sur les exploitations digitales) est répartie aux artistes, musiciens et producteurs par la société américaine SoundExchange.

Universal Music Group (UMG), numéro un du secteur, représente à elle seule en moyenne environ 35% de l'industrie musicale. Son chiffre d'affaires a oscillé entre 4,2 et 4,99 milliards d'euros de 2004 à 2014. Il est passé de 5,11 à 5,57 milliards d'euros en 2015-2017, pour atteindre les 6 milliards en 2018, dépasser les 7 milliards en 2019 et 2020, atteindre les 8,5 milliards en 2021, les 10,34 milliards en 2022 et enfin les 11,11 milliards en 2023.

En 2022, le catalogue d'Universal Music comptait quinze des vingt artistes qui ont vendu le plus dans le monde, ainsi que quatre des cinq artistes les plus streamés sur Spotify. Sur ses 10,3 milliards d'euros, la musique enregistrée non physique a généré 7,9 milliards de revenus, dont 5,3 pour le streaming; la musique enregistrée physique, la vente de disques a généré 1,2 milliards d'euros et l'édition musicale 1,8 milliards d'euros. Son résultat opérationnel en 2022 était de 2 milliards d'euros et son résultat net de 1,6 milliards d'euros. Pour cette année 2022, UMG a reversé 926 millions d'euros à ses actionnaires. Avec ses 11,11 milliards de chiffre d'affaires en 2023, Universal Music Group est relativement modeste comparé aux 86,2 milliards d'euros de ventes réalisées cette même année par le groupe de luxe LVMH grâce à son réseau mondial de plus de 6 000 boutiques et il est même ridicule comparé aux 211,9 milliards de dollars américains de chiffres d'affaires de Microsoft.

L'industrie de la musique est à peu près comparable sur le plan mondial à celle du cinéma dont les recettes en salles ont atteint les 33,2 milliards de dollars en 2023. Ce chiffre est inférieur de près de 20% à celui de la période 2017-2019, mais il traduit peut-être une baisse des entrées en salles, compensée par des revenus plus important sur les exploitations télévision, notamment par les chaînes de streaming comme Netflix, qui a réalisé un chiffre d'affaires de 33,7 milliards de dollars en 2023.

BANK OF JAMAICA
A Harder Version
Produced
MOODIE MUSIC
MML 2657
MONEY MONEY
DONALD DUFFUS
A Moodie Music Ltd Production
2000
AF4093
Dollars

# V – Le reggae, fruit des cultures jamaïcaines et l'une des principales ressources de la Jamaïque.

Les Français entretiennent un lien étroit avec deux îles des Caraïbes, la Guadeloupe et la Martinique, principales Antilles françaises. Nombreux sont également ceux qui vont passer des vacances en République Dominicaine. Mais en France on connaît moins bien les Antilles anglaises, *West Indies* en anglais, dont fait partie la Jamaïque.

La Jamaïque est une île qui a vaguement la forme d'un parallélogramme, d'une longueur d'environ 250 kilomètres de long et de soixante à soixante-dix kilomètres dans sa plus grande largeur. Sa superficie est de 10991 kilomètres carrés, soit deux fois et demi plus que la Martinique et la Guadeloupe réunies, ou un peu plus que la Corse (8722 km$^2$), mais moitié moins que la Sardaigne (24100 km$^2$). C'est une île tropicale, baignée toute l'année dans une chaleur humide tempérée par la mer. Elle subit régulièrement des dévastations suite à des tempêtes tropicales et des ouragans (le dernier en date, Mélissa, a balayé l'île le 28 octobre 2025 avec des vents à plus de 300 km/h, provoquant plus d'une cinquantaine de décès) et elle est sujette à des tremblements de terre, comme celui de 1692 qui a englouti Port Royal et ses pirates dans les flots. Ces phénomènes naturels hantent l'esprit des Jamaïcains, comme l'ouragan Hattie qui a dévasté la Jamaïque, le Honduras britannique et le Belize le 31 octobre 1961 et qui a inspiré à Jimmy Cliff l'un de ses premiers tubes.

Par Jamaïcains on désigne sa population, un peuplement multiculturel qui a donné au pays sa devise : *Out of many, one people* (de nombreux peuples, un seul). Peuplée à l'origine d'Amérindiens, elle fut découverte par Christophe Colomb en 1494, qui la nomma d'abord Santiago. Cependant, elle ne fut réellement occupée par les Espagnols qu'une quinzaine d'années plus tard. Ces derniers mirent les Amérindiens en servage et l'extinction de ce peuple décimé par les maladies et les mauvais traitements, s'ensuivit rapidement. L'île comptait aux alentours de 1 000 habitants à la fin du XVI$^{e}$ siècle et environ 1500 en 1650. Aussi, le concept même de « jamaïcain » est-il sujet à caution, car depuis près de cinq siècles le moindre habitant de cette île est venu d'ailleurs. Il en résulte un grand empilement de cultures et de religions qui donne au pays son profil unique.

Dès le second quart du XVI$^{e}$ siècle, les Espagnols allaient introduire la culture de la canne à sucre dans l'île. Comme dans presque toute la Caraïbe, l'économie du pays allait désormais dépendre essentiellement de la canne à sucre et cette situation allait perdurer pendant plus de trois siècles (avec l'ajout de la culture de la banane au tournant du XX$^{e}$ siècle pour compenser le recul de la canne devant le sucre de betterave). Comme l'industrie sucrière nécessitait une importante main-d'œuvre, près de 800 000 hommes, femmes et enfants furent arrachés, kidnappés ou achetés en Afrique entre 1533 et 1807 et amenés de force sur les plantations. Durant la décennie 1772-1782, la population servile de l'île était évaluée à 185 000, dont 64,4% étaient nés en Afrique. À ces esclaves s'ajoutaient à la même époque, fin du XVIII$^{e}$ siècle, environ 25 000 blancs et 37 000 affranchis, en grande partie des métis nés sur l'île, soit un total de près de 250 000 habitants. 10% d'entre eux, soit 25 000 personnes, vivent alors à Kingston.

Toutes les îles des Antilles et des Caraïbes ont connu l'esclavage, qui a laissé des traces indélébiles, plus ou moins profondes selon le pays.

L'esclavage a été officiellement aboli en Jamaïque en 1834, une décision mise en pratique le 31 juillet 1838. Mais en ce début de XXI^e siècle, le souvenir du claquement du fouet continue à hanter l'esprit et la mentalité des Jamaïcains – et bien sûr leur musique. « Do you remember the days of slavery ? » demande en 1975 Burning Spear dans son titre *Slavery Days* (*Marcus Garvey,* Fox/Island) et bien d'autres artistes évoquent l'esclavage dans leurs chansons et sur les pochettes de leurs albums[6]. *Slave Driver* par exemple est un des titres majeurs du premier album des Wailers sur Island, repris avec succès par Gregory Isaacs ou Dennis Brown. Tous les Jamaïcains se méfient des « Blancs » et, vu la façon dont certains continuent de les escroquer trois siècles plus tard, il est difficile de leur donner tort.

Dans un article universitaire l'historienne Giulia Bonacci, après avoir analysé la chanson *Capture Land* extraite du deuxième album de Chronixx publié en 2014, ainsi que le clip vidéo et le court métrage du même nom réalisé par Nabil Elderkin sorti la même année, concluait que : « L'esclavage reste la matrice à partir de laquelle la Jamaïque comprend les conditions socio-économiques actuelles de la majorité de sa population. La condamnation morale de l'esclavage et des conquêtes européennes s'articule au sentiment diasporique et *Capture Land* met en scène le désir de "retour" en Afrique. La figure du Rastafari continue d'incarner les identités (raciale, sociale et politique) jamaïcaines et ancre ainsi solidement le reggae contemporain dans le patrimoine représenté par le reggae roots des années 1970 et 1980 »[7].

À la fin du XIX^e siècle, la Jamaïque comptait à peu près vingt Noirs pour un Blanc. Il n'est donc pas étonnant que dès cette époque on assiste à l'émergence d'une pensée politique noire. Un ouvrage publié à Londres en 1888 sous le titre *Jamaica's*

---

[6] Bonacci G., Leçons d'objets. Pochettes de disque et représentations de l'esclavage dans le reggae jamaïcain, *Esclavages & Post-esclavages* 2 | 2020, sur http://journals.openedition.org

[7] Bonacci G., Terrible et terrifiant. Le reggae jamaïcain au prisme des mémoires, *Volume !*, 13 : 2 | 2017, sur https://journals.openedition.org

*Jubilee: or, What We Are and What We Hope to Be*[8] est généralement crédité comme source de la pensée identitaire noire de la Jamaïque. Rédigé par un collectif de cinq auteurs précisément identifiés, sous le pseudonyme *Five of Themselves* (Cinq d'entre eux), il n'avait sans doute rien de révolutionnaire[9]. Il faudra attendre la fin des années 1910 pour voir se développer un véritable mouvement politique noir international grâce à Marcus Garvey (1887-1940). Né en Jamaïque, ce formidable leader parvint à réunir des millions d'adeptes tant aux USA qu'en Afrique et il a laissé une trace indélébile dans la mémoire collective jamaïcaine – et dans sa musique.

En France, son inspiration est à l'origine de la « négritude », un ressenti qui s'est surtout manifesté sur le plan littéraire, avec notamment le Martiniquais Aimé Césaire (1913-2008) et le Sénégalais Léopold Sédar Senghor (1906-2001). Aux États-Unis, où la ségrégation n'a pris légalement fin qu'avec le *Civil Rights Act* de 1968, on retrouve ses héritiers dans le mouvement politique du Black Panther Party (1966-1982) et le mouvement religieux parallèle des Blacks Muslims. Sa légende continue à hanter les mémoires.

La Jamaïque a une longue tradition de prophètes et de rebellions, à commencer par celle des farouches Marrons, esclaves enfuis des plantations qui ont tenu tête à l'establishment colonial pendant près d'un siècle, signant finalement, en 1740, un traité qui leur conférait une indépendance théorique sur leurs terres sauvages du Cockpit. Un autre prophète jamaïcain, l'esclave Bookman (il devait savoir lire…), fut revendu par son propriétaire dans l'île voisine d'Haïti, où il déclencherait en 1791 la révolte de Bois-Caïman, prémices de la révolution Haïtienne. Mais le plus célèbre de tous les prophètes jamaïcains et celui qui eut le plus grand retentissement mondial – si l'on excepte Bob Marley – est sans nul doute Marcus Garvey, surnommé 'Moses' (Moïse) ou 'The

[8] 128 p. sur https://archive.org/details/ldpd_14239596_000

[9] Ceyrat A., Les noirs à l'heure de l'indépendance jamaïcaine : histoire d'une majorité marginale, *Études caribéennes* n°12-14, août 2009, sur https://journals.openedition.org

Black Moses' (Le Moïse Noir). Son nom est honoré par des centaines de titres de reggae, notamment de Burning Spear, Johnny Clarke, ou des Gladiators (*Marcus Garvey Time*).

Marcus Garvey, qui est peu connu en France, est né en Jamaïque en 1887, avant de rejoindre New York puis l'Angleterre au tournant du siècle. Il a ensuite séjourné dans les grands ports des Caraïbes dans les années 1910. Choqué par les conditions de vie de ses compatriotes, tant sur les chantiers de New York et du canal de Panama que dans les tranchées de la guerre de 1914 ou les plantations de bananes du Costa Rica, il réalisa l'urgence d'une unification des Noirs du monde entier dans un large mouvement de défense des populations d'origine africaine. Revenu à Kingston, il y fonde en 1914 l'*Universal Negro Improvement Association and African Communities League* (Association universelle pour l'amélioration de la condition des Noirs et Ligue des communautés africaines), plus connue sous l'acronyme d'UNIA. Cette association avait trois objectifs :

> (i) l'amélioration des conditions des Noirs et la fin de la ségrégation dont ceux-ci étaient victimes ;
> (ii) l'indépendance des pays noirs d'Afrique;
> (iii) le rapatriement (*Repatriation*) en Afrique, notamment au Libéria, des Noirs emmenés de force aux Amériques et dans les Antilles.

Sa première section américaine créée à New York en 1917 comptait à l'origine 13 membres ; trois mois plus tard il en comptait déjà 3500. Dès 1919, au Canada, une section torontoise servait de lieu neutre où les Noirs de la ville pouvaient exprimer leurs préoccupations entourant le racisme, la politique, l'emploi et la communauté[10]. En 1920, l'UNIA revendique plus de 1000 sections dans 40 pays. Rien qu'aux États-Unis elle comptait, selon les estimations, entre 4 et 6 millions d'adeptes, auxquels il faut ajouter ceux d'Afrique, où sa pensée eut un impact décisif sur les luttes pour l'indépendance.

---

[10] *Journal of the Canadian Historical Association / Revue de la Société historique du Canada*, vol. 25, n°1, 2014, p. 143–175, sur www.erudit.org

Dès 1918, l'UNIA lançait un hebdomadaire, le *Negro World*, qui contenait généralement un éditorial de Marcus Garvey, ainsi qu'une chronique féministe rédigée par sa femme Amy Ashwood Garvey (1897-1969), titrée *Our Women and What They Think* (nos femmes et ce qu'elles pensent). Le *Negro World* fut publié jusqu'en 1933, avec un tirage de 200 000 copies à son apogée. Interdit dans les colonies anglaises et françaises d'Afrique, le *Negro World* y était distribué dans les ports par des marins noirs.

Soucieux de voir ses congénères prendre en main leurs propres affaires, Marcus Garvey fonda dans le quartier de Harlem à New York de nombreux restaurants, boutiques et entreprises diverses, financés et gérés par les Noirs eux-mêmes. Mais la plus emblématique de ses entreprises reste la Black Star Line, une compagnie maritime fondée en 1919 et que le gouvernement américain parvint à mettre en faillite en 1922 par des tracasseries administratives légales et illégales. Il suffisait d'empêcher l'un des ses quatre navires d'accoster pendant quelques jours pour faire en sorte que la cargaison de marchandises périssables soit perdue. Des rapports déclassifiés ont même révélé des actes de sabotage perpétrés contre les bateaux de l'UNIA par les services secrets du BOI, ancêtre de la CIA, entraînant l'incendie de l'un d'eux. En cette période de ségrégation, alors que le Klu Klux Khan mettait le sud des États-Unis à feu et à sang, l'émergence d'un mouvement politique noir effrayait les autorités américaines. Certaines opérations anti-Garvey furent placées sous l'autorité d'Edgar Hoover, le futur patron de la CIA, un personnage dont on a découvert rétrospectivement le machiavélisme. Les navires confisqués ou mis hors d'état de naviguer, il ne restait rien des millions de dollars péniblement investis par les garçons de café et les bonnes noires qui, des années durant, avaient économisé pour acheter une à une les actions de la Black Star Line. De prophète, Edgar Hoover fit de Marcus Garvey un escroc. L'UNIA fut accusée d'avoir envoyé par la poste de la promotion pour la Black Star Line représentant la photo d'un bateau, le Phyllis Wheatley, en cours d'achat par l'UNIA. Mais l'achat ne fut pas finalisé et Marcus Garvey fut poursuivi et condamné à la prison pour « utilisation des services postaux à des fins frauduleuses », sur la base d'une enveloppe tamponnée par les services postaux, mais qui était vide.

Condamné à la déportation en Jamaïque, Garvey continue de lutter pied à pied contre une administration coloniale triomphante qui n'eut de cesse de l'humilier dès qu'il eut remis le pied sur le sol natal. Elle n'eut pas honte de l'emprisonner pour quelques lignes dans un article le jour de 1928 où, enfin élu au conseil municipal de Kingston, il devait être intronisé. Ulcéré, Garvey tourne bientôt le dos à la Jamaïque et c'est à Londres qu'il décède dans la misère en juin 1940, lâché par tous ses amis. Le journaliste trinidadien Cyril Lionel Robert James, qui le détestait, lui fit même l'affront de publier sa nécrologie de son vivant !

Marcus Garvey, auteur de discours magnifiques[11] dont les traductions françaises sont malheureusement épuisées, fut la victime d'une entreprise de désinformation menée par le gouvernement américain. Celle-ci a été couronnée de succès : aujourd'hui, encore, on présente la vision de Marcus Garvey comme une fable infantile, le rêve irréaliste d'un retour massif des fils d'esclaves sur le continent africain.

Aux yeux de Garvey, la création d'une compagnie de navigation, la Black Star Line, dans la lignée de toutes les entreprises noires qu'il avait contribué à établir, visait la prise en main d'un outil essentiel : les bateaux. Ils avaient été l'instrument de la traite et en ce début du XX$^e$ siècle ils commandaient tous les échanges. S'il voulait organiser des échanges commerciaux avec l'Afrique et y propager son mouvement d'unification de tous les Noirs, Garvey devait s'assurer le contrôle du transport maritime. Mais dans l'imagination populaire les bateaux étaient le symbole du retour à l'Afrique, un vieux rêve d'esclave – dont l'émancipation datait de moins d'un siècle. Au Liberia, déjà, le *Back to Africa Movement* avait tenté le rapatriement d'Afro-américains

[11] Des extraits et citations des écrits et discours de Marcus Garvey sont reproduits dans *Philosophy and Opinions of Marcus Garvey*, ed. by Amy Jacques-Garvey, 2009, 63 p. sur www.jpanafrican.org

d'Angleterre, sous l'impulsion et avec l'aide d'émancipationistes anglais. Sans jamais déclarer que la Black Star Line était destinée uniquement au retour à l'Afrique, Garvey a entretenu l'équivoque. Cela montre le génie de cet homme qui connaissait son peuple et ses rêves et qui savait en tirer parti. Le succès incroyable de la Black Star Line qui, malgré son échec financier, reste un symbole pour tous les chercheurs d'identité, Noirs ou Blancs.

On tente souvent d'attribuer la paternité du mouvement rastafari à Marcus Garvey. S'ils ont une histoire commune, les Rastas n'ont que peu de choses à voir avec ce leader. Lui attribuer la paternité de ce mouvement plus identitaire que politique n'est qu'une manière de le déprécier en l'associant à un charlatan condamné par la justice américaine. Cependant, en janvier 2025, cent ans plus tard, Joe Biden décidait, dans un dernier geste avant de quitter la Maison Blanche, d'accorder le pardon des États-Unis à Marcus Garvey, ainsi qu'à d'autres leaders de la lutte contre les discriminations. « Can't keep a good man down », comme chantait Dennis Brown.

Les Afro-jamaïcains, qui forment près de 80% de la population, n'ont jamais pu imposer le nationalisme ethnique esquissé par Marcus Garvey face à l'élite multiraciale imposée à l'indépendance par les deux grands partis politiques, le pouvoir ayant été accaparé depuis 1962 par les euros-créoles[12]. À l'Indépendance on dénombrait en Jamaïque neuf ethnies plus ou moins distinctes[13], dont 1% de causasiens, 18% de métis

[12] Ceyrat A., Les noirs à l'heure de l'indépendance jamaïcaine : histoire d'une majorité marginale, *Études caribéennes* n°12-14, août 2009, sur https://journals.openedition.org

[13] Notamment africaine, anglaise, chinoise, indienne, arabe (syro-libanaise), juive etc. Mais, génétiquement la situation est plus complexe : selon le site MyHeritage, les personnes domiciliées en Jamaïque qui ont eu recours aux services de cette société pour faire faire analyser leur ADN, avaient 90,3% de gènes d'origine nigériane, 56,5% de gènes d'origine du Sierra-Leone, 41,9% de gènes d'origine ouest-africaine, 32,3% de gènes d'origine kenyane, 27,4% de gènes d'origine anglaise etc. Leur pourcentage varie en fonction de chaque personne : on peut ainsi avoir 40% de gènes nigérians, 40% de gènes Kenyans et 20% de gènes anglais.

d'ethnies diverses et d'Afro-jamaïcains et 78% de véritables Afro-jamaïcains. Pourtant on n'a jamais considéré ce pays comme un pays d'Afro-jamaïcains, mais comme un pays créole. Pourtant, pas plus qu'en Afrique, la négritude des Jamaïcains ne leur pose véritablement de problème ; ils ont moins étés entamés par la propagande raciale qu'en Europe ou aux USA et sont fiers de ce qu'ils sont. La couleur n'empêche pas le talent, pour reprendre le titre de la chanson *Young, Gifted & Black*, écrite par Nina Simone et interprétée magistralement par Bob Andy & Marcia Griffiths, un disque produit en Jamaïque par Harry J, mais qui a été un gros succès pour le label Trojan Records qui le distribuait en Europe.

Même si l'ascendance africaine est prépondérante dans la population jamaïcaine, comme dans le rôle qu'elle a joué en matière de musique, il ne faut pas pour autant négliger le rôle joué par d'autres communautés d'immigrants qui ont largement participé au développement de cette île ainsi qu'à son industrie musicale.

Les juifs furent les premiers arrivants au XVII^e^ siècle, au point qu'on appelait alors la Jamaïque l'île aux Juifs. Chassés d'Espagne par la *Reconquista* (1492), ils avaient fui à travers l'Europe, de pays en pays, jusqu'en Angleterre. Autorisés par les Anglais, à titre exceptionnel, à se rendre en Jamaïque, (leur migration vers le Nouveau Monde étant jusque-là proscrite) ils leurs servirent pendant un siècle de banquiers et de courtiers. Car les Anglais n'ont jamais réussi à s'implanter réellement dans l'île, réputée insalubre et infestée de pirates. Comme les Juifs n'avaient pas d'armée et peu de bateaux, ils s'allièrent aux pirates, qui tenaient la forteresse de Port Royal à l'entrée de la baie de Kingston. Le port deviendrait un bouillonnant port d'échanges et de débauche, dont on connaît la légende. Devant le succès de cette association, en 1674 le roi Charles II tira de prison le tristement célèbre flibustier Henry Morgan, un fils de paysan gallois devenu le plus craint des flibustiers de la région pour sa cruauté, pour lui confier le gouvernement de la Jamaïque. Il en serait donc le premier Gouverneur (1680-1682). En récompense de ses services il se vit attribuer deux importantes plantations de sucre par le roi et devint très rapidement le plus riche planteur du pays.

Les Juifs arrivés après la Reconquista espagnole se sont depuis intermariés avec les autres communautés. Blanche Lindo, la mère de Chris Blackwell, est un bon exemple : née en 1912 à San José au Costa Rica d'une famille d'origine séfarade, elle avait épousé un Anglais, Middleton Joseph Blackwell, fils d'une grande famille bourgeoise du Berkshire – le père de Chris Blackwell. Après la Seconde Guerre Mondiale l'île a accueilli encore près de 1 400 réfugiés polonais et hollandais rescapés de la Shoah. En 2020, la Jamaïque ne comptait plus que 500 Juifs autoproclamés, une toute petite mais puissante communauté toujours active grâce à ses entrepreneurs et ses avocats.

Après l'Abolition de l'esclavage dans la seconde partie du XIXe siècle, les Anglais ont fait venir d'Inde quelques 130 000 travailleurs sous contrat, ou parfois purement et simplement kidnappés, pour prendre la place des esclaves affranchis dans les plantations. Peu nombreux sont ceux qui réussirent à racheter leur liberté et à retourner dans leur pays. La majorité s'est peu à peu intégrée à la population générale. Mais la culture indienne a eu un fort impact au niveau culturel, en particulier sur les Rastas. Les costumes ethniques chatoyants, les musiques, les cultes et les danses évoquent pour eux une Afrique rêvée, le modèle d'une rédemption culturelle. Mais c'est surtout le concept du Dieu Vivant, l'humain qui accède au statut divin par sa vie irréprochable, qui leur a suggéré un modèle de divinité plus adapté à l'expérience de ces Africains acculturés. Ajai et Laxmi Mansingh, auteurs d'une recherche fouillée sur le destin des Indiens de Jamaïque[14], soulignent les nombreux emprunts et similarités, jusqu'au fameux *Jah Rastafari !* où ces auteurs reconnaissent l'injonction religieuse *Jaï !* (Jaï Rama ! Jaï Krishna ! Jaï Bouddha !) que les premiers Rastas ont simplement récupérée. : *Jaï Ras Tafari !* L'influence indienne a réveillé les échos d'une spiritualité plus

[14] *Home Away From Home*, Ian Randle Publishers 1999

proche de l'Afrique – en tous cas une alternative au diktat judéo-chrétien.

Les Indiens, enfin, ont apporté aux Africains l'usage de la ganja, ou Herbe de Kali (cannabis), importée dès la fin du XIXe siècle par les planteurs pour l'usage religieux des travailleurs. En fait, les innombrables Jamaïcains qui avaient *fait* Panama, New York et la guerre de 14 connaissaient la plante, mais à leur retour en Jamaïque ce sont les Indiens qui la leur ont fournie – jusqu'à ce que les Rastas se mettent à en planter, au point de fournir les Indiens à leur tour.

Cette petite communauté indienne a contribué elle aussi à l'essor du reggae. L'un des Indiens les plus connus est Lehman Serikeesna Gopthal, comptable de formation, plus connu sous le nom de Lee Gopthal. Après un début de carrière en Angleterre en tant que représentant du label de Leslie Kong, il fonde le réseau de distribution Beat & Commercial Records, avant de rencontrer Chris Blackwell et d'ouvrir avec lui une boutique à Londres. Puis en 1967, ils s'associent pour fonder Trojan Records, le premier label européen de disques totalement dédié au reggae.

Un autre Indien, moins connu, a participé à l'émergence de l'industrie du disque en Jamaïque dans les années 1950, avec sa Caribbean Company : Déonarine 'Baba' (ou 'Dada') Tewari, fils d'un leader religieux des Indiens de Kingston.

Ceux que l'on appelle les Syriens – en fait souvent des Libanais – ont eux aussi joué un rôle séminal dans l'industrie musicale jamaïcaine. Arrivés dès la fin du XIXe siècle, fuyant les troubles religieux et la guerre dans leur pays, ils se spécialisèrent dans l'épicerie et les tissus, mais aussi dans l'organisation de la vie nocturne ou le prêt d'argent… et dans la musique. Dans ce domaine, le plus plus respecté reste sans nul doute Ken Khouri, né en Jamaïque en 1917 d'un père libanais et d'une mère cubaine, qui a joué un rôle pionnier sur lequel nous reviendrons, tout comme sur celui joué par un autre Syrien, Edward Seaga, plus connu pour sa carrière de chef de parti et Premier Ministre pour le JLP, mais aussi créateur du label WIRL (West Indies Records Limited).

Les Chinois sont arrivés en masse au tournant du XXe siècle, mais, contrairement aux colons Anglais toujours retranchés dans leur habitat exclusif, les nouveaux immigrants ont fait leur place dans les quartiers populaires. Bien organisés en structures familiales solidaires, éduqués, gros travailleurs, ils ont rapidement monopolisé le marché des tissus, de l'épicerie et des meubles. Souvent jalousés, ils seront par trois fois victimes d'émeutes, en 1918, 1938 et 1965. L'émeute de 1965 n'est pas sans rappeler celle qu'à connue Los Angeles après le verdict rendu dans l'affaire Rodney King. Depuis la fin des années 1960 de nombreux Sino-jamaïcains ont fui pour s'établir aux États-Unis et au Canada, ce qui est une grande perte pour la pays.

Mais de nombreux Chinois ont vécu en concubinage avec des Afro-jamaïcaines, au point que selon un recensement de 1943, près de 45% de la population avait du sang chinois. Selon ce même recensement on comptait alors sur l'île 12 394 Chinois, dont 2 818 nés en Chine, 4061 nés localement, ainsi que 5 515 métis d'origine chinoise. Dès la fin des années 1950 ils intervenaient dans la production, la fabrication et la distribution de disques de musique locale. Le rôle de la colonie chinoise de Kingston dans le développement du reggae est unanimement reconnu et a fait l'objet de nombreux articles[15], ainsi que d'une bande dessinée.

L'histoire des familles sino-jamaïcaines commence toujours par un long voyage de plusieurs semaines, dans des conditions plus qu'inconfortables, sur un bateau à vapeur parti de Hong Kong. Parmi ces immigrants figurait le couple Patricia et Vincent dit 'Randy' Chin qui allait fonder en 1958 le label iconique Randy's Record, puis à partir de 1969 son Studio 17 en plein centre-ville où furent enregistrés des classiques du reggae et sa boutique (ouverte dès 1959 !) où tous les samedis, jour de paye, les jeunes s'arrachaient les nouveautés. Relocalisée à New York dans les années 1970, la famille Chin ouvre le célèbre VP Records, qui devient rapidement le plus gros distributeur de musique jamaïcaine aux États-Unis. Clive Chin, le fils aîné, a

---

[15] Younes J., Ces chinois qui ont fait le reggae, *Killers Without Fillers*, 30 janv. 2016, sur https://killerswithoutfillers.wordpress.com

contribué au développement du dub et du son *Far East* dans les années 1970 et s'occupe aujourd'hui des rééditions Randy's 17th north parade publié par VP.

Parmi les autres Sino-jamaïcains célèbres figure le producteur Leslie Kong, qui exploitait avec ses deux frères un *ice cream parlor* (glacier) à l'enseigne Beverley's sur Orange Street. Ils y vendaient aussi des disques et leur succès attira la concurrence. Orange street deviendrait la rue des disquaires à Kingston.

Une autre famille de Chinois influents est celle des Chin : Ivan (né d'une mère indienne et d'un père chinois, qui enregistra les premiers titres jamaïcains de mento) et son fils Herman Chin-Loy dont le studio Aquarius fut très actif dans les années 1970.

Les frères Hoo Kim, propriétaires d'un studio chéri des musiciens, Channel one, ont fait une carrière moins médiatique mais tout aussi remarquable et leur studio a vu naître un nombre difficile à évaluer de classiques.

De nombreux musiciens sont aussi d'origine chinoise – Mickey Chung, Byron Lee et beaucoup d'autres, trop nombreux pour être cités ici.

À la diversité humaine de la Jamaïque s'ajoute, depuis bientôt cent ans, la composante rasta. Ce mouvement inspiré de multiples courants de pensée, de la Bible au marxisme, de l'hindouisme au garveyisme, réunit les adeptes de l'Empereur d'Éthiopie Haïlé Sélassié Ier, le Ras (roi) Tafari.

L'Occident s'étonne de cette vénération pour un monarque en lequel elle ne voit bien souvent qu'un tyran. C'est sans doute un cas d'histoire du lion racontée par le chasseur, mais il faut se souvenir qu'après la chute de Marcus Garvey, les Afro-jamaïcains n'avaient pour seul repère que cet Empereur, qui avait réussi à défendre son pays contre la voracité des puissances colonisatrices. Au pouvoir pendant près de 50 ans, ce fondateur de l'Organisation de l'Unité Africaine (25 mai 1963), avait par ailleurs l'aval, si l'on peut dire, de la Bible, qui annonce dans l'Apocalypse (*Revelation* en anglais) la venue d'un sauveur qui mènerait les Africains à leur rédemption. Un verset (Ap. 5, 5) précise les titres de cet héritier mythique de

Salomon et de la reine de Saba : *Roi des rois, Seigneur des seigneurs, Lion conquérant de la tribu de Judah.* Haïlé Sélassié, comme tous les rois de la très chrétienne Éthiopie depuis des siècles, portait ce titre biblique, où les liseurs de Bible de Jamaïque eurent tôt fait de repérer un signe prophétique. Travailleur acharné, stratège imparable, Sélassié a aboli l' esclavage dans son pays (du moins sur le papier), instauré une constitution et organisé les premières élections. En 1935, l'invasion par les Italiens de l'Éthiopie (ou Abyssinie, son nom de l'époque), fut un épisode tragique qui coûta la vie à des centaines de milliers d'Ethiopiens, *soldats aux pieds* nus ou civils brûlés au Napalm. Forcé de s'exiler en Grande Bretagne, l'Empereur s'en fut à Genève en 1936 plaider la cause de son pays devant la Société des Nations. Ignoré pendant cinq ans, il sera finalement soutenu, presque clandestinement, par une colonne de soldats anglais déterminés qui aideront ses partisans à reprendre la capitale. Après 45 ans de règne sans partage, il est destitué par un coup d'État militaire en 1974 et emprisonné dans une pièce de son palais. Il y est mort en 1976, probablement assassiné.

C'est son couronnement le 2 novembre 1930 qui marque le point de départ de ce qui allait devenir le mouvement rastafari. Dans la débâcle de 1929, le krach mondial qui avait entraîné notamment l'expulsion des États-Unis de nombreux immigrés jamaïcains, l'Empereur Haïlé Sélassié devint le symbole de la libération de l'Afrique. Un petit mouvement souterrain, né dans le milieu des voyageurs, prit bientôt racine en Jamaïque et il sera organisé en culte par un Jamaïcain rapatrié de New York, Leonard Percival Howell, le « Premier » Rasta[16]. À partir de 1940 le Pinnacle[17], sa communauté indépendante au cœur des montagnes de la Jamaïque, au nord de Spanish Town, commença à se développer, jusqu'à compter plus de 2000 membres. Le rastafari, plus mode de vie que véritable religion, prônait l'entr'aide, le respect mutuel et l'autosuffisance. Le

[16] Lee H. *Le Premier Rasta*, Flammarion 2010, 360 p.

[17] B. Howell et H. Lee, *Pinnacle, le Paradis perdu des Rastas*, Afromundi, 2018, 210 p.

Pinnacle devait son succès aux mères célibataires misérables qui affluaient par dizaines dans ce havre de paix où celles-ci pouvaient subsister, bien que chichement, avec leurs enfants.

Primordiale aussi fut l'influence sur cette communauté d'un groupe de voyageurs, un petit noyau d'une quinzaine d'aînés, des gens qui avaient *fait* Panama, New York et la guerre de 1914 et vu comment marchait le monde. Tous les soirs, assis sous un arbre après le travail, ils lisaient à haute voix le journal du jour et tous ceux qui ne savaient pas lire écoutaient et commentaient avec passion. Ces voyageurs transmettaient ainsi leur expérience du monde à quelques milliers de femmes illettrées et à leurs enfants et c'est de ce *message* qu'a hérité le reggae.

Mais le Pinnacle avait de nombreux ennemis, essentiellement les autorités coloniales. Après d'innombrables raids, en 1957 le Pinnacle de Leonard Howell fut incendié et sa communauté dispersée. Ses ruines, réinvesties aujourd'hui par une poignée de Rastas, sont encore visibles.

Après la destruction du Pinnacle des centaines de fuyards se sont réfugiés dans les ghettos de Kingston. C'est là qu'ils ont formé des groupes vocaux et des chanteurs sont parvenus à percer, comme Ken Boothe, Alton Ellis ou Joe Higgs. Histoire commune, galères communes, Rastas et reggae ont grandi côte à côte dans la misère et les volutes odorantes de la *ganja* (un des nombreux synonymes pour désigner la fleur de cannabis), qui leur permettait de prendre de la distance avec les souffrances et la faim.

Le reggae et le ska entretiennent des liens étroits avec le mouvement rastafari, mais ce n'est pas une règle systématique et des artistes comme le *dub poet* Linton 'Kwesi' Johnson (LKJ) déclarent sans ambage : « This is the age of reality, so let go with mythology ! » (Nous sommes dans un siècle de réalité, alors laissons tomber la mythologie !).

Officiellement la Jamaïque compte environ 25 000 adeptes déclarés du rastafari[18], mais la sagesse rasta a imprégné toute la société et son influence reste prépondérante sur une variété de styles musicaux dérivés du reggae.

---

[18] Ils étaient précisément 24020 lors du recensement de 2001.

La pensée rastafari est très peu étudiée. D'abord, ce n'est pas une pensée écrite et nos chercheurs sont frileux lorsqu'il s'agit d'aller arpenter les ghettos à la recherche d'une pensée... chantée ! Et comment s'y retrouver lorsqu'il n'y a pas de dogme défini, mais une expérience commune ?

Cette souplesse a fait le succès du mouvement, mais elle a aussi permis les manipulations qui le dénaturent. Elle a connu de nombreuses évolutions, se divisant décennie après décennie en mouvements idéologiquement discordants qui autorisent les interprétations les plus fantaisistes. Mais il y a un fond commun, issu de l'expérience ancestrale de toute la population jamaïcaine, qui fait que, rasta ou pas, on hoche la tête aux textes enflammés de Bob Marley et qu'on s'identifie à sa colère. L'injustice, l'humiliation, le déni culturel, ont laissé les Jamaïcains désespérés de se faire entendre – sinon par la musique. Et ils l'ont été. Bob Marley est connu dans le monde entier, ce qui n'était pas le cas des Beatles ou des Rolling Stones et des millions de jeunes, de toutes les nations, ont adopté le look rasta : la coiffure en *dreadlocks*.

Malgré ses ressources, la Jamaïque, même si elle n'est pas sous-développée, reste très pauvre, ce qui se traduit par le niveau de vie modeste de la majorité de sa population. En 1924, près de 20% y vivait encore en-dessous du seuil de pauvreté. C'est Michael Manley qui, dans le cadre de sa révolution socialiste, a instauré pour la première fois dans ce pays un salaire minimum (*minimum wages*) de 25 dollars jamaïcains (JMD) pour une semaine de 40 heures de travail. Compte tenu de l'inflation galopante, celui-ci a été augmenté de plus de 1000% en 1992 pour passer à 300 JMD la semaine et a ensuite été augmenté régulièrement tous les trois ou quatre ans. Ce salaire minimum pour un mois de travail, converti en dollars américains, était d'environ 121 US $ en 2000, de 184 US $ en 2010 et de 213 US $ en 2020. Il a connu 44% d'augmentation en 2023 et a été porté officiellement le 1er juin 2024 de 13 000 à 15 000 dollars jamaïcains, soit 87,18 € pour une semaine de 40 heures, ou 360 € pour un mois de travail.

Aussi pour un musicien qui, grâce à la transaction que j'avais signée avec la SPEDIDAM, a perçu en 2007/8 un montant net de 400 €, c'était l'équivalent de trois SMICs locaux de l'époque.

Alors qu'en 1961, à la veille de son indépendance, la Jamaïque comptait seulement 1,65 millions d'habitants, elle en avait 2,83 millions en 2020, soit une densité de 260 habitants par km$^2$, contre environ 118 au km$^2$ pour la France. À la population qui vit en Jamaïque, on doit ajouter plus de deux à trois millions de Jamaïcains vivant à l'étranger. Ceux-ci sont répartis pour les trois quarts, à parts presque égales, entre la Grande-Bretagne et les États-Unis. Le dernier quart est réparti entre plusieurs pays, notamment le Canada où en 2021 on a recensé 249070 personnes d'origine jamaïcaine, soit près de 30% de la population d'origine africaine du pays.

En d'autres termes, de nos jours la moitié des Jamaïcains vit en Jamaïque et l'autre moitié à l'étranger. Ces expatriés jouent un rôle non négligeable dans la diffusion de la musique et dans l'économie de leur pays, puisque l'argent qu'ils y envoient régulièrement compte pour près de 16% de son PIB.

Les premiers migrants jamaïcains ont quitté l'île au début du XX^e^ siècle pour s'établir surtout aux États-Unis, une destination plus proche que la Grande Bretagne où les communautés jamaïcaines ont moins d'un siècle d'existence. Ce n'est qu'en 1948 que 492 immigrants jamaïcains débarquaient à Tilbury près de Londres d'un petit paquebot, l'Empire Windrush, qui donnera son nom à la génération des nouveaux arrivants. Ceux-ci joueront un rôle de premier plan dans la diffusion du reggae, d'abord en Angleterre, puis en Europe. Dans les années 1970-1980, Brixton, le quartier afro-jamaïcain de Londres, deviendra le paradis des disquaires. Mais ce sera aussi pour la seconde génération d'Anglo-Jamaïcains un lieu de désespérance, d'émeutes et de violences policières, à l'origine en 1979 du célèbre titre des Clash, *The Guns Of Brixton* repris près de trente ans plus tard par Jimmy Cliff et d'autres titres emblématiques comme l'émouvant *Sonny's Lettah* du dub poet Linton Kwesi Johnson.

Si les Anglais n'ont pas émigré en masse vers la Jamaïque, c'est qu'il n'y ont pas découvert d'or, le vieux rêve des conquistadors. C'est la canne à sucre qui fit longtemps la prospérité des Antilles, au point qu'en 1804, à son indépendance, l'île de Saint Domingue, partagée entre Haïti et la République Dominicaine, était réputée être le pays le plus riche du monde. Haïti a acquis son indépendance en luttant farouchement contre les troupes napoléoniennes, devenant ainsi la première république noire au monde. Mais son héros national, Toussaint Louverture, n'eut pas le bonheur d'y assister : il est mort en captivité en 1803 dans une geôle glacée du Fort de Joux, dans le Jura.

Cette indépendance chèrement acquise avait laissé un goût amer aux Français. Aussi, vingt ans plus tard, le 3 juillet 1825, on vit entrer en rade de Port-au-Prince trois navires de guerre battant pavillon français, avec à leur bord des émissaires de Charles X, qui, munis d'une ordonnance à cet effet, venaient réclamer une indemnité de 150 millions de francs-or pour dédommager les anciens colons dépossédés de leurs esclaves et de leurs privilèges. En échange de quoi la France reconnaîtrait la souveraineté du pays. Cette dette et l'emprunt massif que la pays dut contracter pour la payer ne seront soldées par Haïti qu'en 1952, ce qui explique en partie la situation économique désastreuse de ce pays en ce début de XXI^e^ siècle.

L'économie sucrière s'est effondrée au milieu du XIX^e^ siècle suite à la commercialisation en Europe du sucre de betterave. Découvert dès 1757 par le chimiste allemand Andreas Sigismund Marggraf, il s'imposa en France sous l'Empire lors du blocus anglais qui interdisait l'importation du sucre des Antilles. La canne en déclin, les plantations de bananes prirent le relais et firent la fortune de nombreux planteurs, avant d'être décimées par la maladie de Panama, un effet de la monoculture intensive.

Restait la bauxite, la seule ressource naturelle dont la Jamaïque disposait en abondance et dont elle était jusqu'en 1971 le premier producteur mondial. Exploitée depuis les années 1950, elle ne rapportait à l'origine au pays qu'une redevance variant de 0,18 à 0,24 US $ par tonne selon la taille des exploitations, alors que les multinationales encaissaient au moins 5 US $ par tonne. En 1973, suite à un procès brillamment orchestré par une équipe jamaïcaine menée par l'avocat Patrick Rousseau, les cinq majors de l'aluminium opérant en Jamaïque furent forcés de plier le genou devant les arguments implacables et soigneusement étayés de leurs adversaires et acceptèrent finalement une réévaluation et une large restructuration des profits. L'avocat Patrick Rousseau et son équipe employèrent une stratégie de génie face Aux représentants des majors. En effet, ces derniers, mal préparés et condescendants, s'étaient imaginés ne faire qu'une bouchée de ces « Nègres » qu'ils avaient jusqu'ici si facilement escroqués ; au lieu de cela, ils étaient confrontés à une équipe déterminée d'avocats de haut vol, Rhode Scholars et autres esprits brillants. Après la production, dès le premier jour, de pièces comptables prouvant que les cinq multinationales leur étaient débitrices d'un million de dollars d'impayés, Rousseau décrit la panique des Américains et leur déroute progressive, tandis que les Jamaïcains se gavaient de café pour traquer leur vigilance jusque tard dans la nuit. Cette victoire retentissante, dont les effets furent malheureusement annihilés dans la foulée par le choc pétrolier, reste un contre-exemple, une espèce de conte de David et Goliath qui a frappé les esprits. Le réalisateur visionnaire Perry Henzell explique les raisons de Kaiser Aluminum pour accéder aux demandes des Jamaïcains : dépendant essentiellement de la bauxite jamaïcaine, cette société ne voulait pas voir l'île tomber dans le chaos suite aux émeutes engendrées par la pauvreté. L'exemple de Kaiser emporta le morceau. En 2019, la bauxite sous ses diverses formes représentait 57% des exportations, soit environ un milliard de dollars américains. En 2021, la Jamaïque a perçu 2 milliards de dollars jamaïcains de redevances pour la bauxite, un chiffre à première vue énorme, mais qui ne représentait alors que 12,8 millions de dollars américains. Mais en comptant les taxes et impôts prélevés sur les sociétés minières, c'est un peu plus de 50 millions de dollars américains que génère chaque année l'industrie jamaïcaine de la bauxite.

Depuis les années 1990, le tourisme contribue aussi d'une manière importante à l'économie, puisqu'en 2018, avant l'épidémie de Covid-19 19, il générait un chiffre d'affaires de

2,62 milliards d'euros qui représentait 19,70% du produit national brut, chaque visiteur dépensant alors en moyenne 608 € pour ses vacances en Jamaïque. Selon la Banque Mondiale, en 2021, le PIB de la Jamaïque était de 15 milliards de dollars américains et le PIB par habitant de 4 972 US $. Par comparaison, il était alors de 38 045 US $ en France, de 3 290 US $ au Maroc et de 8 223 US $ dans l'île caribéenne de la Grenade.

Le business de la musique est devenu depuis une cinquantaine d'années l'une des principales ressources de la Jamaïque. Selon un article publié par l'OMPI en 2016, « la musique est l'un des atouts les plus précieux du pays et la composante centrale des industries jamaïcaines de la création, qui représentent 4,8% de son PIB »[19]. Indépendamment du fait que ce pourcentage est sujet à débat, une grande partie des revenus générés par la musique jamaïcaine est détournée par des sociétés multinationales, des organisations de gestion collectives de droits étrangers, voire même des organisations mafieuses, ainsi que par des États au premier rang desquels figure la France. On peut estimer à 200/300 millions de dollars américains en moyenne les revenus de la musique jamaïcaine détournés chaque année depuis 1970, soit, en une cinquantaine d'années, entre 12,5 et 15 milliards de dollars américains, l'équivalent du PIB jamaïcain de l'année 2021 – un revenu dont la Jamaïque a été privée tout au long des dernières décennies.

Malheureusement, s'il existe depuis longtemps un ministre du Tourisme en Jamaïque, ce pays n'a jamais pensé à créer un ministère de la Musique. Seule la pression des majors et la répugnance qu'inspire aujourd'hui encore l'univers populaire du reggae aux classes au pouvoir, peuvent expliquer que l'on n'aie pas songé à nommer, si ce n'est un ministre dédié, à tout le moins un Office national de la musique, capable de défendre les intérêts des auteurs, des compositeurs, des producteurs et des artistes-interprètes, non seulement sur cette île, mais également et surtout à l'étranger.

[19] Jewell C., Le reggae : un cadeau de la Jamaïque au Monde, *OMPI Magazine* juin 2016 sur www.wipo.int.

L'esclavage entretient une relation consubstantielle avec la musique. Lorsqu'ils cueillaient le coton ou le tabac dans le sud des États-Unis, ou coupaient la canne dans les Caraïbes, les esclaves chantaient leurs souffrances, leur désespoir et leurs joies ou peines de cœur. C'est ainsi qu'aux États-Unis sont apparues les formes primitives du blues.

Dans les îles des Caraïbes, les musiciens populaires disposaient de toutes sortes de traditions, qui ont engendré des styles musicaux très différents. L'une de ces traditions consistait à engager des tambours pour accompagner le travail des champs. Cette pratique, que les planteurs favorisaient parce qu'elle permettait d'accélérer la cadence du travail, est à l'origine de genres comme certains rythmes de *gwo-ka* aux Antilles françaises ou comme le *burru* en Jamaïque.

Les gens du burru, arrogants et dépenaillés, vivaient en petites communautés à l'écart du reste de la population, qui les craignait. Ils se produisaient surtout aux célébrations de traditions africaines, notamment au jour de l'an, où ils s'arrogeaient le droit de dénoncer les travers des uns et des autres en public – y compris ceux des colons.

Mais leurs rythmes hérités d'Afrique et leurs batteurs virtuoses ont tôt fait d'attirer chez eux les musiciens Rastas, qui, dès la fin des années 1940, se mirent à leur école. Un certain Brother Job de Ferry, un camp de gens du burru situé sur la route de Spanish Town, est crédité pour avoir enseigné les rythmes de base à de jeunes batteurs, dont Count Ossie (Oswald Williams). Ce jeune tambourinaire de *marching band* (défilé en musique) développera avec son groupe deux rythmes principaux, l'un lent et méditatif (qui connaît un renouveau récemment sous l'appellation de tambours Nyabinghi) et l'autre rapide et enlevé qui engendrera une musique dansante, le ska.

Ici vont intervenir une autre classe de musiciens : les jazzmen et l'Alpha Boys School.

Dans les années 1950, personne n'aurait eu l'idée d'enregistrer des batteurs Rastas, habitants de ghettos sans électricité ni tourne-disque, donc sans potentiel commercial. Les premiers enregistrements jamaïcains ciblaient un marché bourgeois, celui des bars et des night-clubs de l'élite. Ceux-ci préféraient le genre à la mode du calypso trinidadien, ou au mieux le mento, une sorte de calypso jamaïcain d'origine paysanne. Il était accompagné à la rumba box, gigantesque piano à pouces sur lequel on s'asseyait et qui jouait la ligne de basse. À cela s'ajoutaient parfois d'autres instruments, dont d'étonnants violonistes d'origine écossaise, une communauté encore très présente dans le sud de l'île. Quant aux textes, ils reprenaient souvent des chansons populaires à connotation sexuelle, d'où la réputation grivoise du mento.

L'arrivée des jazzmen a changé la donne.

En Jamaïque, jusque dans les années 1960, le taux de scolarisation et d'alphabétisation était peu élevé; les chanteurs et les musiciens, presque tous issus des classes les plus pauvres, voyaient dans la musique un moyen de percer. De nos jours encore, la plupart des jeunes des quartiers populaires de Kingston ne rêvent pas, comme ceux des banlieues françaises, de devenir footballeur pour s'en sortir, mais plutôt chanteur ou musicien. Comme on le dit là-bas : « Pour sortir du ghetto, il n'y a que deux manières : faire un tube ou prendre une balle » (de revolver, s'entend !).

Un chanteur n'a que sa voix, mais c'est le seul instrument dont il a besoin, tandis que pour devenir musicien, il faut une formation ainsi qu'un instrument, ce qui n'est pas à la portée des jeunes des ghettos. Et pourtant, plus encore que les autres îles des Caraïbes, la Jamaïque est devenue une nation de musiciens et cela grâce à une institution qui témoigne de son passé colonial, l'Alpha Cottage School, ouverte en 1880 par Justina Ripoll (Sœur Mary Claver) de l'ordre catholique des Sœurs de la Miséricorde (Sisters of Mercy). Cette institution avait été conçue comme une école technique pour les orphelins, les enfants abandonnés, les fils d'émigrés ou les gamins des rues. En 1893, un orchestre de *Fife and Drums* (fifres et tambours) fut créé, marquant ainsi le début de l'intérêt porté à la musique au sein de cette école. En 1908, un don d'instruments provenant de l'évêché catholique de Jamaïque permit à l'instruction musicale devenue légendaire de l'Alpha School de s'ancrer et de se développer. Les années qui suivent, l'école se distingue en devenant le lieu de formation de nombreux musiciens aguerris, en particulier pour les instruments à vent. On peut d'ailleurs estimer que neuf sur dix des plus grands musiciens jamaïcains ayant existé entre la fin du XIX^e^ siècle et les années 1970 sont passés par l'Alpha Boys School. Pendant plus de soixante ans, une sœur en particulier, Sœur Mary 'Iggy' Ignatius († 2003), affectueusement surnommée la mère de la musique jamaïcaine, a tendrement encouragé et guidé les garçons passés par l'institution, dont la grande majorité provenait de familles éclatées, de milieux paysans, pauvres, désœuvrées ou dans le meilleur des cas, de foyers ouvriers[20]. L'histoire veut que Sœur Iggy ait elle-même eu une influence directe sur l'émergence des musiciens les plus talentueux de la Jamaïque, en parvenant grâce à son oreille musicale à les orienter vers l'instrument qui leur correspondait le mieux. On attribue à Sœur Ignatius la découverte de nombreux grands instrumentistes parmi les garçons les plus doués de l'école. Elle a cultivé chez eux des compétences et des attitudes qui allaient propulser certains élèves de cette noble institution dans le monde entier. L'acquisition des compétences et des attitudes nécessaires commençait par la participation à des concerts lors d'événements locaux et nationaux, ou, à l'occasion, dans des maisons de la classe aisée. D'après Sparrow Martin, chef d'orchestre et ancien élève de l'Alpha School, « en plus de se produire dans les maisons somptueuses des Blancs ou des métis fortunés, l'orchestre de l'école endossait également des fonctions officielles à la King's House, la résidence du Gouverneur général »[21]. Il y eut d'autres écoles, mais l'Alpha School reste emblématique. L'enseignement y était orienté vers la musique classique et militaire, en vue d'embauche dans les fanfares. Le jazz, lui, était l'apanage de Jamaïcains sophistiqués et cosmopolites et n'était pas enseigné à l'école Alpha. Les élèves le découvraient grâce à la radio, qui diffusait du jazz un soir par semaine.

---

[20] Augustyn H., *Alpha Boys school, cradle of Jamaican music*, 2017, 401 p.

[21] Miller H. et Moore R., Le jazz jamaïcain, sur l'île et à l'étranger, *Volume !* 13 : 2 | 2017, sur http://journals.openedition.org

À partir de 1910, l'enseignement musical prend de l'ampleur et s'ouvre plus largement aux garçons ; la majorité des grands musiciens jamaïcains y ont été formés dans une saine émulation. Ainsi le tromboniste Rico Rodriguez (1934-2015) y sera en quelque sorte coaché par son aîné légendaire Don Drummond (1934 -1969). Ils resteront très liés, ainsi qu'avec les batteurs de Count Ossie (renommés Mystic Revelation of Rastafari après la fusion avec les Mystics du saxophoniste Cedric Brooks) et autres élèves musiciens de cette école, avec lesquels ils enregistreront de nombreux titres. En 1960 sortait l'emblématique *Oh Carolina* des Folkes Brothers produit par Prince Buster et accompagnés aux tambours par la formation de Count Ossie, chez qui ils passaient leur dimanche à improviser sur le rythme rapide du burru, préfiguration du ska. Embauchés par les studios pour accompagner les enregistrements de ce nouveau style, ils prennent des noms variés selon le studio et le producteur : Sheiks, Cavaliers, ou enfin Skatalites en 1965, nom sous lequel ils restent célèbres aujourd'hui grâce aux nombreux enregistrements de Studio One (Coxsone) et aux solos immortels du tromboniste Don Drummond.

D'autres écoles ont formé des musiciens, mais c'est essentiellement grâce à l'Alpha Boys School qu'au cours des soixante dernières années des dizaines musiciens jamaïcains, tous plus talentueux les uns que les autres, ont accompagné le mento, le calypso, reggae, le ska, le ragga, le dancehall et autres genres musicaux, aussi bien dans leur pays d'origine qu'à l'étranger. Certains feront carrière sur la scène internationale de jazz, revenant parfois aux racines, comme le pianiste Monty Alexander ou l'arrangeur et guitariste Ernest Ranglin (*Below the bass line*).

Grâce à Ernest Ranglin, Monty Alexander, Douglas Ewart ou Carlos Malcolm, le jazz est devenu le genre le plus populaire dans la Jamaïque des années 1930 et jusqu'au début des années 1950 et il est à l'origine d'une première internationalisation de la musique jamaïcaine. Mais cette musique libérée et rebelle, porteuse de tous les rêves du Harlem de Garvey, ne touchait guère que les mélomanes avertis – et bien sûr les fêtards.

Les *night clubs* et hôtels pour touristes étaient à l'époque pratiquement les seuls endroits où les chanteurs et groupes de mento et autres styles locaux pouvaient se produire et toucher un public – restreint il est vrai. Ces chanteurs – Lord Kitchener, Lord Creator, Lord Invader, Lord Ivanhoe, Lord Tanamo, Count Alert et Count Lasher, tous ces princes de la rue qui s'attribuaient des titres ronflants – gagnaient principalement leur vie en jouant pour les hôtels et les night-clubs, les bateaux de croisière, ou dans des soirées de danse organisées pour la population locale, avec un répertoire fourni de tubes calypso. Lord Kitchener, surnommé 'Kitch', est resté dans les annales pour sa chanson composée en 1946 *Jump in the Line*, un des plus grands tubes de calypso, popularisé par Harry Belafonte en 1961 et qui a fait l'objet d'une dizaine d'enregistrements, notamment de Lord Flea, de Lord Invader, de Donovan et de... Karl Zéro, le sulfureux animateur de la télévision française.

L'essor international du calypso dans les années 1950 est lié au nom de Harry Belafonte († 2023). Bien que d'origine jamaïcaine, celui-ci était né et avait grandi dans le quartier de Harlem à New York. Surnommé le Roi du Calypso, il enregistrera des tubes planétaires comme *Jamaica Farewell* et *Matilda*, *Banana Boat (Day O)* et bien entendu *Jump in the line*, deux titres streamés chacun plus de 120 millions de fois sur Spotify en juin 2023.

Cette persistance de styles aussi désuets que le mento ou le calypso jamaïcains est l'une des surprises du marché actuel, notamment grâce aux nombreux enregistrements et remixes effectués au cours des ans. Si certains, comme *The Cockhead* (1958) et *Evening News* (1959) du Trinidadien Lord Creator sont depuis 2008 et 2009 dans le domaine public, ce n'est pas le cas d'un autre tube de ce chanteur, *King and Queen*, enregistré avec les Skatalites en 1963 (Randy's). Réenregistré en 1970 par le producteur Clancy Eccles (Clandisc) sous un nouveau titre, *Kingston Town*, il serait reproduit en 2005 sur l'album *Clancy Eccles – The Anthology 1967-1973*, puis réédité en 2015 en Europe sous le label Trojan/Sanctuary à partir du même phonogramme. En juin 2023 Lord Creator avait 117 991 auditeurs mensuels sur Spotify et en août 2014 *Kingston Town* y avait été streamé plus de 9,4 millions de fois. Le producteur Clancy Eccles, décédé en 2005, avait peut-être signé un contrat avec Trojan, mais probablement pas Lord Creator (né Kentrick Patrick).

Mais là ne s'arrête pas la saga de ce titre. En 1989 *Kingston Town* était repris par le groupe UB40 sur leur album *Labour of Love II*. Exploité sous forme de single à partir de mars 1990, il obtient un succès mondial, se classant en tête des ventes en Grande-Bretagne et en France pendant plusieurs semaines. En juin 2007, le détenteur des droits d'auteur, Sparta Florida Music Group, intenta une action en justice contre Paris Hilton et Warner Chappell Music pour plagiat en raison de similitudes évidentes entre la musique de *Kingston Town* et celle de *Stars Are Blind*. Mais dans la culture jamaïcaine l'utilisation d'un titre emprunté n'est qu'un prêté pour un rendu (les emprunteurs signalent même sur leurs pochettes « adopté de... » au lieu du classique « adapté de... »). L'intervention des musiciens d'UB40, qui ont eux-mêmes pratiqué l'adoption à grande échelle, permit de régler l'affaire en privé. Lord Creator reçut enfin des royalties et put vivre décemment jusqu'à sa mort en 2023.

Si les artistes et les producteurs jamaïcains sont victimes de nombreuses escroqueries, c'est en grande partie dû à leur mode pensée : ils de méfient des papiers, c'est-à-dire des contrats et par superstitions ils refusent de faire leur testament.

Dans la mesure où la plupart des jamaïcains sont illettrés, ou maîtrisent mal la lecture et l'écriture, ils se méfient des écrits et croient plutôt en la parole donnée. Aussi, ils n'ont aucune confiance dans les contrats de Babylone, la cité corrompue de la Bible dont il est dit : « Sur son front était écrit un nom, un mystère : Babylone la grande, mère des impudiques et des abominations de la terre ». Signer un contrat, pour un artiste jamaïcain, c'est vendre sa musique, son âme, retourner en esclavage, car jamais la justice de Babylone ne reconnaîtra ses droits. Dans son roman *Power Game*, Perry Henzell décrit Zak dans le roman, en réalité Bob Marley, venu signer un contrat avec Lindo (Chris Blackwell), mais refusant d'apposer sa signature tant qu'il n'aura pas lu et compris chaque mot ! Les hommes d'affaires soupirent et plient bagage...

Cette méfiance envers les papiers qui perdure a eu une incidence sur le fonctionnement de l'industrie musicale, non seulement en ce qui concerne l'inexistence de nombreux contrats d'artistes, mais également en matière de testaments et donc de successions.

La plupart des Jamaïcains se marient administrativement, voire religieusement, ce qui ne les empêchent pas d'avoir des deuxièmes bureaux, tandis que d'autres multiplient les divorces et les remariages. Près de 20% des jamaïcains vivent en concubinage avec des femmes dont ils ont souvent de nombreux enfants, dans le cadre de ce qu'on appelle des *common law marriages* (mariages de droit commun) que l'on peut qualifier de concubinage coutumier. Mais tous sont fiers d'avoir de nombreux enfants. Ainsi, Aston Barrett († 2024), le bassiste des Wailers, était fier de son surnom 'Family Man', attribué alors qu'il n'avait qu'une vingtaine d'enfants ; en 2006, il en comptait, dit-on, cinquante-deux ! Et, d'après la nécrologie que lui a consacrée David Katz dans le *Guardian*, le producteur Bunny Lee qui a eu deux épouses légitimes, aurait eu trente-cinq enfants[22].

Tous ceux qui cherchent à dépouiller la Jamaïque des fruits du reggae le savent, car cela fait leur affaire : la quasi-totalité des artistes et des producteurs jamaïcains ont de nombreux enfants, légitimes ou pas. En 2001, lorsque Hélène Lee, surprise par le « droit de réponse » de l'ADAMI à son article de *Libération* du 27 septembre, avait appelé cette société, une personne du service juridique lui avait répondu que « Bob Marley avait bien quelques 350 000 francs de l'époque sur un compte, mais qu'on ne savait pas à qui les verser, car il avait fait des enfants partout ! ».

Il est vrai que les Rastas ne sont pas très portés sur les testaments. Ils sont, si ce n'est superstitieux, du moins enclins

---

[22] Katz D., Bunny Lee Obituary, *The Guardian, 9 oct.* 2020, sur https://www.theguardian.com/music/2020/oct/09/bunny-lee-obituary.

par leur culte de la vie à rejeter toute évocation de la mort, tout contact avec elle. Ainsi, lorsque Bob Marley apprendra, quelques jours après s'être effondré lors d'un jogging le dimanche 21 septembre 1980, qu'il était atteint d'un cancer généralisé et qu'il n'avait plus que quelques mois à vivre, il ne rédige pas pour autant de testament (c'est du moins la position officielle), ce qui sera à l'origine d'années de batailles légales pour régler sa succession.

Bob Marley est mort le 11 mai 1981, à l'âge de 36 ans, dans un hôpital de Miami. Son corps, rapatrié en Jamaïque, aura droit à des funérailles nationales le 21 mai. Mais il n'était pas encore enterré que certains se préoccupaient déjà de savoir comment s'approprier sa fortune, alors estimée à 115 millions de dollars, soit près de 35 millions de dollars actuels (2024). La loi jamaïcaine prévoyait alors qu'en cas de décès intestat, c'est-à-dire en l'absence de testament, 10% des biens reviennent à l'épouse, en l'occurrence Rita Marley, qui bénéficiait également sur le reste d'une part de 45% d'usufruit. Le reste de la succession devait être partagé entre les onze enfants, issus de sept femmes différentes, reconnus officiellement par le chanteur (y compris Sharon, la fille de Rita, qu'il avait finalement adoptée). L'avocat de Bob Marley, David Steinberg, a alors convaincu Rita de falsifier sur plusieurs documents la signature de son mari décédé et de les antidater, afin d'obtenir le contrôle de la plupart de ses actifs ainsi que de ses droits sur ses chansons et ses enregistrements. Lorsque cette fraude a été découverte, David Steinberg a été condamné en justice, alors que Rita Marley, qui a plaidé qu'elle avait agi sur les conseils de l'avocat, a simplement été déchue de son poste d'administratrice de la House of Marley, qui gère la succession de l'artiste. Cette gestion fut alors confiée à quatre enfants de Bob, ainsi qu'à d'autres membres de sa famille. Cette affaire est significative : les escrocs ont bien compris qu'après la mort des artistes et des producteurs leur succession ne sera jamais réglée, ou qu'alors elle prendra des années, un temps suffisant pour s'enrichir aux dépens des héritiers.

En 2004-2005, lorsque j'ai recherché les quelques 400 artistes et musiciens qui étaient alors concernés par les transactions que j'avais signé avec l'ADAMI et la SPEDIDAM, près de 25% d'entre eux étaient décédés, le plus souvent avec de nombreux enfants, laissant de ce fait une succession non réglée et en déshérence.

Enfin, même, quand les successions de certains artistes étaient légalement régularisées en Jamaïque, cela n'a pas empêché les avocats des contrefacteurs d'en contester la validité devant les tribunaux, notamment français, quelquefois avec succès. Ainsi pour s'opposer à l'action en contrefaçon engagée à leur encontre par Arleen Ruddock, en sa qualité d'héritière de son père Osbourne Ruddock dit 'King Tubby', décédé le 6 février 1989, les avocats des sociétés PIAS France et Greensleeves Records Ltd. n'ont pas hésité à contester la lettre d'Administration du 18 août 1989, établie par le greffier de la Cour Suprême de Jamaïque en matière de successions. Et dans son jugement du 5 novembre 2005 le tribunal de Paris a fait droit à cet argument, au motif que cette lettre d'Administration n'établissait pas suffisamment la qualité d'héritière d'Arleen Ruddock, alors qu'elle est son seul enfant et par le fait son unique héritière. Ce jugement a été infirmé sur ce point par un arrêt rendu par la Cour d'appel de Paris le 14 décembre 2011, avant d'être cassé par le 10 décembre 2014 par la première Chambre civile de Cour de cassation, pour le même motif. Dans son arrêt la Cour de cassation a commis une grave erreur de droit, dès lors que Arleen Ruddock est le seul et unique enfant King Tubby, donc sa seule héritière et à ce titre, elle est naturellement investie des droits matériels et immatériels sur les enregistrements de son père et cela même indépendamment des divers documents qu'elle verse aux débats. En l'absence de revendication d'une autre personne se disant héritier ou héritière des droits de King Tubby, la Cour de cassation se devait de confirmer l'arrêt de la Cour d'appel. Mais elle a préféré juger en faveur de la société Greensleeves, par ailleurs incapable de fournir un quelconque contrat de King Tubby, ou d'un prétendu héritier ou héritière. En ce faisant, les magistrats de cette haute Cour savaient pertinemment qu'ils jugeaient en faveur d'un contrefacteur.

Dans le même ordre d'idées Otis Kirk Moore, le fils du trompettiste Johnny 'Dizzy' Moore qui était intervenu en lieu et place de son père décédé en cours de procédure contre Sanctuary Records a été déclarée irrecevable le 11 février 2009 par le tribunal de Paris pour lequel les documents d'origine jamaïcaine qu'il avait produit, à savoir la déclaration d'un avocat jamaïcain qui avait du lui coûter une fortune, « ne satisfaisaient pas au formalisme exigé par la loi française ». Comme si les avocats jamaïcains connaissaient le formalisme des testaments ou des successions françaises. Par contre une fois encore, plutôt que d'exiger de Sanctuary qu'elle démontre qu'Otis Kirk Moore n'était pas le représentant légal de son père décédé, les magistrats qui ont rendu ce jugement on préféré accorder un blanc seing à Sanctuary pour exploiter gratuitement et *ad vitam eternam* les enregistrements de Johnny 'Dizzy' Moore. Encore une fois, il y a de quoi se poser des questions... Car la Cour de cassation a édicté une présomption de titularité en matière de droits voisins en faveur des pseudo-producteurs, mais aucune en faveur des enfants d'artistes décédés. Cherchez l'erreur...

Pourtant quand les personnes accusées de contrefaçon sont asiatiques, elles sont toujours immanquablement et sévèrement condamnées par les tribunaux parisiens. Mais quand il s'agit de labels de disques accusés par des artistes jamaïcains d'exploiter leurs enregistrements sans autorisation, les magistrats préfèrent donner raison à ces sociétés. Plus honteux encore, ils encouragent les pratiques malhonnêtes de celles-ci non seulement du vivant des artistes, mais même après leur mort !

Et cela n'est pas prêt de cesser. La plupart des interprètes et producteurs de reggae sont nés dans les années 1940 ou 1950 et un grand nombre sont décédés, souvent de mort violente comme Peter Tosh, Michael Smith ou Carlton Barrett, quand ce n'est pas du Covid-19 qui a fait des ravages dans une population pauvre et mal nourrie. En 2023, plus de 50% des artistes et producteurs de reggae étaient morts et de ce fait près de la moitié des revenus du reggae n'étaient pas reversés aux ayants droit légitimes. Où sont-ils passés ? Il est difficile de chiffrer l'ampleur des détournements perpétrés à l'occasion des décès ;

et ils ne cessent d'augmenter, car il ne se passe pas un mois sans qu'un autre artiste vienne à mourir. Il n'est pas déraisonnable d'estimer qu'au moins 30 millions d'euros, voire plus, sont ainsi détournés chaque année mondialement.

Colonie anglaise à partir de 1655, la Jamaïque est officiellement devenue indépendante le 6 août 1962. Cette indépendance, conséquence du mouvement de décolonisation qui a secoué l'Empire britannique dès les années 1950-1960, n'a pas été arrachée par la force. Elle a été la source d'immenses espérances parmi la population locale, célébrée dans de nombreuses chansons, comme *Forward March* de Derrick Morgan, *Independent Jamaica* de Lord Creator, *Rise Jamaica* de Al T. Joe, *Independence Song* de Prince Buster etc.

Le pays a hérité d'un système politique parlementaire bipartisan, calqué sur le modèle anglais, avec, à droite, le Jamaican Labour Parti (JLP), un nom trompeur (le parti du travail), en réalité une sorte de parti social-démocrate, libéral et pro-américain ; à gauche, le People's National Party (PNP), une sorte de parti socialiste proche de Cuba, qui revendique dans les années 1960-1980 la position de non aligné.

Le reggae, qui a véritablement émergé à partir de l'année 1968, est étroitement lié à la vie politique d'une époque où, en matière de droits des Afro-Américains, Malcolm X et les Black Panthers tenaient le haut du pavé. C'est l'époque où le boxeur Cassius Clay, après s'être converti à l'islam, adoptait le nom de Mohamed Ali. Suivant son exemple, Jimmy Cliff, né James Chambers, devenait également musulman en 1973 et adoptait légalement le nom de Naim Bashir, sans pour autant abandonner son pseudonyme d'artiste. L'islam, qui ne condamne pas l'esclavage, n'a jamais véritablement pris racine en Jamaïque, où il est cantonné à la communauté syrienne, contrairement aux îles voisines de Trinité et Tobago, où il existe une petite communauté musulmane (6% de la population : en 1990 un groupe islamiste, la *Jamaat al Muslimeen*, a même tenté de s'emparer du pouvoir par un coup d'État).

Plutôt que d'emprunter la voie religieuse, la rébellion des Jamaïcains prend plutôt une voie garveyite et rastafarienne, voire socialiste. Le système capitaliste est identifié à la Babylone de la Bible, la cité corrompue et esclavagiste. Cette transition du vieux mento jamaïcain gentiment lubrique vers un style enflammé et révolutionnaire a inquiété, durant cette période de guerre froide, les responsables politiques américains ainsi que la CIA. Il fut donc décidé de former quelques spécialistes des traditions musicales jamaïcaines dans le but de mieux les connaître et les manipuler.

C'est ainsi qu'Edward Seaga (1930-2019), après ses études à l'université d'Harvard aux États-Unis où il obtient en 1952 une licence en sciences sociales, entreprend d'étudier les pratiques musicales anciennes de l'île. Parmi ses enregistrements, on trouve des soirées Kumina (une sorte de vaudou local), des chorales baptistes et les premières formations rasta (enregistrements disponibles sur Folkways, le label du Smithsonian Institute). En 1958, son cursus universitaire terminé, Edward Seaga se lançait dans l'industrie de la musique en fondant la West Indies Records Limited, connu sous l'acronyme WIRL. Dans le cadre de ses activités musicales, il ouvrit un studio d'enregistrement dans le quartier de Tivoli Gardens (contrôlé par le JLP) et à partir d'octobre 1964, il commença à fabriquer et à presser des disques.

Mais dès 1959 Edward Seaga, alors âgé de 29 ans, entame également une carrière politique au sein du Jamaican Labour Parti (JLP). Élu député en 1962, il conserve son siège de Kingston Ouest pendant 43 ans. Ministre des finances et du développement en 1967, il devient leader du JLP (donc de l'opposition) de 1975 à 1980 et de 1989 et 2005 et Premier ministre de 1980 à 1989. Malgré tous ses efforts, le JLP ne dominera la Jamaïque que quelques années, car dès 1972 ce parti, plutôt conservateur, doit céder le pouvoir au PNP, de tendance socialiste. Il le reprend ensuite de 2007 à 2011 et depuis 2016 à ce jour. JLP et le PNP se sont donc partagé le pouvoir par intermittence, puisque le premier a repris le pouvoir après avoir obtenu une super majorité aux élections de 2020.

Contraint de se consacrer totalement à la politique, Edward Seaga revendra WIRL en 1969 au chef d'orchestre et musicien Byron Lee, qui le renommera Dynamic Sounds. Discogs liste

959 singles, compilations et albums attribués au label WIRL, ce qui montre la contribution de ce label à l'industrie musicale jamaïcaine.

Dans le cadre de ce système bipartite hérité de la colonisation, Edward Seaga, leader du JLP de 1975 à 2005, s'est opposé au charismatique Michael 'Joshua' Manley († 1997), leader du People's National Party. Michael Manley était le fils du héros national Norman Manley, un homme de loi respecté qui a joué un grand rôle dans l'accession de l'île à l'Indépendance. Après des études supérieures au Canada puis à Londres, il exerce d'abord le métier de journaliste, avant de devenir à plein temps un militant syndical de la National Workers Union (NWU). Il en fut élu vice-président en 1955 et devint en 1962 président du Caribbean Bauxite and Mine Workers Union (Syndicat de la bauxite et des mineurs des Caraïbes). Ce passé syndicaliste et sa proximité avec les grévistes fut pour beaucoup dans son accession, en mars 1972, au poste de Premier ministre. Il eut à cette occasion l'appui de nombreux musiciens, dont certains ont participé à des concerts de sa tournée électorale, surnommée ironiquement *Band Wagon* (allusion à l'expression *jump the band wagon*, en français prendre le train en marche).

Pour sa campagne électorale de 1972, le PNP avait adopté la chanson de Delroy Wilson, *Better Must Come* (Le meilleur doit venir), produite par Bunny Lee. Mais celui-ci, qui tentait tant bien que mal de rester neutre politiquement, se fit canarder pour avoir également produit la chanson satirique de Bill Gentles *Take the Rod from Our Backs* (Éloigne ce bâton de notre dos). Le bâton faisait référence à la légendaire *Rod of Correction* de Michael Manley, une baguette en ébène avec un pommeau et une pointe d'ivoire qu'il disait tenir de Haïlé Sélassié. Il s'agit peut-être d'un mythe, mais cet objet qui inspira une chanson à Clancy Eccles était exposé à Paris en 2017 dans le cadre de l'exposition *Jamaica, Jamaica.*

La victoire électorale et l'investiture de Michael Manley en 1972 suscita une vague d'espoir saluée par des dizaines de chansons. Mais sa politique sociale – alphabétisation, éducation gratuite, fondation de nouveaux hôpitaux, réévaluation de la bauxite, construction de 40.000 logements, financement de la culture... – se heurte à une situation économique difficile (choc pétrolier, émeutes) et aux partisans du JLP, ses adversaires, qui voient leur échapper les grands programmes de construction du gouvernement, désormais monopolisés par les sympathisants du PNP. Il est facile de convaincre un jeune sans travail de prendre un bâton ou un révolver pour aller casser des militants du parti adverse, ou récupérer une rangée de logements.

La violence politique des décennies 1960, 1970 et 1980 culminait avant chaque scrutin : 844 personnes ont été assassinées avant celui de 1980, mais les chiffres annuels avoisinent désormais les 1300 ou 1400.

Les communautés garnisons qui ont commencé à fleurir à partir des années 1960 incarnent cette politique. On désigne par *garrison*, improprement traduit en français par garnison, un quartier dont tous les électeurs sont inféodés à un même parti par le biais d'emplois municipaux, de logements et autres faveurs – en échange de quoi ils deviennent les soldats de ce parti, qui éventuellement les utilisera pour des coups de poings contre le camp adverse, ou pour distribuer de la cocaïne aux USA. Le lien entre le représentant au parlement et la population locale se fait à travers un leader de communauté, plus connu localement sous l'étiquette de 'Don'. En échange de son soutien, le Don peut développer ses activités criminelles comme le trafic de drogues, d'armes ou de documents officiels (visas, permis, passages en douanes etc.). Ses troupes assurent un maintien de l'ordre beaucoup plus musclé que celles de la police, généralement absente de ces espaces. Voleurs et violeurs sont impitoyablement punis ou simplement mis à mort, comme le furent les trois jeunes commandités pour assassiner Bob Marley en décembre 1976 (selon Don Taylor son manager, *Marley and Me*). Paradoxalement, les garnisons sont à la fois « les lieux les plus dangereux et les plus sûrs du pays »[23] – qui se risquerait à voler la voiture d'un Don !

[23] Cruse R., Derrière l'assaut de la "République de Tivoli" par l'État jamaïcain, *Études caribéennes* 17 | Déc. 2010 sur https://journals.openedition.org.

La communauté garnison la plus connue est Tivoli Gardens, le quartier construit à l'initiative d'Edgar Seaga sur les ruines du bidonville hindou/rasta/PNP de Back O'Wall qu'il avait fait raser (1965-66). Son gang était nommé le Shower Posse, la Bande de la Douche, en l'honneur des rafales de mitraillettes dont il douchait ses ennemis, mais aussi des cadeaux mirifiques dont les trafiquants arrosaient leur enclave à chaque retour de Miami : vêtements, armes, montres Rolex... En cette fin des années 1980, le Shower Posse avait mis la main sur une bonne partie du trafic de cocaïne et de crack des USA et ses membres pouvaient allègrement jouer les Robin des Bois quand ils rentraient au pays. Mais ce bel équilibre fut rompu à la disparition de Jim Brown, le puissant Don de Tivoli, condamné par la justice des USA en 1990 et brûlé vif deux ans plus tard dans un mystérieux incendie de sa cellule à Kingston. Son fils Dudus (Christopher Coke) n'avait ni l'aura, ni les contacts politiques de son père. Incapable de diriger cet empire de malfrats sur-armés, il fut aisément condamné par la justice américaine, qui demanda son extradition. Après des affrontements meurtriers entre la population de Tivoli Garden et les forces de police, c'est finalement Bruce Golding, le Premier ministre, pourtant JLP lui aussi, qui signa courageusement l'arrêt de déportation en 2010. Les affrontements avaient coûté la vie à au moins 120 personnes, civils et forces de l'ordre.

En 2023 on dénombrait en Jamaïque près de 250 gangs, responsables d'au moins 70% des assassinats.

Cette violence qui depuis les années 1970 a atteint un niveau effrayant place la Jamaïque dans le Top 5 des pays qui connaissent proportionnellement le plus de victimes d'homicides, avec un taux de 47 pour 100 000 habitants. De nombreux artistes en sont morts. Bob Marley lui-même a fait l'objet d'une tentative d'assassinat lors de la seconde campagne électorale de Michael Manley en 1976, deux jours avant le concert *Smile Jamaica*, un concert pour la Paix. Sept gunmen armés de fusils ont pris d'assaut sa maison du 56 Hope Road, alors qu'il était en pleine répétition avec les Wailers. Le chanteur, ainsi que son épouse Rita et son manager de l'époque Don Taylor furent blessés. Selon Don Taylor, qui survécut de justesse, la fusillade avait été commanditée par la CIA, qui à l'époque s'en prenait aux principaux soutiens de Michael Manley.

Peter Tosh, l'une des plus grandes gueules du reggae, qui clamait, en plein Concert de la Paix, « Je ne veux pas la paix, je veux la justice », mourrait lui aussi dans des circonstances terribles, abattu à son domicile le 11 septembre 1987 en compagnie de quelques visiteurs dont Jeff 'Free I' Dixon, animateur radio réputé. Selon la rumeur, tous deux s'apprêtaient à acheter l'une des deux radios nationales, ce qui n'était forcément pas du goût de tout le monde. Carlton Barrett, le batteur des Wailers, finira lui aussi abattu le 17 avril 1997 par un homme de main – une histoire de femmes, semble-t-il. Le 2 juin 1999, c'était au tour de Junior Braithwaite, le chanteur des Wailers de 1963 à 1964, de tomber sous les balles d'un tueur anonyme.

L'année 1983 fut particulièrement dramatique, puisque c'est celle de l'assassinat à Kingston de Prince Far I ainsi que du jeune Hugh Mundell âgé de seulement 21 ans (témoin d'un cambriolage en cours chez son voisin, il avait appelé la police). En août de la même année, le grand dub-poète Michael Smith est lapidé à mort par un gang d'hommes de main du JLP. En Jamaïque, dans les années 1962-2000, la quasi-totalité des attentats sont politiques ou liés au trafic de drogue. Nombreux sont les artistes qui ont payé de leur vie leur engagement politique. Peu d'enquêtes ont abouti : on ne sait toujours pas, faute d'enquête sérieuse, pourquoi le producteur King Tubby a été abattu devant son studio le 6 février 1989.

Le second mandat de Michael Manley (1976-1980), en plein choc pétrolier, vit le pays sombrer dans le chaos. L'essence était hors de prix, alors que le riz, la farine et l'huile manquaient, exaspérant les plus pauvres dont c'était la nourriture de base. La CIA, bien implantée grâce aux efforts de son représentant local Philip Agee, futur transfuge de la célèbre agence, distribuait l'argent et la cocaïne par poignées. On jouait sur les vieux croquemitaines, la terreur rouge du maccarthysme ; on reprochait à Manley son rapprochement avec Fidel Castro. Les touristes et les riches expatriés, effrayés, quittent l'île, vendant à bas prix leurs belles demeures. C'est ainsi que la Jamaïque a plongé dans la violence politique et depuis le chiffre annuel des assassinats se maintient à peu près au même niveau quel que soit le parti au pouvoir (1400 meurtres en 2023)

La notion de parti en Jamaïque demande quelques éclaircissements historiques. La rivalité PNP-JLP date des années 1930, lorsque deux cousins, Norman Manley et Alexander Bustamante, les *Pères de la Nation*, commencent une valse hésitation autour de deux visions concurrentes de la Jamaïque future. L'avocat Norman Manley, proche du socialisme, protecteur des arts et des libertés, est celui qui arracha aux Anglais une promesse d'Indépendance et aida à la mettre en pratique. Son cousin et adversaire Bustamante, prêteur sur gages, beau parleur et proche de la rue, réussit à mettre la main sur le syndicat des dockers et à s'imposer comme leader politique lors des élections de l'Indépendance. Il obtient l'investiture avec l'aide notamment de son cousin Norman Manley qui intervenait toujours pour le tirer des galères où l'entraîne son franc-parler. Cousins mais adversaires, ces leaders des deux partis désormais responsables du destin du pays allaient se livrer à une concurrence implacable, avec pour enjeu le *pork barrel*, le produit de la corruption : accès aux emplois municipaux, logements et autres privilèges. Des quartiers entiers de logements modernes furent distribués aux militants des partis et ces véritables enclaves politiques deviendraient dans les années 1970 des garnisons de supporters armés.

Dans un pays si petit, le bipartisme devient en quelque sorte l'arène de deux gangs concurrents. Celui qui détient le pouvoir détient les emplois des chantiers municipaux, les logements, la police, les armées de partisans des quartiers-garnisons. Lorsque le gouvernement change, une nouvelle garnison s'installe dans une nouvelle rangée d'immeubles, juste en face et la fusillade commence. Les *soldats* de ces partis, responsables de la violence, ne sont que des otages dans une situation sans issue. Comme l'expliquait un ancien homme de main à la journaliste Hélène Lee : « On ne nous donnait pas à manger, mais on nous donnait des armes ».

En 1980, suite à la campagne électorale la plus violente qu'ait connue le pays, Manley et le PNP perdent le pouvoir. Hasard ou conséquence, les plus grandes années du reggae correspondent aux deux premiers mandats du gouvernement socialiste (1972-1980).

À quel parti se rattachent les musiciens jamaïcains, en particulier les Rastas ?

Dès les premières élections, Leonard Howell, le fondateur du Pinnacle et leader de la communauté, déclarait son rejet du bipartisme anglais : « Pourquoi voter pour l'un ou l'autre parti et déchirer la Jamaïque en deux camps ? Venez plutôt avec nous, les Rastas, qui travaillons à construire ensemble le pays ». Cessant désormais de voter, les Rastas adoptèrent en grande majorité une position indépendante, refusant de s'inféoder à l'un ou l'autre parti. Même si certains soutenaient ouvertement Michael Manley et le PNP, ils ne se privaient pas de dire à Manley, surnommé 'Joshua' (Josué, successeur de Moïse dans la Bible), ses quatre vérités. C'est ce qu'a fait Max Romeo dans le célèbre *One Step Forward, Two Steps Backward* (Un pas en avant, deux en arrière) ou dans *No Joshua No*, un titre de 1974 : « Puisque tu es mon ami, Joshua, il faut que tu saches que les Rastas te surveillent et te jugent ».

La guerre que se livrent les partis, ou plutôt leurs milices des ghettos (car la *bonne société* commerce, se mêle et s'épouse par-delà les frontières politiques), est un frein au tourisme et à l'industrie musicale, ainsi qu'une malédiction pour la population. Lors des épisodes de violence, plus question d'organiser des sound systems au coin d'une rue : on cache les enceintes au fond des arrière-cours, ou dans un champ au milieu des vaches. L'industrie musicale en pâtit, mais le reggae y gagne en puissance. Sous les mandats de Manley le reggae connaîtra son âge d'or, avec des textes particulièrement profonds et des rythmiques indémodables.

En 1980, après le retour du JLP au pouvoir, de nombreux musiciens engagés se sont exilés et la musique prophétique a laissé la place à l'esthétique des gangs et de la cocaïne. Une musique toute différente, le dancehall et une avalanche de *gun songs* et de *sex songs* (ou *slackness*) vont déferler sur les ondes.

C'est l'époque où le système libéral triomphant autorise les firmes américaines à installer en Jamaïque, dans des enclaves exemptées de taxes et de charges sociales, des fabriques de vêtements exploitant des employés sous-payés.

Au nom du libéralisme, le gouvernement va ouvrir largement le marché jamaïcain aux produits américains, mettant ainsi à mal l'agriculture et l'élevage local. La culture de l'oignon autrefois florissante va disparaître, tout comme les laiteries lorsqu'on va importer du lait en poudre des États-Unis. Une mesure catastrophique pour le pays, comme le démontre *Life and Debt*, le passionnant documentaire de Stephanie Black sorti en 2001.

En 1989, lorsque Michael Manley et le PNP reviendront au pouvoir, leur second mandat sera bien plus modéré que le premier et verra même la privatisation de plusieurs entreprises publiques. Mais atteint d'un cancer, Manley démissionnera en 1992 au profit de Percival James Patterson, un homme de loi jamaïcain, dont l'administration prudente ramena, sinon la paix, du moins un fonctionnement à peu près normal de l'État. Percival James Patterson fut le premier Noir à diriger le pays.

Après trois nouveaux mandats du PNP, de 1989 à 2006, le JLP désespérait de se faire élire. Il va imaginer un autre moyen d'abattre l'inamovible Patterson : l'accuser d'homosexualité. Des producteurs seront payés pour enregistrer des titres homophobes, dont le tristement célèbre *Boom Bye Bye Ina Battyman Head* (Boum Bye Bye dans la tête du *pédé*) chanté par un gamin famélique du nom de Buju Banton et financé par un producteur anonyme. Cette campagne homophobe coûta à l'artiste l'annulation de nombreux contrats internationaux, mais ne réussit pas pour autant à dégommer Patterson. Le mal était fait, pourtant et la Jamaïque vit se développer une homophobie meurtrière dans un pays qui n'en connaissait jusque-là qu'une forme bénigne, les habituelles blagues de troufion – mais pas de violence.

Un cliché consiste à dire que les Jamaïcains, en particulier les Rastas, sont misogynes et ne respectent pas les femmes. Certains invoqueraient même de prétendues *traditions africaines* selon lesquelles la femme devrait à l'homme une soumission totale. Pourtant les femmes sont aussi bien le pilier des familles que celui de l'économie jamaïcaine. De nos jours, 70% des étudiants d'université sont des femmes. Sous l'esclavage, elles seules pouvaient conserver leurs enfants auprès d'elles, le père étant souvent placé ailleurs ou vendu, ce qui faisait d'elles le noyau de la cellule sociale. Le Pinnacle, première communauté rasta fondée en 1940 dans les montagnes de St-Andrews par Leonard Percival Howell, fut en grande partie financé par son épouse Tenet Bent. Sa direction fut même, pendant quelques années, confiée à une femme, Gertrude Campbell. Au départ, ses membres étaient en majorité des femmes.

En matière de droits des femmes, le PNP fit acte de modernisme en choisissant par deux fois une femme comme candidate au poste de Premier ministre. Mais Portia Simpson Miller, Première ministre de mars 2006 à septembre 2007 et de janvier 2012 à mars 2016, n'a pas laissé de marque indélébile sur l'histoire, en dehors du fait qu'elle a démontré que les femmes pouvaient aussi accéder au pouvoir.

En matière de musique, le rôle des femmes n'a jamais été négligeable en Jamaïque. C'est une femme, Millie Small, qui a chanté le premier tube international en 1964, *My Boy Lollipop*. Le grand public connaît surtout les I Threes, (Rita Marley, Judy Mowatt et Marcia Griffiths) qui furent pendant sept ans les choristes de Bob Marley. Mais Marcia Griffiths avait déjà une belle carrière derrière elle (notamment en duo avec Bob Andy) lorsqu'elle intégra les I Threes. Il en est de même de Judy Mowatt, qui de 1967 à 1970 fit carrière au sein des Gaylettes, avant de connaître en 1974 son premier succès solo *I Shall Sing*, classé numéro un des ventes en Jamaïque et de fonder son propre label Ashandan.

D'autres chanteuses jamaïcaines ont eu de nombreux tubes, comme Althea & Donna (*Uptown Top Ranking*, 1977), Susan Cadogan (*Hurt So Good*, 1976), ou l'incontournable *You Don't Love Me (No, No, No)* de Dawn Penn (Studio One 1967, repris en 1974), pour n'en citer que quelques unes. Enfin, l'industrie musicale a connu quelques productrices à part entière comme

Sonia Pottinger (1931- 2010), ou Patricia Chin, fondatrice avec son mari 'Randy' du label VP Records à New York.

Vainqueur des élections de 2016 et de 2020, le JLP est de nouveau au pouvoir à ce jour (2024), avec comme Premier ministre depuis le 3 mars 2016 Andrew Holness qui avait déjà occupé cette fonction en 2011-2012.

Mais la situation de la musique est au point mort. Le ministre de la Culture d'Andrew Holness n'a pas de compétence particulière en matière de droit et de business de la musique. Aussi cette richesse du pays n'est pas exploitée comme le sont ses sportifs et sa bauxite.

Il est urgent de former un noyau de juristes jamaïcains initiés au droit comparé et international de la musique et surtout d'adopter des lois et d'entreprendre toutes les actions judiciaires nécessaires, aussi bien en Jamaïque qu'à l'étranger, pour récupérer 100% des royalties et autres rémunérations collectées dans le monde entier pour l'exploitation des enregistrements des artistes, des musiciens et des producteurs jamaïcains. Une mesure radicale serait de faire condamner à de lourdes peines de prison en Jamaïque tous ceux qui ont détourné à leur profit ces redevances et rémunérations légales et cela quel que soit leur nationalité ou leur lieu de résidence.

Comme expliqué plus haut, c'est à la fin des années 1940 que les premiers enregistrements de musique jamaïcaine furent réalisés avec deux micros sur un petit magnétophone deux pistes. Les artistes se souviennent de la petite pièce enfumée où s'entassent les musiciens, attroupés autour de l'unique micro qui leur était dévolu, le chanteur monopolisant le second. La bande était alors envoyée à Londres où l'on réalise un master et des matrices, à partir desquelles sont pressés ensuite les disques. La vente permet à Ken Khouri de développer son entreprise et d'ouvrir en 1961 son fameux Federal Studio. La famille Chin, elle aussi, enregistrait des groupes de mento jusqu'en 1957, avant d'émigrer au Canada ; il leur fallait re-presser leurs titres en CD, lorsqu'ils parvenaient à remettre la main sur les vieux masters préservés par Decca.

Dès 1951 un autre commerçant jamaïcain, Stanley Motta, avait ouvert un petit studio d'enregistrement au 93 Hanover

Street à Kingston, juste au coin de sa boutique de Harbour Street. Motta envoyait lui aussi ses bandes à Londres, à partir desquelles la société Decca Records fabriquait des disques 78 tours qu'elle lui faisait parvenir en Jamaïque. Ils y étaient commercialisés sous le label MRS (Motta Recording Studio).

Les ventes de disques enregistrés en Jamaïque n'ont pris une dimension internationale que grâce aux labels étrangers, d'abord américains puis anglais. Si Harry Belafonte a été le premier à faire connaître le calypso au-delà des frontières de la Caraïbe, ce parce qu'en 1954-1955 il avait signé un contrat avec la société américaine RCA Victor. Aussitôt celle-ci avait distribué ses disques aux États-Unis ainsi qu'en Europe. En 1956, son troisième album *Calypso* s'est ainsi vendu à plus d'un million d'exemplaires.

Alors qu'aux États-Unis et en Europe, on commercialisera à partir de la fin des années 1950 des 45t à quatre titres (deux par face) dans de belles pochettes illustrées par une photographie de l'artiste, ce ne sera jamais le cas des 45t de reggae vendus en Jamaïque. Pour des raisons économiques, ceux-ci seront toujours des singles à deux titres, la plupart du temps vendus dans des pochettes en papier ordinaire percées d'un cercle pour que le label soit visible. Ce label était grossièrement imprimé et ne comportait parfois que le nom du producteur, ainsi qu'un titre écrit à la main (pas toujours le bon). Ce qui frustrait les chanteurs : « Les labels, c'est la figure du producteur. Toujours les producteurs. Comme s'ils faisaient de la musique tout seuls ! »

Pourtant, ce sont les producteurs qui ont vraiment façonné le son jamaïcain, au point que les amateurs de reggae classent souvent leurs disques par producteur, avec des personnalités incontournables comme Coxsone Dodd (Studio One) ou Lee Perry, le génie qui, sur un simple magnétophone quatre pistes, va révolutionner le son des studios jusqu'en Occident. Ainsi, c'est le *son* Lee Perry qui va imposer Bob Marley à l'attention du monde, alors que celui-ci n'avait remporté qu'un succès local avec les productions de Leslie Kong ou de Coxsone Dodd.

En Jamaïque, les singles 45t vont être à l'origine du développement des *sound systems*, en français discomobiles ou sonomobiles, avec des platines vinyles et des haut-parleurs alimentés par un générateur. D'abord fournis en musique américaine par les coupeurs de canne à sucre qui chaque année allaient faire la récolte aux USA, ils allaient être remplacés peu à peu par la production locale.

Les sound systems s'installent dans une rue pour la nuit, ou devant les bars qui vendent de la bière. Parfois ces bars reversaient une partie de la recette aux *deejays* et l'entrée était gratuite. L'équipement technique était alors rudimentaire ; ainsi la *reverb*, en l'absence d'une chambre d'écho, était obtenue en utilisant le mur de la cabine pour réfléchir le son.

La première évolution importante, la mode des versions instrumentales, date de 1967 et elle résulte d'un accident. L'histoire veut que Rudolph 'Ruddy' Redwood, le *selector* – ou *selecta* – du sound system Supreme Ruler of Sound, passe, par inadvertance, le morceau *On the Beach* des Paragons amputé de sa piste vocale. Immédiatement le public se met à chanter le morceau, qu'il connaît par cœur : la première version instrumentale était née.

Désormais, les producteurs vont de plus en plus souvent mettre en face B une version instrumentale de la face A, ce qui permet à n'importe qui, lors d'une soirée, d'improviser librement par-dessus. Le personnage le plus en vue d'un sound system n'est plus le selector, mais le *deejay* qui improvise, ou *toaste*, sur la piste instrumentale.

Nouvelle évolution lorsque Clement Coxsone Dodd, parti ramasser des fruits aux USA pour se faire un petit pécule, à l'idée d'enregistrer la performance de ces *deejays* pour en faire des disques. L'idée lui est venue, dit-il, à l'écoute des militants Noir-Américains qui déclamaient leurs textes pour un public enflammé, Cassius Clay en particulier. Coxsone envoie du matériel d'enregistrement à son épouse à Kingston, avec un diagramme pour l'aider à le brancher. C'est ainsi qu'une femme devient le premier deejay jamaïcain... Mais l'histoire retiendra plutôt Count Machuki, embauché par Coxsone pour réaliser son projet novateur : les disques de deejays, (*deejays records*). Présenté par certains comme premier deejay et ancêtre des rappeurs, Count Machuki reste une légende que je pensais oubliée. Mais à ma grande stupéfaction il avait, en juin 2023, 653 auditeurs mensuels sur Spotify avec deux de ses titres, *On the Move* et *More Scorcha*. Ce qui démontre que ces plateformes ont aussi un rôle positif, celui de servir d'archives sonores.

Le business des sound systems est l'étincelle qui va lancer l'industrie du disque en Jamaïque. Grâce à leur succès, Clement 'Coxsone' Dodd et d'autres deejays légendaires, dont Duke Reid, deviennent en quelques années des producteurs prolifiques et lancent les futures stars du reggae. L'album *Sir Coxsone & Duke Reid In Concert At Forresters Hall*, sorti sur le label Studio One, reproduit les joutes musicales auxquelles se livraient les sound systems.

Avec l'amélioration des studios et de la technique, la version instrumentale va franchir encore une étape au début des années 1970. Tandis que le ska explose avec ses titres dansants et commence à envahir le marché, des mixeurs de génie vont peaufiner les versions instrumentales pour en faire un style à part entière : le *dub*. On entre dans une nouvelle ère, celle de l'électronique et de son éventail de déclinaisons et de styles. On y reviendra.

Le ska est à la fois une musique de danse – on fête l'Indépendance et ses illusions – et l'occasion de s'exprimer pour les artistes qui travaillent depuis une décennie à élaborer un style jamaïcain original, capable de concurrencer leurs idoles américaines du jazz et du rhythm & blues. Le nouveau style accorde une très grande importance au talent des musiciens, les instrumentaux consistant souvent en une succession de solos de différents cuivres sur une structure rythmique africaine. Une rencontre déterminante vient d'avoir lieu : celle du jazz et des batteurs Rastas.

Depuis les années 1950 les élèves d'Alpha School, à l'instar de leurs idoles américaines, cherchent à retrouver leurs racines africaines. Ils n'ont pas à chercher bien loin ; ils ont ces racines sous la main – les batteurs Rastas. Tous les dimanches ils prennent l'habitude de se retrouver à Rockfort, au Centre Culturel du batteur Count Ossie et ils *jamment* sur leurs rythmiques. Sur une pulsion rapide de burru ils apprennent à placer leurs solos pleins d'âme qui, aujourd'hui encore, éblouissent les amateurs. C'est ainsi que grâce aux élèves de l'école Alpha, les nouvelles rythmiques, jusqu'ici rejetées par les clubs et les producteurs de la bourgeoisie, sortent de l'ombre et que va naître le ska.

Une fois de plus c'est à une femme, la danseuse star Marguerita Mahfood, que l'on doit cette victoire : à la fin des années 1950, invitée à se produire au concert de Noël du fameux promoteur Vere Johns, elle avait amené, pour l'accompagner, le groupe de Count Ossie. Devant le refus de Vere John de laisser monter sur scène ces Rastas peu décoratifs, elle avait pris la porte, forçant l'organisateur à céder. L'extraordinaire réaction du public fit le reste : le soir même, Vere Johns courait chez Count Ossie lui offrir un contrat de *management* !

Les hommes d'affaires, mis au courant, voulaient récupérer le ska sans s'embarrasser des Rastas. Ce fut chose faite avec le fameux *My Boy Lollipop*, une reprise ska d'une Américaine de 14 ans, Barbie Gaye, par Millie Small, une gamine jamaïcaine à la voix stridente. Le titre, produit par le Jamaïcain Chris Blackwell, allait mettre la Jamaïque sur la carte du monde grâce à ses millions d'auditeurs.

Le morceau considéré comme le premier rocksteady *Take It Easy* (Hopeton Lewis) date d'octobre 1966[24]. Quatre ans sont passés depuis l'Indépendance. Le titre appelle au calme et à la réflexion dans un contexte épineux : des espoirs démesurés chez la population, mais un pays exsangue. « No need to hurry, If you fall off the race it's no disgrace, Just pick yourself from off the ground » chante Hopeton Lewis (Prend ton temps, si tu perds la course il n'y a pas de honte, ramasse-toi et repars !) En cette période d'ouverture progressive, le rocksteady verra percer une ribambelle d'artistes aux voix sublimes, dont les textes, enfin révélés par l'arrangement limpide, exposent la puissance.

---

[24] Vendryes Th., Des Versions au riddim. Comment la reprise est devenue le principe de création musicale en Jamaïque (1967-1985), *Volume !* 7 : 1 | 2010, p. 191-222, sur https://journals.openedition.org.

Mais pour le moment, l'Indépendance n'a pas fait reculer la pauvreté et la colère des *grands frères* des USA fait école. Les jeunes s'égosillent sur le refrain de James Brown : « Say it loud: I'm Black and I'm Proud! » (Dites-le bien fort : Je suis noir et je suis fier !). La soul fait des émules.

L'époque du rocksteady a vu le rythme du ska ralentir et les textes s'approfondir. Ces textes deviennent le support de la nouvelle culture et en 1968 le nouveau style prend le nom de reggae.

La rythmique posée, plus limpide, laisse plus d'espace au chant et aux textes ; les arrangements influencés par la soul soulignent le message sans le noyer de solos. Jusqu'à l'Indépendance, peu de chansons osaient aborder les thèmes sulfureux des conditions de vie en Jamaïque. La soul et le rhythm & blues, alors omniprésents sur le marché mondial, montraient l'exemple d'une parole libérée, accusatrice. Parallèlement à l'émergence de chanteurs de grand talent comme Alton Ellis (The Paragons) ou Ken Boothe, on voit se multiplier les textes engagés inspirés des *grands frères* des USA. Les Jamaïcains s'y exercent d'abord avec des reprises, comme le magistral *Is It Because I'm Black* enregistré en 1969 par un *bluesman* du Mississippi, Syl Johnson et repris l'année suivante en Jamaïque par Ken Boothe – un succès retentissant et durable, puisque ce chanteur enregistrera en 2015 une version *africaine* magistrale en duo avec l'Africain Tiken Jah Fakoly.

Il serait vain de tenter ici un survol de cette explosion incroyable que fut le reggae, une production pas encore entièrement exhumée mais qui se compte en centaines de milliers d'enregistrements (certains parlent de millions) et dont l'impact mondial dépasse largement les simples chiffres de vente. Notre préoccupation ici est le fait que la grosse majorité de ces enregistrements n'a rien rapporté à ses auteurs et que la plupart sont morts dans un grand dénuement.

Il existe désormais un grand nombre de styles de reggae, *roots*, *rub-a-dub*, *lovers*, *militant*... et chaque année en voit naître un nouveau. Mais le dancehall, favorisé par le contexte économique et adoubé par les financiers et les majors, est le plus prolifique. Comme son nom l'indique, c'est une musique de danse, même s'il s'illustre aussi de très belles voix avec de vrais textes, comme ceux de Linval Thompson. Sa particularité est d'avoir développé le système du *riddim*, l'utilisation d'une rythmique instrumentale pré-enregistrée ou reprise d'une face B célèbre, que l'on pourra mettre à toutes les sauces. Gros bénéfice pour les producteurs, qui n'ont plus à payer de musiciens, mais seulement les chanteurs et les bandes instrumentales !

Durant la première moitié des années 1980, ces riddims étaient le plus souvent des faces B d'anciens disques de Studio One et, dans une moindre mesure, de Treasure Isle. Les riddims de certains titres, parmi lesquels *Real Rock*, *Nanny Goat*, *Mad Mad* et *General* (datant tous de 1967), ou *Heavenless*, *African Beat* et *Full Up* (de 1968) furent ainsi utilisés sur un nombre incalculable de disques. On a dénombré 269 phonogrammes utilisant le riddim de *Real Rock* et 249 celui de ans*wer*. Ainsi, comme le souligne Thierry Vendries, « chaque riddim dispose d'un nom à lui, d'un producteur et d'un propriétaire, ainsi que d'une vie musicale propre, indépendante des parties vocales des deejays. »[25]

En 1980, le format riddim *plus* la partie vocale était devenu en Jamaïque la principale forme de musique populaire, tant sur disques qu'en soirées, où des deejays les utilisaient pour toaster. La plupart des Jamaïcains restait encore fidèle au reggae classique, mais la jeunesse se satisfaisait de retrouver un *groove* familier sur lequel poser le mot du jour sur une mélodie simple, rarement plus de deux ou trois notes, par-dessus un riddim chéri du public. Lors des performances, on pouvait voir les aspirants chanteurs et deejays faire la queue au micro pour poser leur propre improvisation, tandis que le selector passait encore et encore le même vieux riddim.

Toujours selon Thierry Vendries, le développement des riddims répondait à une contrainte économique : juste avant les élections de 1972, alors que les coûts de production augmentent, Robert Lightburn, alors ministre du Commerce et de l'Industrie, avait adopté une réglementation qui fixait le prix maximum

---

[25] Vendryes Th., Des Versions au riddim… op. cit.

d'un disque single à sept shillings et six pence. Les producteurs, qui tiraient un bénéfice conséquent de la vente aux deejays de morceaux en avant-première, se trouvaient lésés. « Le retour sur investissement dans le secteur musical s'est trouvé brutalement réduit et c'est à ce moment que l'idée de la version a décollé. Il n'était plus nécessaire de payer des musiciens pour enregistrer une nouvelle rythmique : on se servait d'un riddim. Fourni sur bande ou sur *dubplate* (gravure unique sur acétate), il tendait à devenir le principal produit, celui dont un producteur pouvait espérer le maximum de bénéfices et un objet central du marché de la production musicale »[26].

Au début des années 1980, cet esprit de compétition s'étendit aux disques, les producteurs se précipitant pour sortir de nouvelles interprétations du riddim du jour par différents deejays. En conséquence, comme l'écrivent Steve Barrow et Dalton : « En 1983, il était devenu inhabituel pour un tube jamaïcain d'avoir une piste rythmique entièrement originale. »

Clement 'Coxsone' Dodd est sans doute le producteur qui a enregistré les riddims les plus célèbres. Propriétaire de Studio One, il y regroupait dès 1962 un ensemble de musiciens qui, bien que enregistrant sous des noms variés (Skatalites, Studio One Band, Sound Dimension, Soul Vendors...), restait stable autour de Leroy Sibbles (basse), Bunny Williams (batterie), Eric Frater (guitare) et surtout Jackie Mittoo, un clavier et arrangeur *diabolique.* Les Skatalites sont salariés, une innovation qui les fidélise et permet à Coxsone de faire des économies puisque l'activité de son studio est intense. Conséquence de cet investissement précoce, Coxsone est crédité de 109 riddims et 446 chansons, ce qui le place très largement en tête des *riddim makers* jamaïcains.

La coopération entre le producteur Joseph 'Jo Jo' Hoo Kim, propriétaire du studio Channel One à partir de 1972 et du duo basse/batterie Sly Dunbar (1952-2026) & Robbie Shakespeare (1953-2021) dits Sly and Robbie, produira quant à elle trente-trois riddims et cent-quatre-dix-sept titres chantés. Linval Thompson, qui n'a pas de studio en propre, revendique

[26] Vendryes Th., Des Versions au riddim... op. cit.

soixante-et-un titres pour seulement deux riddims. Dans la même situation, Bunny 'Striker' Lee, le plus grand producteur des années 1970, ou du moins le plus prolifique, est crédité de 234 titres avec *seulement* 20 riddims. L'image d'ensemble est claire. Pour les quelques producteurs propriétaires de leur studio, le rapport entre nombre de riddims et de morceaux est d'un à quatre ou cinq, pour ceux qui n'ont pas cette chance, il est d'un à dix ou plus. Sans studio, les producteurs indépendants sont largement contraints de se cantonner dans la reprise, la déclinaison de riddims bâtis par d'autres.

L'homme qui incarne ce principe de la reprise à partir du début des années 1970 est Bunny 'Striker' Lee. D'origine malaise, ce producteur indépendant a commencé sa carrière comme danseur dans les soirées, où il *boostait* l'ambiance par ses commentaires et ses acrobaties. Sa production prolifique recourt essentiellement à la reprise de vieux morceaux de Treasure Isle et de Studio One. « C'est lui qui installe véritablement dans les habitudes le fait de réutiliser de vieux riddims et d'en enregistrer rapidement une série de versions : une excellente stratégie pour décrocher des tubes au moindre coût ». D'où son surnom 'Striker', faiseur de tubes.

En 1980, la Jamaïque est en train de changer. Le règne du yankee dollar est arrivé. Les Rastas planquent leurs locks sous un bonnet et rasent les murs ; la scène musicale est devenue le domaine du bling-bling (la frime) et de la violence. Le trafic de cocaïne, alors florissant, permet aux *grands frères*, installés à Miami, d'envoyer au quartier des cadeaux rutilants. De nombreux musiciens de reggae *conscients* perdront la vie à cette époque et certains préféreront s'exiler. Mais le dancehall, avec ses rythmes répétitifs et dansants, fait des ravages en discothèque. D'où les chiffres mirobolants de Sean Paul et Shaggy, de Yellowman et d'Eek-A-Mouse.

À contre-courant du dancehall, le dub, apparu aux alentours de 1970, explore le dépouillement et la méditation. En décortiquant jusqu'à l'os un instrumental, en le travaillant à l'acide des échos et aux grondements de la basse, les maîtres du dub comme King Tubby ou Lee Perry ont envoyé une vague de fond dans les studios du monde et le son international s'en est trouvé transformé.

Ce dépouillement a laissé plus de place aux voix, aux poèmes. Ainsi sont nés les *dub poets*, un courant rebelle, très respecté mais très peu soutenu par l'industrie. Ils donnent au patois (*patwa*, la langue du petit peuple) ses lettres de noblesse et à la rue une voix familière pour exprimer ses souffrances. Certains sont des intellectuels militants, comme Michael Smith (qui y perdra la vie) ou Mutabaruka (animateur d'une radio culturelle). Quant à LKJ, il va jusqu'à clamer : « L'Angleterre est une enfoirée, pas moyen de lui échapper, l'Angleterre est une enfoirée, je mens pas, c'est la vérité » (Linton Kwesi Johnson, *Inglan is a Bitch*). Bien que seulement quatre ou cinq d'entre eux soient connus du grand public, leur style d'expression, sur fond de rythmiques minimalistes, fait des émules. Dans les écoles et les communautés de la campagne jamaïcaine on organise des performances de jeunes dub poets qui mettent en valeur l'incroyable sens du Verbe de ce vieux peuple. C'est le talent jamaïcain par excellence : de Garvey à la conteuse Miss Lou, rayonnante diva de la culture populaire, de Bob Marley à Michael Smith, assassiné à coups de pierres par des sbires d'un parti, jusqu'à Linton Kwesi Johnson (LKJ), porté comme un albatros au-dessus du chaos, si triste, si exigeant poète de la réalité...

LKJ a toujours soutenu le jazz, en produisant notamment Steve Gregory et Shake Keene, ou la fusion reggae de Dennis Bovell. Mais la distribution reste confidentielle. Le jazz Jamaïcain, qui remonte aux années 1950, avait pourtant déjà ses lettres de noblesse ; on n'imagine pas le nombre de jazzmen en Occident qui sont, en fait, des Jamaïcains. On a redécouvert dans les années 2000 le pianiste Monty Alexander et le guitariste Ernest Ranglin, longtemps plus connus dans les circuits jazz que dans ceux de reggae et reconvertis aujourd'hui à la fusion *world music*, avec des albums superbement maîtrisés comme la collaboration de Ranglin avec le chanteur sénégalais Baaba Maal avec *Nomad Soul*. Mais ces fusions et hybridations sont en perpétuel mouvement (d'ailleurs pour OMI ont parle simplement de reggae fusion).

Quant aux hybrides africains, ils sont nombreux et souvent modelés sur le style de la star locale, un Alpha Blondy en Côte d'Ivoire ou un Lucky Dube en Afrique du Sud. Sans oublier le seggae mauricien à trois temps inventé par le chanteur Kaya (mort en 1999 aux mains de la police). Le continent africain a déjà commercialisé des centaines de millions de disques et cassettes dans des dizaines de genres et la tendance n'est pas prête à s'inverser.

Enfin, d'un point de vue technologique, le reggae est devenu digital en 1985 avec la sortie de *Under Me Sleng Teng* enregistré par Wayne Smith au studio de King Jammy à partir d'un *preset* du Casio MT 40 programmé par la japonaise Hokuda Kiroko. C'est le riddim le plus repris de tous les temps : près de 200 versions.

Musique régionale ou genre universel ? Il existe un débat, qui est loin d'être théorique, sur la question de savoir si le reggae est une musique régionale qui fait partie des musiques du monde, ou un genre musical à part entière, de nature universelle. Tout est question de point de vue et comme dit le chanteur Gabriel Yacoub, « nous sommes tous la world music de quelqu'un d'autre ! ».

La distinction est pourtant importante du point de vue statistique et économique. Une société comme Yascast, qui analyse toutes les diffusions musicales sur les radios et télés françaises, distingue en effet, dans les parts de marché, le reggae, les musiques du monde etc. À l'origine jamaïcain, le reggae est devenu une musique universelle, qui a transcendé le temps et l'espace : africain grâce à Tiken Jah Fakoly ou Alpha Blondy, américain avec Groundation ou les Reggae Cowboys, sud-américain avec l'Argentin Fidel Nadal ou les Brésiliens de Tribo de Jah, allemand avec Gentleman et Doctor Ring Ding, italien avec Alborosie et bien entendu français avec Pierpoljak, Sinsemilia, Danakil, Bernard Lavilliers ou Serge Gainsbourg. Le reggae garde, tout comme le jazz, de nombreux inconditionnels à travers le monde et c'est par centaines de milliers que l'on compte aujourd'hui ses rééditions en vinyle. Le 13 août 1839, lorsque François Arago présentait à l'Académie des Sciences son invention du daguerréotype (procédé inventé en 1935 par

Louis Daguerre, principe à l'origine de la photographie), il s'était écrié que c'était « le don de la France au monde ». Il en est de même du reggae, « le don de la Jamaïque au monde. »[27]

[27] Jewell C., Le reggae : un cadeau de la Jamaïque au monde, *OMPI Magazine* juin 2016 sur https://www.wipo.int

# VI – À la source de l'escroquerie d'État : les « irrépartissables » de la loi Lang du 3 juillet 1985.

Depuis les années 1960, les artistes-interprètes, les musiciens et les producteurs jamaïcains ont été victimes de nombreuses escroqueries de toutes sortes, qui ont été le fait aussi bien d'escrocs personnes physiques que de sociétés. Mais la plus grande escroquerie dont ils ont été les victimes collatérales est celle montée en 1985 par l'État français, sous la houlette du ministre de la Culture de l'époque, le socialiste Jack Lang.

Il s'agit de l'escroquerie dite des irrépartissables c'est-à-dire de la quote part des rémunérations légales qui en vertu de la loi ne sont pas versées à leurs légitimes ayants droit, mais sont affectées au financement d'actions culturelles.

En 2024, aussi bien lors des élections européennes que législatives, le Rassemblement national (RN) qui dans son programme préconise la préférence nationale dans plusieurs domaines économiques a été accusé de xénophobie et voué aux gémonies par tous les partis de gauche, ainsi que par certains centristes et notamment les macronistes. Or, ce sont ces mêmes partis qui sont les inventeurs et les plus grands défenseurs, dans divers domaines culturels, d'une préférence nationale qui ne dit pas son nom, qui non seulement exclut des milliers d'étrangers des radios et des télévisions françaises, mais qui de surcroît détourne indirectement à leur profit les rémunérations collectées au nom d'artistes et de producteurs étrangers dans le but d'assurer le financement de spectacles vivants et de concerts en France. Bien entendu les centaines d'artistes français qui ont pris position contre le RN sont en très grande majorité ceux qui bénéficient du système opaque de préférence nationale dans le domaine de la culture d'abord qui existe depuis près de cent ans.

Le cadre général de l'escroquerie d'État, dont le but initial était de priver les artistes et les producteurs américains des rémunérations légales collectées en leur nom, a fait des artistes et des producteurs jamaïcains les victimes collatérales. Mis en place durant le premier septennat de François Mitterrand, d'abord en 1985 à l'initiative de Jack Lang, donc sous un gouvernement socialiste, il a été conforté l'année suivante, en 1986, sous le même septennat, par François Léotard, un membre du Parti républicain, ministre de la Culture dans le cadre d'un gouvernement de cohabitation.

Le mécanisme juridique de cette escroquerie trouve son origine lointaine dans un décret de 1932, qui, au moment du développement du cinéma parlant et de la montée des nationalismes en Europe, a imposé l'obligation de doubler en français les films diffusés sur le sol national. Comme cette mesure avait pour avantage visible d'élargir l'audience des films étrangers, notamment américains, les grands studios d'Hollywood l'ont même encouragée. Mais à long terme, elle a eu pour grave inconvénient, celui de ne pas exposer les spectateurs français aux langues étrangères et plus particulièrement à l'anglais. Dans les pays nordiques comme les Pays-Bas ou le Danemark, où les films sont rarement doublés, mais généralement sous-titrés depuis les années 1930, les spectateurs se familiarisent très jeunes aux langues étrangères, notamment à l'anglais, qu'ils maîtrisent par la suite bien mieux que les Français.

En dehors du domaine de la musique et notamment du reggae, ce système de préférence nationale produit actuellement des effets aussi bien en matière de doublage des films et des séries étrangères qu'en matière de diffusion, aussi bien de films sur les chaînes de télévision françaises, qu'en matière de musique enregistrée diffusée par les radios suite à la mise en place d'un système de quotas.

Le décret de 1932 sur l'obligation du doublage des films étrangers produit encore ses effets aujourd'hui, puisque tous les films étrangers sont doublés lors de leurs diffusions dans les salles de cinéma ou sur les chaînes de télévision françaises. Le doublage des films est à l'origine d'une véritable industrie. En 1998, le rapport Lampron, publié au Canada, évaluait le chiffre d'affaires global annuel des entreprises de doublage en France à plus de 100 millions de dollars et à plus ou moins 2 000 le nombre de comédiens doubleurs. Officiellement en 2024, l'industrie du doublage employait dans 110 entreprises près de 12 500 personnes, des acteurs aux traducteurs, pour un chiffre d'affaires de 700 millions d'euros.

Bien entendu les revenus du doublage sont sous-estimés, car ils n'intègrent pas les rémunérations légales versées notamment par l'ADAMI aux doubleurs, considérés comme des artistes à part entière depuis 1994. Mais même sur la base de 700 millions d'euros, cela représente un revenu moyen brut de 56 000 € par personne, ce qui est plus que correct. En principe les doubleurs sont payés au cachet, à la fois à la journée et à la ligne ; aussi certains doubleurs peuvent-ils percevoir un salaire mensuel à quatre chiffres, auquel va s'ajouter une rémunération légale perçue et versée par l'ADAMI à chaque rediffusion du film ou de la série.

Peter Falk, célèbre pour avoir interprété l'inspecteur Columbo, est mort à Beverly Hills en 2011 (né en 1927). Tous les épisodes de la série *Columbo*, produits aux États-Unis entre 1978 et 2003, ont d'abord été diffusés en France du vivant de l'acteur et depuis son décès, ils sont diffusés chaque semaine sur des chaînes nationales comme TF1, ou des chaînes de la TNT comme TMC, TV Breizh etc., où ils sont même accessibles en *replay*. Il est même vraisemblable que ces épisodes seront rediffusés tout au long des trente prochaines années. Pour toutes ces diffusions et rediffusions Peter Falk, ou ses héritiers, n'ont jamais touché un euro, contrairement à sa voix française, le comédien Serge Sauvion et ses héritiers depuis la mort de celui-ci en 2010. Car chaque diffusion d'un *Columbo*, ou d'une autre série américaine, ainsi que d'un film américain à la télévision, génère au profit des doubleurs français une rémunération légale, alors qu'elle n'en génère aucune pour les artistes américains.

Aussi, de nombreux acteurs français ont-ils fait carrière dans le doublage. Jacques Frantz († 2021), qui a joué dans de nombreux films et téléfilms français, a été la voix française de Robert De Niro (68 films de 1986 à 2020), ainsi que de Mel Gibson, John Goodman, Stellan Skarsgård, Steve Martin, Nick Nolte et Kevin McNally. Il a doublé également de manière occasionnelle Tom Berenger et Jeff Bridges. Quant à sa fille Marjorie Frantz, elle a été la voix française régulière de Hilary Swank, Mila Kunis et de Toni Collette, ainsi qu'une voix récurrente de Julia Roberts, Cameron Diaz, Catherine Zeta-Jones, Ashley Judd, Angelina Jolie etc.

Bref les doubleurs français se partagent chaque année plusieurs millions d'euros de rémunérations légales qui leur sont payées par l'ADAMI. Celles-ci sont collectées sur les diffusions des films et des séries américaines, au nom des artistes américains, qui eux ne perçoivent rien. J'ai défendu les intérêts de Kirk Douglas dans une procédure contre l'ADAMI, qui m'a permis de découvrir qu'il avait effectivement perçu de cette société l'équivalent de quelques milliers d'euros en rémunérations légales, mais uniquement pour certains de ses films et non pour d'autres et ce, selon des critères copiés sur la Convention de Rome de 1961 qui par ailleurs ne s'applique qu'aux phonogrammes et absolument pas aux vidéogrammes ni aux œuvres audiovisuelles ! Pourtant, c'est l'ADAMI qui bénéficie de l'ordonnance rendue contre mon client, en violation de tous les textes de loi applicables en la matière.

Il s'agit bien d'une escroquerie, mais qui n'est jamais dénoncée par les artistes français, qui en sont les bénéficiaires, ni par les syndicats, notamment la SFA-CGT. Tous sont bien à la fois complices et bénéficiaires de celle-ci, qui repose en réalité sur un système de préférence nationale, une expression décriée lorsqu'elle figure dans le programme du RN, alors qu'elle est déjà mise en œuvre depuis des années dans le domaine culturel par les autres partis.

Depuis quelques mois, avec le développement fulgurant de l'intelligence artificielle (IA) dans le domaine de la traduction, l'association professionnelle Les Voix, ainsi que le syndicat SFA-CGT sont vent debout contre cette menace. En effet, les outils d'IA HeyGen, Eleven Labs ou encore Deepdub, qui peuvent imiter une voix ou traduire une vidéo en plusieurs langues, mouvement des lèvres compris, peuvent remplacer tous les doubleurs, personnes physiques. Pour s'opposer à ces nouvelles technologies, l'association Les Voix affirme même que *les moteurs d'intelligence artificielle générative sont aujourd'hui alimentés par le moissonnage, que nous jugeons illégitime, des œuvres sur lesquelles nous travaillons. À terme, l'IA sera de plus en plus nourrie par des contenus générés antérieurement par d'autres IA, c'est-à-dire, par elle-même !* Cette affirmation est incorrecte en ce qu'elle confond les œuvres, le texte protégé par le droit d'auteur et les doublages, donc des interprétations protégées au titre du droit voisin. Mais dans ce domaine comme dans d'autres l'IA va sans nul doute révolutionner les pratiques professionnelles et réduire certains revenus, ou même entraîner des suppressions d'emplois.

Au cœur de l'escroquerie d'État dont bénéficient les doubleurs en matière de films et de séries américaines, celle-là même dont sont victimes les artistes, musiciens et producteurs jamaïcains, on trouve la loi du 3 juillet 1985 relative aux droits d'auteur et aux droits des artistes-interprètes, des producteurs de phonogrammes et de vidéogrammes et des entreprises de communication audiovisuelle, la fameuse loi Lang.

Mais les effets pervers de cette loi ont été amplifiés par la loi du 30 septembre 1986 relative à la liberté de communication, connue elle sous le nom de loi Léotard. Cette loi a notamment eu pour effets de créer des quotas de diffusions francophones, aussi bien sur les chaînes de télévision que sur les radios françaises. Pour être plus précis, d'une manière générale, pour les radios privées, la loi Léotard dispose que : « la proportion substantielle d'œuvres musicales d'expression française ou interprétées dans une langue régionale en usage en France doit atteindre un minimum de 40% de chansons d'expression française, dont la moitié au moins provenant de nouveaux talents ou de nouvelles productions, diffusés aux heures d'écoute significatives par chacun des services de radiodiffusion sonore autorisés par le Conseil supérieur de l'audiovisuel (devenu l'Arcom), pour la part de ses programmes composés de musique de variétés ». Ce système de quotas favorise la diffusion des chansons francophones, qui en tout état de cause doivent atteindre au moins 40% des diffusions. Pour le service public, l'article 30 du cahier des missions et des charges de Radio France dispose que dans ses programmes de variétés pris dans leur ensemble, la société donne une place majoritaire à la chanson d'expression originale française et s'attache à promouvoir les nouveaux talents. Ce système limite d'une manière générale les diffusions des chansons non francophones, donc de la quasi-totalité du répertoire d'origine jamaïcaine.

Cette escroquerie d'État, mise en œuvre par la loi du 3 juillet 1985 (loi Lang), est entrée en vigueur le 1er janvier 1986, jusque théoriquement en 2019-2020, date à laquelle la Cour de justice de l'Union européenne y a mis fin par ses arrêts *Spedidam* (C-484/18) du 24 novembre 2019 et *Recorded Artists Actors Performers* (C-265/19) du 8 septembre 2020. Mais en réalité, les effets de cette escroquerie d'État continuent à se faire sentir.

En principe, les conventions internationales qui concernent aussi bien les personnes physiques que morales (les sociétés) posent le principe du traitement national, c'est-à-dire de l'assimilation de l'étranger bénéficiaire de la Convention au cas national. Ainsi, en matière de droits d'auteur, aux termes de la Convention de Berne de 1886, à condition qu'ils soient ressortissants d'un pays membre de cette Convention, les étrangers bénéficient en France des lois françaises pour leurs œuvres créées à l'étranger, ainsi que de la même protection que les auteurs et/ou compositeurs français pour leurs œuvres créées en France. Ainsi, comme la France et les États-Unis sont membres de la Convention de Berne, pour ses chansons écrites et/ou composées aux États-Unis Bob Dylan bénéficie en France de la protection accordée par les lois françaises et parallèlement Jacques Brel, pour ses chansons écrites et/ou composées en France, bénéficie aux États-Unis de la protection accordée par les lois américaines aux auteurs-compositeurs américains.

Mais la Convention de Rome de 1961, indépendamment du fait qu'elle a été rédigée par des juristes qui ont dû, en quelque sorte, poser les principes d'un droit qui était encore en gestation, ne visait pas que des personnes physiques, des artistes, ou même des sociétés productrices d'enregistrements, mais également un objet-support, le *phonogramme*, défini comme » toute fixation exclusivement sonore des sons provenant d'une exécution ou d'autres sons » (art. 3b). Un artiste français peut aussi bien enregistrer une chanson en France pour le compte d'un producteur français, ou aux États-Unis et même en Jamaïque, pour le compte d'un producteur français ou d'un producteur étranger, notamment américain.

Aussi son article 5, qui définit les *phonogrammes protégés*, distingue-t-il trois critères différents :

(i) le critère de la nationalité, qui est rempli lorsque le producteur de phonogrammes est le ressortissant d'un autre État membre de la Convention de Rome de 1961 ;

(ii) le critère de la fixation, qui est rempli lorsque la première fixation du son a été réalisée dans un autre État membre de la Convention de Rome de 1961 ;

(iii) le critère de la publication, qui est rempli lorsque le phonogramme a été publié pour la première fois dans un autre État membre de la Convention de Rome de 1961.

La Convention de Rome de 1961, en plus de définir sur le plan juridique, internationalement, le terme d'artiste-interprète ou d'exécutant et celui de producteur, a également accordé à ces-derniers une rémunération dite équitable, perçue à l'origine lors de la radiodiffusion de leurs enregistrements. Mais cette rémunération équitable n'a été collectée et redistribuée aux artistes et aux producteurs ou à leurs ayants droit qu'à compter de l'entrée en vigueur de ladite convention dans chaque pays, donc d'une manière échelonnée sur près de vingt années, à savoir notamment en 1964 en Grande-Bretagne, en 1986 en France et en 1994 en Jamaïque. En ce qui concerne les artistes et les producteurs jamaïcains, ceux-ci n'avaient pas conscience de l'existence de cette rémunération équitable dans les années 2002-2004. À cette époque, j'ai passé des heures lors de réunions à Londres ainsi que dans mon cabinet pour leur expliquer les droits, ainsi que les rémunérations, dont ils bénéficient déjà depuis quelques années suite à la mise en œuvre de la Convention de Rome de 1961.

La France n'a ratifié la Convention de Rome de 1961 que le 3 avril 1987, mais avec un certain nombre de réserves, conformément aux possibilités offertes par son article 16. Ce sont ces réserves qui ont permis au ministère de la Culture de mettre en place son plan destiné à escroquer les artistes et les producteurs américains, ainsi que les artistes et producteurs jamaïcains. Dans ce but, le gouvernement de la République française a émis les réserves suivantes à propos de :

> (i) l'article 5, donc en ce qui concerne les phonogrammes protégés, qui écarte le critère de la première publication au profit du critère de la première fixation. Ce qui exclut tous les titres publiés au départ en Jamaïque, c'est-à-dire toute la production jamaïcaine de la première heure.
>
> (ii) l'article 12 sur la rémunération équitable précise qu'il n'appliquera pas les dispositions de cet article pour tous les phonogrammes dont le producteur n'est pas ressortissant d'un État contractant.

Ces deux réserves avaient un effet cumulatif. Et comme en 1987 les États-Unis n'étaient pas membres de la Convention de Rome de 1961, elles excluaient de fait les disques dont les producteurs étaient américains, ainsi que ceux qui avaient été fixés pour la première fois aux États-Unis. Mais elles avaient également un effet collatéral, puisque les enregistrements (phonogrammes) des ressortissants des pays membres de la Convention de Rome, y compris les Français, ainsi que les Jamaïcains dont les enregistrements ont été fixés pour la première fois aux États-Unis, étaient également exclus du champ de la rémunération équitable. Ainsi tous les enregistrements de Johnny Hallyday réalisés à Nashville en 1962-1963, comme certains albums Island de Bob Marley, considérés comme fixés pour la première fois aux États-Unis, étaient en principe exclus, en France, du champ de la rémunération équitable.

Mais encore fallait-il retranscrire les réserves apportées par la France à la Convention de Rome de 1961 dans la législation française d'une manière qui permette de collecter la rémunération équitable générée par la diffusion des enregistrements des producteurs américains ainsi que par les enregistrements fixés pour la première fois aux États-Unis, tout en allouant son produit à des organismes français et/ou à des Français ! Un tour de passe-passe diabolique réalisé par plusieurs dispositions de la loi Lang du 3 juillet 1985 et cela en trois mouvements :

(i) elle instaure d'abord une rémunération équitable, sur les utilisations des phonogrammes publiés à des fins de commerce, quel que soit le lieu de leur fixation (art. 22), donc sur 100% des phonogrammes.

(ii) cette rémunération est perçue pour le compte des ayants droit et répartie entre ceux-ci par un ou plusieurs organismes de perception et de répartition des droits (art. 25).

(iii) sous réserve des conventions internationales, les droits à rémunération équitable sont répartis entre les auteurs, artistes-interprètes, producteurs pour les phonogrammes fixés pour la première fois en France (art. 28).

En résumé, la première fixation d'un phonogramme, ouvre droit au paiement de la rémunération équitable, collectée par un organisme de gestion collective au nom des ayants droit, mais les sommes ainsi collectées ne sont réparties qu'aux ressortissants des États membres de la Convention de Rome de 1961, uniquement pour leurs enregistrements fixés pour la première fois en France. Le 1er août 2006, l'article 28, devenu en 1992 l'article L.214-2 du Code de la propriété intellectuelle (CPI), a été modifié pour s'étendre aux phonogrammes fixés pour la première fois dans un État membre de la Communauté européenne.

En France la rémunération équitable est collectée par une organisation de gestion collective créée dans ce but en 1985 après le vote de la loi Lang : la Société pour la perception de la rémunération équitable, plus connue sous l'acronyme de SPRE. En 2023, la SPRE a collecté 153,1 millions d'euros auprès de divers utilisateurs, dont 89,1 millions (58%) pour une diversité de lieux sonorisés (cafés, salons de coiffures etc.), soit près de 400 000 utilisateurs, 25% de divers médias (radios et télévision), dont 10,5 millions des radios publiques, 12,3 millions des radios têtes de réseaux, 9,5 millions des radios locales privées et des webradios, 5,3 millions des chaînes de télévision et 0,7 million des chaînes généralistes et, enfin, 25,8 millions (17%) de lieux festifs nocturnes (discothèques etc.).

En dehors des années 2020 et 2021 affectées par le Covid-19, les encaissements de la SPRE ont toujours été croissants.

Encaissements de la SPRE entre 2019 et 2023
(en millions d'euros)

| **Années** | **2023** | **2022** | **2021** | **2020** | **2019** |
|---|---|---|---|---|---|
| **M€** | 153,06 | 136,94 | 108,78 | 106,11 | 135,15 |

La SPRE n'est qu'un organisme de collecte. Les sommes qu'elle perçoit au titre de la rémunération équitable sont ensuite divisées à parts égales, pour être reversées à 50% aux artistes-interprètes et musiciens, via l'ADAMI et la SPEDIDAM et à 50% aux producteurs via la SCPP et la SPPF.

La loi Lang du 3 juillet 1985 a innové en créant une seconde rémunération légale, la rémunération pour copie privée. Il s'agit d'une sorte de taxe payée par les fabricants ou les importateurs sur les supports d'enregistrement (à l'origine des bandes magnétiques, plus tard des CD), utilisés soit pour enregistrer des films, soit des musiques et des chansons. Elle a pour objet d'indemniser les auteurs, artistes et producteurs des effets des copies de vidéos et de phonogrammes réalisées par les utilisateurs à des fins privées.

Il s'agissait alors d'une innovation dans la mesure où seule l'Allemagne avait, dès 1965, instauré une taxe du même ordre au profit des auteurs. Mais aucune convention internationale ne consacrait alors le principe d'une telle rémunération. Aussi celle-ci a été incluse dans le champ de l'escroquerie montée par l'État français. Ainsi, selon la loi du 3 juillet 1985 :

> - Les auteurs et les artistes-interprètes des œuvres fixées sur phonogrammes ou vidéogrammes, ainsi que les producteurs de ces phonogrammes ou vidéogrammes, ont droit à une rémunération au titre de la reproduction desdites œuvres réalisées à des fins de copie privée (art. 31).
>
> - La rémunération pour copie privée est perçue pour le compte des ayants droit par un ou plusieurs organismes de gestion collective. Elle est répartie par ceux-ci entre les ayants droit à raison des reproductions privées dont chaque œuvre fait l'objet (art. 35).
>
> - Sous réserve des conventions internationales, les droits à rémunération pour copie privée sont répartis entre les auteurs, artistes-interprètes, producteurs de phonogrammes ou de vidéogrammes pour les phonogrammes et vidéogrammes fixés pour la première fois en France (art. 38).

À l'origine, le 1er janvier 1986, cette rémunération/taxe était collectée par deux SPRE distinctes, la SORECOP pour l'audiovisuel et Copie France pour le son. Avec le développement du numérique, la SORECOP a été absorbée par Copie France, qui bénéficie depuis d'un monopole. Comme la SPRE, Copie France n'est qu'un organisme de collecte. Les sommes qu'elle perçoit sont ensuite réparties aux ayants droit par une variété d'organisations dont la SACEM pour les auteurs, l'ADAMI et la SPEDIDAM pour les interprètes et les musiciens et la SCPP et la SPPF pour les producteurs.

La rémunération pour copie privée est payée par les fabricants et/ou les importateurs de supports d'enregistrement, donc dans les années 1980 sur les bandes d'enregistrement, dans les années 1990 sur le CD d'enregistrements etc. Depuis les années 2010, elle est payée sur les mémoires d'enregistrement incluses dans certains matériels, ou autonomes. En 2023, 71,3% de ses perceptions provenaient des smartphones (taxés en moyenne à 13,15 €), pour 11% des tablettes, 4% des clés USB, pour 3,2% des disques durs et 7% des cartes mémoires.

En 2022, Copie France a collecté 220,34 millions d'euros et après déduction 3 millions (0,91%) de frais administratifs, elle a redistribué 75% de ses perceptions, soit 165,3 millions d'euros, à une large variété d'organisations de gestion collective de droits et alloué en vertu de la loi 25%, soit 55 millions d'euros, à des projets d'aide à la culture française.

Montant total des encaissements de Copie France entre 2021 et 2024, des sommes mises en répartition, des sommes effectivement réparties et des aides à la Culture (en millions d'euros)

| Année | 2024 | 2023 | 2022 | 2021 |
|---|---|---|---|---|
| **Encaissements** | 246,3 | 220,3 | 305,0 | 295,6 |
| **Mis en répartition** | 242,6 | 241,1 | 293,2 | 295,2 |
| **Répartis (75%)** | 184,8 | 165,3 | 219,8 | 221,3 |
| **Aides culture (25%)** | 62 | 55,00 | 73,8 | 73,8 |

La directive du 22 mai 2001 sur l'harmonisation de certains aspects du droit d'auteur et des droits voisins dans la société de l'information prévoit le principe d'une compensation équitable au profit des titulaires de droits en contrepartie des copies des œuvres et des enregistrements réalisés à des fins privées. Mais en 2024 seulement vingt-et-un États européens avaient adopté un système effectif de rémunération pour copie privée, qui représentait 7% des droits d'auteur collectés dans l'UE. Mais au total, ce sont près de soixante-quinze pays dans le monde qui ont adopté un système de rémunération pour copie privée. Et la plupart de ces pays consacraient également une quote-part très variable de cette taxe à l'action culturelle et sociale, puisqu'elle était de 50% en Autriche, en Italie (pour les sommes provenant de la vidéo) et au Burkina-Faso, de 33% au Danemark, de 30% en Croatie, de 25% en Lituanie, de 20% au Portugal, en Russie et au Japon, de 15% aux Pays-Bas, de 10% en Estonie et de 7% en Hongrie.

En 1985, quand fut votée la loi Lang, il n'existait pas encore en France de quotas limitant la diffusion des disques anglophones à la radio. Aussi, lors du vote de cette loi, à la grande époque de Michael Jackson et de Madonna, Jack Lang, alors ministre de la Culture, a craint que la moitié des rémunérations légales collectées en France soient reversées à des artistes et à des producteurs américains. C'est ainsi, comme le prouvent les débats parlementaires, que le ministère de la Culture, avec la complicité des parlementaires et des sénateurs, a veillé à ce que la loi permette de conserver ces 50% de rémunérations légales prélevés sur des enregistrements américains et qui, en l'occurrence, auraient dû revenir à des artistes et à des producteurs américains. Ces rémunérations légales, considérées comme irrépartissables au regard de la loi (enregistrements fixés pour la première fois aux États-Unis), sont en vertu de celle-ci affectées au financement d'actions culturelles. Mieux, 25% de la rémunération pour copie privée est directement affectée à l'aide à la création. Selon la loi : « les sociétés de gestion collective de droits doivent utiliser à des actions d'aide à la création, à la diffusion du spectacle vivant et à des actions de formation d'artistes 50% des sommes irrépartissables et 25% des sommes provenant de la rémunération pour copie privée (art. 38, art. L.321-9). Tel était l'objet de l'escroquerie d'État dont les artistes et les producteurs jamaïcains et donc, dans une certaine mesure la Jamaïque elle-même, ont été les victimes collatérales.

Aux irrépartissables juridiques, il faut ajouter les irrépartissables techniques, c'est-à-dire les sommes portées au crédit d'un artiste ou d'un producteur qu'on n'a pas été en mesure de localiser, pas plus que son ou ses ayants droit. Ou que l'on ne s'est pas empressé de rechercher, tels, par exemple, que les héritiers de Bob Marley, pourtant bien connus !

À l'origine, selon la loi du 3 juillet 1985, le paiement des rémunérations portées au crédit d'un auteur, compositeur, artiste, musicien ou producteur était prescrit 10 ans après leur date de mise en répartition sur ledit compte ; ce délai a été ramené à 5 ans en 2016, étant précisé qu'elles peuvent même être utilisées à des fins d'aide à la création dès la fin de la troisième année après la date de mise en répartition. En 2024 ce sont près de 15 à 20 millions d'euros d'irrépartissables techniques qui figurent dans les bilans des diverses organisations de gestion collective de droits.

L'existence même de ces irrépartissables techniques pose également un problème car, selon un principe général codifié dans le Code civil, une créance ne peut être prescrite que si le créancier a connaissance de son existence et de son montant exact, ce qui n'est pas le cas en l'espèce.

Le but clairement avoué lors des débats parlementaires relatifs à la loi du 3 juillet 1985, comme cela figure d'ailleurs dans les débats reproduits au *Journal officiel*, était de récupérer au profit des artistes et des producteurs français le produit des rémunérations légales engendrées par la diffusion et la vente en France des enregistrements d'origine américaine, ceux de Michael Jackson, de Bruce Springsteen, Marvin Gaye, Madonna, Whitney Houston, Eminem et des Eagles, pour ne citer que les plus connus.

Prenons comme exemple le groupe américain, Nirvana. De sa formation en 1987 jusqu'à la mort de son leader Kurt Cobain en 1994 Nirvana a enregistré trois albums, *Bleach* (1989), *Nevermind* (1991) et *In Utero* (1993), tous trois enregistrés et donc fixés pour la première fois aux États-Unis par des producteurs américains. Rien qu'en France l'album *Nevermind* est entré le 9 avril 1992 au Top 100, où il est resté 260 semaines et où il a atteint la première place à son apogée. Le 26 novembre 1997, cet album a été certifié Diamant en France, où il a été vendu à 1 250 000 copies. En août 2024, Nirvana comptait sur Spotify 32 millions d'auditeurs mensuels, *Smells Like Teen Spirit* et *Come As You Are* de l'album *Nevermind* avaient été streamés respectivement 2,08 et 1,33 milliards de fois, alors que *Lithium*, *Something in the Way* et *In bloom* du même album avait été streamés respectivement 630, 473 et 349 millions de fois. Pourtant en France, les ventes de cet album, comme celui des deux autres albums de Nirvana, comme leurs 15 ou 20 milliards de streams si l'on ajoute les autres plateformes dont Deezer, n'ont généré aucune rémunération légale au profit des héritiers de Kurt Cobain, ou à celui d'autres membres du groupe Nirvana, ainsi qu'au producteur américain, DGC Records, une filiale d'Universal Music Group. Rémunérations légales pourtant collectées au nom de Nirvana et de ses producteurs, dont le montant cumulé entre 1987 et 2020 doit atteindre plusieurs centaines de milliers d'euros et qui ont, en tant qu'irrépartissables juridiques, servi à financer des projets d'aides à la création française par le biais de l'ADAMI, la SPEDIDAM la SCPP et la SPPF.

Le montant des irrépartissables et corrélativement de *l'aide à la création*, a évolué au fil des années. Peu élevé dans les années 1987-1988, son montant n'a cessé de croître. Pour avoir une idée de leur montant actuel, il suffit de prendre le montant total de l'aide affectée à la création par l'ADAMI, la SPEDIDAM, la SCPP et la SPPF en 2023, en montants et en nombre de projets, à savoir :

| | **ADAMI** | **SPEDIDAM** | **SCPP** | **SPPF** |
|---|---|---|---|---|
| **Montant M€** | 13,7 | 7,37 | 10,99 | 5,9 |
| **Nombre** | 1 403 | 1 777 | 999 | 851 |

Soit un total de 37,96 millions d'euros pour financer 5 030 projets. Les montants alloués varient selon les projets et les organisations, mais à titre indicatif, en 2023 le montant moyen des aides a été de 4 795 € pour la SPEDIDAM.

À ces sommes et à ces projets il faut ajouter ceux financés par les irrépartissables des sociétés d'auteurs, comme la SACEM qui a alloué 29,2 millions d'euros à l'action culturelle en finançant 3 375 projets, 703 festivals, salles et lieux de diffusion, ainsi que 459 projets de développement éditorial en musiques actuelles, musiques contemporaines et librairies musicales bénéficiant à 199 éditeurs et à sept-cent-quarante-sept auteurs et compositeurs.

Il semble que les irrépartissables aient, dès lors de leur création en 1985, fait l'objet d'une sorte de partage politique occulte, dénoncé au Sénat à la fin des années 1990 par Michel Charasse, ancien ministre du Budget (1988-1992). Selon ses dires, publiés au *Journal officiel*, les irrépartissables des auteurs et des artistes étaient surtout utilisés pour financer les projets culturels des mairies communistes et socialistes, alors que ceux des producteurs finançaient les projets des mairies de droite.

Jusqu'au début des années 2000 on pouvait légitimement se demander » Où va l'argent des artistes ? », pour reprendre la question posée par Maître Roland Lienhardt dans son ouvrage *Cultivez-vous ! : il m'en restera toujours quelque chose* publié en 1998. Une grande partie de ces fonds allait alors au financement de manifestations dans lesquelles les dirigeants de l'ADAMI et de la SPEDIDAM, comme ceux du ministère de la Culture, avaient souvent des intérêts directs, comme le montrent de nombreux exemples tirés du rapport d'audit Bolliet-Beck (1996).

En 1995, dans son livre *Les Dessous de scène de la loi Lang*, Serge Vincent, président de l'Association de protection des ayants droit, qui regroupait alors plus de cent artistes interprètes français et qui a été à l'origine de plusieurs procédures judiciaires engagées à l'encontre de l'ADAMI, dénonçait non seulement les dysfonctionnements de cette société mais surtout les relations suspectes qu'elle entretenait avec son ministre de tutelle. Il dénonçait alors « l'acharnement du ministère de la Culture, au temps d'un Prince volontiers moralisateur, à cacher ce qui aurait dû être révélé, à soustraire aux investigations les principaux concernés, comme d'ailleurs à celles de la Justice, ce qu'il aurait dû s'empresser de faire examiner ». Et à propos des irrépartissables, il n'hésitait pas à écrire : « Cette disposition des plus perverses [de la loi Lang concernant les irrépartissables] a permis à certains projets initiés par le prince [i.e. M. Jack Lang] de recevoir des subsides de l'ADAMI. Avec l'arrangement de l'affaire des placements boursiers, il valait mieux maintenir une direction reconnaissante (...) Il n'est pas interdit de penser que l'ADAMI puisse représenter un enjeu politique et que la société civile soit un facteur de paix sociale. Cette supposition pourrait confirmer l'attentisme de M. Jacques Toubon qui n'a pas osé toucher au texte de loi de son prédécesseur. »

Depuis les années 2010, suite à une succession de rapports d'audit de la Cour des comptes, les fonds alloués au financement d'actions culturelles sont accordés sur dossier à des projets précis, généralement par des commissions nommées à cet effet, dont les membres sont remplacés périodiquement. Néanmoins l'importance du montant total de tous ces fonds montre que la culture en France vit sous perfusion. Dans leurs *Rapports de transparence* les organisations de gestion collective de droits listent les aides attribuées aux projets culturels et précisent pour chaque projet le type d'aide, le nom du bénéficiaire, l'objet du projet, son montant et sa date.

En France et c'est une particularité française, il existe deux organisations de gestion collective des droits des producteurs créées en 1985, la SCPP, qui en principe représente plutôt les majors et la SPPF, qui représente plutôt les producteurs indépendants français.

La Société civile des producteurs phonographiques (SCPP) est une organisation de gestion collective des droits des producteurs ; en 2023 elle comptait 4 500 membres, parmi lesquelles figuraient toutes les majors et elle gérait plus de 80% des droits des producteurs français, soit 14 millions de titres enregistrés en gestion et 100 000 vidéomusiques.

En 2023 la SCPP a collecté 85,58 millions d'euros et réparti directement 67,88 millions, avec un taux de gestion de 10%. Cette même année elle a financé 999 projets d'aide à la création pour un total de 10,51 millions d'euros. Le coût de gestion de ces subventions a été de à 28 658.

La rémunération équitable

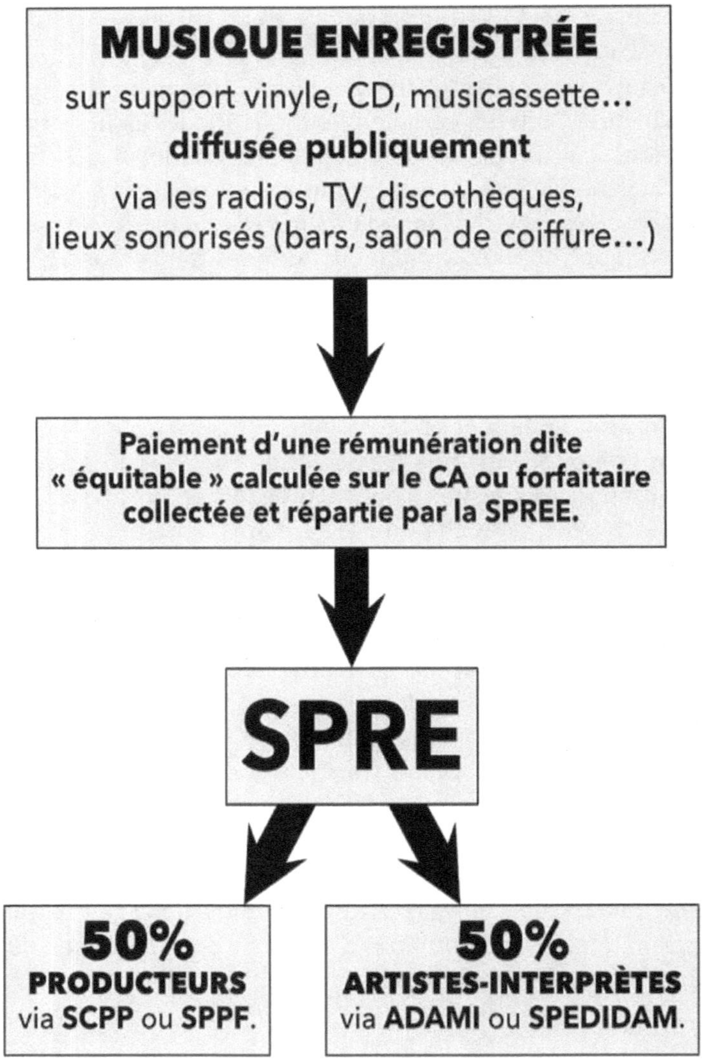

La SCPP a signé des accords internationaux avec 19 pays, dont SoundExchange aux États-Unis, la PPL au Royaume-Uni et la GVL en Allemagne.

Synthèse SCPP pour 2023-2020 (en millions d'euros)

| Année | 2023 | 2022 | 2021 | 2020 |
|---|---|---|---|---|
| Collecte | 85,58 | 86,58 | 79,41 | 79,15 |
| Répartition | 67,88 | 73,9 | 61,45 | 56,53 |
| Aides culturelles | 10,51 | 11,3 | 8,45 | 6,18 |

Néanmoins, il existe encore quelques abus, puisque dans son rapport 2023, la Commission de contrôle relève qu'en 2021, Florent Pagny et Bernard Lavilliers ont reçu respectivement 271 000 € et 120 000 € d'aide à la création, alors que Johnny Hallyday, pourtant décédé en 2017, a perçu 333 890 € entre 2019 et 2022 !

La Société civile des producteurs de phonogrammes en France ou SPPF a été créée en 1986 par plusieurs labels indépendants. En 2023, elle comptait 2 330 membres producteurs, elle avait collecté 36,9 millions d'euros, réparti 25,9 millions d'euros et financé 851 projets pour un montant de 5,9 millions d'euros.

Synthèse SPPF 2023-2020 (en millions d'euros)

| Année | 2023 | 2022 | 2021 | 2020 |
|---|---|---|---|---|
| Collecte | 36,9 | 35,4 | 32,5 | 25,4 |
| Répartition | 25,9 | 28,7 | 30,3 | 21,5 |
| Aides culturelles | 5,9 | 5,82 | 5,4 | 6,8 |

Comme la SCPP et la SPPF sont concurrentes, la répartition entre ces deux organisations des rémunérations légales collectées au profit des producteurs est régulièrement une source de litige.

La SPPF ne s'en cache pas : très officiellement elle alloue les aides à la création aux producteurs, en proportion des rémunérations légales que ceux-ci ont perçues. En d'autres termes, plus un producteur perçoit de rémunérations légales, plus il perçoit également d'aide pour ses projets. Ainsi, dans le rapport de transparence 2023 de la SPPF on peut lire que la société de production Play 2, qui est le label de Gims, Grégoire, Camélia Jordana, MC Solaar, Lara Fabian, Vitaa etc. a bénéficié d'aides pour 45 projets, dont 23 000 € le 9 novembre 2023 pour le titre *Facile et Fragile* de Camélia Jordana.

En 2021, les cinq titres les mieux rémunérés au titre de la rémunération équitable et au titre de la copie privée par la SCPP étaient respectivement :

| Rang | Artiste | Titre | Producteur |
|---|---|---|---|
| 1 | Camélia Jordana | *Facile* | Play 2 |
| 2 | Vianney | *Beau Papa* | Tôt ou Tard |
| 3 | M Pokora | *Si t'es pas là* | Muzeek One |
| 4 | Soolking | *Melegim* | Affranchis Mus. |
| 5 | Gradur | *Ne reviens pas* | Legevara |

En 2022, le classement était le suivant :

| Rang | Artiste | Titre | Producteur |
|---|---|---|---|
| 1 | Grand Corps Malade | *Derrière le Brouillard* | Annouche Pr. |
| 2 | Vianney | *Pour de Vrai* | Tôt ou Tard |
| 3 | Vianney | *Beau Papa* | Tôt ou Tard |
| 4 | Jérémy Frérot | *Un homme* | La Finca |
| 5 | Gims | *Jusqu'ici tout va bien* | Une Musique |

Une fois la loi du 3 juillet votée, le ministère de la Culture a mis en place le mécanisme qui devait permettre de collecter et de répartir les rémunérations légales ainsi que les aides à la culture et à la création. Pour cela il a d'abord créé trois organisations de gestion collective chargées de collecter les rémunérations légales, la SPRE pour la rémunération équitable et la SORECOP et Copie France pour la rémunération pour copie privée. Pour la distribution des rémunérations ainsi collectées, le ministère de la Culture s'est appuyé pour la partie artiste sur deux organisations syndicales concurrentes qui existaient à l'époque, mais qui ont alors changé de statut pour devenir des organisations de gestion collective, alors que parallèlement deux sociétés de gestion collective ont vu le jour pour représenter les producteurs : la SCPP et la SPPF.

En ce qui concerne l'aide à la culture, les deux organisations de gestion collective des droits des artistes et des musiciens, l'ADAMI et la SPEDIDAM, ont, en 2023, alloué respectivement 13,7 et 7,37 millions d'euros, soit un total d'un peu plus de 21 millions d'euros à 1 403 et 1 777 projets, un total donc de 3 180 projets.

Nous reviendrons plus en détail sur ces deux organisations et leur fonctionnement. Rappelons simplement ici que lorsqu'à partir du 1er janvier 1986, on a commencé à collecter la rémunération équitable et la rémunération pour copie privée, l'ADAMI ne connaissait pas les coordonnées des artistes étrangers, comme par exemple celles de Jimmy Cliff, ou de leurs héritiers dans le cas de Bob Marley. Cette organisation n'a fait aucun effort pour trouver celles-ci, car elle aurait dû alors payer à Jimmy Cliff ou à la succession de Bob Marley les rémunérations légales collectées en leur nom, alors qu'après 10 ans leur paiement était prescrit et leur montant pouvait alors être affecté à l'aide à la création française.

Il en était de même pour la SPEDIDAM qui disposait d'une excuse supplémentaire, à savoir qu'on ignorait souvent le nom des musiciens ayant participé à l'enregistrement des phonogrammes.

La rémunération pour copie privée en 2024

**TAXE SUR LES SUPPORTS ET MÉMOIRES D'ENREGISTREMENTS**
(Smartphones, tablettes, clefs USB, disques durs....)
dont le montant est fixé par une Commission ;
**pour 2024, en moyenne 13,72€ sur un smartphone.**

Collectée par
**COPIE France**
auprès des importateurs et fabricants
**pour un total de 246,3 M€ en 2024.**

**75%**
**Indirectement**

- **134,3 M€ pour le sonore**
- **73,9 M€ pour l'audiovisuel**
- **17,2 M€ pour les arts visuels**
- **20,8 M€ pour l'écrit**

- Pour le sonore via SDRM, SACD, SACEM, ADAMI, SPEDIDAM... ;
- Pour l'audiovisuel via SACD, SCAM, PROCIREP ;
- Pour les arts visuels via SCPA, AVA, CFC, ADAGP et SAIF ;
- Pour l'écrit via SACD, SCAM, SOFIA, SEAM et SAIF.

**25%**
**Directement pour le soutien de la Culture**

**52 M€ en 2024.**

BANK OF JAMAICA
MOODIE MUSIC
MML 2657
1
MONEY MONEY
DONALD DUFFUS
A Harder Version
2000
AF4093
Dollars
YOU'LL GET YOUR PAY
LINTON COOPER
POCKET MONEY

# VII – Mon combat pour récupérer les rémunérations légales dues aux artistes et musiciens jamaïcains.

Mon combat pour récupérer les rémunérations légales dues aux artistes et musiciens jamaïcains a duré près d'une vingtaine d'années et n'a été couronné que partiellement de succès. Ce combat a comporté trois étapes, les deux premières, très politiques, sont passées par la création de deux organisations de gestion collective, la première la PASA aux États-Unis, puis la seconde la JAPAS en Jamaïque, avant que je n'engage des actions devant le tribunal de grande instance de Paris, d'abord contre l'ADAMI au nom de plusieurs chanteurs et groupes de reggae, puis contre la SPEDIDAM au nom de plusieurs de leurs musiciens.

Fin novembre 1992, Michel Sabatier, alors directeur du DESS Droit de l'audiovisuel, m'a demandé d'organiser à l'université de Paris I un colloque sur les effets de la technologie sur le droit d'auteur. Le DESS était disposé à payer aux intervenants leurs billets d'avion et trois nuits d'hôtel, mais il n'y avait pas de budget pour un service de traduction. J'ai donc invité mon ami argentin Antonio Mille, un avocat spécialisé aussi bien dans le droit d'auteur que les droits voisins, qui s'exprimait bien en français et je me suis mis en quête d'un intervenant américain capable d'en faire autant. Une amie américaine qui travaillait à l'UNESCO m'a alors recommandé Bruce Lehman, un avocat de Washington qui était à cette époque le conseil des éditeurs américains.

Dans un restaurant marocain, lors du dîner qui a suivi la conférence, j'attirais l'attention de Me Lehman sur le fait que les artistes américains étaient spoliés des rémunérations légales qui étaient collectées en France en leur nom et dont le montant atteignait chaque année plusieurs millions de dollars. C'est alors que très confidentiellement, Bruce Lehman m'informa qu'à la suite de la récente élection de Bill Clinton à la présidence des États-Unis il allait être nommé sous-secrétaire d'État au Commerce et *Commissioner of Patents and Trademarks* dans son futur gouvernement. Il me conseillait de prendre contact avec deux de ses amis afin de fonder une société ayant pour objet de réclamer en justice les rémunérations légales dues aux artistes américains. C'est ainsi que la *Performing Artists Society of America* ou PASA Inc., une société incorporée dans l'État du Delaware, a vu le jour le 3 novembre 1993. Son représentant légal était Lester Hyman, un avocat d'affaires de Washington. Pour que cette société ne soit pas une coquille vide, elle a obtenu des mandats signés par plus de trois cents artistes américains, britanniques et même français, parmi lesquels figuraient Kirk Douglas, Derek Jacobi, Robert Vaughn, Eli Wallach, la succession de Léonard Bernstein, Jack Lemmon etc. ainsi qu'une artiste française, Line Renaud.

Durant les semaines suivantes j'ai approché l'ADAMI pour informer celle-ci officiellement de la création de la PASA et demander le paiement des rémunérations légales collectées en France au nom des artistes américains.

Devant le refus de l'ADAMI, j'ai le 29 décembre 1994 assigné celle-ci au nom de la PASA Inc. en paiement des rémunérations légales dues aux artistes américains. Mais j'avais sous-estimé les rapports de cette société de gestion collective, historiquement très liée à la CGT, avec deux syndicats d'artistes et de musiciens américains, à savoir l'*American Federation of Television and Radio Artists* (AFTRA), qui depuis sa fusion avec la *Screen Actors Guild* (SAG) est devenue la SAG-AFTRA, qui représente près de 160 000 acteurs, figurants et professionnels des media américains et l'*American Federation of Musicians* (AFM), qui elle représente plus de 70 000 musiciens professionnels. À la demande de l'ADAMI ces deux syndicats sont intervenus volontairement dans le litige en cours pour faire juger, lors de la mise en état, qu'ils étaient les seuls habilités à représenter légalement l'ensemble des artistes et des musiciens américains. Dans son ordonnance du 29 mars 2000, le juge de la mise en état de la 1re section de la 3e chambre, jugea que *la JAPAS n'avait aucun intérêt et qualité à agir pour défendre les artistes américains, contrairement aux syndicats AFTRA et AFM*. Mais ceux-ci, au lieu de poursuivre l'action engagée contre l'ADAMI au bénéfice de leurs membres, ont fait radier l'affaire au fond. Bref, ils ont tué la procédure dans l'œuf et ce au préjudice de leurs propres membres, alors qu'ils auraient pu profiter de mes arguments pour récupérer les rémunérations légales qui leur étaient dues.

Je soupçonne l'ADAMI et la SPEDIDAM d'avoir négocié un *arrangement* avec les dirigeants de l'AFRA et de l'AFM de l'époque qu'ils rencontraient régulièrement à Genève lors de réunions de l'OMPI. Mais pour quel prix et contre quel dessous de table, les dirigeants de ces deux syndicats ont-ils ensuite renoncé aux dizaines de millions de francs de rémunérations légales qui auraient dû, dès cette époque, revenir à leurs membres ? La question mérite d'être posée, d'abord parce que dans les années 1990 les dirigeants de ces syndicats ont à plusieurs reprises été accusés de corruption et surtout parce que finalement, près de vingt-cinq ans plus tard, le 12 novembre 2020, ces deux syndicats américains se sont joints à la société SoundExchange dans une action contre l'ADAMI, la SPEDIDAM, la SPRE etc. devant le tribunal judiciaire de Paris pour récupérer enfin les rémunérations légales dues aux artistes et musiciens américains.

Après avoir quitté ses fonctions officielles en 1999 Bruce Lehman fonda à Washington l'*Intellectual Property Institute* (IPI), une organisation non-partisane à but non lucratif, une sorte de *think tank* ayant pour objet de défendre les propriétés intellectuelles sur le plan international. Je l'ai approché à nouveau pour voir si nous ne pourrions pas engager une procédure judiciaire en France, mais cette fois-ci uniquement pour récupérer les rémunérations légales dues aux artistes et aux producteurs jamaïcains. Bruce Lehman se mit en rapport avec le ministre de la Culture de la Jamaïque de l'époque, Burchell Whiteman et nous décidâmes de créer d'abord dans ce pays une société de gestion collective des droits des artistes, la *Jamaica Performers' Administration Society* (JAPAS). La présidence en fut confiée à Keith Anthony Laing, plus connu localement comme 'Tony Laing', un militant des droits civiques dont le père avait été un musicien connu, qui animait une émission dans une radio locale et avait donc une certaine expérience du terrain. Une fois créée, cette société pouvait ouvrir une sorte de succursale en France dans le but d'y récupérer les rémunérations légales dues aux artistes jamaïcains.

C'est dans ces circonstances que je déposerai en France, quelques semaines plus tard, les statuts de la JAPAS, une société civile ayant pour objet de collecter en France les rémunérations légales dues aux artistes jamaïcains, pour ensuite leur répartir celles-ci. À l'époque, la loi imposait que ce genre de société soit impérativement organisée sous forme de société civile et donnait au ministère de la Culture un délai de deux mois pour s'opposer à leur création par une saisine du tribunal de grande instance de Paris. J'avais fait parvenir les statuts de la JAPAS au ministère de la Culture à la fin du mois de novembre 2000. Dès le mois de janvier 2001 celui-ci saisissait le tribunal de grande instance de Paris pour s'opposer à la constitution de la JAPAS France – procédure qui fut, comme on s'en doute, couronnée de succès.

Après les échecs de la PASA puis de la JAPAS je n'avais d'autre solution que d'engager, au nom d'artistes et de musiciens jamaïcains, une série de procédures contre l'ADAMI et la SPEDIDAM devant le tribunal de grande instance de Paris.

La Société civile pour l'administration des droits des artistes et des musiciens interprètes, l'ADAMI, était, lors de sa création en 1955, une association professionnelle affiliée à la SFA-CGT, alors que la Société de perception et de distribution des droits des artistes-interprètes de la musique et de la danse ou SPEDIDAM a été créée en 1959 par un autre courant de la CGT, le Syndicat national des artistes musiciens ou SNAM, également membre de la CGT. À l'origine de l'ADAMI comme de la

SPEDIDAM, on trouve donc deux organisations syndicales concurrentes, mais toutes deux affiliées à la Confédération générale du travail (CGT), un syndicat d'inspiration communiste. Leur antagonisme historique était idéologique, dans la mesure où l'un de ces deux syndicats était nettement plus stalinien que l'autre.

Ces deux organisations syndicales ont vu le jour dès la fin des années 1950 pour gérer les rémunérations contractuelles dont elles avaient obtenu le paiement au profit de leurs membres, alors peu nombreux. Le noyau dur de ces rémunérations était constitué par les droits de rediffusion des concerts enregistrés en public le dimanche à Radio France. Après le vote de la loi Lang, le 3 juillet 1985, le gouvernement socialiste de l'époque, pour ne pas s'aliéner les syndicats, a alors permis à l'ADAMI et à la SPEDIDAM de modifier leurs statuts pour se constituer en Sociétés Civiles de Perception et de Répartition des Droits (SPRD). Mais comme celles-ci n'étaient pas représentatives, car leurs membres ne disposaient d'aucun répertoire d'œuvres enregistrées, il a été décidé unilatéralement par le ministère de la Culture que l'ADAMI aurait le monopole de la représentation de ceux que les Anglo-saxons nomment les *featured artists*, une expression que l'on peut traduire en français par artistes vedettes, alors que la SPEDIDAM aurait le monopole de représentation des musiciens, les *non-featured artists*. Les artistes-interprètes et/ou les musiciens n'ont pas le choix d'adhérer à l'une ou l'autre de ces organisations. Les rémunérations légales dues à Bob Marley ou à Jimmy Cliff leurs sont payées par l'ADAMI, alors que les rémunérations légales dues à des musiciens comme Sly Dunbar et Robbie Shakespeare leurs sont payées par la SPEDIDAM, sauf pour les enregistrements d'albums commercialisés sous leur nom.

Effectivement, lorsqu'ils font partie d'un groupe identifié, dont le nom collectif figure sur la pochette des albums, ou accompagne le titre des phonogrammes, les musiciens tombent dans le champ de l'ADAMI. C'est notamment le cas des albums publiés sous le titre *Bob Marley & The Wailers*, alors que les musiciens de ce groupe tombent dans le champ de la SPEDIDAM lorsqu'ils enregistrent en studio, ou accompagnent en concert une large variété d'artistes de toutes origines et nationalités.

Indépendamment du fait que les relations entre l'ADAMI et la SPEDIDAM ont toujours été très tendues, se pose la question de savoir quel pourcentage de la rémunération équitable, collectée par la SPRE, comme de la rémunération pour copie privée, collectée par Copie France, doit être allouée à chacune de ces deux organisations. Un arbitrage organisé sous l'égide du ministère de la Culture en 1991 avait suggéré une clef de répartition de 50/50 et de 80/20 pour certaines exploitations, mais cette décision ne fut jamais véritablement appliquée dans les années 1990. Le 22 septembre 1997, le Conseil d'administration de l'ADAMI décida d'adresser à la SPEDIDAM une facture de 25 millions de francs pour l'année 1993. L'ADAMI a récidivé l'année suivante en envoyant à la SPEDIDAM une nouvelle facture pour un montant identique. Pour la seule période 1993-1994, l'ADAMI réclamait donc à la SPEDIDAM, par voie d'huissier, 50 millions de francs, soit près de 8 millions d'euros. Pourtant ladite créance n'a jamais figuré dans les comptes de l'ADAMI. Ce conflit s'est bien entendu poursuivi dans les années 2000 et a officiellement pris fin le 17 octobre 2016 lorsque l'ADAMI et la SPEDIDAM ont signé, en présence d'un représentant du ministère de la Culture, un accord qui a fait l'objet d'un arrêté du 27 septembre 2016, prévoyant la création d'une société commune, la Société des artistes interprètes ou SAI, qui pour l'instant ne gère que la rémunération annuelle supplémentaire de 20% due par les producteurs aux artistes-interprètes en vertu de l'allongement de la durée des droits dans le domaine sonore.

Sauf grave erreur de ma part, à la date du 27 septembre 2001, date à laquelle Hélène Lee sortit son article *Jamaïque : réservoir à tubes entubé*, aucun artiste et a fortiori aucun musicien jamaïcain n'avait perçu ne serait-ce qu'un centime de rémunération légale de l'ADAMI et/ou de la SPEDIDAM, que celles-ci collectaient pourtant en leur nom depuis le 1er janvier 1986. Et pourtant, immédiatement après la publication de cet article, l'ADAMI a demandé un droit de réponse à Libération, publié le 30 novembre 2001, où elle corrigeait quelques erreurs de droit commises par la journaliste et contestait le chiffre de 4% qu'Hélène Lee affirmait être la part de la musique jamaïcaine en France. L'ADAMI y affirmait aussi que *les crédits affectés aux comptes des artistes jamaïcains s'élevaient à près de 1,5 millions de francs sur un total de plus d'un milliards de francs répartis, soit près de 0,15% des droits* et précisait également que les droits non payés étaient prescrits au bout de dix ans : si les artistes jamaïcains n'avaient pas perçu de droits c'est uniquement parce que ceux-ci n'en avait pas fait la demande en bonne et due forme.

Il est vrai qu'en 2000-2001 on ne disposait pas véritablement de statistiques de diffusion, alors que depuis on dispose semestriellement, grâce à Yacast, de données très précises sur les diffusions à la radio, à la télévision et dans les discothèques, classées par genre de musique (y compris le reggae), ainsi que la liste des titres les plus diffusés. La notion de *musique jamaïcaine*, concept auquel faisait référence l'ADAMI en 2001, est difficile à cerner, car elle ne comprend pas que les titres de reggae classique, qui représentent, selon les semestres, entre 1,5% et 2% des diffusions. Si l'on tient compte des artistes jamaïcains plus modernes, comme Shaggy, Sean Paul, OMI etc., dont les titres sont souvent classés parmi le répertoire des variétés internationales, celle-ci représente en moyenne près de 4% du répertoire diffusé en France, ce qui correspond au chiffre avancé par Hélène Lee en 2001.

Lorsque qu'en 1985, l'ADAMI et la SPEDIDAM ont été investies par le ministère de la Culture de la mission de percevoir et de répartir les rémunérations légales des artistes et des musiciens, ces deux organisations syndicales, désormais constituées en sociétés civiles, qui ne comptaient à l'époque que quelques centaines de membres, se sont trouvées du jour au lendemain investies du droit de collecter les rémunérations légales pour tous les artistes et musiciens français et étrangers dont les enregistrements étaient diffusés ou commercialisés en France, que ceux-ci soient ou non leurs adhérents. Comme l'ADAMI et la SPEDIDAM collectent les rémunérations légales de tous les artistes, français ou étrangers, celles-ci ont également l'obligation légale de leur répartir les rémunérations collectées en leur nom, qu'ils soient ou non adhérents ou membres de ces organismes. Mais la loi n'exige pas de l'ADAMI ou de la SPEDIDAM que celles-ci recherchent activement les ayants droit, surtout étrangers, auxquelles des rémunérations légales sont dues et payables. Lorsqu'en 2001 Hélène Lee a appelé l'ADAMI pour demander pourquoi on ne payait pas à Bob Marley les quelques 3500000 francs (55 000 €) que celle-ci affirmait avoir affectés au compte de cet artiste, une personne du service juridique de cet organisme lui a répondu « on ne va quand même pas rechercher les ayants droit d'un chanteur qui a fait des enfants dans le monde entier ». En juin 2001, l'ADAMI modifiait même ses statuts afin de limiter ses répartitions aux artistes dont elle possédait les adresses. En réaction, le sénateur Michel Charasse, dans une note adressée à Mme Tasca, ministre de la Culture, soulignait « que l'ADAMI entend ainsi résoudre le problème de la recherche des bénéficiaires de droits en ne les recherchant plus. Les artistes associés devront être "déclarés à l'ADAMI" pour pouvoir toucher leurs droits. »

Selon le rapport d'audit de l'ADAMI, réalisé en 1996, le montant des sommes affectées à des comptes d'artistes, mais non effectivement payées, ne cessait de croître. Selon celui-ci :

> « En 1996 ce montant atteignait 231 millions de francs. Sur cent-cinquante-sept artistes interprètes ayant des créances de plus de 100 000 francs, deux ayants droit seulement sont des associés, encore faut-il préciser qu'il s'agit de personnes décédées et la quasi-totalité (cent-cinquante-cinq) sont des non associés. Pour l'ensemble de ces personnes, le montant non réparti s'élève à 28,3 millions de francs, dont un peu plus d'un million de francs pour les héritiers d'un grand chef d'orchestre (i.e. Herbert Von Karajan pour lequel il a été indiqué que le versement serait sur le point d'être fait). Ces cent-cinquante-cinq personnes ou groupes se répartissent entre neuf Français et cent-quarante-six étrangers. Les étrangers semblent être, pour le plus grand nombre, américains ou anglais. Ainsi, les comptes n'ayant pas fait l'objet de versements

> semblent concerner essentiellement des ayants droit non associés et non français. La mission s'est interrogée sur la pertinence ou la réalité des diligences mises en œuvre par l'ADAMI pour localiser ces personnes (...). La notoriété de personnes telles que Sean Connery, Charles Bronson ou Roger Moore (...) permet de penser qu'il ne doit pas être très difficile de trouver leurs agents. En tout état de cause, l'ADAMI n'a pas mis en place de procédure systématique de recherche des artistes interprètes titulaires d'une créance de droits. Il n'existe pas de fichier nominatif faisant état de recherches effectuées ».

Ledit rapport d'audit comportait le tableau des créances dues à certains artistes au 31 décembre 1996, parmi lesquels figuraient Georges Michael (876 291 francs), John Lennon (561 701 francs), Georges Harrisson (408 530 francs) et Bob Marley (338 659 francs).

Depuis 2005-2006, de plus en plus d'artistes étrangers reçoivent les droits qui leurs sont dus par l'ADAMI ou la SPEDIDAM soit directement, soit via des accords de réciprocité, ou encore via des mandataires spécialisés.

La France n'est pas la seule confrontée à ce genre de problème. Aux États-Unis, la société SoundExchange est chargée par la loi de distribuer aux artistes et producteurs d'enregistrements exploités digitalement dans ce pays des *digital royalties* (l'équivalent de la rémunération équitable, mais perçue uniquement sur les radios digitales, ce qui exclut les radios analogiques qui sont devenues des pièces de musée). Mais en 2003, cette société constatait qu'elle ignorait les adresses de près de 8 000 artistes étrangers, parmi lesquels figuraient près de cinquante artistes français, notamment Johnny Hallyday, Patrick Bruel, Jean-Jacques Goldman, Julien Clerc ou encore Mc Solar. Pour localiser ces artistes afin de leur payer les redevances qui leur étaient dues, SoundExchange a affiché leurs noms sur son site web. Deux ans plus tard, trente-quatre de ces artistes français s'étaient fait connaître auprès de cette société.

Bref, la moindre des choses serait que l'ADAMI, comme la SPEDIDAM, listent sur leurs sites web les noms de tous les artistes français et étrangers dont le compte est crédités de plus de 1 000 € et dont ces organisations ignorent les coordonnées ou celles de leurs ayants droit.

Comme l'État français avait refusé la constitution de la JAPAS France, je n'ai eu d'autres recours que d'assigner l'ADAMI en justice. Sauf en matière de droit de la consommation, le droit français ne connaît pas vraiment le concept d'action collective. Il me fallait donc d'abord contacter des artistes jamaïcains et obtenir un mandat de leur part, ce qui n'était pas simple dans la mesure où je devais pour chacun d'entre eux lister leurs principaux enregistrements et démontrer que ceux-ci étaient commercialisés et/ou diffusés en France.

Par ailleurs, pour que mes assignations restent lisibles et plaidables, je devais limiter le nombre des demandeurs, mais également multiplier les assignations pour que l'ADAMI croule littéralement sous les procédures. Dès 2002-2003, j'ai donc engagé cinq actions différentes au nom d'une quarantaine d'artistes, pour réclamer à l'ADAMI les rémunérations légales qui leur étaient payables depuis 1986. Je ne vais pas citer leurs noms ici, mais j'avoue que la plupart m'étaient totalement inconnus ; il s'agissait d'artistes qui souvent avaient eu un, parfois une poignée de tubes dans les années 1960, mais qui depuis étaient tombés dans l'oubli. Tous survivaient difficilement. De nos jours certains ont été tirés de l'oubli grâce à Spotify, où l'on peut accéder aux titres de gens comme Eric 'Monty' Morris, Roy Shirley, BB Seaton, Winston Francis, Barry Biggs, Boris Gardiner, Owen Gray et de centaines d'autres, ou comme les membres des Chosen Few, des Tenors etc.

C'est dans ces circonstances que le tribunal de Paris a rendu une série de jugements les 8 et 19 octobre 2004, le 8 novembre 2004 et les 12 et 14 janvier 2005, dans lesquels il a jugé qu'en ce qui concernait les enregistrements fixés pour la première fois dans un pays membre de la Convention de Rome, donc en Jamaïque, en Grande-Bretagne et/ou en France, les artistes, quelle que soient leur nationalité, y compris jamaïcaine ou britannique, avaient droit au paiement de la rémunération équitable perçue pour leur compte par l'ADAMI pour la diffusion de leurs enregistrements en France et ce dès le premier janvier 1986. Mais en ce qui concerne la rémunération pour copie privée, ces artistes, qu'ils soient de nationalité jamaïcaine ou britannique, ne pouvaient réclamer leur paiement que pour leurs enregistrements fixés pour la première fois dans la Communauté européenne.

Exprimé autrement, selon ces jugements en ce qui concerne la rémunération équitable, étaient exclus de son champ, par application de la Convention de Rome, les enregistrements de reggae considérés comme fixés pour la première fois aux États-Unis. Et, en ce qui concerne la rémunération pour copie privée, étaient exclus de son champ, en vertu du droit français et européen, les enregistrements de reggae considérés comme fixés en dehors de la Communauté européenne, c'est-à-dire ceux fixés pour la première fois aux États-Unis ainsi qu'en Jamaïque. Bref, les artistes jamaïcains se voyaient priver d'au moins 30% et pour certains jusqu'à 40% des rémunérations légales collectées en leur nom.

Le meilleur exemple est celui des albums de Bob Marley édités par Island Records Ltd.. Les albums *Catch a Fire* (1973), *Burning* (1973), *Natty Dread* (1974) et *Rastaman Vibration* (1976), ont tous été enregistrés en Jamaïque dans des studios de Kingston avant d'être remixés à Londres ; *Exodus* (1977) et *Kaya* (1978) ont été enregistrés à Londres, alors que *Babylon by Bus* (1978) est un live enregistré en grande partie au Pavillon de Paris, Porte de Pantin, les 25, 26 et 27 juin 1978, ainsi qu'à Copenhague, Londres et Amsterdam. *Survival* (1979), *Uprising* (1980) et *Confrontation* (1983, un album posthume), ont été enregistrés et mixés au studio Tuff Gong en Jamaïque. Mais le problème c'est que la société anglaise Island Records Ltd., après avoir fondé une succursale aux États-Unis le premier juin 1974, a, pour des raisons fiscales, publié ses albums, dès l'été 1978, sur le label américain Island Records Inc. Aussi l'ADAMI et sans nul doute la SPEDIDAM, excluaient-elles du champ de la rémunération équitable les albums *Babylon by Bus*, *Survival*, *Uprising* et *Confrontation* ; alors que le premier avait été enregistré en grande partie à Paris et les trois autres à Kingston en Jamaïque ! Bref, Bob Marley, comme les Wailers, ont ainsi été dépouillés de 20 à 25% de la rémunération équitable collectée en leur nom.

Mais l'initiative la plus importante de tous ces jugements était d'avoir désigné un expert, dont les honoraires et frais devaient être avancés par les artistes jamaïcains, avec pour mission d'analyser la diffusion et la commercialisation des enregistrements des demandeurs afin de déterminer le montant des rémunérations légales qui leurs étaient dues. Indépendamment du fait que ces expertises s'avéraient à la fois longues et coûteuses, l'ADAMI redoutait qu'un expert vienne mettre le nez dans ses comptes et cette société m'a alors demandé de proposer une transaction qui mettre fin à ces litiges.

Les négociations ont commencé le 28 décembre 2004 ; elles furent longues et complexes. Ma marge de manœuvre était limitée par le jugement qui excluait un certain nombre d'enregistrements tant de la rémunération équitable que de la rémunération pour copie privée, en raison du lieu de première fixation.

La transaction négociée avec le juriste de l'ADAMI, approuvée par son conseil d'administration le 7 juin 2005 et que j'ai signée le 24 juin au nom de tous les artistes jamaïcains à l'exception de la succession de Bob Marley, allouait 1,4 million d'euros à quelque deux-cent-cinquante artistes, qui allaient recevoir, pour les plus connus, plusieurs dizaines de milliers d'euros et quelques centaines pour les moins connus. Établir cette liste ne fut pas simple. J'ai fait de mon mieux pour protéger les artistes les moins connus, car, comme pour tous les autres genres musicaux diffusés à la radio, près de 90% des titres diffusés sont l'œuvre d'une dizaine ou d'une douzaine d'artistes seulement. Mais pour bénéficier de cette transaction, chacun de ses bénéficiaires devait signer et retourner à l'ADAMI un mandat transactionnel, accompagné de la copie d'une pièce d'identité. Cela ne posait aucun problème en ce qui concernait les quelque quarante artistes qui m'avaient déjà donné un mandat, mais, en ce qui concernait les autres, il m'appartenait de les retrouver et de leur faire signer le mandat transactionnel. Grâce aux liens qui unissent les artistes jamaïcains aussi bien dans leur pays d'origine qu'à Londres, New York ou Manchester, en six mois près d'une centaine d'artistes reçurent la quote-part de la transaction qui leur était due. Sur les montants qui leur avaient été crédités par l'ADAMI, j'ai perçu 15% en remboursement de mes honoraires et frais (le même honoraire de résultat que celui que je facturais aux artistes qui m'avaient donné un mandat) ce qui laissait aux bénéficiaires de la transaction 85% de la somme créditée ; mais au final, ceux-ci ne perçurent que 75%, car 10% étaient retenus par l'ADAMI à titre d'impôt à la source.

Fin 2006, une liste supplémentaire d'environ 50 artistes, approuvée par le conseil d'administration de l'ADAMI en mai 2007, a été établie, qui a alloué 100 000 € supplémentaires à une cinquantaine d'artistes qui avaient été omis de la liste originale. Le 10 octobre 2007, près de deux-cent-cinquante artistes avaient déjà reçu l'indemnité transactionnelle qui leur était due et payable. Mais fin 2007, déjà, près de cinquante transactions n'avaient pu être réglées, car elles revenaient à des artistes que je n'avais pu retrouver, pour la plupart des artistes décédés dont les successions n'avaient pas été réglées.

Il m'a fallu près de quatre années, à raison d'une moyenne de 15 heures de travail par semaine, soit près de 2 400 heures, pour répartir aux artistes environ 1,3 millions sur les 1,5 millions d'euros de la transaction, donc en ce qui me concerne celle-ci m'a rapporté moins de 70 € bruts par heure de travail – si j'avais voulu m'enrichir j'aurai mieux fait de plaider quelques affaires de brevets.

Parallèlement j'assignai la SPEDIDAM au nom d'une douzaine de musiciens. Bien que peu nombreux, mes clients comprenaient notamment Aston Barrett, qui représentait également la succession de Carlton, son frère assassiné et surtout, Sly Dunbar et Robbie Shakespeare. À eux quatre, ces musiciens avaient participé à près de la moitié des enregistrements de reggae les plus commercialisés en France et dans le monde.

Ce qui est peu connu, c'est qu'en matière de reggae comme pour d'autres genres musicaux, il existe quelques centaines de musiciens, une vingtaine en matière de reggae, qui ont participé à des milliers d'enregistrements et donc à des centaines de tubes, sur des périodes pouvant s'étendre sur plus d'une trentaine d'années. Bref, alors qu'en 2023 la SPEDIDAM comptait officiellement près de 37 000 adhérents (donc sans compter les milliers de musiciens français et étrangers non-adhérents mais titulaires de créances sur cet organisme), seuls deux ou trois centaines ont dû recevoir cette année, comme les années précédentes, des chèques substantiels. En d'autres termes, sur les 44,7 millions d'euros mis en répartition en 2023 par la SPEDIDAM, qui comptait alors 41215 associés ou adhérents et 115.000 ayants droits, au moins 50%, soit près de 22,4 millions, ont dû être payés à 10% de ses adhérents et/ou porté au crédit de quelques centaines d'ayants droit non adhérents; soit tout au plus à 5000 musiciens. Il serait intéressant que cet organisme publie chaque année le montant total versé aux 10, ainsi qu'au 100 musiciens qui ont perçu les plus importantes rémunérations.

Avant l'invention des synthétiseurs et autres systèmes électroniques ou informatiques qui permettent de reproduire les sons de tous les instruments de musique, les chanteurs étaient toujours accompagnés par des musiciens, sur scène ou dans les studios lors des sessions d'enregistrement. L'électronique a permis à une seule personne de devenir à la fois chef d'orchestre, ainsi qu'un nombre infini de musiciens.

Être musicien d'accompagnement et/ou de studio était alors un métier à part entière, même si la plupart jouaient également dans des groupes (certains, comme Boris Gardiner ou Barry Biggs, ont également eu des carrières de chanteurs à part entière). Un guitariste comme le français Basile Leroux, membre fondateur du groupe pop rock français Transit Express, a accompagné et/ou enregistré avec des dizaines d'artistes comme Jacques Higelin, Eddy Mitchell, Marc Lavoine, Jean-Jacques Goldman, Julien Clerc, Alain Souchon, Pascal Obispo, Céline Dion, Maxime Le Forestier, Salvatore Adamo, Michel Jonasz, Véronique Sanson, Jane Birkin, Patrick Bruel et Renaud.

Les musiciens de studio sont payés en cachets, en fonction de la durée de l'enregistrement, qui peut varier de quelques heures à quelques semaines, ou exceptionnellement de quelques mois. En France, leur participation à l'enregistrement d'un phonogramme spécifiquement identifié est attestée par *une feuille de présence* qu'ils signent après chaque session ; celle-ci est également contresignée par le producteur. Ensuite les informations figurant sur ces feuilles de présence sont enregistrées par la SPEDIDAM dans sa base de données, qui s'est ainsi enrichie d'année en année et qui est relativement complète et fiable, du moins pour les enregistrements réalisés en France.

En Jamaïque, cette pratique n'existait pas dans les années 1950-2000. Aussi, pour identifier les musiciens ayant participé aux enregistrements de reggae on ne dispose au mieux que de la mention de leurs noms sur certaines pochettes, mais ce n'est pas toujours le cas.

En Jamaïque, dans les années 1960-1980, la quasi-totalité des studios disposaient de leur propre groupe de musiciens de studio, appelés *backing bands*. Mais ces formations étaient elles aussi fluctuantes et embauchaient, au jour le jour, les musiciens nécessaires – ou disponibles.

Ainsi, lorsque Byron Lee a repris le studio WIRL, il créditait la plupart de ses enregistrements aux Dragonaires, mais cela ne nous dit pas grand'chose puisqu'une quarantaine au moins de musiciens différents ont travaillé sous ce nom : Barry Biggs, Barry Lloyd, Boris Gardiner, Bumps Jackson, Byron Lee, Carl Brady, Chester Power, Courtney Robb, Derrick Stewart, Errol Gayle, Esmond Jarrett, Frank Aird, Frank Anderson, Granville Williams, Hopeton Lewis, Junior Gray, Keith Jackson, Keith Lyn, Ken Lazarus, Leslie 'Steam Pigeon' Mowatt, Lester Sterling, Lester Williams, Lynford Brown, Marvin Brooks, Neville Hinds, Oscar Benjamin, Ossie Scott, Peter Ashbourne, Sammy Davis, Sammy Ismay, Sammy Johnson, Vernon Muller, Vic Taylor, Victor Chung, Wallace Wilson Winston Graham et Winston Wright... En fait, le nom de Dragonaires était celui choisi par la bière Dragon Stout, qui sponsorisait la formation et certains événements – en particulier les rallyes du JLP, sa famille politique.

Derrick Harriott, le propriétaire du label Crystal Records, avait lui recours aux Crystalites, aussi appelés The Chariot Riders, parmi lesquels on retrouve Barry Biggs, Bongo Herman, Bongo Les, Boris Gardiner, Gladstone Anderson, Jackie Jackson, Karl Bryan, Larry McDonald, Lynford Brown, Paul Douglas, Wallace Wilson et Winston Wright. Mais la plupart de ces musiciens ont chanté ou joué dans d'autres groupes.

Le groupe de Clancy Eccles, un producteur de la *famille* PNP, était crédité sous le nom de Dynamites ; la liste inclut des musiciens déjà croisés, notamment Gladstone Anderson, Jackie Jackson, Karl Bryan, Lynford Brown, Paul Douglas et Winston Wright.

Les Upsetters, le backing band de Lee 'Scratch' Perry au Studio Black Ark, s'appelait d'abord les Hippy Boys, avec Alva 'Reggie' Lewis à la guitare et Glen Adams aux claviers et souvent Max Romeo au chant. C'était le groupe de deux jeunes frères, Aston et Familyman Barrett, un duo basse/batterie qui allait laisser une empreinte indélébile tant sur la musique (Lee Perry) que sur les Wailers lorsqu'ils deviendront le backing Band de Bob Marley. En 1972, après la défection des frères Barrett et de Glen Adams partis chez Bob Marley, Lee Perry eut recours à de nombreux musiciens occasionnels, parmi lesquels on peut citer Boris Gardiner, Mikey Richards, Sly Dunbar, Benbow Creary, Earl 'Chinna' Smith, Winston Wright, Keith Sterling et beaucoup d'autres, que Scratch créditait généralement sous le nom générique d'Upsetters (les dérangeurs, les fouteurs de merde).

Coxone Dodd crédite généralement ses musiciens comme Skatalites, avec qui il mit au point le nouveau style ska. Dans les années 1960 ceux-ci comptaient sept membres fixes, les cuivres de Tommy McCook, Roland Alphonso, Lester Sterling, Johnny 'Dizzy' Moore, le clavier Jackie Mittoo, le contrebassiste Lloyd Brevett et le batteur Lloyd Knibb, remplacés au fur et à mesure de leurs décès à partir des années 1990. Cette relative stabilité s'explique par la proximité de Coxsone et du visionnaire batteur Count Ossie et la présence, chaque dimanche, des cuivres d'Alpha School aux sessions du maître tambour. C'est ainsi que Studio One (Coxsone) a pu *porter* la nouvelle musique a ses débuts et créer les riddims irrépressibles qui continuent à tourner aujourd'hui. Mais il n'hésitait pas à se tourner vers d'autres musiciens, notamment les Gladiators, qui furent son groupe de studio pendant une longue période.

Bunny Lee, quant à lui, créditait ses rythmiques aux Aggrovators, parmi lesquels ont figuré Aston et Carlton Barrett, Robbie Shakespeare, Lloyd Parkes, Carlton Davis, Tommy McCook, Vin Gordon, Bobby Ellis, Lennox Brown, Winston Writght, Bernard Harvey, ansell Collins, Earl 'Chinna' Smith, Willie Lindo, Skully Simms... Là aussi, pas d'originalité ; tous ces gens ont enregistré chacun sur des milliers de disques au cours de leurs décennies de carrière. D'ailleurs Bunny était plus préoccupé de faire des tubes que d'enregistrer des solos éternels ; danseur et *ambianceur*, il savait, d'instinct, ce qui allait marcher et il a fait beaucoup de tubes – d'où son surnom de Striker (le butteur).

Lorsqu'on considère la carrière de gens comme Glen Adams, Winston Wright ou les frères Barrett, on réalise qu'ils n'ont pas tant changé de formation, que changé de producteur...

Tous ces musiciens n'étaient pas salariés des studios ou des producteurs et leur travail n'était pas régi par une convention collective comme celui de leurs homologues français. Le propriétaire du studio ou le producteur du single leur versait quelques dizaines de dollars jamaïcains ou une journée de travail, sachant que lors de son introduction en fin 1969/ début 1970 cette monnaie valait 0,8 US $, mais qu'elle a perdu de sa valeur d'année en année, puisqu'en en août 2024 sont cours était de 0,0064 et donc que 1000 dollars jamaïcains ne valaient plus que 6,4 dollars américains. Bien entendu les trois ou quatre dizaines de dollars jamaïcains qu'ils pouvaient percevoir de Duke Reid ou de Bunny Lee leur étaient versées en cash, de la main à la main. Mais parfois le salaire de ces musiciens se limitait à un repas et un ticket de bus pour leur trajet de retour !

Les Wailers n'ont pas été mieux lotis : du vivant de Bob Marley c'est celui-ci qui, après les sessions d'enregistrements ou après un concert, leur distribuait, toujours en cash, quelques centaines de dollars – américains il est vrai.

Car si tous les artistes et musiciens jamaïcains désiraient participer à des tournées en Europe et aux États-Unis, voire même en Afrique et au Japon, c'est parce qu'elles étaient le meilleur moyen de ramener quelques centaines de dollars américains en Jamaïque.

De nombreux artistes, y compris français, sont également allés à l'étranger enregistrer un ou plusieurs albums dans des studios de Nashville ou de Memphis, aux États-Unis, ou de Londres et de Kingston, avec l'aide de musiciens de ces studios. Ainsi, *Samedi soir à Beyrouth*, un album reggae-soul de Bernard Lavilliers a été enregistré en 2008 avec des musiciens locaux, en partie à Kingston et à Memphis.

Mais il existe une aristocratie des musiciens, ceux qui ont acquis une renommée mondiale et qui sont engagés par des stars internationales pour des tournées et des enregistrements. Ainsi, pour son album *Thriller*, Michael Jackson a fait appel aux musiciens d'un groupe américain célèbre, Toto. Au sommet de l'aristocratie des musiciens jamaïcains figurent sans nul doute, pour la période 1970-2020, le batteur Sly Dunbar et le bassiste Robbie Shakespeare, connus pour leur duo 'Sly & Robbie'. Ils ont non seulement fait partie des backing bands The Revolutionnaries et The Aggrovators mais en plus ils ont participé à plus de dix mille enregistrements répertoriés, enregistrés dans des studios ou des salles de concert du monde entier. Ce sont sans nul doute les *stakhanovistes* non seulement du reggae, mais même du rock puisqu'ils ont enregistré avec Jackson Browne, Jimmy Cliff, Joe Cocker, Bob Dylan, Mick Jagger, Grave Jones, Ziggy Marley, Yoko Ono, Sinéad O'Connor, Carly Simon, Simply Red et Peter Tosh pour n'en citer que quelques uns. Si leur nom est relativement connu en France c'est surtout pour leur participation à l'album *Aux armes et cætera*, avec la version reggae de *La Marseillaise* enregistrée par Serge Gainsbourg en janvier 1979, dans les Studios Dynamic Sounds à Kingston en Jamaïque. Sly & Robbie se trouvaient d'ailleurs sur scène avec Serge Gainsbourg à Strasbourg lorsque celui-ci fut agressé par un groupe d'anciens combattants.

Mon action engagée contre la SPEDIDAM devait être plaidée le 17 juin 2005 mais peu de temps avant cette date, cette société a accepté un accord transactionnel bénéficiant à tous les musiciens qui avaient enregistré des titres de reggae. L'accord était conclu, grossièrement, sur la base des mêmes termes et principes que ceux que j'avais précédemment conclus avec l'ADAMI, donc l'attribution d'une somme de 1,4/1,5 millions d'euros aux musiciens ayant participé à des enregistrements de reggae diffusés ou commercialisés en France.

La principale difficulté de cette transaction est qu'il n'existait pas à cette époque de base de données recensant les musiciens ayant participé à des enregistrements de reggae. Aussi, avec la SPEDIDAM, entre le 1er juillet 2005 et le 1er mars 2006, nous avons travaillé à établir une liste de 207 musiciens bénéficiaires de la transaction, en nous basant sur les albums de reggae commercialisés en France, ainsi que sur le site web roots-archives.com.

Les musiciens français, comme les musiciens étrangers qui participent à des enregistrements en France, sont, en principe, identifiés par la SPEDIDAM grâce aux feuilles de présence que remplissent les producteurs et qu'ils leur font signer pour chaque enregistrement. Comme nous l'avions dit plus haut, l'ensemble des feuilles de présence a permis à la SPEDIDAM de se constituer depuis une trentaine d'années une base de données assez précise et relativement fiable.

Comme pour l'ADAMI, il m'a fallu plus de trois ans pour régler à la plupart de ces musiciens la somme qui leur était due en application de la transaction signée avec la SPEDIDAM. Le 10 octobre 2007, cent-cinq musiciens avaient déjà reçu leur quote-part et une liste supplémentaire d'artistes établie au début de 2008 s'était vue allouer 100 000 euros supplémentaires.

Huit ou dix ans après la signature de la transaction avec la SPEDIDAM, celle-ci m'a demandé de la clôturer officiellement. Sauf erreur de ma part, il restait environ 80 000 € qui n'avaient pu être versés à leurs légitimes bénéficiaires. Il a alors été décidé que la moitié de cette somme serait conservée par la SPEDIDAM en tant qu'irrépartissables et qu'environ la moitié, soit près de 40000 €, ferait l'objet d'une donation à l'Alpha Boys

School, cet orphelinat qui a formé et forme encore les musiciens jamaïcains. Un festival de reggae a également bénéficié à l'époque d'une subvention au titre des actions culturelles financées par cet organisme.

Les transactions signées avec l'ADAMI et la SPEDIDAM étant confidentielles je ne leur ai jamais fait véritablement de publicité, mais un journaliste du Monde qui en avait appris l'existence leur a consacré un petit article. Grâce aux informations glanées auprès de mes clients, un journaliste jamaïcain leur a aussi consacré un article paru dans le *Daily Observer* le 29 juillet 2005.

Dans le cadre de ma croisade pour défendre les artistes jamaïcains, il me vint l'idée, le 8 décembre 2005, de déposer devant la Cour de justice de la République une plainte contre le ministre de la Culture de l'époque au nom d'un groupe d'artistes et de producteurs d'origine jamaïcaine spoliés de leurs rémunérations légales. Au bout de quelques jours je reçus même un appel du secrétaire de la Haute Cour, qui après avoir lu ma plainte me conseilla d'y inclure aussi les anciens ministres de la Culture ! J'étais très optimiste.

Aussi ai-je déchanté lorsque, par décision d'une page en date du 16 mars 2006, la Cour de justice de la République a jugé que « les plaintes qui se bornent à critiquer les conditions dans lesquelles la loi du 3 juillet 1985 relative au droit d'auteur et aux droits voisins a été adoptée puis appliquée et à contester diverses décisions juridictionnelles, ne font état d'aucun élément de nature à caractériser un crime ou un délit commis par un membre du Gouvernement qu'elles visent ». En d'autres termes, la spoliation des droits des auteurs et des artistes, dès lors qu'elle est organisée par l'État, ne peut être critiquée ni condamnée...

À la même époque, j'ai également saisi la Commission de Bruxelles d'une plainte contre la France, en demandant que celle-ci saisisse la Cour de Justice de l'Union Européenne d'une procédure d'infraction. Là encore, j'ai reçu une réponse de Bruxelles, quelques années plus tard, qui pouvait se résumer à la formule « circulez, il n'y a rien à voir ». Et pourtant, tous mes arguments pour la Cour de Justice de l'Union Européenne

(CJUE) s'avèreront bien fondés au regard du droit européen une douzaine d'années plus tard. Mais là encore, les fonctionnaires de Bruxelles qui ont traité ce dossier, des Français, ont tout fait pour protéger les intérêts de l'État français quelques années de plus et comme ils sont, à l'instar des magistrats, irresponsables, ils peuvent défendre les intérêts de certains au détriment d'autres, sans avoir rien à craindre.

En 1991 plusieurs experts et notamment André Kerever, le Conseiller d'État qui avait participé à l'élaboration de la loi française du 3 juillet 1985, ainsi que le professeur André Françon, s'étaient interrogés publiquement dans le Bulletin du Droit d'Auteur de l'Unesco sur la question de savoir s'il fallait réviser la Convention de Rome et si cela était le moment opportun de le faire.

Finalement la Convention de Rome de 1961 n'a pas été révisée, mais remplacée par une autre convention adoptée en 1996 dans le cadre de l'OMPI, le *Traité sur les interprétations et exécutions et les phonogrammes*, plus connu sous son sigle anglais WPPT, qui en constitue une version modernisée. En premier lieu ce traité accorde aux artistes interprètes et aux producteurs des droits patrimoniaux sur leurs interprétations ou exécutions fixées sur phonogrammes, à savoir :

(i) le droit de reproduction ;
(ii) le droit de distribution ;
(iii) le droit de location ;
(iv) le droit de mise à disposition.

De plus il leur accorde également deux droits moraux :

(i) celui d'exiger qu'on les mentionne comme artistes-interprètes ;
(ii) celui de s'opposer à toute déformation, mutilation ou autre modification de leurs interprétations ou exécutions, préjudiciables à leur réputation.

Mais l'article 15 de ce traité, intitulé *Droit à rémunération au titre de la radiodiffusion et de la communication au public* dispose que :

> 1. Les artistes interprètes ou exécutants et les producteurs de phonogrammes ont droit à une rémunération équitable et unique lorsque des phonogrammes publiés à des fins de commerce sont utilisés directement ou indirectement pour la radiodiffusion ou pour une communication quelconque au public.
> 2. Les Parties contractantes peuvent prévoir dans leur législation nationale que la rémunération équitable unique doit être réclamée à l'utilisateur par l'artiste interprète ou exécutant ou par le producteur du phonogramme, ou par les deux. Les Parties contractantes peuvent adopter des dispositions législatives fixant les conditions de répartition de la rémunération équitable unique entre les artistes interprètes ou exécutants et les producteurs de phonogrammes faute d'accord entre les intéressés.
> 3. Toute Partie contractante peut déclarer, dans une notification déposée auprès du directeur général de l'OMPI, qu'elle n'appliquera les dispositions de l'alinéa 1) qu'à l'égard de certaines utilisations, ou qu'elle en limitera l'application de toute autre manière, ou encore qu'elle n'appliquera aucune de ces dispositions.

Ce traité, qui est entré en vigueur en 2002, était ratifié en 2023 par cent-douze États, dont tous les pays européens. Mais le plus important c'est que contrairement à la Convention de Rome de 1961, il a été ratifié par les États-Unis le 14 septembre 1999, avec la réserve suivante il est vrai :

> Conformément à l'article 15.3 du Traité de l'OMPI sur les interprétations et exécutions et les phonogrammes, les États-Unis d'Amérique n'appliqueront les dispositions de l'article 15.1 dudit traité qu'à l'égard de certains actes de radiodiffusion et de communication au public par des moyens numériques pour lesquels une redevance directe ou indirecte est perçue au titre

> de la réception, ou pour d'autres retransmissions et communications sur phonogramme numérique, comme le prévoit la loi des États-Unis d'Amérique.

Au lieu de créer une rémunération légale sans autre précision, les États-Unis ont exclu du champ de cette rémunération les radiodiffusions hertziennes ou analogiques, pour ne l'imposer qu'aux diffusions digitales. Par voie de conséquence la législation américaine a créé des digital royalties, une sorte de rémunération équitable digitale collectée et distribuée au profit des titulaires de droits sur les enregistrements, les artistes et les musiciens (17 USC 112-114). Cette rémunération équitable digitale est collectée sur toutes les diffusions digitales, donc aussi bien sur les webs radio que sur les plateformes de streaming américaines comme Pandora. Les redevances collectées par SoundExchange depuis 2003 sont réparties pour 50% aux titulaires de droits sur les enregistrements, à 45% aux vedettes (*featured artists*) et pour 5% aux musiciens (*non-featured artists*) via deux syndicats, l'AFM et la SAG-AFTRA.

La France a également ratifié le Traité WPPT le 14 décembre 2009, pour une entrée en vigueur le 14 mars 2010, mais également avec une réserve, rédigée comme suit :

> « Conformément à l'article 3.3 du Traité (qui vise les bénéficiaires de la protection), cet État a déclaré qu'il n'appliquera pas le critère de la publication en ce qui concerne la protection des phonogrammes. »

En conséquence de ce qui précède, en matière de droits voisins, les relations entre la France et les États-Unis sont depuis le 14 mars 2010, date d'entrée en vigueur du Traité WPPT en France, régies uniquement par celui-ci. Elles ne sont plus régies par les dispositions de la Convention de Rome de 1961, dont les États-Unis ne sont pas membres. En conséquence, parmi les Conventions internationales visées dans l'article L.214-2 sur la rémunération équitable, il faut inclure le Traité WPPT en plus de la Convention de Rome.

Depuis 2021 SoundExchange collecte et répartit également la rémunération pour copie privée qui a vu le jour aux États-

Unis par étapes successives, d'abord le *Audio Home Recording Act* de 1992, puis le *Fairness in Music Licensing Act* de 1998. Bref à elle seule, SoundExchange remplit les tâches accomplies en France par sept organisations de gestion collective de droits, à savoir la SPRE, Copie France, la SCPA, l'ADAMI, la SPEDIDAM, la SCPP et la SPPF. Il y a de quoi se poser des questions.

SoundExchange est opérationnelle depuis 2003 et les sommes que celle-ci a collectées et réparties depuis cette date, tant aux ayants droit américains qu'étrangers, sont considérables : en 2012 elle avait versé au total 1 milliard de dollars aux artistes, en 2018 ses paiement cumulés atteignaient 5 milliards de dollars. Et, au mois de mars 2023, lors de son vingtième anniversaire et après sa cent soixante-deuxième distribution, c'est 10 milliards de dollars américains cumulés qu'elle avait versé aux artistes américains et étrangers. Enfin, le 27 mars 2024, ce sont plus de 11 milliards de dollars cumulés qui ont été répartis à près de 700 000 artistes ou ayants droit et cela grâce à une base de données de plus de 126 000 millions de phonogrammes.

Au regard de la loi américaine, 45% des sommes collectées par SoundExchange sont reversés aux *featured artists*, alors que les *non-featured artists*, donc les musiciens, ne bénéficient que des 5% restants qui leurs sont répartis par une sorte de commission dont les six membres sont nommés par deux syndicats, la SAG-AFTRA et l'AFM. Sur la période 2003-2020, un total cumulé 430 millions de dollars a ainsi été réparti aux musiciens par SoundExchange. Depuis quelques années, c'est 50-60 millions par an en moyenne qui leur sont reversés annuellement. Mais ces musiciens et/ou leurs ayants droit sont, comme en France et ailleurs, souvent difficiles à localiser. En 2020, 27 024 musiciens n'avaient pas collecté les sommes portées à leur crédit par SoundExchange et de ce fait c'est au total 50 millions de dollars qui n'avaient pas été payés à ceux-ci ou à leurs ayants droit. Mais pour l'instant, la législation américaine ne prévoit pas comme la législation française une prescription de ces sommes.

SoundExchange diffuse régulièrement des communiqués de presse sur ses activités. En 2024, SoundExchange était mandaté par 474 000 titulaires de droits ou ayants droit pour collecter leurs rémunérations légales à l'étranger, grâce à soixante-dix accords internationaux signés avec plus de cinquante partenaires, parmi lesquels en France, l'ADAMI et la SCPP.

L'existence même de cette redevance digitale, qui est en réalité une rémunération équitable digitale conforme à l'article 16 du Traité WPPT, est importante, car nombreux sont ceux qui affirment que les États-Unis ne pratiquent dans ce domaine aucune réciprocité à l'égard de la France, qui continue d'exclure les enregistrements d'origine américaine du paiement des rémunérations légales, pourtant collectées au nom de ceux-ci par la SPRE. Ces personnes mentent sciemment. Depuis son origine, le 1er avril 1986, la rémunération équitable est collectée en France sur les radiodiffusions analogiques, à la différence des États-Unis où elle n'est collectée, depuis 2003, que sur les diffusions et exploitations digitales. Et pourtant le montant total des sommes collectées et réparties par SoundExchange à la date du 30 juin 2023, donc sur une période de vingt ans, atteint les 10 milliards de dollars : soit près de trois fois plus que les montants collectés par la SPRE sur la période 1986-30 juin 2023.

Le Top 5 des titres nouveaux, sortis en 2022 et 2023, ayant généré le plus de droits payés par SoundExchange sur la période 1er décembre 2022/30 novembre 2023), pour leur exploitation par près de 3 600 fournisseurs de services digitaux.

| **Rang** | **Titre** | **Artiste/s** |
|---|---|---|
| **1** | *Flowers* | Miley Cirus |
| **2** | *Kill Bill* | SZA |
| **3** | *Cuff It* | Beyoncé |
| **4** | *I'm Good (Blue)* | Bebe Rexha & David Guetta |
| **5** | *Anti-Hero* | Taylor Swift |

Comme la France a également ratifié la Convention WPPT, entrée en vigueur le 14 mars 2010, (à la même date que sa ratification par l'Union Européenne, qui a par ailleurs signé un autre accord, dit TIEP, avec les États-Unis), les *réserves* apportées par la France à la Convention de Rome n'ont plus lieu d'être. Aussi, en 2015 j'ai décidé de reprendre ma croisade contre l'ADAMI et la SPEDIDAM au nom d'artistes et de producteurs jamaïcains.

Mais je pouvais difficilement engager de nouvelles procédures au nom des mêmes artistes que ceux que j'avais défendus au début des années 2000 ; il me fallait obtenir des mandats d'artistes et de musiciens jamaïcains plus jeunes, d'une nouvelle génération, dont les enregistrements étaient des tubes mondiaux.

Le reggae classique, celui des années 1970-1980, incarné par Bob Marley & The Wailers, Burning Spear ou Jimmy Cliff, a cédé la place dans les années 1990 et surtout à partir des années 2000, à des styles dans l'air du temps, plus proches du rap et d'un certain point de vue plus mondialisés, à savoir le raggamuffin et le dancehall. Au premier plan de ces genres musicaux deux superstars s'imposent : Shaggy et Sean Paul.

Sur Internet, on trouve plusieurs articles sur la même thématique, mais avec quelques variations dans leur champ ; mais si l'on se réfère à *The Top 100 Most Streamed Jamaican Dancehall, Reggae Songs Of All Time*, daté du 24 février 2023, les douze titres les plus streamés étaient alors les suivants :

| Titre | Artiste/s | Streams (en millions) |
|---|---|---|
| *Cheerleader (Remix)* (2015) | OMNI | 3 015 |
| *No Lie* (2016) | Sean Paul, Dua Lipa | 2 065 |
| *Light It Up (Remix)* (2015) | Major Lazer, Nyla, Fuse ODG | 2 031 |
| *It Wasn't Me* (2000) | Shaggy, RikRok | 1 322 |
| *Three Little Birds* (1980) | Bob Marley | 1 017 |
| *Temperature* (2005) | Sean Paul | 1 009 |
| *Is This Love* (1978) | Bob Marley | 1 001 |
| *She Doesn't Mind* (2011) | Sean Paul | 877 |
| *Gyal You A Party Animal* (2014) | Charly Black | 818 |
| *Could You Be Loved* (1980) | Bob Marley | 786 |
| *Angel* (2001) | Shaggy | 753 |
| *Mad Love* (2018) | Sean Paul, David Guetta | 745 |

À la 13e, 14e, 17e et 20e place de cette liste nous retrouvons Bob Marley (*Buffalo Soldiers*, *One Love*, *No Woman No Cry* et *Jamming*). Sean Paul est 15e, 16e, 18e et 21e (*Got 2 Luv U*, *Got Busy*, Contra La Pared, *I'm Still in Love with you*). Shaggy est 22e (*Bombastic*). Sean Paul, Shaggy et Spice se partagent également la 19e place (Go Down Deh). Quant à Jimmy Cliff, il est 38e avec *I Can See Clearly Now* (254 millions de streams).

Bref, les deux plus grandes stars du raggamuffin/dancehall sont incontestablement Sean Paul et Shaggy. Compte tenu de leur notoriété, on pourrait penser qu'ils sont conseillés par les meilleurs avocats, ou que leurs intérêts sont à tout le moins défendus par leurs maisons de disques ou leurs éditeurs. C'est certainement le cas, mais jusqu'à un certain point seulement, car leurs conseils habituels, tous américains, n'ont pas connaissance de certains aspects du *business de la musique* en dehors des États-Unis et plus particulièrement en France.

C'est ainsi que je fus d'abord amené à engager une action contre l'ADAMI au nom de Shaggy et plusieurs autres contre la SPEDIDAM au nom des principaux musiciens des tubes de Sean Paul.

La carrière d'Orville Burrell, connu sous le nom 'Shaggy', a commencé en 1993. En 2015, donc en douze ans, il avait enregistré douze albums qualifiés de reggae, de reggae fusion, ou même de R&B, pop et hip hop voire de pop rap.

Tous ses albums, commercialisés massivement en France, ont souvent été classés parmi les meilleures ventes, tandis qu'un grand nombre de ses chansons figuraient dans le hit-parade des enregistrements les plus diffusés dans ce pays. Plusieurs dizaines de ses vidéos sont également diffusées régulièrement sur les chaînes musicales françaises et elles sont accessibles sur Youtube.

La quasi-totalité des albums de Shaggy sont enregistrés en Jamaïque, donc fixés pour la première fois dans ce pays, même s'ils sont ensuite mixés au États-Unis avant d'y être commercialisés. Mais cette distinction entre enregistrement et mixage permet à l'ADMI d'affirmer, comme à la SPEDIDAM, qu'il s'agit d'enregistrements américains et non pas jamaïcains.

La diffusion et la reproduction en France de phonogrammes et de vidéogrammes de Shaggy génère à son profit des rémunérations légales, comprenant notamment la rémunération équitable et la rémunération pour copie privée, qui sont collectées en son nom et pour son compte par l'ADAMI. Questionnée à ce sujet par lettre officielle du 23 mai 2014, l'ADAMI m'a répondu que le montant total des rémunérations légales créditées à cet artiste s'élevait à 4.311,45 €, pour la période du 1er janvier 1986 (en fait depuis 1993, début de sa carrière) au 31 décembre 2006 et à 12 296,15 € pour la période du 1er janvier 2007 au 23 mai 2014, soit en moyenne 1.600.€ par an sur la période 2007-2014, celle des grands tubes de cet artiste.

Les chiffres avancés par l'ADAMI ne correspondent manifestement pas à la réalité. Pour preuve, un de ses musiciens, Donovan Bennett dit 'Don Corleon', avait à cette date été crédité par la SPEDIDAM de 6021,30 € uniquement pour sa participation à l'album *Danger Zone* du rappeur français Lord Kossity, qui pourtant n'a pas rencontré ce qu'on peut qualifier de grand succès, comparé aux albums et singles de Shaggy...

Il en ressort que le single tiré de son album *Hot Shot* sorti à la fin de l'année 2000, sur la décennie radiophonique 2000 à 2009, a été classé 53e par la société d'analyse de diffusion Yacast. Cet album est entré dans le Top albums France le 19 mars 2001, en 39e position, pour atteindre la 5e position pendant une semaine, avant de sortir du Top Albums France après 30 semaines, le 8 octobre 2001, en 146e position. Le single *It Was Not Me* extrait de l'album *Hot Shot* – certifié platine (500 000 copies) en France par le SNEP – est entré dans le Top Singles France le 12 mars 2001, en 4e position, avant d'atteindre la première position pendant 10 semaines et il est resté classé dans le Top Singles France pendant 29 semaines, avant d'en sortir le 22 décembre 2002, en 136e position. Selon la SACEM, *It Was Not Me* de Shaggy a été en 2002 le 3e phonogramme à avoir généré le plus de droits d'auteur en France, ce qui signifie en réalité qu'il a dû à lui seul générer près d'1% des rémunérations légales françaises cette année-là. Deux autres singles extraits de cet album *Hot Shot* on également connu un grand succès, à savoir *Angel* entré dans le Top Singles France le 18 juin 2001, en 17e position, avant d'atteindre la 8e position pendant une semaine ; il est resté dans le Top Singles France pendant 22 semaines, avant d'en sortir le 12 novembre 2001, en 95e position. Le second single, *Luv Me Luv Me*, est entré dans le Top Singles France le 10 décembre 2001, en 84e position, avant d'atteindre la 60e position pendant une semaine et il est resté classé dans le Top Singles France pendant 6 semaines, avant d'en sortir le 14 janvier 2002, en 87e position.

Ont également fait partie du Top Albums France de Shaggy, ses albums *Lucky Day* (2003), *Clothes Drop* (2005) et *Intoxication* (2008). Enfin ont figuré parmi le Top Singles France, *Hey Sexy Lady* et *Get My Party On*, en 2008 et *Feel The Rush*, la chanson officielle de l'Euro 2008 de football. Il ne s'agit pas là d'une liste exhaustive. Enfin, en 2014-2015 l'ensemble des vidéo-clips de Shaggy avait été visionné au moins 250 millions de fois sur Youtube, alors que le vidéo-clip *Que Je t'aime* de Johnny Hallyday avait été visionné à peine 1,5 million de fois à la date du 26 mai 2014.

Bref je démontrerai, pièces à l'appui, que pour la période du 1er janvier 2007 au 23 mai 2014, alors que l'ADAMI avait crédité Shaggy de 12296,15 € de rémunérations légales, c'est au moins 250000 €, voire plus, qui avaient été collectés au nom cet artiste et qui ne lui ont pas été créditées ni a fortiori payées.

Comme toutes les affaires que j'avais engagées parallèlement contre la SPEDIDAM, celle-ci fut distribuée devant une section de la 3e chambre du tribunal de Paris qui était alors présidée par un magistrat, un ancien juge d'instruction qui avait connu une certaine notoriété pour avoir inculpé un homme politique français. Par la suite il démissionnera de ses fonctions dans le but de se faire élire député – sans succès. Aucun des avocats spécialisés en matière de propriété intellectuelle n'ignorait que ce magistrat n'avait aucune connaissance dans ces domaines, au point que certains n'hésitaient pas à qualifier ses jugements de surréalistes. Néanmoins compte tenu de sa carrière et de son engagement politique, j'ai cru qu'il allait mettre fin au scandale d'État dont étaient victimes depuis près demi-siècle les artistes et les musiciens jamaïcains. Lourde erreur de ma part. Dans le jugement qu'il a rendu, ce magistrat a évacué en quelques mots les effets du traité WPPT, l'existence de SoundExchange etc. pour en réalité recopier plus ou moins les jugements rendus en 2004-2005 dans les affaires ADAMI. Incompétence ? Bêtise ? Non, il avait une bonne raison : car dans mes conclusions j'avais demandé à ce que le tribunal pose à la Cour de Justice de l'Union

Européenne des questions préjudicielles sur les rémunérations légales dues et payables aux artistes et musiciens jamaïcains compte tenu de la ratification de la Convention WPPT par les États-Unis, la France et l'Union Européenne. Bien entendu, cette demande fut rejetée en deux mots... Tout cela pour souligner que les magistrats les plus corrompus moralement peuvent aussi être ceux qui tentent de se faire passer pour des justiciers aux yeux du public.

Par jugement en date du 18 décembre 2015, Shaggy fut débouté de son action et de ses demandes, d'abord au motif que :

> (i) l'ADAMI justifiait que les sommes qui lui étaient dues à titre de redevances s'élèvent au 1er février 2015 à la somme de 21 685,65 € et,
> (ii) qu'il se bornait à invoquer que la part du genre ragga/reggae représentait 1,6% des diffusions des radios françaises en 2012 et qu'en son sein les phonogrammes de Shaggy représentaient 30% de ce genre, sans en justifier et sans fournir d'éléments précis et pertinents pour contester l'évaluation faite par l'ADAMI.

Et pourtant j'avais versé aux débats des panels de la société Yacast qui établissaient non seulement la part du genre ragga mais le fait que sur une période d'une dizaine d'années celui-ci avait été dominé par Shaggy et par un autre artiste-interprète d'origine jamaïcaine à savoir Sean Paul, selon une répartition de l'ordre de 30% pour le premier, de 45% pour le second et de 25% pour le reste des artistes du genre.

Les chiffres de l'ADAMI étaient manifestement faux, puisque, comme nous l'avons expliqué plus haut, un seul musiciens de Shaggy, Donovan Bennet dit 'Don Corleon', avait été crédité par la SPEDIDAM de 6021,30 € pour sa seule participation à l'album *Danger Zone* du rappeur français Lord Kossity, enregistré en France et diffusé surtout en discothèque. Le tribunal a répondu que *l'allégation selon laquelle un musicien de Shaggy aurait perçu pour sa participation à un titre de cet artiste une somme bien supérieure à celle attribuée à son méga tube* Bombastic *n'était pas davantage probante.* Bref pour le tribunal les chiffres avancés par l'ADAMI étaient paroles d'Évangile, même s'ils n'étaient supportés par aucun élément et même s'ils étaient incohérents avec ceux que j'avais versés aux débats et qui provenaient de sources incontestables.

Parallèlement j'engageai des actions à l'encontre de la SPEDIDAM au nom de sept musiciens jamaïcains, à savoir Christopher Birch, Robert Livingston, Steven Marsden dit 'Lenky', Michael Fletcher, Donovan Bennett dit 'Don Corleon', Brian Thompson dit 'Brian Gold' et Shaun Pizzonia dit 'Shaun Sting Pizzonia' ou 'Sting International'.

Je cite ces noms que peu doivent connaître car ils incarnent parfaitement la situation de ces musiciens de studio, très souvent anonymes, qui ont enregistré des dizaines de tubes internationaux, notamment avec Shaggy, Sean Paul et bien d'autres artistes jamaïcains, américains, anglais et même français, comme Lord Kossity, Pierpoljak et Bernard Lavilliers.

Donovan Keith Bennett dit 'Don Corleon', ou 'Vendetta' est un musicien qui a enregistré avec Sean Paul, Shaggy, Rihanna, Bounty Killer, Elephant Man, Beenie Man, Sizzla etc. Quant à Shaun Pizzonia dit 'Sting International' il a surtout enregistré avec Shaggy et Sting.

Bien entendu toutes les procédures engagées contre la SPEDIDAM au nom de ces musiciens ont été rejetées dès la mise en état, où je faisais des demandes de communications de pièces et notamment du montant des irrépartissables générés par les rémunérations légales collectées sur chacun de leurs tubes, au motif que celui-ci était impossible à communiquer, car non identifiables spécifiquement. Bref, la SPEDIDAM, ainsi que l'ADAMI, sont incapables de fournir le montant total des rémunérations légales collectées au nom d'un artiste et de distinguer parmi celles-ci le montant de la quote-part répartissable, effectivement créditée à l'artiste ou au musicien, des irrépartissables, la quote-part non créditée à celui-ci mais utilisée pour le financement de projets culturels et d'aide à la création. Bref, la SPEDIDAM comme l'ADAMI pouvaient à cette époque avancer n'importe quel chiffre et soutenir n'importe quel argument sans avoir à le justifier, leur parole était pour les magistrats parisiens *parole d'Évangile.* Ceci dit, ce n'est pas un problème propre aux artistes étrangers : l'auteur-compositeur français Daniel Vangarde s'est heurté au même problème quand il a voulu contester les chiffres de la SACEM en justice.

Tous mes arguments juridiques ont été confirmés par un arrêt rendu par la Cour de Justice de l'Union Européenne le 8 septembre 2020.

En juin 2015, à la demande de l'ADAMI, une étude sur le *Marché mondial de la gestion collective des droits voisins,* réalisée par Eric Legrand et John Simson, qui fut le directeur exécutif de SoundExchange entre 2001 et 2010, révélait qu'en France 32% des perceptions de l'ADAMI, 47% de la SPPF, 48% de la SCPP et 54% de la SPEDIDAM provenaient de la rémunération équitable, alors que cette proportion atteignait les 80% pour la GVL allemande et la SENA hollandaise et 99% pour la SoundExchange aux États-Unis. Indépendamment du fait que cette étude n'est plus accessible sur le site de l'ADAMI depuis quelques années, elle soulignait que 5500 phonogrammes de Johnny Hallyday étaient inscrits dans la base de données de SoundExchange, où figuraient également la quasi-totalité des phonogrammes de Claude François, Pascal Obispo, Kenji Girac etc. Dans cette même base de données figurent également la plupart des enregistrements de Jimmy Cliff, Max Romeo et d'autres artistes jamaïcains.

Et pourtant quelques années plus tard l'histoire aller me donner raison, mais quelle amère victoire ! En effet les questions préjudicielles que j'avais soumises sans succès au tribunal de Paris en 2015-2016 allaient être posées à la Cour de Justice de l'Union Européenne, en termes proches des miens, par une juridiction irlandaise. Dans un litige qui opposait la *Recorded Artists Actors Performers Ltd.* (RAAP), une société de gestion collective irlandaise des droits d'artistes interprètes, à la *Phonographic Performance* (Ireland) *Ltd.* (PPI), une société de gestion collective des droits des producteurs de phonogrammes, s'est posé la question de savoir si les artistes ressortissants d'États tiers à l'Espace Économique Européen (EEE) bénéficiaient de la rémunération équitable. Saisie du litige, la Haute Cour d'Irlande posa en 2019 une série de questions préjudicielles à la CJUE (Cour de Justice européenne) qui, dans son arrêt *Recorded Performers Ltd.* du 8 septembre 2020 a dit pour droit :

> « La directive européenne de 2006, interprétée à la lumière du Traité WPPT de l'OMPI, s'oppose à ce qu'un État membre exclue les artistes ressortissants d'États tiers à l'EEE du bénéfice de la rémunération équitable, à la seule exception de ceux qui ont leur domicile ou leur résidence dans l'EEE et de ceux dont la contribution au phonogramme a été réalisée dans l'EEE.
>
> L'article 15 du Traité WPPT de l'OMPI prévoit que les États parties au traité peuvent formuler des réserves leur permettant de limiter voire de ne pas prévoir de rémunération équitable pour les artistes-interprètes et producteurs. Mais selon la Cour de justice Européenne ces réserves ne conduisent pas, dans l'Union Européenne, à restreindre le droit reconnu aux artistes-interprètes et aux producteurs ressortissants d'Etats tiers, ces limitations ne pouvant être autorisées que par le législateur de l'UE ».

Comme on peut le constater à la lecture des articles accessibles sur Internet, ou des communiqués de presse de l'ADAMI et de la SPEDIDAM, l'arrêt Recorded Performers Ltd. du 8 septembre 2020 a été présenté comme *un coup terrible porté aux quatre organismes français de gestion collective des droits des artistes et des producteurs, de nature à mettre la création musicale française à genoux.*

Pour être plus précis, dans un communiqué de presse du 11 septembre 2020, l'ADAMI déclarait :

> « Un cercle vertueux vient d'être brisé, sans contrepartie. Concrètement, cette décision (de la CJUE) se traduit par une baisse de plus de 35% des budgets consacrés à l'aide à la création et à l'emploi des artistes-interprètes. En France, pour ces derniers, nous estimons les pertes entre 12 et 15 millions d'euros par an ! Ces aides à l'emploi

> sont essentielles pour les artistes-interprètes alors même que la rémunération pour la diffusion de leur travail ne cesse de baisser depuis l'arrivée du numérique ».

Le 16 septembre 2020, la SPEDIDAM déclarait quant à elle que :

> « L'arrêt de la CJUE fait peser un grand danger sur la situation des artistes-interprètes et l'activité culturelle en France, car il contraint les organismes de gestion collective européens à reverser les sommes perçues au titre de la rémunération équitable sur les enregistrements fixés hors de l'Union européenne à tous les artistes, y compris ceux dont les phonogrammes proviennent de pays qui n'ont pas signé les traités internationaux prévoyant la rémunération équitable ou qui, à l'instar des États-Unis, ont signé ces traités en émettant des réserves prévoyant qu'ils ne verseront pas cette rémunération pour les phonogrammes européens ».

Bien entendu cette allégation était totalement fausse et mensongère puisque les artistes, comme les producteurs français, bénéficient des milliards de dollars collectés et répartis par SoundExchange depuis 2003 au titre des *digital royalties.*

On aurait pu penser que dès la fin de l'année 2020 l'ADAMI, la SPEDIDAM, la SCPP et la SPPF allaient enfin respecter le droit international et européen et appliquer les dispositions du Traité WPPT ainsi que les principes posés par l'arrêt Recorded Performers de la Cour de Justice Européenne. C'était mal les connaître. Elles ont cherché à gagner du temps, prétextant qu'elles attendaient une décision de justice française prévue pour 2025. Ainsi depuis la fin de l'année 2023, ce sont près de 55 millions supplémentaires d'euros de créances d'ayants droit étrangers qui figuraient dans leurs bilans. Il n'y pas de petits profits pour ces organisations!

Dans les années 1990 et au début des années 2000, les dirigeants des syndicats américains s'étaient entendus avec ceux de l'ADAMI et de la SPEDIDAM pour que ces deux sociétés puissent conserver les rémunérations légales collectées par celles-ci au nom des artistes américains.

Mais SoundEchange, l'organisme chargé depuis 2003 de collecter les digital royalties aux États-Unis sur toutes les exploitations numériques d'enregistrements, quelle que soit la nationalité de leurs artistes et/ou de leur producteurs ou le lieu de leur première fixation, a rapidement pris conscience que dans de nombreux pays du monde le paiement effectif de la rémunération équitable collectée au nom des artistes et des producteurs américains posait problème.

Ainsi, il ressort d'une plainte déposée par le représentant américain devant l'Organisation Mondiale du Commerce en juillet 2020, qu'en 2018 SoundExchange a versé 100 millions de dollars américains de rémunération équitable digitale aux organisations de gestion collectives de la France (sont cités l'ADAMI et la SCPP avec laquelle elle a des accords de réciprocité, ainsi que la SPEDIDAM et la SPPF), de l'Australie, du Japon, des Pays-Bas et du Canada et qu'elle n'a reçu en retour de ces six pays que 3,8 millions de dollars.

On peut en déduire que l'ADAMI, la SPEDIDAM, la SCPP et la SPPF ont en 2018 payé à SoundExchange, au titre de la rémunération équitable, vingt fois moins que ce que celle-ci a versé à ces mêmes organisations pour la diffusion d'enregistrements français aux États-Unis. Et ce alors que les tubes américains figurent parmi les plus diffusés par les radios françaises, ce qui est loin d'être le cas des titres français, qui sont rarement diffusés par des radios américaines....

SoundExchange n'est pas restée les bras croisés. En 2021, conjointement avec les syndicats américains AFM et SAG-AFTRA, considérant que *les artistes-interprètes qu'elles représentent ont été abusivement exclus du bénéfice de la rémunération équitable*, celles-ci ont assigné l'ADAMI, la SPEDIDAM, la SPRE, la SCPA, la SPPF et la SCPP devant le tribunal judiciaire de Paris, *en paiement de dommages et intérêts et aux fins qu'il leur soit enjoint de fournir tous les éléments d'information relatifs aux sommes qu'elles ont perçues au titre de la rémunération équitable depuis l'entrée en vigueur de la directive 2006/115 du 12 décembre 2006.*

Par une ordonnance rendue le 29 octobre 2021, le juge de la mise en l'état a fait droit à l'exception de nullité soulevée par la SPRE, l'ADAMI, le SPEDIDAM, la SCPP etc., dit nulles les assignations délivrées le 12 novembre 2020 par la société Soundexchange et la société AFL & SAG AFTRA à l'encontre de ces sociétés. Cette ordonnance a été confirmée en appel par la Cour de Paris, le 21 juin 2023. Bref, l'action de SoundExchange n'a pas prospéré pour des raisons procédurales, ce qui laisse entier le problème posé au fond.

En dehors de la résistance que l'ADAMI et la SPEDIDAM manifestent toujours lorsqu'on leur demande de payer aux artistes et musiciens américains les rémunérations légales qui ont été collectées en leur nom en France, force est de constater que leur gouvernance a beaucoup évolué depuis quelques années sous l'effet des contrôles et de l'évolution de la législation. Leurs *Rapports de transparence* annuels traduisent cette évolution.

En 2023 l'ADAMi a collecté 90,5 millions d'euros et versé directement 58,9 millions d'euros répartis individuellement à 100 540 artistes pour la musique et l'audiovisuel. De plus, elle a réparti indirectement 13,7 millions d'euros redistribués à sept-mille-cent-douze artistes via mille-quatre-cent-trois projets et partenariats.

Synthèse ADAMI 2023-2020 (en millions d'euros)

| Année | 2023 | 2022 | 2021 | 2020 |
|---|---|---|---|---|
| **Collecte** | 90,5 | 85,2 | 83 | 78,7 |
| **Répartition** | 58,9 | 50,5 | 53,5 | 63,2 |
| **Aides culturelles** | 13,7 | 14,13 | 5,6 | 13,5 |

La principale critique que l'on peut faire à l'ADAMI tient au fait que sa base de données est ridicule par rapport à celles d'autres organisations, notamment de SoundExchange.

Quant à la SPEDIDAM, en 2023, alors qu'elle avait 41 125 associés et 115 000 ayants droit, elle a a collecté 59,5 millions d'euros de droits, dont 16,24 de copie privée sonore, 6,85 millions de copie privée audiovisuelle et environ 34 millions de rémunération équitable. Elle avait cette année-là 7,96 millions de frais de fonctionnement soit un ratio de 10,41% et soixante salariés.

En 2023, la SPEDIDAM a eu 1,6 millions d'euros de frais de fonctionnement pour répartir 7,4 millions d'aides à 1 777 projets culturels, pour un montant moyen de 4 060 € par aide.

Synthèse SPEDIDAM 2024-2021 (en millions d'euros)

| Année | 2024 | 2023 | 2022 | 2021 |
|---|---|---|---|---|
| **Collecte** | 63,03 | 59,5 | 59,45 | 49,25 |
| **Répartition** | 36,60 | 47,27 | 50,35 | 29,60 |
| **Aides culturelles** | 7,22 | 7,25 | 7,92 | 8,69 |

Le bilan de la SPEDIDAM distingue entre les sommes réparties, créditées et celles effectivement versées. Sur la période 2019-2023, on note 77,39 millions de sommes réparties mais non versées. À cela s'ajoutaient, en 2023, 3 millions d'irrépartissables techniques (ayants droit introuvables) et 4,24 millions d'irrépartissables juridiques, soit au total 7,5 millions d'euros d'irrépartissables.

En 2023 la SPEDIDAM a perçu de l'étranger 839 972 € via la SAI et 839 872 € d'organisations étrangères dont 255 010 € de la GVL allemande, 162 479 € de Playright Belgique, 95 994 € de la PPL anglaise, 92 105 € de l'AIE Espagne et 64 190 de la SENA hollandaise. Mais elle a reversé 9,72 millions aux organisations étrangères dont 5,9 millions à la PPL anglaise, 790 897 € à la GVL allemande, 698 124 € à l'AIE Espagne et 585 970 € à la SAMI finlandaise.

Par rapport aux organisations étrangères, la SPEDIDAM se heurte au fait que dans plusieurs pays les musiciens perçoivent une quote-part plus petite que celles des artistes *vedettes*, ainsi aux États-Unis ce ratio est de un à neuf.

Par ailleurs, si la base de données de la SPEDIDAM est, grâce aux feuilles de présence, très complète et fiable en ce qui concerne les enregistrements français, ce n'est pas le cas des enregistrements étrangers, à l'exception peut-être de ceux de reggae. Il est urgent que toutes les organisations de gestion collective s'accordent, en prenant pour modèle la base de données de SoundExchange, la plus complète, sur la création de bases de données nationales, qui auraient pour objet de compléter celle-ci. Un système de bases de données complémentaires doit à terme remplacer le système de bases de données concurrentes qui existe actuellement.

Par ailleurs, les accords de réciprocité actuels, qui ont vu le jour dans les années 1980, sont totalement obsolètes et ont fait long feu. Chaque artiste, musicien, producteur, comme ses ayants droit, ne devraient avoir qu'un seul compte, dans leur pays de résidence fiscale, sur lequel devraient être créditées toutes leurs rémunérations légales, quelle que soit leur origine.

BANK OF JAMAICA
Produced by: B. Lee
A Harder Version
KING TUBBY'S
& The Aggrovators
MOODIE MUSIC
MML 2657
MONEY MONEY
DONALD DUFFUS
A Moodie Music Ltd Production
Fifty
2000
AF4093

# VIII – Comment les producteurs jamaïcains ont été dépouillés de leurs productions et des droits et rémunérations légales.

L'escroquerie d'État mise en place par les irrépartissables de la loi Lang du 3 juillet 1985, dont les artistes, les musiciens et les producteurs jamaïcains ont été les victimes collatérales, a été amplifiée pour les producteurs jamaïcains par des fraudes commises par les majors et d'autres labels de disques, grâce à la complicité de la SCPP française et de la PPL anglaise, qui se sont approprié les productions jamaïcaines et par voie de conséquence, les rémunérations légales générées par celles-ci.

Jusqu'au début du XXI^e siècle, la fabrication d'un disque comportait une première étape, celle de l'enregistrement, donc techniquement et juridiquement celle de la fixation de l'interprétation de l'artiste sur un support dit *master*. Chaque chanson ou titre enregistré constitue légalement un phonogramme, même si nous préférons plutôt parler d'enregistrement, un mot plus familier.

Un album comprend en principe plusieurs phonogrammes d'un même artiste, généralement enregistrés dans la foulée, lors d'une même session d'enregistrement, qui peut durer quelques heures, quelques jours, ou plusieurs semaines, voire plusieurs mois. Avant le développement des technologies digitales les studios d'enregistrement utilisaient des techniques relativement lourdes et complexes, donc coûteuses, qui nécessitaient la présence d'un, ou même de plusieurs ingénieurs du son. Les investissements nécessaires à l'enregistrement de chaque album, plus ou moins élevés, sont légalement à la charge du producteur. Le coût des séances d'enregistrement, réparti essentiellement entre la location du studio, les cachets des musiciens ainsi que les salaires de techniciens, notamment celui de l'ingénieur du son, sont en principe payés par le producteur, dont c'est en réalité le rôle essentiel. Aux frais d'enregistrement à proprement parler peuvent s'ajouter des frais non-négligeables, dits de post-production, notamment des frais de mixage.

Il a fallu près de quatre mois aux Beatles, entre décembre 1966 et avril 1967, pour enregistrer leur album *Sgt. Pepper's Lonely Hearts Club Band* dans les Studios EMI (Abbey Road) et Regent Sound de Londres.

Généralement les producteurs conviennent avec l'artiste, ou les artistes s'il s'agit d'un groupe, d'un budget d'enregistrement. Ainsi, DGC Records a accordé un budget de 65 000 US $ au groupe Nirvana pour l'enregistrement de son deuxième album *Nevermind* aux studios Sound City de Van Nuys, à Los Angeles, du 2 au 19 mai 1991. Les dépassements de budget sont en principe réglés par des clauses contractuelles et bien souvent partagés en l'artiste (ou les artistes s'il s'agit d'un groupe) et le producteur.

Le métier de producteur qui a vu le jour dès les débuts de l'industrie musicale n'a pour la première fois fait l'objet d'une définition internationale qu'en 1961, dans la Convention de Rome de 1961, dont l'alinéa c de l'article 3 disposait que : « le producteur de phonogrammes, est la personne physique ou morale qui, la première, fixe les sons provenant d'une exécution ou d'autres sons ». Cette définition est mauvaise, car un simple technicien, comme le propriétaire d'un studio, peuvent être les premiers à fixer des sons provenant d'une exécution. Aussi celle-ci a-t-elle été complétée lors de sa retranscription en droit français. Selon le Code de la propriété intellectuelle, le producteur de phonogrammes est la personne, physique ou morale, qui a l'initiative et la responsabilité de la première fixation d'une séquence de sons (L213-1). Mais comme cette définition est toujours aussi ambiguë, la jurisprudence française a rajouté une condition fondamentale à savoir que le producteur de phonogrammes est la personne, physique ou morale, qui finance l'enregistrement. C'est le fait d'avancer et de prendre en charge les frais d'enregistrement et les risques associés à cette entreprise, qui caractérisent véritablement en droit français le producteur de phonogrammes.

En anglais l'article 3 de la Convention de Rome de 1961 se lit : « a "producer of phonograms" means the person who, or the legal entity which, first fixes the sounds of a performance or other sounds ». Le mot français de producteur est bien traduit par *producer* dans cette convention internationale. Donc juridiquement on utilise également, en Jamaïque, en Grande-Bretagne et aux États-Unis, le mot *producer* pour désigner un producteur de phonogrammes.

Le problème c'est qu'en anglais, le mot *producer* est polysémique, il désigne également le réalisateur artistique. D'ailleurs, sur Wikipedia, la notice *record producer* est traduite en français par réalisateur artistique, défini comme « le responsable artistique et technique de la réalisation musicale d'un projet d'enregistrement, depuis son début jusqu'au mastering. Son rôle traditionnel consiste à sélectionner les studios d'enregistrements et réserver les créneaux horaires nécessaires, à accompagner et guider les artistes interprètes et à diriger les séances d'enregistrement et de mixage. Il dirige également le travail des musiciens, de l'ingénieur du son et du mixeur, éventuellement en accord avec le producteur exécutif et l'éditeur ». L'un des plus célèbres *producers* anglo-saxons, Phil Spector, qui défraya la chronique pour avoir assassiné une hôtesse de bar, Lana Clarkson, est connu pour une technique d'enregistrement appelée le mur de son.

Tout cela pour dire que dès qu'un jamaïcain réclame en justice, notamment devant les tribunaux français, le statut de producteur sur des enregistrements dont il est bien le producteur au sens légal, les avocats des majors, notamment celui d'Universal, arguent immédiatement, dictionnaire anglais à l'appui, que le demandeur n'est qu'un *producer*, dans le sens de réalisateur artistique et donc légalement dénué de droits sur lesdits enregistrements.

Le fait est qu'en réalité plusieurs producteurs jamaïcains avaient une double casquette, à la fois celle producteurs/*producers*, au sens légal, avec leurs propres studios et leurs propres musiciens, ainsi que celle de *producers* au sens de réalisateurs artistiques. Le plus emblématique d'entre eux reste Lee 'Scratch' Perry, le fondateur et propriétaire du label Upsetter et du fameux Black Ark Studio, construit en 1973 derrière sa maison à Washington Gardens (Kingston), où il enregistra plusieurs centaines de singles, aussi bien de Bob Marley que de Max Romeo, I Roy, Junior Murvin et des dizaines d'autres artistes, dont lui-même – car était également musicien et chanteur ! Son groupe de studio, les Upsetters, était, comme souvent en Jamaïque, composé au jour le jour de membres disparates, mais le duo basse-batterie, deux frères adolescents du nom de Barrett, allaient marquer l'histoire en devenant le noyau des Wailers dès les années 1970. Lee 'Scratch' Perry, que l'on disait complètement *déjanté*, était aussi un formidable réalisateur artistique dont le travail a inspiré toute une génération de nouveaux mixers, de New York à Tokyo. Il utilisait diverses astuces pour entasser plusieurs prises sur chacune des quatre pistes de son magnétophone, ce qui donne le sentiment que celui-ci en a au moins huit, si ce n'est plus. Une production de 'Scratch' se reconnaît dès la première seconde et c'est pourquoi Bob Marley gardait une grande déférence pour son ancien mentor. C'est aussi la raison pour laquelle les amateurs d'aujourd'hui favorisent les premiers albums de Marley, les fameux *Soul Revolution* et *Soul Revolution part II*, enregistrés alors que le Black Ark studio n'existait pas encore et où, faute de batterie dans l'étroit local où se faisait l'enregistrement, certaines rythmiques ont été effectuées par Carlton Barrett en tapant sur une chaise! Mais pourtant c'est là que le *son Marley* est né et il ne cessera d'être écouté depuis sa première parution en Jamaïque en 1971 sur le label Upsetter/s de Lee Perry, jusqu'aux streamings d'aujourd'hui : la plateforme Pure Charts propose notamment une compilation de toutes les sessions Marley/Lee Perry, une cinquantaine au total incluant les dubs et plusieurs prises de chacun des titres.

Certains enregistrement de Johnny Clarke, de Barry Brown, de Cornell Campbell etc. produits par Bunny Lee entre 1974 et 1979 et réunis sur la compilation *Bunny Lee's Kingston Flying Cymbals* sorti en 2015 sur le label anglais Jamaican Recordings sont également reconnaissables par leur son dit des *flying cymbals* (cymbales volantes) ou *flyers rhythms*.

La tentation de faire passer les *producers* jamaïcains non pas comme de véritables producteurs, au sens légal, mais comme de simples réalisateurs artistiques est d'autant plus grande qu'entre Island/Universal et un chanteur du ghetto les juges français n'ont pas une minute d'hésitation : dans leur esprit et leurs jugements, les Jamaïcains sont rarement, si ce n'est même jamais, qualifiés de producteurs, ce qui permet à ces majors comme à d'autres escrocs du même acabit de s'approprier depuis le 1er janvier 1986 leurs rémunérations légales.

*Soul Rebel* de Bob Marley & The Wailers sur Upsetter, produit par Lee 'Scratch' Perry (1969 ?).

Une autre question mérite d'être posée : les artistes jamaïcains qui ont dû rembourser les frais d'enregistrement de leurs albums n'en sont-ils pas les producteurs au sens légal ? Certains artistes jamaïcains ont dans les années 1970-1980 signé des contrats d'enregistrement avec des majors qui, comme c'est l'usage en la matière, leur ont avancé le budget nécessaire à l'enregistrement de quelques singles, ou même d'un ou deux albums. C'est notamment le cas d'Ijahman, avec Island Records. Mais son contrat, qui prévoyait un budget très modeste, comportait une clause aux termes de laquelle ce budget devait être considéré comme une avance remboursable sur les redevances futures générées par ces enregistrements à l'origine des albums *Haile I Hymn (Chapter One)* et *Are We A Warrior*, sortis respectivement en 1978 et 1979.

Au regard de ce genre de clause, c'est finalement l'artiste qui finance à 100% les frais d'enregistrement qui, légalement, sont à la charge du producteur. Et pourtant, ce n'est pas pour autant que ledit artiste est considéré comme producteur à part entière, ce qui n'est pas sans poser un problème du point de vue juridique et constitue sans nul doute une autre forme d'escroquerie pour dépouiller les artistes-producteurs d'un de leurs deux droits et des rémunérations légales qui y sont attachées.

Il est urgent que cette pratique soit très sévèrement sanctionnée, y compris si nécessaire sur le plan pénal et que certaines sociétés, notamment Island/Universal, soient condamnées à rembourser non seulement les rémunérations légales perçues indûment depuis des décennies, mais qu'elles soient également condamnées à payer un montant raisonnable de redevances (10%) que les artistes-producteurs auraient dû percevoir en qualité de producteurs. Pour ce faire, la Jamaïque peut non seulement adopter une loi jamaïcaine d'ordre public, mais également œuvrer au niveau international à l'adoption, sous l'égide de l'OMPI, d'une convention internationale à cet effet. Pour mémoire, depuis 1957, la loi française réglemente strictement le formalisme et surtout le contenu des principales clauses des contrats d'édition, sous peine de nullité. Ce formalisme, qui s'applique également aux contrats d'édition musicale, a été étendu aux contrats conclus par les artistes avec les producteurs de phonogrammes par une loi du 7 juillet 2016 (L212-10 à L212-15 CPI) qui est sans nul doute d'ordre public et à ce titre rétroactive. Ses principes devraient servir de modèle à une loi jamaïcaine, ainsi qu'à une convention internationale.

Les artistes jamaïcains qui n'ont jamais signé de contrat avec leur producteur ne sont-ils pas des coproducteurs ? Non seulement la plupart des artistes jamaïcains n'ont jamais signé de contrat avec leur producteur, mais bien souvent ils n'ont même pas été payés pour leurs sessions d'enregistrement.

Comme l'explique Jimmy Cliff, en tant qu'artiste on veut simplement montrer son talent, on ne pense pas au business et bien sûr on profite de vous. Et de préciser : « La première chanson que j'ai enregistrée, le producteur m'a offert un shilling. J'allais encore à l'école et un shilling, à l'époque (l'équivalent de 10 € en 2024), ça pouvait me permettre de prendre le bus trois ou quatre fois. J'ai refusé cette somme dérisoire parce que j'avais entendu dire que tout le monde gagnait plein de sous dans ce métier. Alors évidemment le producteur s'est fâché, il a appelé ses gardes de corps et leur a dit : "Faites sortir ce gamin, il veut plus d'argent !". J'ai eu quelques aventures de ce genre avant de rencontrer Leslie Kong »[28].

La situation est même pire pour certains artistes-musiciens que pour les chanteurs. Pour le guitariste Ernest Ranglin, sacré meilleur guitariste 1964 par un sondage du magazine Melody Maker, « les producteurs locaux étaient vraiment impossibles. En dehors de ce que je touchais pour les séances d'enregistrement, je n'arrivais pas à savoir combien de disques se vendaient dans le reste du monde et à quelle part j'avais droit »[29]. Non seulement les producteurs jamaïcains n'étaient pas organisés pour rendre régulièrement des comptes aux artistes, mais ceux-ci étaient méfiants à l'égard des contrats qu'on leur demandait de signer. Ils préféraient se fier à la bonne vieille promesse orale, qui en Afrique avait pendant des millénaires tenu lieu de contrat. Johnny 'Dizzy' Moore se souvient que Coxsone Dodd lui a fait entendre que s'il organisait pour lui des sessions d'enregistrement des Skatalites il toucherait 10% de royalties et d'ajouter : « mais je n'ai rien signé, car je ne signe jamais de papier avec les gens de ma race »[30]. Ceci dit, il ne semble pas que Coxsone Dodd ait jamais

[28] Lavige L. et Bernardi C., *Tendance Rasta*, ed. 10/18, 2003, p. 98

[29] Lavige L. et Bernardi C., *Tendance Rasta*, ed. 10/18, 2003, p. 99

[30] Lavige L. et Bernardi C., *Tendance Rasta*, ed. 10/18, 2003, p. 98

signé de contrat avec un quelconque artiste ou musicien, quelle que soit son origine.

Jimmy Cliff n'ayant jamais signé de contrat avec Leslie Kong, on peut se demander s'il n'est pas juridiquement le coproducteur des enregistrements qu'il a réalisés avec celui-ci, avec tous les droits qui en découlent. D'ailleurs, ce statut est confirmé par la mention Produced by Leslie Kong and Jimmy Cliff qui figure notamment sur l'album éponyme *Jimmy Cliff* sorti sur le label Trojan où figure également la notice ℗ 1969, sans autre précision.

La question de savoir si les producteurs jamaïcains n'étaient pas plutôt des coproducteurs que des producteurs, qui est lourde de conséquences juridiques et économiques, mérite d'être posée pour de nombreux enregistrements et albums.

Dans la mémoire collective jamaïcaine on ne fait jamais référence à des *producers (of phonograms)*, un concept inconnu en Jamaïque dans les années 1960-1970 (d'autant plus que le mot anglais de *producer* désigne également les réalisateurs artistiques), mais plutôt à des propriétaires de studios[31].

Jusqu'au début des années 2000, les studios jamaïcains n'avaient rien à voir avec ceux que l'on trouvait en Europe ou en Amérique du Nord. Avant le numérique, à l'ère des enregistrements analogiques, ceux-ci étaient réalisés grâce à des magnétophones à bandes magnétiques. Cette machine a été développée en Allemagne dans les années 1935/36. Les premiers magnétophones n'avaient qu'une unique piste monophonique, ils ont été remplacés vers la fin des années 1950 par le modèle stéréo deux pistes sur bande 1/4 de pouce, qui a longtemps été le standard de l'industrie. Puis, dans les années 1960 on a vu apparaître des magnétophones multipistes. Les Beatles qui ont bénéficié des magnétophones les plus perfectionnés sont passés en octobre 1963 pour *I Want to Hold Your Hand*, au quatre pistes et au huit pistes en 1968. Ce n'est qu'à partir des années 1970 qu'on a vu apparaître successivement des magnétophones de seize, vingt-quatre, trente-deux et même quarante-huit pistes.

---

31 *The Most Important Studios in the History of Reggae*, https://rateyourmusic.com

Mais bien entendu le matériel utilisé dans les studios en Jamaïque dans les années 1960-1980 était souvent acheté d'occasion et un peu obsolète. Lorsqu'on a commencé à utiliser des magnétophones quatre pistes dans les studios jamaïcains ceux de Londres ou de Nashville avaient déjà adopté des seize pistes. En plus de leur matériel désuet, certains studios jamaïcains étaient de vrais capharnaüms ou l'on trouvait toutes sortes de bric à brac et où régnait toujours une odeur de ganja. Mais ce dénuement lui-même a engendré chez les ingénieurs du son, généralement autodidactes, une créativité inégalée, permettant à des Lee Perry et à des King Tubby d'inventer des techniques qui ont ébloui la scène internationale, notamment pour le dub.

Si on laisse de côté les pionniers des années 1950, les Ken Khouri ou Stanley Motta, c'est au début des années 1960 qu'on a vu apparaître plusieurs studios d'enregistrement d'un niveau plus professionnel, dont certains propriétaires se sont improvisés producteurs et ont lancé leur propre label.

J'ai appris à tous les connaître, soit pour avoir défendu directement leurs intérêts en justice, soit indirectement en défendant les artistes avec lesquels ils avaient enregistré.

Les premiers jamaïcains à avoir *produit* des enregistrements sont presque tous des personnages hauts en couleur, devenus légendaires, qui se sont lancés dans la production en marge d'autres activités. Ils n'ont rien de commun avec les producteurs américains ou européens, qui sont en majorité des sociétés.

Les deux entrepreneurs internationaux que l'on peut effectivement qualifier de producteurs (du moins pour certains enregistrements), l'Anglo-jamaïcain Chris Blackwell, qui a fondé son label Island dans les années 1960 et l'Anglais Richard Branson, qui a fondé le sien dans les années 1970, étaient tous deux issus de milieux d'affaires et avaient fait un minimum d'études, contrairement aux producteurs jamaïcains, tous issus de familles modestes ou pauvres. Certains étaient même analphabètes et/ou illettrés.

Clement 'Coxsone' Dodd († 2004), une présence massive et incontournable dans l'histoire de la musique jamaïcaine, surnommé 'The Elevator', l'Ascenseur (de la scène) est peut-être le plus célèbre producteur jamaïcain des années 1960. Cet ancien coupeur de canne, ami et grand rival de Duke Reid, a fondé son studio dans les années 50, mais celui-ci n'a véritablement produit et commercialisé de disques sous le label Studio One qu'à partir de 1963. Né dans une famille de musiciens, 'Sir' Coxsone écoutait de tout, notamment du jazz et disposait d'une oreille imparable pour, non seulement repérer les talents, mais les guider vers le type d'orchestration ou de chant qui leur convenait. Obstiné et taiseux, il essayait tour à tour plusieurs chanteurs pour le même riddim (l'instrumental enregistré par ses musiciens de studio), jusqu'à découvrir la perle vocale qu'il mettrait sur le marché. Au grand dam de l'interprète original, dont l'enregistrement passait à la trappe. Entre 1965 et 1968 il a enregistré et produit Bob Marley, Burning Spear, les Heptones, Ken Boothe, Jackie Mittoo etc..., une liste pratiquement exhaustive de tout ce que Kingston comptait alors de talents. Presque tous les musiciens connus sont passés entre ses mains et ont enregistré dans son studio et pour le label Studio One ces galettes qui attirent toujours l'œil du collectionneur.

Arthur Reid, dit 'Duke Reid' († 1975), fondateur du label Treasure Isle Records, a d'abord servi pendant dix années dans la police jamaïcaine et à ce titre il patrouillait souvent dans les ghettos de Kingston. On dit que lorsque les musiciens manquaient d'entrain lors d'une session d'enregistrement, il sortait son révolver et tirait au plafond pour les sortir de leur torpeur. Sa femme Lucille tenait une petite mercerie à Pink Lane, un quartier populaire du centre-ville de Kingston, dans laquelle elle vendait également de l'alcool. Après avoir quitté la police, Duke Reid a rejoint l'échoppe de son épouse, la Treasure Isle Liquor Store and Haberdashery, où il eut l'idée d'installer un sound system pour attirer les clients. Cette astuce promotionnelle connut un tel succès que peu de temps après ils déménagèrent à Bond Street, une rue plus huppée. Au début des années 50 Duke Reid a également animé une émission de radio *Treasure Isle Time* qui diffusait alors du jazz, du blues et du rhythm & blues. Dans les années 1956-1958, avec son ami Coxsone Dodd, il organisait des batailles de sound systems qui étaient alors le principal outil de promotion de leurs enregistrements. La construction d'un studio au-dessus de son Treasure Isle Liquor Store date de 1959 – dix ans avant l'avènement du reggae. Les premières années (1959-1962) il y produisait des titres plus soul, comme ceux de Derrick Morgan ou Derrick Harriott, mais à partir de 1962 le ska prit la relève et ses enregistrements des Skatalites et autres formations de ska lui apporteront le succès, comme *When you call My Name* de Stranger Cole et *Carry Go Bring Come* de Justin Hinds & the Dominoes. Il a enregistré jusqu'en 1974 avant de mourir l'année suivante d'un cancer. Après son décès son catalogue sera géré par sa veuve Lucille Reid, qui sera malheureusement victime de nombreuses escroqueries, notamment de la part de la société française Culture Press.

Leslie Kong († 1971), qui a joué un rôle non négligeable dans le développement d'Island et de Trojan, était chinois de naissance, puisque né en 1933 à Shanghaï. Sa famille avait émigré à Kingston au début des années 1960. Avec ses deux frères aînés, Cecil et Lloyd, il a commencé à exploiter un commerce à l'enseigne Beverley's sur Orange Street, qui vendait à la fois des glaces et des disques. C'est là qu'en 1961 le jeune James Chambers, alors âgé de 14 ans, vint le solliciter. Leslie Kong le fit auditionner par Derrick Morgan, qui donna son aval, lançant ainsi celui que l'on appelait déjà Jimmy Cliff et qui ferait l'une des plus brillantes carrières de la sphère reggae. Pour fabriquer les disques, Leslie Kong comprit l'intérêt de créer son propre label, Beverley's Records. Quelques mois plus tard, il enregistrait les quatre premiers titres de Bob Marley. Comme beaucoup de Chinois, Leslie Kong était un homme d'affaires. Contacté par Chris Blackwell, il prend une participation dans Island Records, société à laquelle il confiera la distribution sous licence de ses disques de ska au Royaume-Uni. En 1967, Chris Blackwell rachète sa part et Leslie Kong s'associe alors à Graeme Goodall pour fonder le label Pyramid à Londres afin d'y lancer des productions de reggae. Lorsque son accord avec Pyramid prit fin en 1969 il conclut un contrat de distribution avec Trojan Records.

Edward O'Sullivan Lee († 2020) dit Bunny 'Striker' Lee, ou Bunny Lee, d'origine indonésienne, avait, lorsqu'il était gamin, gagné tous les concours de danse. Je l'ai rencontré à plusieurs reprises, à Londres et à Paris, y compris dans mon cabinet ; il portait toujours une casquette de marin, de capitaine. Baraqué, il était physiquement impressionnant d'autant plus qu'on lui prêtait une réputation de *gunman* (tueur à gages). Il possédait au moins quatre labels, Jackpot, Attack, Justice et Striker Lee dont Discogs liste respectivement 637, 249, 333 et 367 albums, compilations et singles. Mais comme il accordait très facilement des licences, on retrouve ses productions sur toutes sortes de labels, notamment plus de 100 albums et/ou compilations commercialisées par Trojan entre 1969 et 1973 et sans doute un nombre équivalent commercialisé sur les labels Culture Press, Esoldun et Charly.

Quand je l'ai connu, Bunny Lee était toujours accompagné par Tapper 'Tappa' Zuckie, chanteur et deejay qui lui servait aussi de garde de corps. Tapper Zukie est connu notamment pour son album *M.P.L.A* commercialisé sous le label Virgin Front Line. Mais en tant que producteur il possédait trois labels, Tappa Records, Tapper Records et Stars, auxquels le site Discogs attribue respectivement trois-cent-vingt-deux, seize et cent-cinquante-six albums, compilations et singles.

Joe Gibbs († 2008), que j'ai également rencontré à plusieurs reprises, se donnait un tout autre genre, plus homme d'affaires qu'artiste et à son studio il confiait les enregistrements à différents ingénieurs du son, parmi lesquels Lee Perry et Winston 'Niney' Holness, mais surtout Errol Thompson, qui tint la console presque jusqu'à son dernier souffle alors qu'il se mourait d'un cancer. Ce qui n'empêcha pas Joe Gibbs de lui reprendre la maison qu'il lui avait offerte en échange de ses années de bons et loyaux services... Comme musiciens, Joe Gibbs utilisait les services d'un groupe formé pour l'occasion, The Professionals, qui comprenait en autres membres Sly Dunbar, Robbie Shakespeare et Earl 'Chinna' Smith. Selon Discogs deux de ses nombreux labels, Joe Gibbs Music et Joe Gibbs Record Globe comptent respectivement 360 et 429 albums, compilations et singles.

Mais le producteur jamaïcain avec lequel j'ai noué des liens pour ainsi dire amicaux est Winston 'Niney.' Holness dit 'The Observer'. Niney, avec son pouce manquant (d'où son surnom), son mètre-quatre-vingt et sa voix puissante, était un personnage flamboyant, dont le titre *Blood and Fire*, enregistré dans des conditions rocambolesques, est devenu une légende et a même donné son nom à la célèbre collection de rééditions de Steve Barrow, l'incontournable journaliste anglais de reggae. Pendant près de cinq ans, il n'a jamais manqué de m'appeler au moins une fois par mois, de Londres, de New York ou de Kingston, pour demander de mes nouvelles. Fondateur des labels Observer et Observers auxquels le site Discogs attribue respectivement trois-cent-quatre-vingt-quinze et cinquante-huit albums, compilations et singles, il avait également signé imprudemment des licences dont il ne comprenait pas le sens et s'était retrouvé victime des sociétés Culture Press et Charly.

Mais la liste des producteurs jamaïcains ne s'arrête pas là. On se doit de mentionner Vincent 'Randy' Chin, un commerçant chinois de Kingston, à l'origine du Randy's Studio, dont le fils Clive Chin deviendra également producteur ; Vincent Edwards, le fondateur du label King Edward the Giant dont les studios étaient relativement primitifs ; Jo Jo Hookim et son frère, d'origine asiatique, les fondateurs du studio et label Channel One ; Vivian Jackson dit 'Yabby You', un Rasta de santé fragile, mort tôt, mais qui a laissé des titres au son mystique ; ou encore Glenmore Lloyd Brown dit 'Glen Brown', dont les créations, souvent tirées à un très petit nombre d'exemplaires sur son label Pantomime, sont recherchés pour leur son rocailleux et plein d'humour. Sans parler des innombrables producteurs occasionnels, qui, pour être moins connus, n'en ont pas moins marqué l'histoire...

Sonia Pottinger († 2010) détonne puisqu'il s'agit de la première productrice jamaïcaine. Comptable de formation celle-ci avait épousé en 1932, à l'âge de 21 ans, son patron, Linden Pottinger, qui a été l'un des premiers afro-jamaïcains à avoir son propre studio d'enregistrement chez lui à Kingston, ce qui lui a permis en 1961 de lancer son label Gaydisc. En 1964 il vendit son équipement à Duke Reid et quitta le business de la musique. L'année suivante le couple Pottinger se séparait et Sonia, alors âgée de 34 ans, ouvrait le magasin de disques Tip Top Records au 37 Orange Street, la rue des disquaires à Kingston, avant de se lancer seule dans la production musicale. En 1966 elle obtient son premier succès commercial, *Every Night*, une chanson romantique interprétée par Joe White et Chuck Joseph. Dans un monde d'hommes, elle était leur égale, commercialisant ses productions sous ses labels High Note, Gay Feet et Sky Note, soit selon Discogs respectivement 592, 347 et 91 albums, compilations et singles.

Les milliers de titres commercialisés sous les labels Studio One, Treasure Isle, Beverley's, Jackpot, Upsetters, Oberver, Joe Gibbs Music, High Note etc..., montrent l'ampleur et la variété de l'industrie musicale jamaïcaine des années 1960-1970. Mais les singles et albums commercialisés en Jamaïque sous ces même labels n'étaient pressés qu'à quelques centaines, ou tout au plus à quelques milliers d'exemplaires. Car même si à Kingston on trouvait dans les années 1960 de nombreux disquaires (Prince Buster's One Stop Record Shack, Rocker's International Records, Joe Gibbs Record Globe, Randy's Record Mart, Beverley's and Techniques Records etc...), le marché local était encore très restreint. Le pays comptait moins de deux millions d'habitants, dont une bonne moitié vivait sous le seuil de pauvreté. La plupart des ghettos et des lotissements populaires n'étaient pas encore électrifiés : le petit transistor à piles y était le seul moyen d'écouter les émissions des radios locales. Aussi pour écouler leurs disques et faire connaître leurs artistes, plusieurs producteurs, notamment Isaac Issa, Prince Buster et J.J. Johnson, eurent recours au canal des juke-boxes que l'on trouvait alors chez les disquaires et dans les bars[32].

Malheureusement, avant l'arrivée des plateformes de streaming, donc jusque vers 2010, pour commercialiser leurs enregistrements en Europe, notamment en Grande-Bretagne, en France et aux États-Unis, les producteurs jamaïcains

[32] Lyew St., International Record Store Day – Jukebox jams on the corner – 'Leggo Beast' talks about the significance of record stores to our music, *The Gleaner* apr. 18, 2020, sur https://jamaica-gleaner.com

n'avaient d'autre choix que de concéder des licences de fabrication à des sociétés anglaises, comme Island ou Trojan, ou françaises comme Culture Press/Esoldun.

En 1962, lorsque les producteurs jamaïcains ont commencé à signer leurs premiers contrats de licence avec des sociétés anglaises comme Island pour la fabrication et la distribution de disques destinés à la communauté jamaïcaine de Grande-Bretagne, la notoriété d'un tube ne dépassait guère une année. Tout comme les artistes, ces producteurs jamaïcains de la première heure n'envisageaient pas un seul instant que leurs productions seraient exploitées plus de cinquante ans plus tard dans le monde entier. Et même s'ils savaient lire et écrire, ils ne connaissaient pas le sens du mot *perpetuity* (perpétuellement) qui figurait dans un certain nombre de contrats que leur faisaient signer des sociétés comme Virgin Records, mention qui permettait à celles-ci de revendiquer une cession perpétuelle de droits.

Dès l'adoption de la Convention de Rome de 1961 les juristes des majors, comme ceux de tous les fabricants de disques, ont pris conscience du fait que lorsque celle-ci entrerait en vigueur, les producteurs allaient se partager avec les artistes une rémunération équitable lors de leur diffusion. Être qualifié de producteur devenait un moyen de s'assurer à moyen ou long terme des revenus substantiels.

Mais comment s'approprier les enregistrements produits par d'autres, notamment par des producteurs jamaïcains ? C'est une convention internationale qui a offert à des dizaines d'escrocs cette possibilité. Car, pour faciliter les actions en justice des producteurs de phonogrammes, la Convention pour la protection des producteurs de phonogrammes contre la reproduction non autorisée de leurs phonogrammes, adoptée sous l'égide de l'OMPI à Genève le 29 octobre 1971, a édicté une présomption de titularité au profit de la personne physique ou de la société qui revendique clairement sur un disque du commerce en être le producteur. Son article 11 dispose en effet que lorsque les exemplaires du phonogramme publié dans le commerce, ou l'étui les contenant, portent une mention constituée du symbole ℗ accompagné de l'indication de l'année de première publication, apposée d'une manière montrant de façon nette que la protection est réservée, la personne ainsi désignée est présumée en être, au sens légal, le producteur. Ainsi, la notice ℗ 1975 Universal apposée sur un disque, ou sur un phonogramme exploité sur Internet, permet de considérer que ce disque ou ces phonogrammes ont été publiés pour la première fois en 1975 et que leur producteur est Universal, alors qu'il a peut-être été produit, au sens légal du terme, par un producteur jamaïcain à Kingston.

Mais cette notice, comme le signe ℗, ne sont pas sortis d'un chapeau à Genève en 1972 : son principe avait été anticipé par les majors et les fabricants de disques puisqu'ils figurent sur de nombreux singles ou albums de reggae des années 1965-1966. Ainsi, dès 1965, sur le single *White Christmas* de Jackie Edwards publié par Island Records, figure la mention Musical Director Syd Dale – Produced by Christopher Blackwell et en dessous ℗ 1965. Sur le single *Think Twice* de Jackie Edwards, sorti en 1966, on trouve également la mention Arranged and conducted by Syd Dale et en dessous ℗ 1966. Mais sur le single *No Good Girl* des Gaylads, également publié en 1966, on ne trouve aucune mention ou notice. En d'autres termes, les notices ℗ 196*, qui n'étaient pas encore codifiées internationalement, étaient à cette époque apposées irrégulièrement, mais n'étaient jamais suivies directement du nom du producteur, notamment Island Records.

Comme la très grande majorité des disques, généralement des 45t (*single*, 7 *inch*) produits en Jamaïque dans les années 1960, comme ceux produits par Leslie Kong et commercialisés sur son label Beverley's, ne comportent aucune notice ℗ 196$ Beverley' ; aussi est-il facile à ceux qui veulent s'approprient ses enregistrements de mettre sur ceux-ci une notice ℗ 196$' à leur nom, d'autant plus que Leslie Kong est mort en 1971 et que le sort de sa succession n'est pas très clair. Ensuite le fraudeur n'a plus qu'à inscrire ces enregistrements à son nom dans la base de données de la SCPP ou de la PPL (sociétés des producteurs) pour récupérer les rémunérations légales qu'ils génèrent.

Néanmoins, d'une manière générale, depuis 1972, tous les singles et les albums comportent généralement, tant sur leur pochette que sur les disques eux-mêmes, la mention ℗ + date + nom du producteur. Mais attention, cette notice s'applique aussi bien à un phonogramme pris individuellement, qu'à un album et/ou une compilation, alors que les phonogrammes figurant sur ces albums ou compilations peuvent avoir été produits par différents producteurs à des dates antérieures.

Bien entendu cette notice ne figure jamais sur les disques fabriqués et commercialisés en Jamaïque avant 1972 et même les années suivantes, par leurs producteurs jamaïcains, qui se contentaient de la mention *produced by*. Il a donc été facile et peu coûteux, à des sociétés comme Island ou Virgin, d'apposer sur les albums et/ou compilations reproduisant ces mêmes enregistrement une notice ℗ 19** Island Records Ltd. ou ℗ 19** Virgin Records Ltd. et de s'approprier ainsi les droits de leurs producteurs jamaïcains.

Prenons par exemple les deux albums de Johnny Clarke exploités sur le label Virgin Front Line, à savoir, *Rockers Time Now* et *Authorized Version*, tous deux commercialisés à partir de 1976. Sur ces deux albums figurent les mentions Produced by Bunny Lee et ℗ 1976 Virgin Records Ltd.. Deux mentions qui sont d'autant plus contradictoires que sur le verso de la pochette figure aussi l'information selon laquelle cette année-là (1976) Virgin Record a négocié l'achat de droits exclusifs sur tous les enregistrements de Johnny Clarke (This year (1976), Virgin Records negociated with Bunny Lee for the exclusive rights of Johnny Clarke's material).

Les albums *Rockers Time Now* et *Authorized Version* de Johnny Clarke comportant la notice ℗ 1976 Virgin Records Ltd..

Virgin Records reconnaît donc elle-même, publiquement, que ces enregistrements ont fait l'objet d'une négociation avec Bunny Lee, leur producteur. Et pourtant cette société revendique les droits de producteur sur ces mêmes enregistrements ! Si Bunny Lee a concédé une licence d'utilisation à Virgin Records, cela ne signifie pas pour autant qu'il a cédé ses droits de producteur à la major ! D'autant plus que les rémunérations légales des producteurs n'ont été implémentées dans les pays européens qu'à partir de 1985...

On doit malgré tout se poser la question de savoir si Bunny Lee est bien le producteur, au sens légal, des enregistrements figurant sur les albums *Rockers Time Now* et *Authorized Version*, ou s'il n'en est que le réalisateur artistique, au sens souvent attribué au terme anglais de *producer*. Car, grâce à la notice ℗ 1976 Virgin Records Ltd., Virgin Records bénéficie d'une présomption en sa faveur, alors qu'en réalité celle-ci vise non pas les phonogrammes pris individuellement, mais la compilation sur laquelle ceux-ci ont été regroupés.

Pour connaître le véritable producteur, au sens légal, de chacun des vingt-quatre enregistrements ou phonogrammes de ces deux albums, il faut se livrer à une véritable enquête, titre par titre. On découvre alors que *Declaration of Rights* de Johnny Clarke a été commercialisé en Jamaïque dès 1975 sous forme d'un single sorti sur le label Jackpot de Bunny Lee, qui comporte d'ailleurs la mention Produced by Bunny Lee.

*Declaration of Rights* de Johnny Clarke
produit par Bunny Lee, Jackpot, 1975.

Il en est de même d'autres titres comme *Let Go Violence* et *Simmer Down*, commercialisés respectivement en 1975 et 1976 en Jamaïque, eux aussi sur le label Jackpot de Bunny Lee. Or, Richard Branson n'a pas signé de contrat avec des artistes ou des producteurs jamaïcains avant le 29 juin 1976. Il n'a donc pu produire aucun des enregistrements exploités en Jamaïque avant cette date. Et ce qui est valide pour les enregistrements de Johnny Clarke produits, au sens légal du terme, par Bunny Lee, l'est également pour la quasi-totalité des albums de reggae du catalogue Virgin Records ou Front Line.

Que la société Virgin Records ait sorti en 1976 les albums *Rockers Time Now* et *Authorized Version* de Johnny Clarke, avec la notice ℗ 1976 Virgin Records Ltd. ne portait pas alors à conséquence, du moins en France, avant le 1er janvier 1986, date à laquelle on a commencé à y collecter la rémunération équitable. Mais dès 1964 celle-ci avait déjà commencé, progressivement, à y être collectée dans les pays européens qui avaient ratifié la Convention de Rome de 1961.

Le fait que Virgin prétende être le producteur de l'album *Rockers Time Now* (et donc de l'enregistrement *Declaration of Rights* de Johnny Clarke) est une sorte d'abus de confiance et en tout état de cause une violation des droits de Bunny Lee, dans la mesure où cette société fabriquait cet album dans le cadre d'un simple contrat de licence signé en 1976. Bunny Lee n'a jamais pour autant cédé ses droits de producteur, notamment ses droits sur la rémunération équitable générée par cet album et cet enregistrement, rémunération légale dont il ignorait l'existence, d'autant plus qu'elle n'a été collectée en France que 10 ans plus tard, en 1986.

L'escroquerie ou l'abus de confiance est d'autant plus patent que dans la base de données de la SCPP figurent 22 inscriptions pour *Declaration of Rights* de Johnny Clarke, dont une sous le Code ISRC n°GBAAA7600213, pour un durée de 3'24s., fixée en 1976 en Jamaïque : il semble qu'il s'agisse bien de l'enregistrement original, produit par Bunny Lee, mais il fait l'objet de quatre inscriptions séparées, introduites chronologiquement par quatre sociétés différentes ! À partir du 1er janvier 1986, la diffusion de *Declaration of Rights* de Johnny Clarke a généré une rémunération équitable qui, au lieu de revenir à Bunny Lee, a été collectée du 1er janvier 2001 au 30 juin 2013 par Parlophone Music France/Virgin, puis du 1er juillet 2013 au 31 décembre 2013 par Warner Music France et/ou par Universal Music Division Def Jam Music et enfin, depuis le 1er janvier 2014, par Universal Music France. Cherchez non pas l'erreur, mais les erreurs !

Dans la base de données de la SCPP, société des producteurs, constituée dès l'automne 1985 par les majors, ne figurait vingt ans plus tard aucun enregistrement inscrit au nom d'un quelconque producteur jamaïcain, à l'exception de quelques titres dont j'ai obtenu soit la correction soit le gel par décision de justice. Les enregistrements produits notamment par Duke Reid, Coxsone Dodd, Leslie Kong, Sonia Pottinger, Lee Perry ou Bunny Lee y étaient inscrits au nom d'Universal, de Virgin, d'EMI, de BMG etc. ainsi que de sociétés françaises comme Culture Press. Ainsi, deux enregistrements de Jimmy Cliff *Samba Reggae* et *War A Africa*, dont le chanteur est lui-même le producteur, étaient inscrits dans la base de données de la SCPP comme ayant été produits par AMMI, une société dont il ignorait jusqu'à l'existence ! Depuis le 1er janvier 1986, les producteurs jamaïcains ont ainsi été privés de centaines de milliers d'euros de rémunérations légales collectées pour la diffusion ou la reproduction de leurs enregistrements en France. Mais ces rémunérations n'ont pas été perdues pour tout le monde, notamment pour Universal, EMI, BMG, Culture Press etc.

Bien que la base de données de la SCPP ait servi à escroquer littéralement les producteurs jamaïcains de leurs rémunérations légales, le problème n'est pas propre à la France, car dans de nombreux autres pays il existe également des bases de données producteurs, où les majors, ainsi que d'autres sociétés, ont inscrit à leur nom les enregistrements de reggae produits en Jamaïque par des producteurs jamaïcains dans le but de s'approprier leurs rémunérations légales. C'est notamment le cas en Grande-Bretagne pour la base de données de la PPL.

La difficulté en la matière c'est qu'un artiste peut, dans sa carrière, enregistrer plusieurs fois le même titre, sans compter ses enregistrements live. Dans la base de données de la SCPP ou de la PPL on peut trouver plusieurs inscriptions d'un titre par le même artiste, mais à des dates différentes. Pour déterminer quel est le producteur d'un enregistrement diffusé en streaming sur Spotify, il suffit en principe de tenir compte de sa durée (différente pour chaque version), qui devrait permettre de déterminer à quelle inscription il correspond dans la base de données de la SCPP ou de la PPL.

Un artiste peut ré-enregistrer un de ses titres et c'est souvent le cas lorsqu'en cours de carrière il change de maison de disques. Ainsi, en France, le catalogue de Johnny Hallyday est exploité par Universal ainsi que par Warner, qui tous deux revendiquent des titres enregistrés à des périodes différentes. En Jamaïque cette situation est commune, mais comme les artistes avaient rarement de contrat avec leurs producteurs, eux seuls pouvaient, dans la plupart des cas, reconnaître leur propre enregistrement et le distinguer de celui d'un concurrent. Ainsi, Niney The Observer sait faire la différence entre son enregistrement de *Train to Skaville* des Ethiopians et celui produit par Carl Johnson, plus connu sous les initiales de J.J. (label J.J. Records).

Dès lors qu'il n'existe que deux enregistrements de *Train to Skaville* des Ethiopians, il ne devrait exister que deux codes ISRC de cet enregistrement. Dans la base de données de la SCPP il existe treize inscriptions de ce titre par les Ethiopians, dont sept avec des codes ISRC tous différents, cinq sans code ISRC et un avec une code ISRC 0000 (au nom de Bertrand André R. & Associés – Litige). On trouve :

1) Sous le code ISRC n°USHB19205606, un enregistrement de 3'32s., fixé en 1992 au Royaume-Uni et publié pour la première fois en 1992 aux États-Unis, inscrit au nom de Kobalt Music Netherlands Oh Records du 1er janvier 2016 au 31 décembre 2019;

2) Sous le code ISRC n°GBVVQ1029304, on trouve un enregistrement de 2'50s., fixé en 2003 au Royaume-Uni et publié pour la première fois en 2003 au Royaume-Uni, inscrit depuis le 1er janvier 2008 au nom de Phoenix Music International ;

3) Sous le code ISRC n°GBAJE6700136, on trouve un enregistrement de 2'51s., fixé en 1967 en Jamaïque et publié pour la première fois en 1967 au Royaume-Uni, inscrit depuis le 1er mai 2013 au nom de BMG Rights Management International ;

4) Sous le Code ISRC n°GBAJE0611073, on trouve un enregistrement de 2'51s., fixé en 1967 en Jamaïque et publié pour la première fois en 1967 au Royaume-Uni, inscrit depuis le 1er mai 2013 au nom de BMG Rights Management France ;

5) Sous le Code ISRC n°GBAJE6700324, on trouve un enregistrement de 2'50s., fixé en 1967 au Royaume-Uni et publié pour la première fois en 1967 au Royaume-Uni, inscrit depuis le 1er mai 2013 au nom de BMG Rights Management France ;

6) Sous le Code ISRC n°GBAJE0503020, on trouve un enregistrement de 3'26s., fixé en 1967 en Jamaïque et publié pour la première fois en 1967 au Royaume-Uni, inscrit depuis le 1er mai 2013 au nom de BMG Rights Management France ;

7) Sous le Code ISRC n°GBAJE6500295, on trouve un enregistrement de 2'55s., fixé en 1967 en

Jamaïque, inscrit depuis le 1er mai 2013 au nom de BMG Rights Management France.

Bref, dans la base de donnée de la SCPP, aucune des inscriptions de *Train to Skaville* des Ethiopians ne mentionne leur véritable producteur, soit Niney The Observer, soit Carl 'J.J.' Johnson.

La base de données de la PPL est tout aussi incohérente puisqu'on y trouve 13 inscriptions de *Train to Skaville* des Ethiopians, dont 5 au nom de BMG Rights Management, trois de 2'51s. (GBAJE0611073, GBAJE6700136 et GB5KW2100033), une de 2'52s. (GBAJE6700324) publiées en 1967 et une de 2'51s. (GBAJE6500295) publiée en 1968. On trouve également trois inscriptions (GBLGL1258223, GBLGL1267660 et GBLGL-1248279), au nom de Carlton Music Publishers Limited, sans durée, publiées en 1994, 1996 et 1997. On trouve deux inscriptions au nom de Lime Blue Music Limited, l'une de 2'55s. (GBFG92000262), l'autre de 4'29s. (GBFG92000252) toutes publiées en 2020, une inscription (UK6MN1212331) au nom de Edward O'Sullivan Lee (Bunny Lee), sans durée, de 2012, une (UKDNQ1526946) inscrite au nom de Burning Girl Productions Ltd. de 2'57s., publiée en 2017 et enfin une inscription (USHB19205606) au nom de Concord Bicycle Music, de 3'32s., publiée en 2019.

Dans son article *Jamaïque, le réservoir à tubes entubé*, Hélène Lee avait relevé que sur la compilation *Absolute Reggae* l'enregistrement de *Declaration of Rights* interprété par Johnny Clarke était accompagné d'une notice ℗ Virgin/EMI. Cette mention avait rendu furieux Bunny Lee, qui m'a demandé de faire immédiatement un procès à EMI pour que ses droits de producteur de ce titre soient reconnus en justice. Quelques jours plus tard, j'ai également découvert que ce même enregistrement était également inscrit au nom d'EMI dans la base de données de la SCPP.

Je portai l'affaire devant le tribunal de Nanterre, où je devais prouver que Bunny Lee était bien le producteur, au sens légal, du phonogramme de *Declaration of Rights* de Johnny Clarke. Il m'incombait d'abord d'établir et de démontrer à la fois que l'enregistrement revendiqué par EMI était bien le même que celui revendiqué par Bunny Lee et que celui-ci en était bien le producteur au sens légal ; j'ai démontré aussi, dates à l'appui, que ce ne pouvait en aucune manière être EMI. Pour comprendre la complexité et la difficulté du problème il faut savoir qu'en juin 2023, on trouvait encore 21 inscriptions de ce phonogramme dans la base de données de la SCPP. Parmi les inscriptions actives de ce phonogramme se trouvait une version fixée en Jamaïque en 2000 et remastérisée numériquement, d'une durée de 3'26s. au nom d'Universal, une d'une durée de 3'24s. au nom d'Universal, ainsi qu'une version de 3'24s. fixée en Jamaïque en 1976 au nom de Warner Music France. Mais on y trouve aussi deux versions, l'une d'une durée de 3'32s., l'autre de 4'12s. fixée en Jamaïque en 1976, toutes deux encore inscrites au nom de mon ancien cabinet.

Si la durée du titre est un indice qui permet de déterminer de quel enregistrement il s'agit et donc qui en est le producteur, il est très facile de modifier la durée lors de l'inscription dans les bases, qui se fait par une simple déclaration écrite et deux ou trois secondes de différence permettent en quelques sorte de *brouiller les pistes.* Si l'on compare les inscriptions dans les bases de données de la SCPP ou de la PPL, ou sur les disques et maintenant sur les sites comme Spotify, on constate qu'elles mentionnent des durées proches pour chaque phonogramme : 3'18s., 3'20s., 3'21s. et 3'22s.. Encore une fois, la manière la plus efficace pour établir qu'un producteur jamaïcain est bien le producteur au sens légal d'un enregistrement c'est de produire, soit l'original, soit la copie du premier disque commercialisé par celui-ci. Depuis quelques années grâce à Internet on a accès à des bases de données comme Discogs, qui répertorient tous ces disques.

Bref grâce à un travail de fourmi, la Cour d'appel de Versailles, dans un arrêt rendu le 20 octobre 2005, a confirmé que malgré les notices ℗ Virgin figurant sur la pochette de divers albums de Johnny Clarke, son phonogramme *Declaration of Rights* a bien été produit par Bunny Lee en Jamaïque en 1976. Par voie de conséquence, EMI Music France a été condamnée à payer à celui-ci 5 000 € pour avoir inscrit cet enregistrement au nom d'EMI dans la base de données de la SCPP.

Et pourtant, près de trois années plus tard, par jugement du 8, ou du 15 février 2008, le tribunal de Paris a débouté Bunny Lee de son action et de ses demandes à l'encontre d'EMI pour avoir inscrit à son nom les phonogrammes reproduits sur les albums *Rockers Time Now* et *Authorized Version* de Johnny Clarke. Et pourtant sur l'album *Rockers Time Now* figure bien le phonogramme *Declaration of Rights* que la Cour d'appel de Versailles avait jugé le 20 octobre 2005 comme ayant été produit par Bunny Lee. Cherchez l'erreur...

Pour se défendre de toute allégation d'escroquerie, les majors et les autres labels de disques arguent souvent que la mention ℗ 19§§ + leur nom ne vise pas les enregistrements mais la compilation de ces enregistrements tels qu'ils sont offert à la vente ! Ainsi alors que Ken Parker a enregistré tous ses titres avec une brochette de producteurs jamaïcains, la compilation *Here comes Ken Parker* sortie en 1974, accessible actuellement sur Spotify, comporte la notice ℗ 1974 Sanctuary Records Group, alors que cette société n'a jamais produit un seul enregistrement de cet artiste.

Il est rare qu'un artiste n'enregistre qu'une seule fois une chanson dans sa carrière. Cela a été le cas d'*Amsterdam*, de Jacques Brel, enregistrée en public à l'Olympia le 16 octobre 1964. En principe, chaque fois qu'on écoute cette chanson il s'agit bien de cet enregistrement, même si depuis on en a exhumé deux autres, l'un également réalisé en public à l'Olympia en 1966 et l'autre à la Maison de la Radio en juillet 1965.

Sans parler des enregistrements en public, dits live, un même artiste ou un même groupe peut, au cours de sa carrière, enregistrer plusieurs fois en studio un même titre, soit pour le même producteur, soit pour des producteurs différents. C'est souvent le cas lorsqu'en cours de carrière l'artiste ou le groupe change de label. Un artiste peut très bien enregistrer des titres en début de carrière avec un label, par exemple Island Records Ltd. et, quelques années plus tard, enregistrer ces mêmes titres pour d'autres labels, comme Columbia ou Sony. Dans cette hypothèse, il existera deux, ou trois, ou même plus de versions de ce titre, qui seront selon les cas la propriété d'Island Records

Ltd., de Columbia et/ou de Sony et qui pourront être exploitées concurremment, notamment on-line sur des plateformes.

Comment s'y retrouver dans ces enregistrements et éventuellement leurs différentes versions ? Comment savoir si la version d'un titre diffusé sur une station de radio est bien celle produite par Island, Columbia ou Sony, afin d'attribuer à ce producteur la rémunération légale qui lui revient en conséquence ?

Dans les années 1950, 1960 et 1970, à l'époque des disques vinyles, les enregistrements étaient identifiés par le numéro de leur matrice, un code inscrit dans la cire du vinyle master et qui de ce fait était reproduit sur tous les disques pressés à partir de celui-ci. Ce numéro changeait dès lors qu'on pressait un disque du même titre à partir d'un autre master (ce qui est le cas lorsque le master original s'use, ou est endommagé).

Tous les singles de reggae fabriqués en Jamaïque entre les années 1950 et 1970 comportent des numéros de matrice, celui de leur vinyle master, ce qui permet d'identifier précisément l'origine de l'enregistrement. Mais des singles commercialisés sur un même label peuvent avoir deux, ou même trois numéros de matrice, dès lors qu'on a dû refaire un vinyle master après un certain nombre de pressages.

On ne possède pas un listing ou un annuaire complet des tous les numéros de matrice de l'ensemble des singles de reggae, mais il en existe une bonne ébauche, notamment celui de Roger Steffens, l'auteur d'une discographie complète et détaillée des enregistrements de Bob Marley, dans laquelle il liste leurs numéros de matrice. On peut grâce à cette discographie connaître pour chaque enregistrement de Bob Marley avant 1973 le numéro de sa matrice originelle, ainsi que, le cas échéant, le ou les numéros (n°) des matrices dérivées de celle-ci, ce qui permet également de connaître le véritable producteur de l'enregistrement.

*Mr Chatterbox* de Bob Marley produit par Bunny Lee, sortis sur les labels Attack et Jackpot.

*Mr Chatterbox* de Bob Marley a été enregistré en octobre 1970, pour le label Aggro de Bunny Lee sous le numéro de matrice Dyna BL 1991 (*Mr Chatterbox* a été capturé une première fois pour Coxsone en 1964 sous le titre *Mr Talkative*). Sur cet enregistrement on entend d'ailleurs au début la voix de Bob ainsi que celle de Bunny Lee. Ce single a ensuite été repressé sur le label Jackpot en UK puis sur le LP de la compilation *Creation Rockers vol. 3*, mais crédité cette fois aux Interns (autre nom du groupe Viceroys). Par la suite, ce phonogramme a été reproduit sur de nombreuses compilations, en principe sous licence de Bunny Lee.

*Concrete Jungle*, Bob Marley & The Wailers, Tuff Gong.

*Concrete Jungle*, également interprété par Bob Marley, a fait l'objet d'un premier enregistrement en juillet 1971, identifié par sa matrice TG 5003 A, avec sur sa face B le dub *Ammunition*. Contrairement à une idée reçue, Lee Perry n'a pas participé à son enregistrement, qui a eu lieu au studio Randy's sous la supervision d'Errol 'ET' Thompson, juste après *Trench Town*

*Rock* et durant la même session d'enregistrement que *Guava Jelly.* Produit par les Wailers, il est d'abord sorti sur le label Tuff Gong.

Tuff Gong l'a réédité plusieurs fois (avec en face B *Nice Time, I'm Hurting Inside*, ou *Screwface* Au lieu de sa face B originale). En 2015 est sorti sur le label Upsetter une réédition pirate avec le même morceau et son dub sur l'autre face. Sous un autre numéro de matrice (DCR BM 4812) on le trouve (avec en face B *Concrete Jungle Version*, sans les voix) sur les rééditions Lagoon (Esoldun/Culture Press) ou JAD. Enfin *Concrete Jungle* a été réenregistré en octobre 1972 dans le studio Dynamic Sounds par Bob Marley pour l'album *Catch a Fire* d'Island Records Ltd..

Mais de nombreux tubes de reggae n'ont fait l'objet que d'un seul et unique enregistrement. Il en est ainsi de *Slave Master* de Gregory Isaacs, produit par Byron Reid (label Kronic), de *Africa Must Be Free (by 1983)* d'Hugh Mundell, produit et arrangé par Augustus Pablo (label Pablo International), de *Money In My Pocket* de Dennis Brown, produit en 1972 par Joe Gibbs, de *Fade Away* de Junior Byles, de *Forward Ever* de Jacob Miller (label Top Ranking).

Certains titres ont été réenregistrés, mais dans des versions différentes, comme *Uptown To Ranking* de Althea and Donna, qui a fait l'objet de deux versions identifiables, alors que de nombreux titres ont fait l'objet d'enregistrements par des artistes différents. Si Dennis Brown n'a enregistré qu'une seule fois *Westbound Train* ce titre a été repris par Jacob Miller & Inner Circle.

Donc en principe la plupart des enregistrements de reggae sont identifiables grâce à leur numéro de matrice, qui permet également de déterminer leur producteur d'origine au sens légal du terme, qui est aussi le propriétaire du master et ce qu'on appelle la chaîne des droits : les transferts de propriété successifs de ce master, qui permet d'établir son propriétaire actuel et donc ses droits de producteur.

*Money In My Pocket* de Dennis Brown, Joe Gibbs.
*Forward Ever* de Jacob Miller, Top Ranking.

La technologie a beaucoup changé depuis les années 1950-1960 et le marché de la musique enregistrée s'est mondialisé. Aussi en 1986 la Federation of the Phonographic Industry (la Fédération internationale de l'industrie phonographique), plus connue sous l'acronyme IFPI, a développé une norme internationale, le code ISRC (*International Standard Recording Code*), dont l'utilisation est recommandée depuis 1988. Il s'agit d'un code unique d'identification standardisé pour identifier les enregistrements musicaux (sonores et audiovisuels) dans le monde entier. Ce code, qui est géré en France par la SCPP, en Grande-Bretagne par la PPL, aux USA par la RIAA et en Jamaïque par la JAMMS, est attribué par le producteur initial et permet de faciliter la traçabilité des contenus. Le code ISRC, qui doit être encodé dans le support lors du mastering, sert à faciliter aux sociétés de gestion collective et aux plateformes digitales et autres diffuseurs digitaux la gestion des droits et des rémunérations légales lors de l'exploitation d'un enregistrement ainsi identifié.

Le code ISRC est composé de douze caractères qui se déclinent comme suit FR-§§§-§§§-§§§§. Le deux premières lettres identifient le pays où l'ISRC a été demandé (FR pour la France, GB pour la Grande-Bretagne, US pour les USA et JM pour la Jamaïque), les trois caractères qui suivent représentent le code alphanumérique du premier propriétaire (normalement son producteur au sens légal), les deux chiffres suivants l'année ou le code a été attribué (98 pour 1998, 20 pour 2020 etc.) ; suit ensuite un code unique de cinq chiffres attribués par le producteur selon son choix. Un nouveau code ISRC doit être attribué lorsque :

(i) la durée de l'enregistrement est modifiée ;

(ii) l'enregistrement a été remixé ;

(iii) l'œuvre a été réenregistrée dans une autre langue ;

(iv) l'enregistrement a été modifié.

Le code ISRC doit être conservé, lorsque :

(i) l'enregistrement est inclus dans un album/ compilation ;

(ii) lorsque l'enregistrement est seulement remastérisé ;

(iii) lorsqu'il est distribué sur différents supports (CD, 33t, numérique etc.).

Théoriquement un enregistrement ne peut avoir qu'un code ISRC, qui lui reste attaché même en cas de changement de propriétaire. Ce code est international. Aussi le phonogramme inscrit dans la base de données sous l'ISRC n°GBAJE6200104 dans la base de données de la PPL anglaise, doit également figurer dans la base de données de la SCPP sous cet ISRC. Effectivement on retrouve cet ISRC n°GBAJE6200104, qui correspond au phonogramme *Hurricane Hattie* enregistré par Jimmy Cliff en Jamaïque en 1962 dans le studio de Leslie Kong qui l'a commercialisé cette même année sur son label Beverley's Records. Mais le problème c'est que le phonogramme ayant pour ISRC le n°GBAJE6200104, publié en 1962 est enregistré dans la base de données de la PPL au nom de BMG Rights Management (WW) Ltd.. Or, BMG Rights Management Ltd., qui vient en réalité aux droits de Trojan/Sanctuary, n'a aucun droit sur ce phonogramme, d'autant plus que dans les années 2010 la société Sanctuary Records Ltd. a été condamnée par le tribunal de Paris pour la commercialisation illicite d'albums et de compilations reproduisant des phonogrammes de cet artiste sans son autorisation. Mais là n'est pas le plus grave.

Le plus grave c'est que ce même phonogramme avec l'ISRC n°GBAJE6200104 est enregistré non pas une fois mais deux fois sans la base de données de la SCPP, une première fois (déclaration n°30445005790034), au nom de BMG Rights Management France et une deuxième fois (déclaration 00010262951642) au nom d'Universal Music France. Cherchez l'erreur... Et cela indépendamment du fait que la déclaration d'Universal Music France précise à propos de ce phonogramme Pays de première fixation, 1962, Royaume-Uni ce qui est également faux et mensonger. Le même ISRC n°GBAJE6200104 est également inscrit dans la base de données de Sound-Exchange aux USA, mais celle-ci ne permet pas de savoir à quel nom.

Il est incontestable que tous les phonogrammes enregistrés par Jimmy Cliff de 1962 à 1970 ont été fixés en Jamaïque dans le studio de Leslie Kong, avant d'être commercialisés par ce dernier, d'abord sur cette île sous forme de singles, sur son propre label. D'ailleurs, les albums de Jimmy Cliff fabriqués et commercialisés en dehors de la Jamaïque dans les années 1969-1970, du vivant de Leslie Kong, portent tous la mention produit par Leslie Kong et Jimmy Cliff.

En principe, si le déclarant d'origine vend l'enregistrement ou l'accorde sous licence sous une forme inchangée après attribution d'un ISRC, aucun nouvel ISRC ne doit être attribué et l'ISRC pour l'enregistrement doit rester le même. Le déclarant doit informer le nouveau propriétaire ou titulaire de l'ISRC de l'enregistrement. Le nouveau propriétaire devra alors informer les partenaires commerciaux de la transaction en utilisant l'ISRC inchangé. Ces partenaires pourront alors ajuster leurs enregistrements afin que la bonne partie soit créditée pour l'utilisation d'un enregistrement.

Ainsi l'enregistrement original de *Under Me Sleng Teng* de Wayne Smith porte, en principe, l'ISRC n°GBBZV8501239. Selon la base de données de la SCPP, ce numéro désigne un enregistrement fixé en 1985 en Jamaïque, publié pour la première fois au Royaume-Uni en 1985 :

(i) de quatre durées différentes (4'05s., 3'29s., 3'49s. et 3'19s.), qui fait l'objet de quatre inscriptions différentes au nom de Greensleeves Record à partir du 1er janvier 1985 ;

(ii) d'une durée de 4'05s., inscrit au nom de VP Records Record (UK) à partir du 1er janvier 1985 (qui fait partie du même groupe que Greensleeves Record).

Ce même n°GBBZV8501239 fait l'objet d'une inscription dans la base de données de la PPL anglaise, pour un enregistrement de 1985 dit *Version*, sans durée, interprété par Jammy's Studio Band, inscrit au nom de Greensleeves Records Ltd.. Mais d'autres enregistrements de *Under Me Sleng Teng* de Wayne Smith sont inscrits dans la base de données de la PPL, à savoir un enregistrement :

- de 1984, n°JMB621410005, sans durée, inscrit au nom de Jammys ;
- de 1985, n°GBBZV8553858, d'une durée de 1'47s., inscrit au nom de Greensleeves Records Ltd., VP Records (UK) Ltd. ;
- de 1994 (version), n°GBBZV9409851, de 3'55s., inscrit au nom de Greensleeves Records Limited, VP Records (UK) Ltd. ;
- de 2017, n°USVPR1700078, de 4'11s., inscrit au nom de VP Records (UK) Ltd. ;
- de 2018, n°GBBZV8555333, sans durée, inscrit au nom de VP Records (UK) Ltd..

Wayne Smith est décédé le 7 février 2014, il n'a donc pu enregistrer après cette date, aussi les inscriptions de 2017 et 2018 sont donc des enregistrements remixés ou modifiés. L'inscription de 1984 n°JMB621410005 au nom de Jammys s'explique par le fait qu'il s'agit du riddim original enregistré au studio de King Jammy.

Mais comme on peut le constater, indépendamment du fait que l'enregistrement ISRC n°GBBZV8501239 est aussi bien inscrit dans la base de données de la SCPP que de la PPL et cela au nom du même même producteur ou du même groupe (Greensleeves Records Ltd./VP Records), les rémunérations légales producteurs reviennent bien au propriétaire légal de cet enregistrement.

Cependant ce n'est pas le cas de la plupart des enregistrements de reggae, qui sont inscrits dans la base de données de la SCPP et/ou de la PPL, aux noms de personnes ou de sociétés qui manifestement n'en sont ni les producteurs, ni les ayants droit et/ou légitimes propriétaires et cela dans le seul but de percevoir indûment les rémunérations légales générées par ces enregistrements, alors que celles-ci devraient revenir à leurs producteurs jamaïcains ou à leurs légitimes ayants droit.

Donc en principe en dehors de l'inscription n°FRZ81060926 au nom d'Edward O'Sullivan Lee, donc de Bunny Lee, d'une durée de 2'27s., mais mal inscrite car avec une date de publication de 2012, les 12 autres inscriptions sont en principe contestables, pour ne pas dire frauduleuses, sauf s'il s'agit de versions remixées ou réalisées à partir de celle de Bunny Lee et avec l'autorisation écrite de celui-ci.

Ce même enregistrement *Mr Chatterbox* de Bob Marley fait l'objet de 19 inscriptions différentes dans la base de données de la SCPP, étant précisé que certaines de ces inscriptions désignent le même code ISRC mais correspondent à différentes périodes de gestion. On trouve sous le n°GBFWU0400346, qui désigne un enregistrement fixé en 1970 aux États-Unis, publié en 2004 au Royaume-Uni, quatre inscriptions différentes pour un enregistrement d'une même durée de 3'01s..

Ces inscriptions correspondent à une gestion du 1er janvier 2004 au 31 décembre 2004 par Universal Music Division Island, du 1er janvier 2005 au 31 décembre 2011 par Universal Music Div Capitol Music France, du 1er janvier 2012 au 31 décembre 2013 par Universal Music Division Def Jam Music et depuis le 1er janvier 2014 par Universal Music France. Indépendamment du fait qu'on peut s'interroger sur la raison profonde de ces changements de gestionnaires qui appartiennent pourtant au même groupe, comment Universal/Island qui n'avaient aucun contrat avec Bob Marley en 1970 peut-il revendiquer la propriété de cet enregistrement, publié par ailleurs 34 ans plus tard, en 2004 !

Mais cet enregistrement ISRC n°GBFWU0400346 est inscrit dans la base de données de la PPL au nom de Graceamber Enterprises Ltd.. Dans la base de données de la PPL figurent aussi deux ISRC américains, les n°USA370568083 et USA560696921, pour des enregistrements publiés en 2001 et 2007, inscrits au nom de *Rights Up*.

L'enregistrement de *Mr Chatterbox* de Bob Marley, ISRC n°FRZ810609265, de Bunny Lee, est bien inscrit dans la base de la SCPP, mais sous la mention « déclarant PPL » et il est précisé à propos de celui-ci fixé en 1972 en Jamaïque et publié pour la première fois en Jamaïque en 1972. Si la base de données de la SCPP contient ces précisions, c'est à cause de réserves apportées par la France à sa ratification de la Convention de Rome de 1961.

Par ailleurs, à propos de cet enregistrement, la base de données de la SCPP précise également qu'il est associé à la marque Gorgon Entertainment et aux supports n°2564657572 True Roots, n°5911983742 True Roots et n°FRZ810609265 Mr. Chatterbox.

Mais dans la base de données de la SCPP, il existe un autre ISRC français, le n°FRM036700020, pour un enregistrement de *Mr Chatterbox*, d'une durée de 2'26s., fixé en 1967 aux États-Unis et publié pour la première fois en France en 1967 (?), qui est inscrit au nom de Sony Music depuis cette date. Or jamais, ni en 1967 ni plus tard, Bob Marley n'a eu de contrat avec Sony Music. Enfin et surtout, on trouve dans la base de données de la SCPP, depuis le 1er septembre 1992, une inscription de *Mr Chatterbox* sans ISRC au nom de Bertrand André R. & Associés – Litige. Cette inscription correspond à une revendication de propriété engagée en justice à l'époque au nom de Bunny Lee et à l'encontre de Culture Press, ou d'une société affiliée. Indépendamment du fait que je n'ai jamais perçu de rémunération légale pour cet enregistrement, le fait que cette inscription ne soit pas liée à un code ISRC existant pose problème car il vise bien un enregistrement existant qui a été exploité avant le 1er septembre 1992.

En 2023, la base de données de la société américaine SoundExchange listait quarante-trois inscriptions de *Mr Chatterbox* de Bob Marley, dont deux avec des ISRC d'origine française, le n°FR0W61229897 de 2'28s. et le n°FR0W61204021, de 2'28s., toutes deux publiées en 2012. On y trouve aussi la n°GBFWU0400346, celle inscrite dans la base de données de la PPL au nom de Graceamber Enterprises Ltd. et dans la base de données de la SCPP au nom de diverses filiales d'Universal Music. Malheureusement la base de données de Sound-Exchange ne permet pas de savoir quels sont les titulaires de chacune de ces quarante-trois inscriptions de *Mr Chatterbox* dans la base de données de SoundExchange.

Cet enregistrement fait l'objet de dix-neuf inscriptions dans la base de données de la SCPP. Une version de 2'23s. ; fixée en Jamaïque en 1991 et publiée en Jamaïque en 1991 est inscrite au nom de Culture Press du 1er septembre 1992 au 17 octobre 2011, alors que deux autres versions, l'une également de 2'23s. et une autre de 3'02s., chacune fixée en Jamaïque en 1992 et publiée en Jamaïque en 1992, sont également inscrites au nom de Culture Press du 1er septembre 1992 au 17 octobre 2011. Mais deux de ces versions de 2'23s., celle de 1991 comme celle de 1992, sont également inscrites au nom de Bertrand R. André & Associés (litige).

Sous le n°ISRC GBFWU0400341, d'une durée de 2'38s., cet enregistrement est également décrit comme fixé en Jamaïque en 1970 et publié au Royaume-Uni en 2004 :

(i) au nom de Universal Music Division Island du 1er janvier 2004 au 31 décembre 2004 ;

(ii) au nom de Universal Music Div Capitol Music France, du 1er janvier 2005 au 31 décembre 2011 ;

(iii)au nom de Universal Division Def Jam Music du 1er janvier 2012 au 31 décembre 2013 ;

(iv) au nom de Universal Music France depuis le 1er janvier 2014.

Sous le n°ISRC FRM036700020, d'une durée de 2'26s., il est inscrit comme fixé en 1967 en France et publié en 1967 aux Etats-Unis, au nom de Sony Music Legacy (BMG) depuis 1967. Tout cela pour dire que dans la base de données de la SCPP le même enregistrement, qui n'est jamais crédité à son véritable producteur Bunny Lee, y a même été inscrit par Culture Press comme ayant été enregistré dix ou onze années après la mort de Bob Marley et au nom d'Universal comme ayant été publié trente-quatre ans après son enregistrement ! Cherchez non pas l'erreur, mais les erreurs... En attendant, depuis que ce phonogramme est diffusé en France, les rémunérations légales qu'il génère ont été collectées par Culture Press, diverses sociétés du groupe Universal ou Sony, mais jamais par le véritable producteur, Bunny Lee.

*Mr Chatterbox* de Bob Marley est accessible sur Spotify où il figure sur la compilation *Vintage Classics Jamaica* (durée 2'27s.) publié avec la notice ℗ 2014 Observer Music, ainsi que sur la compilation *Bob Marley – The Album* (durée 2'20s.) publié avec la notice ℗ 2015 Blackline Collection, sur la compilation *The Essential Bob Marley & The Wailers* (durée 2'22s.) publiée avec la notice ℗ 2005 JAD Records Inc., sur la compilation *Mr. Chatterbox* (durée 2'22s.) publié avec la notice ℗ 2015 Droppal Music, sur la compilation *Reggae Legends* (durée 2'22s.) publié avec la notice ℗ 2008 JAD Records Inc., sur la compilation *Trenchtown Rock (The Anthology 1969-1978)* (durée 2'21s.) publié avec la notice ℗ 2002 Trojan Records etc.

Le conseil d'administration de la SCPP, comme de la PPL, ne comprend que des dirigeants de l'industrie musicale et plus particulièrement des majors. Ces organismes de gestion collective, même s'ils doivent se conformer à la législation en vigueur en France et en Angleterre, ne sont pas moins contrôlés par les labels. Tout producteur membre d'un de ces organismes peut enregistrer dans sa base de données n'importe quel enregistrement à son nom, il lui suffit de demander un code ISRC pour celui-ci, sans avoir à établir l'existence de ses droits, que ce soit en justifiant de sa qualité de producteur au sens légal, par la production d'un contrat, ou pour avoir acquis ceux-ci en justifiant d'un contrat d'achat et dans certains cas d'une chaîne contractuelle. Les bases de données de la SCPP et de la PPL peuvent être comparées à des bases de titres fonciers qui seraient constituées, non pas à partir des titres de propriétés, mais à partir des demandes d'enregistrement de pseudo-propriétaires ! Par ailleurs, le fait que pour un même titre des codes ISRC différents puissent figurer sur ces deux bases de données pose problème. Quant à la base de données de SoundExchange, il s'agit en réalité d'une base de données gérée par la Recording Industry Association of America (RIAA), une association professionnelle qui est également contrôlée par les majors. Pourquoi ces trois bases ne sont-elles pas identiques alors qu'elles concernent les mêmes enregistrements ? Il est inadmissible que les bases de données de la SCPP, de la PPL et de SoundExchange ne coïncident pas et ce d'autant plus qu'entre 70 à 75% du business de la musique enregistrée est contrôlé par trois majors !

Il est urgent que l'IFPI, l'organe d'encadrement de l'industrie musicale sur le plan international, à l'origine du code ISRC, publie un cahier des charges afin que toutes les bases de données de producteurs nationales (SCPP, PPL, SoundExchange etc.), soient structurées sur le même modèle et qu'on puisse avoir accès au nom des titulaires de droits, avec des précisions sur l'origine de ceux-ci (producteur au sens légal, avec référence à un contrat identifié, propriétaire par cession en vertu d'un contrat précisément identifié, avec éventuellement la chaîne des droits etc.).

En ce qui concerne les bases de données nationales (SCPP, PPL, SoundExchange etc.) les déclarants devraient avoir l'obligation de justifier de leurs droits sur les inscriptions qu'ils demandent à leur profit, sauf à engager leur responsabilité civile et pénale. En ce qui concerne la SCPP française, il est urgent que sa base de données fasse l'objet d'un audit de la Commission de contrôle des organismes de gestion des droits d'auteur et des droits voisins. Pour lui faciliter la tâche, nous lui suggérons de limiter ses investigations à une douzaine de titres, dont au moins quatre de reggae, à savoir *Mr Chatterbox* de Bob Marley, *Slave Master* de Gregory Isaacs, ainsi que *Money In My Pocket* et *Westbound Train* de Dennis Brown. Et à un moment donné, dans la mesure où les membres de la SCPP s'attribuent les rémunérations légales générées par des enregistrements d'artistes décédés, dont les producteurs d'origine sont également décédés, donc des titres non pas tombés en déshérence, mais volés à leurs légitimes ayants droit, la Commission de contrôle devrait saisir un juge d'instruction pour que des poursuites pénales soient diligentées à l'encontre de ces escrocs qui opèrent ouvertement depuis des décennies et ont ainsi détourné à leur profit des centaines de milliers, voire des millions d'euros.

Pour protéger son économie musicale, la Jamaïque devrait également constituer sa propre base de données de phonogrammes, mais une base de données indépendante des majors ou de la Jamaica Music Society (JAMMS) qui accorde les ISRC en Jamaïque. Placée éventuellement sous l'égide du ministère de la Culture de la Jamaïque, celle-ci pourrait être constituée très facilement et très rapidement avec l'aide de tous les passionnés de reggae, sur la base de documents d'archives. Elle pourrait ensuite servir d'outil de référence pour identifier, sans discussion possible, les véritables producteurs, au sens légal, ainsi que les propriétaires des masters de tous les titres ayant fait l'objet d'enregistrements en Jamaïque. Et, à partir de cette base de données, la Jamaïque pourrait demander officiellement des comptes aux membres de la SCPP, de la PPL, de SoundExchange etc. qui se sont illicitement approprié les rémunérations légales générées par ces enregistrements, qui n'auraient dû être versés qu'à leur légitimes titulaires et/ou propriétaires jamaïcains.

Il est également urgent que la SCPP et dans une moindre mesure la SPPF et la PPL anglaise, qui, pendant près de cinquante ans, ont lésé les producteurs jamaïcains de leurs rémunérations légales, fassent amende honorable et qu'elles *rendent à César ce qui appartient à César*. Bref qu'elles fassent le ménage, à leurs frais, ou éventuellement sur le budget de l'aide à la création, dans leurs codes ISRC et leurs bases de données. Des collectionneurs/spécialistes de reggae comme Roger Steffens, Steve Barrow ou le français Olivier Albot pourraient contribuer à ce ménage en coordination avec leurs correspondants jamaïcains. Allouer 50 000 € par an pendant quatre ans pour la SCPP et autant pour la PPL, soit au total 400 000 € pour que quatre spécialistes remettent de l'ordre dans tous les enregistrements de reggae ne serait que justice.

La Jamaïque devrait également modifier ses lois pénales, pour permettre leur extraterritorialité en matière d'escroqueries musicales. L'appropriation à l'étranger d'enregistrements fixés en Jamaïque par des artistes et des producteurs jamaïcains devrait pouvoir être poursuivie et sanctionnée pénalement en Jamaïque. Ainsi les dirigeants des majors, comme ceux de certaines nébuleuses mafieuses et même des filiales nationales, devraient pouvoir faire l'objet de poursuites pénales en Jamaïque. Quand les dirigeants d'Universal Music Group (UMG), ou ceux d'Universal Music France, seront poursuivis pour escroquerie en Jamaïque, après avoir fait l'objet d'un mandat international délivré par Interpol, ils changeront enfin leurs pratiques. Et dès le mois suivant le PIB de la Jamaïque augmentera de plusieurs points.

Il existe un autre code d'identification, l'International Standard Musical Work Code, ou Code international normalisé pour les œuvres musicales, plus connu sous l'acronyme ISWC. Ce code est également un numéro de référence unique, permanent et internationalement reconnu permettant l'identification des œuvres musicales. Développé sous l'égide de la Confédération internationale des sociétés d'auteurs (CISAC), il est décrit par la norme internationale ISO 15707 et il correspond au code ISBN des livres. Le premier code ISWC a été attribué en 1995 à la chanson *Dancing Queen* du groupe suédois ABBA (code T-000.000.001-0).

Depuis 2020, après une remise à niveau, la CISAC a relancé l'usage de ce code ISWC qui devrait être utilisé par tous ses membres. Un nouveau système qui devait être opérationnel à partir de la fin de l'année 2024 va relier les bases de données ISWC des éditeurs, des maisons de disques, des organisations de gestion collective et des fournisseurs de services numériques. En 2023, plus de 78 millions de codes ISWC avaient été émis, dont 34 millions de manière centralisée, ce qui avait permis de traiter plus de 259 millions de requêtes. Mais l'ISWC, qui identifie l'œuvre, se distingue de l'ISRC qui identifie l'enregistrement. Il permet à des organisations comme la SACEM d'identifier immédiatement les œuvres et facilite ainsi la répartition des droits des auteurs, compositeurs et éditeurs, mais pas ceux des titulaires de droits voisins. Il n'a donc aucun effet sur les escroqueries aux codes ISRC, celles qui lèsent les artistes et les producteurs jamaïcains.

BANK OF JAMAICA
MML 2657
MONEY MONEY
DONALD DUFFUS
A Moodie Music Ltd Production
Fifty
2000
AF4093

# IX – Chris Blackwell, découvreur du reggae, ou son ange noir ?

Dans l'esprit du public, l'accession du reggae au statut de genre musical planétaire est uniquement dû à Bob Marley, qui lui-même a, dit-on, été découvert par le producteur anglo-Jamaïcain Chris Blackwell. Et pourtant, ce genre musical existait bien avant Bob Marley et ce n'est que près de dix ans après que ce chanteur ait enregistré son premier single que certains de ses enregistrements ont été commercialisés sous le label Island Records de Chris Blackwell.

Dans le domaine du reggae, Chris Blackwell est sans doute le personnage le plus adulé par les uns et le plus honni par les autres. Il est né en 1937 à Londres dans une famille cossue. Son père était un homme d'affaires d'origine irlandaise, dont les ancêtres avaient fondé un siècle plus tôt le groupe alimentaire Crosse & Blackwell. Sa mère, d'origine juive séfarade, est née au Costa-Rica où ses parents possédaient une exploitation de canne à sucre. Rien ne prédisposait Chris Blackwell à jouer un quelconque rôle en matière de reggae, la musique des gens du peuple.

Il n'a que douze ans lorsque ses parents divorcent. On l'expédie en Jamaïque, où l'attend une jeunesse dorée. La légende ne dit pas s'il y est allé à sa demande, où s'il y fut plus ou moins exilé par ses parents. À la fin de sa scolarité, plutôt que de poursuivre des études universitaires, il se lance dans une multitude d'entreprises. C'est durant l'été 1958, alors qu'il a vingt-deux ans, qu'a lieu l'expérience quasi initiatique de sa rencontre avec les Rastas. Parti un jour avec deux amis faire une virée en bateau sur la côte sud de l'île, il se retrouva à cours de gasoil et les amis dérivèrent pendant plus de six heures avant de s'échouer sur la terre ferme à l'autre bout de l'île. Chris Blackwell marcha alors seul, d'abord le long de la plage, puis à travers des marais, avant d'arriver déshydraté et brûlé par le soleil devant la hutte d'un pêcheur rasta. Celui-ci lui donna à boire avant de l'inviter dans sa cabane, où, épuisé, Blackwell tomba dans un profond sommeil. À son réveil, la nuit tombe et il est entouré de sept Rastas et d'un jeune enfant. Des *hommes au coeur noir* ! Dans le milieu où il vivait, on considérait les Rastas comme des sauvages, qui allaient probablement lui trancher la gorge. Le jeune Anglais découvrit au contraire un homme pacifique et plein de prévenances qui le soigna. Le soir, ce groupe de Rastas se mit à chanter autour d'un feu de bois. Et le lendemain ils raccompagnèrent leur hôte en barque jusqu'à la *civilisation.* Telle est la légende, quasi-biblique, de la rencontre de Chris Blackwell et des Rastas et sa découverte de leur musique, qui fera sa fortune.

Quelques semaines plus tard, en 1959, Chris Blackwell fondait, avec un capital de 10 000 US $ avancé par ses parents, la société Island Records Ldt, domiciliée à Kingston en Jamaïque à l'adresse d'une boîte postale. Le premier album commercialisé sous ce label fut un album de jazz live du pianiste barbadien Lance Hayward. Celui-ci est désigné comme Lance Haywood sur la pochette, désinvolture des producteurs ou fluctuation de l'état civil ? Enregistré au Half Moon Hotel de Montego Bay, avec notamment le guitariste Ernest Ranglin, ce vinyle historique était, en juin 2023, proposé sur Internet à des prix atteignant 685 € !

On ne connaît pas les conditions techniques, sans doute assez primitives, dans lesquelles Chris Blackwell enregistra Lance Hayward au Half Moon Hotel de Montego Bay. Mais sa pochette nous révèle les noms des musiciens qui l'accompagnaient, notamment le guitariste Ernest Ranglin, l'un des jamaïcains les plus renommés de la scène internationale. Sacré meilleur guitariste de jazz par les lecteurs du magazine *Melody Maker* en 1964, il est auteur d'innombrables arrangements dans toutes sortes de styles. Il est probable que

Lance Hayward a reçu un petit cachet pour cet enregistrement réalisé à l'hôtel Half Moon, mais ce n'est probablement pas le cas des autres musiciens, qui n'ont sans doute reçu, comme c'était la coutume, que le cachet prévu pour leur prestation de la soirée.

Lance Haywood, *At The Half Moon Hotel – Montego Bay*, premier album du label Island sorti en 1959.

Cette même année 1959, Chris Blackwell enregistrait *Boogie In My Bones/Little Sheila* de Laurel Aitken, qui entra au hit-parade de la radio jamaïcaine Jamaica Broadcasting Corp (JBC) en octobre 1959 et s'y maintint au n°1 pendant 13 semaines. Produit et commercialisé par Chris Blackwell en Jamaïque en 1958, ce single fut distribué à l'international en 1960 sur le label R&B Records et sur le label Starlite.

Le 8 mai 1962, Chris Blackwell s'associait à Graeme Goodall, un ingénieur du son australien qui avait joué un rôle essentiel dans l'établissement de nombreux studios à Kingston et au producteur sino-jamaïcain Leslie Kong. Ensemble ils allaient implanter à Londres sa société Island Records Ltd., avec semble-t-il un financement de Stanley Borden de la société américaine RKO. La société avait à l'origine pour objet de commercialiser, sous licence, les enregistrements de producteurs jamaïcains auprès des communautés caribéennes de Londres et de Birmingham. C'est ainsi qu'à partir de 1962 Island Records Ltd. put commercialiser en Grande-Bretagne des singles de Jimmy Cliff produits par Leslie Kong, comme *Miss Jamaica* et *Gold*

*Digger*, qui étaient parallèlement exploités en Jamaïque par le label Beverley's Records de Leslie Kong.

Chris Blackwell avait repéré une jeune chanteuse jamaïcaine, Millie Small, alors âgée de 17 ans. Elle avait enregistré en duo avec Owen Gray le titre *Sugar Plum* qui avait eu un certain succès localement. C'est également lui qui a redécouvert la chanson *My Boy Lollipop*, un single sorti aux États-Unis en 1956 et enregistré par Barbie Gaye, une gamine de 14 ans. Cette chanson joue sur la même équivoque, en moins coquin, que *Les sucettes à l'anis* que Serge Gainsbourg composerait pour France Gall, âgée de 18 ans à l'époque. C'est ainsi que Chris Blackwell devint le manager et bientôt le tuteur légal, de Millie Small. Il commence par lui faire enregistrer, avec l'aide du guitariste Ernest Ranglin, une reprise de *My Boy Lollipop*. Commercialisé en Grande Bretagne à partir de mars 1964, cet enregistrement est considéré comme le premier véritable tube jamaïcain international, ainsi que le premier grand succès commercial de la société Island Records Ltd..

Dans les semaines qui suivirent, la jeune Millie Small apparaissait dans l'émission de télévision *Top of the Pops*. Ainsi consacré, le single atteignait rapidement la deuxième place du *UK Singles Chart* et se vendait à près de 600 000 exemplaires. Ce fut également un succès aux États-Unis, au Canada et en Australie ; en additionnant les ventes du single et sa reproduction dans des albums et/où des compilations, on dépasse les sept millions d'exemplaires dans le monde.

En 1964, la *Foire Mondiale de New York* (*New York World's Fair*) invitait les stars de la musique jamaïcaine à venir représenter leur pays. La délégation réunissait, autour du groupe de Byron Lee & the Dragonaires, Prince Buster, Eric 'Monty' Morris et Jimmy Cliff – et bien sûr Millie Small. Une tournée l'année suivante l'amenait en Nouvelle Zélande, en Australie, à Hong Kong, à Singapour, au Japon, aux États-Unis, au Brésil et en Argentine...En 1965, Millie Small était devenue une star internationale.

Puis elle a disparu. Durant les vingt dernières années de sa vie, comme la quasi-totalité des artistes jamaïcains, Millie Small vécut dans la pauvreté avant de mourir à Londres en mai 2020, tandis que son tube *My Boy Lollipop*, tiré d'un *Best Of* commercialisé depuis 2010 par la société Spectrum Music, continuait sa carrière en streaming sur Spotify. Au mois de juillet 2024 Millie Small, décédée en 2020, avait 171330 auditeurs mensuels sur cette plateforme, où *My Boy Lollipop* avait été streamé près de 24 millions de fois.

La première véritable star internationale de la chanson jamaïcaine n'a donc pas été Bob Marley, qui n'a acquis une notoriété mondiale qu'à partir de 1976, mais la jeune Millie Small dans les années 1964 et 1965. Mais il faut bien le rappeler : là aussi, Chris Blackwell était aux commandes...

On ne peut pas réduire le personnage à la caricature d'un fils de famille qui aurait profité de la musique jamaïcaine pour accroître la fortune familiale. Il n'en restait pas grand-chose, d'ailleurs, un de ses oncles ayant perdu aux dés la propriété familiale ! Qui connaît ses galères lorsque, ses parents séparés, il fut en quelque sorte exilé sur l'île et forcé de recourir à toutes sortes d'emplois, comme celui de moniteur de ski nautique. Ses débuts de producteur n'avaient rien de flamboyant. S'il parvint à mettre les 45t jamaïcains dans toutes les boutiques de Brixton et autres enclaves caribéennes, c'est en les distribuant lui-même, de boutique en boutique, dans sa petite Austin. Il mouillait aussi sa chemise pour obtenir des ouvertures dans la presse, un rôle de public relations qui lui allait comme un gant et construira peu à peu sa légende (ainsi que les billets d'avion pour la Jamaïque qu'il faisait miroiter aux journalistes). Certains se souviennent d'une affiche d'Island des années 70, un petit palmier dans le coin d'un immense ciel bleu, avec en haut la question : *Que se passe-t-il quand on ne fait pas de promotion ?*. Au-dessous, en lettres minuscules au milieu de tout ce bleu, un seul mot : *Rien*. Mais la promotion n'est pas tout et Blackwell reconnaît lui-même qu'il échoua à établir la carrière de Toots Hibbert, un chanteur qu'il appréciait pourtant particulièrement.

Voilà pour le Chevalier Blanc. Pour '*Lucifer son of the Devil*', comme l'appelait Lee Perry dans sa célèbre chanson, laissons parler les faits.

*Judge Not* crédité à Robert Marley
sorti en 1963 en Jamaïque sur le label Beverley's
et en Grande-Bretagne sur Island Records.

C'est Jimmy Cliff, alors âgé de 14 ans, présente Bob Marley à Leslie Kong. Et c'est ainsi que Bob Marley réalisera en 1963 pour ce producteur jamaïcain ses deux premiers enregistrements *Judge Not* et *Do You Still Love Me.* Ces titres parurent en face A et B d'un même single crédité à Robert Marley. L'instrumental était crédité aux Beverley's All Stars, les musiciens de studio habituels de Leslie Kong. Commercialisé d'abord en Jamaïque sous le label Beverley's, il est sorti quelques semaines plus tard en Grande-Bretagne, sous licence, sur le label Island Records. Donc si l'on cherche le *découvreur* de Bob Marley, ce sont éventuellement Jimmy Cliff et Leslie Kong qui peuvent se partager cette distinction.

Toujours en 1963, Robert Marley enregistrait *One Cup of Coffee*, commercialisé en Jamaïque sur le label Beverley's en tant que face A d'un single qui comportait sur sa face B un enregistrement du trompettiste Tommy McCook, *Snow Boy.* Ce même enregistrement de *One Cup of Coffee* sera commercialisé par Island Records en Grande-Bretagne en face B d'un single, avec en face À la reprise par Ernest Ranglin d'*Exodus*, célèbre thème du film d'Otto Preminger (1960). Pour cet enregistrement ce guitariste était accompagné par une brochette de cuivres jamaïcains légendaires, Roland Alphonso, Tommy McCook, Don Drummond...

Les enregistrements suivants, où Bob Marley apparaît en compagnie des Spiritual Sisters (les choristes), sont deux singles produits par Sir Coxsone Dodd, qui les commercialisa en 1965 sur son label Tabernacle Records, puis sur le label Supreme Records qui lui appartenait également. Ces deux labels totaliseraient respectivement cent-cinquante-six et cent-quatre-vingt-deux singles d'une large variété d'artistes, ce qui montre l'importance de ses productions. Un de ces deux singles comportait en face A *White Christmas*, interprété par Bob Marley & The Wailers et en face B *Let The Lord Be Seen In You* interprété par Bob Marley & The Spiritual Sisters.

*Let The Lord Be Seen In You*
de Bob Marley & The Spiritual Sisters, Supreme Records.

Enfin sortira, en 1968, le premier enregistrement produit par Marley lui-même, *Fire Fire*, crédité cette fois à Bob Marley & The Wailing Wailers et publié sur le label du groupe, Wail'N Soul'M, fondé en 1966. La face B a comporté des titres différents selon les pressages, notamment *Don't Rock My Boat*, un titre enregistré en 1971 par Lee Perry qui paraîtrait notamment sur *Soul Revolution part II*, première compilation vinyle de la fabuleuse coopération Marley/Lee Perry.

Nous voici donc à l'orée des années 1970 et l'on peut dire que la base de l'industrie est en place. En 1968 le rythme s'est stabilisé et le mot reggae a été inventé par la rue. L'origine du nom est obscure, mais certains prétendent qu'il viendrait de *streggae*, un qualificatif employé lors d'une sorte de jeu d'osselets, ou peut-être de *regular* : les gens normaux, vous et moi. Quoi qu'il en soit, en 1968 Toots and the Maytals en feront une chanson, *Do the Reggay*, qui imposera le nom.

Il existait désormais plusieurs studios de qualité et la radio commençait, timidement, à passer la musique des ghettos. Bob

Marley, quant à lui, réunissait l'équipe avec laquelle il fera presque toute sa carrière, les Wailers ou Wailing Wailers. Le groupe comprenait au départ plusieurs chanteurs : le trio bien connu de Bob Marley, Peter Tosh (un guitariste autodidacte de l'Ouest de l'île) et Neville Livingson dit 'Bunny Wailer'. Ce surnom *wailer*, du verbe *to wail*, gémir, se lamenter, est devenu celui du groupe. À l'origine son principal interprète n'était pas Marley, mais Junior Braithwaite, un chanteur de Trench Town et ils étaient alors accompagnés par deux choristes, Cherry Smith et Beverley Kelso. Peu de gens se souviennent de Beverley Kelso, alors jeune lycéenne, qui a pourtant enregistré près de vingt titres avec les Wailers entre 1963 et 1965. Seule survivante, en 2024, du groupe original, elle passe ses vieux jours à New York, où elle gagne sa vie comme coiffeuse. Tous les autres membres sont décédés : Bob Marley d'un cancer le 11 mai 1981, Peter Tosh et Junior Braithwaite ont été assassinés, le premier le 11 septembre 1987 et le second le 2 juin 1999 ; Cherry Smith est décédée en 2008 et Bunny Wailer en 2021, des suites d'un AVC.

Arrêtons donc de prétendre que Blackwell a découvert Bob Marley (lui-même dit au contraire : « C'était un génie, si je ne l'avais pas fait, un autre l'aurait fait. ») Le fait est que, avant l'album *Catch a Fire* sorti sur le label d'Island Records en 1973, Bob Marley avait déjà enregistré, dans différentes formations et pour différents labels, la matière de quatre albums LP officiels.

Le premier de ces albums, *The Wailing Wailers* est une compilation de douze phonogrammes enregistrés par Coxsone en 1964-1965 et distribuée en 1965 sur le label Studio One. Le second LP, *Soul Rebels* – Bob Marley & The Wailers, réunit les enregistrements de Bob Marley réalisés par Lee 'Scratch' Perry au Studio Randy's de Kingston. Ce LP sera commercialisé en Grande-Bretagne en décembre 1970 par Trojan, sur le label Upsetters de Lee Perry. Le troisième album, *Soul Revolution Part II* – Bob Marley & The Wailers, également une production de Lee Perry, voit le jour l'année suivante et il sera distribué lui aussi par Trojan sur le label Upsetters. Le quatrième album, *The Best of the Wailers*, est une compilation de 45t sortis à l'origine à Kingston sur le label Beverley's. Il regroupe des enregistrements produits en 1969-1970 par Leslie Kong qui avaient fait un flop au départ. Quelques semaines après la sortie de cet album, Leslie Kong décédait d'une crise cardiaque.

Ce qui est moins connu, dans la mesure où avant Island, Bob Marley n'avait jamais signé aucun contrat, c'est que dans les années 1968-1971 il a enregistré de nombreux titres avec d'autres producteurs. D'abord avec Danny Sims, qui fut même pendant un temps son manager, ainsi qu'avec Clancy Eccles et Bunny Lee, avant de s'enregistrer et de se produire lui-même sur son propre label Tuff Gong. Les enregistrements produits par Danny Sims et Bunny Lee ont été commercialisés sous la forme d'albums par de nombreux petits labels, notamment en France par Culture Press, sous des titres qui mettent en avant le nom de Bob Marley, cela bien entendu sans l'autorisation de cet artiste ou de sa succession. Même chose pour l'album *Bob Marley – The Real Sound of Jamaica* une compilation de 1997 commercialisé sur le label Milan, qui comporte la mention Licensed from Culture Press with thanks to Enzo Hamilton, Rita Marley and Bunny Lee. Quel florilège ! Enzo Hamilton, grand escroc et faussaire devant l'éternel, Rita Marley, expulsée de la Fondation Marley pour faux et usage de faux et pour finir Bunny Lee, qui savait apposer sa signature... mais pas lire les contrats qu'il signait ! Les rendez-vous d'affaires d'Enzo Hamilton étaient de joyeuses occasions, bien arrosées et plus d'un chanteur s'y est laissé prendre, découvrant le lendemain qu'il avait signé des documents dont il n'avait aucun souvenir. Est-ce ce qui s'est passé avec Rita Marley ? C'est un scénario improbable, mais l'attelage Rita / Hamilton / Bunny Lee l'est tout autant. L'album porte les notices suivantes : Copyright ℗ phonographique – Culture Press, Copyright © – Éditions Milan Music, Autorisé sous licence par – Culture Press, Masterisé à – Studio Résonance, Distribué par – Warner Music International, Distribué par – Universal. Les faits parlent d'eux-mêmes. Il s'agit là d'une nébuleuse de sociétés : Culture Press, Milan Music et dans une moindre mesure Warner Music et Universal, tous connaissent la nature exacte de cet album.

*Mr Chatter Box* de Bob Marley,
produit par Bunny Lee, Lee's.

Mais il n'est pas certain que tous les enregistrements inclus dans cet album aient bien été produits par Bunny Lee, car on y trouve *Concrete Jungle*, qui a semble-t-il été produit par Lee Perry. Le nombre d'enregistrements de Bob Marley produits par Bunny Lee n'est pas clair. Le seul qui ne peut faire l'objet de discussion est *Mr Chatterbox* exploité aussi bien sur son label Attack que sur son label Jackpot : on y entend sa voix.

L'événement le plus lourd de conséquence pour l'avenir de Bob Marley et du reggae, c'est la rencontre de celui-ci avec le producteur Lee 'Scratch' Perry à la fin des années 1960. Nous avons déjà évoqué le poids de ce producteur dans la carrière d'une chanson jamaïcaine, mais dans ce cas on a assisté à une sorte de refonte totale. On peut affirmer que c'est Lee Perry qui a inventé le *son Marley*. D'ailleurs, comme on l'a dit plus tôt, le chanteur embarquera la section rythmique de Lee Perry, les frères Barrett, jusque là membres des Upsetters, le *backing band* attitré du studio The Black Ark. C'est ce Marley *revu* par Lee Perry, avec sans nul doute l'apport des frères Barrett, le nouveau noyau dur des Wailers, qui va séduire Chris Blackwell et le public mondial à sa suite.

La question qui se pose ici est que la quasi-totalité des enregistrements commercialisés sous le label Island Records à partir de 1962 étaient enregistrés et produits en Jamaïque par des producteurs jamaïcains comme Leslie Kong ou Coxsone Dodd. Mais comme ces producteurs n'avaient généralement pas de contrat avec les artistes, auxquels ils ne rendaient jamais de comptes, se bornant à les dépanner de temps à autre par quelques billets furtifs, on peut légitimement se demander si, en fin de compte, les artistes n'étaient pas, du point de vue légal, des coproducteurs ?

En 1967, Chris Blackwell et Island Records ont pour ainsi dire tourné le dos au reggae pour se concentrer sur la musique rock anglaise et les années suivantes ils ont produit et/ou commercialisé les albums du Spencer Davis Group, de Jethro Tull, de King Crimson, d'Emerson, Lake & Palmer, de Cat Stevens etc. La plupart des artistes jamaïcains ont alors été transférés à un autre label créé dans ce but, Trojan Records, co-fondé le 28 juillet 1967 par Blackwell avec Lee Gophtal. Ce transfert engendra une situation confuse qui permettrait l'exploitation de centaines de titres sous toutes sortes de licences et autres contorsions légales.

Au début des années 1970 Perry Henzell, visionnaire, réalisateur, producteur et écrivain jamaïcain, vieille connaissance de Blackwell, faisait le casting de son film *The Harder They Come* et cherchait notamment un acteur pour le rôle principal. Feuilletant les dossiers de quelques chanteurs aspirants au bureau de Blackwell à Londres, Henzell fut frappé par la photo de Jimmy Cliff, qui lui paraissait coller à son personnage de jeune chanteur un peu voyou. Blackwell était intéressé par cette démarche inédite : raconter le pays sur fond de musique reggae et promouvoir du même coup ses artistes. Comme Perry Henzell cherchait par ailleurs des financements pour son projet, Chris Blackwell décida d'investir 3 000 US $ (sur les 200 000 US $ nécessaires) à la réalisation du film qui sortirait sous le nom de *The Harder They Come* (en français *Tout, tout de suite*) en 1972.

C'est ainsi que Perry Henzell a embauché Jimmy Cliff pour jouer Ivanhoe Martin, un jeune provincial échoué à Kingston, plein d'illusions et découvrant les pièges de la scène musicale. Le personnage est inspiré de Rhyging, un Jamaïcain des années 1940 qui, n'ayant pas réussi à vivre de ses chansons, est devenu un criminel célèbre.

Perry Henzel a certainement dû négocier un *deal* avec Chris Blackwell/Island Records Ltd. pour la bande originale de ce film. Elle comprend douze titres ou phonogrammes, dont six de

Jimmy Cliff (*You Can Get It If You Really Want*, *Many Rivers To Cross*, *The Harder They Come* etc...), deux des Maytals, un de Scotty, un des Melodians, un des Slickers et un de Desmond Dekker. Elle fut publiée le 7 juillet 1972 sur l'album *The Harder They Come – Original Sound Track Recording*. Seule la chanson titre, *The Harder They Come*, (une citation de la bible, traduite généralement par *Plus dure sera la chute*) a été enregistrée par Jimmy Cliff pour cette bande originale ; ses autres chansons, comme celle des autres artistes jamaïcains sollicités, ne sont que des reprises d'anciens albums jamaïcains.

Le film et sa bande originale n'ont d'abord rencontré qu'un succès confidentiel. Ce n'est qu'après quelques années qu'ils feront découvrir le reggae et surtout sa culture, à des millions de jeunes auditeurs en Europe, en Amérique et ailleurs, permettant à ce genre musical de ne pas rester un phénomène isolé, cantonné aux frontières de la Jamaïque. En 2003, la BO de *The Harder They Come* est classée 119e par *Rolling Stone Magazine* dans sa liste des 500 plus grands albums de tous les temps.

À la fin de l'année 1972 Chris Blackwell rompit ses relations avec Jimmy Cliff qui s'était converti à l'Islam et celui-ci signa en 1973 un contrat avec EMI. En fait dès la fin de l'année 1972 Chris Blackwell semblait s'être totalement détourné du reggae, mais l'avenir en avait décidé autrement. Au début de l'automne 1972, à Londres, il eut la visite inattendue de Bob Marley. Bien que familier de sa musique (dans les années 1962-63 il avait distribué ses singles en Grande-Bretagne) il n'avait jamais travaillé directement avec lui. Mais Bob Marley, de retour d'une tournée en Suède, se retrouvait sans un sou à Londres avec les Wailers et en dernier recours il a fini par contacter Chris Blackwell. Celui-ci lui fit une avance de 5 000 £, environ 8 000 US $, pour qu'il puisse enregistrer son prochain album à Kingston, à savoir *Catch À Fire*, qui sera mixé en novembre aux studios Island, à Londres, par John 'Rabbit' Bundrick sous le regard vigilant de Familyman Barrett, qui voulait lui donner un son à la James Brown. Ce premier album des *Wailers featuring Bob Marley* a été commercialisé sous le label Island Records Ltd. à partir du 13 avril 1973. Les mois suivants, il s'est vendu à 14 000 exemplaires, ce qui, à l'échelle d'Island, n'était pas considéré comme un réel succès commercial.

En 1973 la société Island Records Ltd. a transféré son siège et ses bureaux au numéro 22 de St Peter's Square à Hammersmith, une vaste maison bourgeoise où travaillait son personnel administratif, juridique et financier, soit près de 65 personnes. Au sous-sol avait été aménagé un petit studio d'enregistrement, dans lequel se trouvait une cheminée, parfois utilisée pour ajouter de l'écho à un titre. C'est dans ce studio, qui a tourné jour et nuit jusqu'en 1990, que Bob Marley & The Wailers enregistrent l'album *Exodus* durant le premier trimestre de l'année 1977.

Après *Catch a Fire* sortiront les albums *Burnin'* (19 oct. 1973), *Natty Dread* (25 oct. 1974), *Live ! At the Lyceum* (5 déc. 1975), *Rastaman Vibration* (30 avr. 1976), *Exodus* (3 juin 1977) et *Kaya* (23 mars 1978), sur le label anglais Island Records Ltd., puis *Babylon by Bus* (10 nov. 1978), *Survival* (2 oct. 1979) et *Uprising* (10 juin 1980) sur le label américain Island Records Inc.

Mais force est de constater que ce sont les albums de Bob Marley & The Wailers sortis sur le label d'Island Records qui feront de ceux-ci des stars mondiales à partir de 1975-1976. Ce succès est dû à Chris Blackwell, ainsi qu'à Lee Perry qui est certainement à l'origine de leur son caractéristique, qui les distingue des autres artistes de reggae. Mais leur succès est également dû à leurs chansons, écrites et composées pour certains par Bob Marley lui-même.

Après la mort du chanteur, Island Records publiera plusieurs compilations dont le célèbre *Legend* comportant quatorze titres. Depuis sa sortie en 1984, *Legend* est resté sans interruption dans le classement du *Bilboard Magazine*. À la fin de l'année 2021 il y était même, pour la deuxième année consécutive, classé meilleur album reggae de l'année. En 2021 aux États-Unis on en a encore vendu 179000 copies sous forme de vinyles ou de CD, sans compter 528314999 streams sonores et 50801000 streams vidéo. À la fin de l'année 2021, près de 33 millions de copies de *Legend* avaient été vendues dans le monde, dont près de

20 millions aux États-Unis et près de 3,9 millions en Grande-Bretagne.

Dès 1978, la société Island Records Ltd., une société de droit anglais, transfère ses contrats à la société Island Records Inc., de droit américain. Puis en 1989 Chris Blackwell vendait Island Records à PolyGram pour près de 300 millions de dollars américains, restant toutefois président d'Island Entertainment Group jusqu'en 1997. Depuis 1999, le label Island est sous le contrôle d'Island Def Jam Music Group aux États-Unis et d'Universal Island Records Ltd. au Royaume-Uni. En Allemagne, la marque fait partie de Polydor Island Group, qui s'est formé à partir de l'éphémère Island Mercury Labelgroup. Au Japon, la marque est utilisée localement par Universal Sigma. Universal Music, qui avait absorbé Polygram en 1999, a été dissous le 1er avril 2014 pour devenir Universal Music Group (UMG), la plus grande société internationale de contenu musical avec une position de leader – entre 30% et 35% du marché de la musique enregistrée, de l'édition musicale et du merchandising.

Pour un artiste jamaïcain des années 1960-1970, signer avec un label anglais, comme Island Records ou Virgin, c'était l'assurance que ses enregistrements allaient être commercialisés en Angleterre, voire même dans d'autres pays et qu'ils allaient également être diffusés par les stations de radio anglaises.

Mais dans les années 1960, 1970 et même 1980, aucun artiste de Jamaïque ou d'ailleurs ne pouvait envisager que ses enregistrements défieraient un jour le temps et l'espace et seraient commercialisés de manière continue pendant plus d'une cinquantaine d'années, non seulement en Jamaïque, mais dans le monde entier et jusqu'au Japon, où le reggae a connu une grande popularité. Dans les années 1960-1980, les titres étaient commercialisés dans les six mois à partir de leur première diffusion : ceux qui connaissaient un grand succès étaient diffusés à la radio pendant quelques semaines, voire quelques mois et leur popularité durait jusqu'à ce qu'ils soient remplacés par le titre d'un concurrent, ou par le nouveau disque du même artiste. En France par exemple, en 1965, Hervé Vilard a connu un grand succès avec *Capri c'est fini*, alors concurrencé par *Aline* de Christophe; l'année suivante, les fans d'Hervé Villard écoutaient ses nouveaux titres notamment *Fais la rire.* Mais dès 1967 les radios ne diffusent plus *Capri c'est fini* ni *Aline* et peu de disquaires proposaient encore ces titres à la vente. Pourtant ceux-ci sont revenus au goût du jour dans les années 1980, encouragés à la fois par des rééditions en CD, puis par l'apparition en France de stations de radio spécialisées dans la musique française des années 1960, comme Radio Nostalgie et depuis les années 2000 ces titres sont accessibles en streaming. Mais en 1965 ni Hervé Vilard, ni Christophe ne pouvaient imaginer que *Capri c'est fini* et *Aline* allaient devenir des titres intemporels. Pourtant en juin 2023, le premier avait été streamé plus de dix millions de fois sur Spotify, six millions de fois pour la version espagnole et *Aline* plus de quarante-quatre millions de fois.

De même Bob Marley, ainsi que les Wailers, ne pouvaient imaginer qu'un grand nombre de leurs enregistrements allaient devenir intemporels, notamment que *Get Up, Stand Up* sorti en 1973 sur l'album *Burnin'* et vendu cette année-là à quelques milliers d'exemplaires seulement, serait en juin 2023 – cinquante ans plus tard – streamé plus de 132 millions de fois sur Spotify, indépendamment du fait que cette société n'existait pas à l'époque, ni même le streaming. Elvis Presley lui-même ne pouvait imaginer que *Can't Help Falling in Love*, enregistré en 1961 (album *Blue Hawaii*), serait, en juin 2023, streamé plus de 703 millions de fois sur Spotify.

On néglige souvent le fait que Bob Marley était non seulement un artiste-interprète, mais aussi l'auteur compositeur de la plupart de ses chansons. Comme les œuvres de Mozart, ses compositions ont défié le temps tout autant que ses performances historiques qui font de lui, en tant qu'interprète, une sorte de Luciano Pavarotti du reggae.

Je n'ai jamais eu l'occasion de voir et donc de lire le contrat signé en septembre/novembre 1972 par Bob Marley avec Chris Blackwell et Island Records. Mais j'ai vu et lu en détail les lettres/contrats signés à la même période par Max Romeo et Ijahman avec ce producteur. S'il s'agit du même type de contrat, il y a de fortes probabilités que les 5000 £ (environ 8 000 US $) avancés par Blackwell pour financer l'enregistrement de l'album *Catch a Fire* à Kingston aient été une avance remboursable qui serait prélevée sur ses redevances. Si c'est le cas, il apparaît qu'en fin de compte Bob Marley et les Wailers ont eux-mêmes financé l'enregistrement, dont ils sont de ce fait légalement les producteurs. Et si Chris Blackwell a signé un contrat avec Bob Marley, celui-ci laisse entière la question des Wailers, qui, au regard des usages de la profession, ne peuvent être considérés comme de simples musiciens de studio et avec lesquels Blackwell aurait également dû signer un contrat. Il est également probable que Island Records a dû facturer à Bob Marley quelque 100000 £/US $ de frais de mixage, qui ont dû être ensuite prélevés sur les redevances dues au chanteur.

Parmi les principales victimes d'Island, donc d'Universal Music, figurent d'autres grands artistes, comme Jimmy Cliff, Max Romeo, Ijahman ainsi que les Wailers, le groupe des musiciens de Marley, dont j'ai eu la charge de défendre les intérêts en justice.

Trevor Sutherland, plus connu sous ses noms d'artiste, I Jah Man Levi ou Ijahman, est un authentique Rasta, une personnalité à part. Lors des réunions que j'ai animées à Londres avec de nombreux artistes et producteurs jamaïcains il s'est toujours tenu à l'écart, mais son visage s'éclairait chaque fois que je lui parlais et même au téléphone je sens sa chaleur humaine. Dès notre première rencontre il m'a parlé d'Island Records et du fait que celle-ci ne lui avais jamais payé de royalties pour ses deux albums *Haile I Hymn* et *Are We A Warrior*, sortis respectivement en 1978 et 1979 et exploités sans discontinuer depuis, y compris depuis quelques années en streaming sur les plateformes comme Spotify et Deezer.

Chris Blackwell n'a pas plus *découvert* Ijahman que Bob Marley. Il a tout au mieux repéré cet artiste en écoutant son single *Jah Heavy Load*, publié en 1976 en Grande-Bretagne sur les labels Concrete Jungle et Lucky, sur lesquels il est précisé enregistré au studio Eve de Londres » et arrangé et produit par Th. Sutherland & D. Harris »

Ce titre figure également sur l'album *Haile I Hymn* d'Island, mais il s'agit sans nul doute d'un nouvel enregistrement compte tenu de sa durée de 5'02s., au lieu des 3'25s. de l'enregistrement original.

*Jah Heavy Load* d'I Jahman sorti en 1976 sur les labels Concrete Jungle et Lucky (crédité à I Jahman Levi).

Convaincu du talent d'I Jahman, Chris Blackwell a contacté cet artiste pour lui faire signer le 25 août 1976 un contrat avec la société Island Records Ltd., qui a fait l'objet d'un avenant le 1er décembre 1977. Conformément à ces documents, I Jahman :

> (i) a reçu à l'époque une avance de 1000 £ remboursable sur ses redevances futures et
>
> (ii) en contrepartie il s'est engagé à enregistrer quatre chansons pour un 45t, complété d'une période optionnelle d'un an durant laquelle il devait enregistrer de quoi remplir un double album longue durée (art. 2).

Pour ces quatre chansons Island lui allouait un budget destiné à couvrir les frais d'enregistrement en Jamaïque, à savoir :

> (i) 2000 £ pour les quatre enregistrements qu'il devait livrer dans la période initiale ;
>
> (ii) la somme de 11000 £ pour chacun des albums suivants qui devaient être livrés dans la première et la seconde période optionnelle (art. 5.a) ;

étant précisé que :

> « Pour les enregistrements effectués dans la période initiale il devait percevoir des redevances

> de 8% pour les disques vendus au Royaume Uni et aux USA et 6% dans les autres pays » (art 3.a et b), « mais que dans l'hypothèse où il excéderait le budget contractuellement prévu pour un quelconque enregistrement et que la société accepte ce dépassement de budget, alors la société sera autorisée à déduire 1% pour chaque 1000 £ de dépassement de budget » (art. 5).

Après une semaine d'enregistrement dans les studios de Joe Gibbs en Jamaïque, I Jahman a enregistré non pas quatre, mais neuf chansons, soit cinq de plus qu'il n'était contractuellement prévu pour la période initiale. De surcroît compte tenu de la durée relativement longue de chacun de ces enregistrements, ces 9 phonogrammes ont permis la réalisation de deux albums, à savoir deux LP (33t) vinyle. Le premier, *Haile I Hymn*, commercialisé en 1978, comprenait quatre phonogrammes pour un total d'un peu plus de 35 minutes, tandis que le second, *Are We A Warrior*, commercialisé en 1979, comprenait cinq phonogrammes pour un total d'un peu plus de 33 minutes. Cela en lieu place du 45t quatre titres ou des deux 45t deux titres initialement et contractuellement prévus.

Mais dans les mois qui ont suivis leur publication ces deux albums n'ont pas rencontré le succès commercial escompté par Chris Blackwell, qui à l'automne 1979 a décidé de rompre le contrat qui le liait à I Jahman. Chris Blackwell était d'autant plus mécontent d'I Jahman que celui-ci avait refusé de céder les droits d'édition sur ses compositions à la société Blue Mountain, la filiale d'édition d'Island Records. De ce fait, l'exploitation des deux albums d'I Jahman n'était pas aussi lucrative que prévu.

C'est dans cet état d'esprit que le 8 novembre 1979, Chris Blackwell a fait parvenir à I Jahman – qui résidait alors à Londres dans un studio appartenant à Island – la lettre suivante :

> *Cher I Jahman,*
>
> *Nous avons dû annuler votre voyage en Europe parce que l'album n'a pas généré d'intérêt suffisant pour nous permettre de vous obtenir suffisamment d'interviews.*

> *Nous avons fait tout ce que nous avons pu avec peu de résultat et nous sentons que nous devons vous libérer du contrat qui nous lie, de manière à ce que vous puissiez aller ailleurs. Vous pouvez utiliser les bandes de vos enregistrements et nous vous aiderons à l'avenir quand nous pourrons le faire.*

Quelques jours plus tard, I Jahman récupère les bandes masters de ses deux albums *Haile I Hymn* et *Are We A Warrior*, mais ce n'est qu'en 1982, grâce à la création de son propre label Jahmani, qu'il pourrait enfin les exploiter.

Pourtant, malgré cette rupture unilatérale de contrat par Island, actée par la lettre de Chris Blackwell du 8 novembre 1979, les deux albums *Haile I Hymn* et *Are We A Warrior* ont été fabriqués et commercialisés par Island à des centaines de milliers d'exemplaires en Angleterre, en France ainsi que dans le reste du monde sans discontinuer de 1978/79 à ce jour, d'abord sous forme de 33t, puis vers 1990 sous forme de CD.

Selon le site Discogs, l'album *Haile I Hymn* a connu au moins 20 versions/éditions sous le label Island ou son sous-label Mango, y compris une version illégale aux Pays-Bas sur le label Corn-Fed Productions. Quant à l'album *Are We A Warrior*, il a connu au moins 22 versions/éditions sous le label Island ou son sous-label Mango. I Jahman n'étant pas un artiste foncièrement commercial, en août 2024, il n'avait que 72432 auditeurs mensuels. Mais depuis 1979, ce chanteur n'a jamais perçu un centime de redevances pour l'exploitation de ses deux albums *Haile I Hymn* et *Are We A Warrior* qui, d'après mes estimations, ont dû se vendre à près de deux millions d'exemplaires, tant par Island Records que par son successeur en titre, la société Universal Music Group.

Par ailleurs, Island a rompu unilatéralement le contrat d'I Jahman et lui a restitué les *masters*, les *bandes mères* de ses enregistrements, comme cela a également été acté par Chris Blackwell dans sa lettre du 8 novembre 1979. Et ce faisant, Island a renoncé à son droit de propriété sur ces masters, donc par le fait même à ses droits de producteur, qui ont ainsi été transmis à I Jahman. Pourtant en juin 2023, dans la base données de la société de gestion collective PPL, *Are We A Warrior* faisait l'objet de six inscriptions, deux au nom d'I Jahman Levi, donc au bénéfice de sa société Jahmani, deux au nom d'I Jahman, dont l'une au nom d'Universal et une autre au nom de Trevor Sutherland (le nom de naissance d'I Jahman) au bénéfice, elle aussi, d'Universal. Parmi ces inscriptions, deux visent des enregistrements réalisés en 1979, donc vraisemblablement il s'agit du même master, mais l'une est inscrite au nom de Jahmani et l'autre d'Universal. Cherchez l'erreur...

La question de savoir non pas qui est le producteur originel, au sens légal de ce terme, des albums *Haile I Hymn* et *Are We A Warrior*, mais celle de savoir si I Jahman n'est pas investi des droits de producteur depuis qu'Island lui a restitué les masters en novembre 1979. Cette question n'est pas anodine. Car si c'est le cas, I Jahman est investi des droits du producteur original, celui d'autoriser ou d'interdire l'exploitation des masters sous forme de disques ou de streams. Il dispose également d'une rémunération dite équitable sur leur radio-diffusion.

I Jahman a pu se passer de Chris Blackwell et d'Island, puisqu'en 1985, il a enregistré avec sa femme Madge Sutherland un duo, *I Do*, commercialisé sous son label Jahmani, qui s'est classé n°1 au hit-parade anglais. C'est également sur ce label que sortira en 1995 l'album *Home Free* de Madge Sutherland.

Le 10 février 2003 j'ai, au nom d'I Jahman, fait délivrer une assignation à Universal Music France ainsi qu'à Vivendi Universal, qui était alors sa société mère. Devant le tribunal, l'avocat d'Universal a notamment argumenté que la lettre du 8 novembre 1979 n'était pas une lettre de résiliation du contrat d'Ijahman, mais qu'elle visait l'enregistrement d'un éventuel troisième album et pour justifier le fait que cet artiste n'avait jamais reçu de redevances, ni même de bordereau de redevances, il affirmait, sans aucun élément de preuve, que les coûts d'enregistrement des deux albums avaient dépassé les 100 000 £ et que cette somme n'ayant pas été remboursée, aucune redevance n'était due à l'artiste. Bien entendu aucun de ses arguments n'était justifié par un quelconque document établissant notamment que le coût d'enregistrement des albums avait dépassé les 100 000 £

Quant à moi, j'avais versé aux débats les attestations de deux musiciens, Ossie Hibbert et Willie Lindo, qui confirmaient que compte tenus de leurs cachets, le coût d'enregistrement de ces deux albums n'avait pas pu dépasser les 22 000 £ du budget alloué contractuellement.

Par ailleurs, sur l'album *Haile I Hymn* qui comporte la notice ℗ 1978 Island Records Ltd. – ce qui confère une présomption de titularité à Island Records – figurent également les mentions Produced by I Jahman Levi – Executive Producer Chris 'Levi' Blackwell – Associate Producer Robert Ash, qu'on ne saurait ignorer. Enfin, Chris Blackwell a rendu les masters de cet album à I Jahman en novembre 1979, sans pour autant cesser de les commercialiser ; mais depuis cette date celui-ci n'a jamais perçu de royalties.

Malheureusement le tribunal de Paris saisi de cette affaire a, par un jugement du 31 octobre 2006, déclaré la demande d'I Jahman irrecevable, au motif que celui-ci était peut-être lié à Island/Universal par un contrat prévoyant une clause d'attribution de compétence au tribunal de Londres et l'a même condamné à payer 3 000 € de remboursement d'honoraires et de frais d'avocats. Or, il était évident qu'I Jahman, à supposer même qu'il ait bien eu un contrat validement signé avec Island, n'était plus contractuellement lié à cette société dès lors que celle-ci ne lui avait jamais rendu de compte ni versé de royalties et qu'elle lui avait restitué les masters de ces albums. Si les magistrats qui ont rendu ce jugement n'étaient pas manifestement nuls en matière de droit, ils étaient alors de mauvaise foi, totalement biaisés en faveur d'Universal, pour ne pas dire racistes.

Mentions figurant sur l'album d'I Jahman
*Haile I Hymn*, Island, 1978.

Max Romeo, qui a notamment enregistré un album en duo avec Bob Marley, est l'un des plus flamboyants vétérans du reggae jamaïcain, pour reprendre l'expression d'un article du Monde. Au printemps 2023, âgé de 78 ans, accompagné de son fils et de sa fille Azana, il a encore donné une série de 70 concerts dans les principales villes de France dans le cadre de sa tournée d'adieu, The Ultimate Tour, qui s'est achevée le samedi 13 mai à l'Olympia de Paris. Il décèdera à l'hôpital de Saint Andrew le 11 avril 2025, deux ans plus tard, de problèmes respiratoires et cardiaques.

Comme Bob Marley, Max Romeo est également auteur-compositeur – son répertoire est l'un des plus remarquables de tout le reggae. Ses chansons dénoncent souvent des situations sociales et politiques, ce qui ne le rend pas cher au cœur de l'*establishment.* Pourtant Romeo n'était inféodé à aucune idéologie et il a toujours affirmé son indépendance. Après avoir au début des années 1970 soutenu le socialiste Michael Manley, leader du People's National Party, il n'a pas hésité à le brocarder dans *Chase the Devil*, *War Ina Babylon* ou *One Step Forward* lorsque celui-ci, élu Premier Ministre, prit des mesures qui lui paraissaient contraires à l'intérêt des classes défavorisées. Ces positions lui ont attiré la haine du JLP lorsque celui-ci revint au pouvoir en 1980 après une campagne sanglante à la suite de laquelle Max Romeo sera même forcé de s'exiler. Ses positions politiques de gauche sont moins décriées à l'étranger, dans la mesure où elles semblent logiques dès lors que la Jamaïque connaît encore, 45 ans plus tard, des îlots de pauvreté où une grande partie de la population ne mange pas à sa faim.

L'album *War Ina Babylon* enregistré en collaboration avec Lee 'Scratch' Perry (décédé en 2021), paru en 1976 chez Island Records sous le nom de Max Romeo & The Upsetters, l'a fait connaître dans le monde entier.

Depuis sa sortie cet album est exploité sans interruption, d'abord sous forme de disques 33t, puis de CD, puis au début des années 2000 sous forme de téléchargement en enfin depuis 2008 sous forme de streams. Selon le site Discogs cet album a connu soixante et une versions/éditions, dont au moins cinquante-huit sur le label Island ou son sous-label Mango. D'après mes estimations, cet album a été commercialisé à au moins 2 millions d'exemplaires dans le monde. En France, selon une attestation de la SDRM, 11500 copies de cet album ont été fabriquées officiellement sur une période de vingt-quatre mois (juin 1999 à juin 2001), soit près de 25 ans après sa sortie ! En juillet 2024, sur le site de Spotify, il était indiqué que Max Romeo avait 1404416 auditeurs mensuels et *Chase The Devil*, *War Ina Babylon* et *One Step Forward*, inclus dans l'enregistrement d'Island, avaient été streamés respectivement 94 007 183, 21 220 376 et 7 400 108 fois, soit au total près de 100 millions de fois.

*Chase The Devil* a également fait l'objet de plusieurs *samplings* (citation sonore dans une autre œuvre), d'abord en 1992 par le groupe Prodigy pour sa version intitulée *Out of Space*, un tube international, puis en 2003 dans *Lucifer* de Jay Z et enfin 2008 dans *Ain't No Rest for the Wicked (Wicked Devil Reggae Remix)*. Enfin, *Chase The Devil* a également été reproduit dans la station de radio GTA, K-JAH Ouest du jeu vidéo *Grand Theft Auto San Andreas*, qui s'est vendu à plus de 100 millions d'exemplaires !

En 2004, Max Romeo n'avait toujours pas reçu de bordereau de royalties, ni a fortiori de royalties d'Island/Universal pour l'exploitation de cet album. Quelques années auparavant, une assistante de Chris Blackwell à Island Records avait réussi à retrouver son dossier qui faisait apparaître près de deux millions de livres sterling dûs à cet artiste, mais il semble que celle-ci fut victime d'un accident de voiture et le dossier disparut à nouveau.

Aussi, en 2005, j'ai assigné les sociétés Universal Music SA., Vivendi Universal SA, Universal Music Ltd. et UMG Recordings Inc. devant le tribunal de Paris au nom de Max Romeo, à propos de l'exploitation sans son autorisation de son album *War Ina Babylon*, commercialisé sous le label Island Records.

Sur le fond, les défenderesses revendiquaient le bénéfice d'une lettre contrat à en-tête de la société américaine Island Records Inc., en date du 8 mars 1976 et adressée à Lee Perry et Max Romeo et soi-disant contresignée par ceux-ci, dans laquelle ils sont qualifiés collectivement « d'artistes connus professionnellement sous le nom d'Upsetters. Cette lettre-contrat prévoyait la fourniture exclusive de services d'enregistrement en contrepartie du paiement de redevances pouvant varier de 0,30 à 0,50 US $ par album selon les cas, étant précisé que cette redevance pouvait même être supérieure à ces montants dès lors que le prix public de l'album dépassait un prix de référence.

Pourquoi ces formulations tarabiscotées ? Tout simplement parce qu'aux États-Unis, au regard de la législation sur le *copyright*, les droits sur une œuvre réalisée dans le cadre d'un contrat de services appartiennent au commanditaire. Mais cela suppose néanmoins que celui-ci ait financé et payé la création et/ou l'enregistrement de ladite œuvre. À cette lettre-contrat du 8 mars 1976 était joint un contrat type à en-tête d'Island Records Inc., signé avec *le Producteur dont le nom apparaît en-tête de ce contrat*, mais qui en réalité ne mentionne aucun nom de producteur dans ladite en-tête, mais dont il ressortait, sans nul doute possible, que Max Romeo était avec Lee Perry le coproducteur de l'album *War Ina Babylon*.

Le principal argument d'Universal tenait au fait que comme la société Island Record Inc avait été absorbée et fusionnée avec une société américaine, en conséquence, pour son avocat, si Max Romeo entend critiquer l'exécution du contrat du 8 mars 1976 il doit diriger ses critiques contre son cocontractant, c'est-à-dire la société de droit américain UMG Recordings Inc. Et ce alors que la société UMG Recordings Inc. n'existait pas en 1976. Tout cela pour souligner que les fusions, acquisitions, absorptions, souvent intercontinentales, auxquelles se sont livrées les majors depuis une cinquantaine d'années entraînent des transferts de contrats au détriment des artistes, qui en sont toujours les victimes.

Mentions figurant sur l'album *War Ina Babylon*, Island, 1976.

Néanmoins, après avoir soutenu pendant trois ans que l'album *War Ina Babylon* avait été produit par la société de droit anglais Island Records Ltd., compte tenu du fait notamment que l'album litigieux comportait la mention ℗ 1976 Island Records Ltd., Universal a finalement reconnu qu'en vertu du contrat en date du 8 mars 1976 l'album en cause a été produit par Max Romeo et Lee Perry mais que par ce même contrat ceux-ci avaient cédé leurs droits de copyright actuels et futurs à la société Island Records Inc.

*War Ina Babylon* de Max Romeo
produit par Lee 'Scratch' Perry sur Upsetters.

Et ce alors que dans la base de données de la SCPP c'est Universal Music France qui s'était inscrite comme producteur de la totalité des enregistrements de l'album *War Ina Babylon !* Des contradictions qui n'ont jamais fait réagir un magistrat français. Et pourtant avant l'album *War Ina Babylon* publié sur le label Island, il existait bien un single de ce même titre, publié en Jamaïque sur le label Upsetters de Lee 'Scratch' Perry. En d'autres termes, le phonogramme *War Ina Babylon* a été produit et exploité par Lee 'Scratch' Perry sur son propre label en Jamaïque avant qu'il n'en cède, en quelque sorte, une licence d'exploitation à Island Records Ltd. Il ne peut donc s'agir d'un disque légalement produit par Island Records, puisqu'il préexistait à son exploitation par cette société.

Max Romeo, qui n'a jamais touché une centime de redevances en tant qu'interprète de l'album *War Ina Babylon*, n'a par ailleurs jamais signé de contrat avec Lee Perry. En l'absence d'un contrat d'enregistrement, il doit être considéré comme coproducteur de cet album et à ce titre il a également été privé par Island/Universal de ses rémunérations légales en sa qualité de coproducteur des phonogrammes.

Dans la mesure où Universal invoquait le bénéfice d'une lettre-contrat de 1976, elle n'avait pas d'autre alternative que de payer des redevances à Max Romeo en exécution de celui-ci. Universal a alors versé au dossier des bordereaux de redevances établis au nom de Max Romeo pour la période 1976-2004. Ces bordereaux, après avoir montré une somme de plus de 16 000 US $ au débit de cet artiste en 1980, alors qu'il n'avait jamais perçu un centime de redevances, celui-ci se retrouvait en 2004 finalement créditeur de 15 000 US $ que la société UMG Recordings était disposée à lui verser!

Mais bien entendu, le tribunal de Paris, dans son jugement du 29 novembre 2006, a jugé que l'action de Max Romeo était irrecevable dès lors qu'il était, semble-t-il, lié à la société Island Records Ltd. par un contrat soumis au droit anglais.

En France, aucun juge d'instruction ne s'est jamais livré à une enquête sur les pratiques des majors, contrairement aux États-Unis. En 2004, pour éviter des poursuites pénales, Warner Music Group, Bertelsmann Music Group, Sony Music Entertainment et EMI Group on signé un accord transactionnel avec le procureur (*public prosecutor*) Eliot Spitzer et accepté de payer 50 millions de dollars de royalties que ces majors avaient oublié de payer aux artistes, malgré les contrats qu'ils avaient signés avec eux. Parmi ceux-ci figuraient des artistes célèbres comme David Bowie et Dolly Parton, à qui étaient dus respectivement 10698 US $ et 17568 US $ de royalties oubliées, ainsi que des centaines d'autres auxquels n'étaient dues que quelques centaines de dollars chacun. Il n'en demeure pas moins que la totalité de ces oublis se montaient à 50 millions de dollars. Dans une autre affaire, en 2006, suite à une autre enquête des services d'Eliot Spitzer, Universal Music Group (UMG) a été contraint de payer 12 millions de dollars d'amende pour avoir soudoyé des stations de radio pour les pousser à diffuser des titres produits par leur groupe.

En 2004-2006, Island/Universal auraient pu faire amende honorable et reconnaître qu'ils n'avaient pas versé à Max Romeo les redevances qui lui revenaient contractuellement – qui devaient alors s'élever à quelques centaines de milliers d'euros. Ces sociétés ont préféré se défendre avec des arguties juridiques et en quelque sorte *botter en touche*. Aussi, pour obtenir enfin justice, en 2023, Max Romeo a été contraint de saisir un tribunal américain d'une nouvelle action contre Universal Music Group et Polygram Publishing, mais cette fois-ci avec une demande de près de 15 millions de dollars en redevances impayées et en dommages et-intérêts. Bref, Universal paie des centaines de milliers de dollars et d'euros à ses avocats pour ne pas payer aux artistes dont elle exploite les enregistrements les redevances qui leurs sont dues...

Jimmy Cliff est également une victime des majors, mais pas pour un seul contrat : pour une série de contrats, tous plus ambigus les uns que les autres et dont certains se veulent même rétroactifs.

Cet artiste, qui est très connu en France, est né en 1944. Il a enregistré ses premiers singles pour Leslie Kong en 1962-1963 alors qu'il avait 17 ou 18 ans. Il était alors mineur, car à cette époque, en Jamaïque, l'âge de la majorité était de 21 ans. Aussi n'a-t-il pas pu, à cette époque, signer légalement un contrat valide avec ce producteur jamaïcain. Et cela, même s'il a continué d'enregistrer pour Leslie Kong après sa majorité et jusqu'à la mort de celui-ci le 9 août 1971. Aussi, en l'absence de contrat et de rémunération spécifique, Leslie Kong et Jimmy Cliff ont toujours considéré, d'un commun accord, qu'ils étaient tous deux co-producteurs, donc copropriétaires, de ces enregistrements, comme cela est d'ailleurs mentionné sur les albums publiés par Trojan et Island en 1969-1971 (produits par Leslie Kong et Jimmy Cliff).

Le premier contrat signé par Jimmy Cliff avec Chris Blackwell/Island Records Ltd. date du début de l'année 1967. Pour être plus précis il s'agit d'un contrat de deux pages, à durée déterminée, du 1^er^ janvier 1967 au 31 décembre 1969, par lequel « l'artiste accorde à la société (anglaise Island Records Ltd.), qui l'accepte, le droit unique et exclusif de ses services en relation avec la réalisation d'enregistrements de toutes descriptions et par tous les moyens actuellement connus ou conçus ultérieurement par lesquels les sons peuvent être conservés pour la reproduction » (art. 1^er^). Étant précisé que selon l'article 3 (Engagement), « pendant la durée du présent Accord, la Société fera appel aux services de l'artiste pour un minimum de quatre singles par an ». Quant à l'article 5 (Généralités) il dispose également que :

> « a) Les œuvres musicales qui doivent être exécutées seront choisies entre la Société et l'Artiste Artiste(s).
>
> b) La Société a le droit de publier ou de re-publier les enregistrements ou des parties de ceux-ci sous toutes les formes et tailles de disques à sa seule discrétion.
>
> …
>
> e) L'artiste reconnaît que les copyrights dans tous les arrangements et orchestrations réalisés à des fins d'enregistrement sont la propriété de chaque Éditeur concerné et que dans la cas d'arrangements ou d'orchestrations originales d'œuvres du Domaine Public commissionnées et payées par la Société celle-ci disposera de leurs copyrights ».

Et selon l'article 4 (Royalties) « en contrepartie de ses Services, la société paiera à l'artiste une redevance de 3% calculées sur 90% du prix de vente en gros des disques ».

Quel que soit le droit sous lequel on se place, y compris anglais, ce contrat n'est pas un véritable contrat d'enregistrement mais un simple contrat de services par lequel Island « s'est engagée à requérir les services de Jimmy Cliff pour au moins quatre singles par an » (art. 2), qu'elle peut ne pas publier, à sa seule discrétion (art. 5 b). Il ne prévoit aucun budget pour les enregistrements devant être réalisés par cet artiste, auquel il n'est alloué aucune somme pour lesdits frais d'enregistrement. Aucune annexe signée à postériori ne mentionne les titres des enregistrements réalisés par Jimmy Cliff dans le cadre de ce contrat de services.

Au regard du droit français, ce contrat qui confère à Island le droit de ne pas publier les enregistrements de Jimmy Cliff porte atteinte au droit moral de cet artiste, dont celui-ci peut toujours invoquer la violation en France. De ce fait, il est donc également manifestement nul, de nullité absolue.

Tous les albums publiés par Island en 1969-1971 portent bien la mention Produit par Leslie Kong et Jimmy Cliff, alors que tous les phonogrammes figurant sur ceux-ci ont, à partir de 1986 en France et de 1996 au Royaume-Uni, été inscrits dans les bases de données producteurs, celle de la SCPP en France et de la PPL en Angleterre, au nom d'Island/Universal – donc comme ayant été produits, au sens de financés, par cette société, ce qui n'a jamais été le cas ! Pire, Island/Universal a même enregistré à son nom dans les bases de données de la SCPP/PPL les singles enregistrés par Jimmy Cliff avec Leslie Kong en Jamaïque dans les années 1962-1963, alors que cet artiste était encore mineur et quatre années avant l'entrée en vigueur du contrat que celui-ci a signé avec Island en 1967 !

Nous avons déjà raconté comment Perry Henzel recruta Jimmy Cliff en 1972 pour jouer dans son film *The Harder They Come*. Mais quelques semaines après la sortie ce film, qui présentait au public la culture rastafari, Jimmy Cliff avait non seulement changé de look en se faisant couper les cheveux, mais s'était converti à l'Islam, ce qui contrariait les plans marketing de Chris Blackwell. Aussi à la fin de l'année 1972 Chris Blackwell rompait-il ses relations avec Jimmy Cliff, qui dès l'année suivante signait un contrat avec EMI.

Indépendamment du fait que le contrat signé par Jimmy Cliff en 1967 a pris fin à la fin de l'année 1969 et que dans les années 1970 cet artiste a signé des contrats avec d'autres labels, notamment EMI en 1973, Chris Blackwell et Island Records ont eu recours à une nouvelle *astuce* pour s'attribuer rétrospectivement les droits sur la plupart des enregistrements de cet artiste durant les années 1970-1995. Dans ce but Island Records Ltd. lui a fait signer le 13 novembre 1995 un contrat, entré en vigueur le 1er janvier 1995, qui se présente comme un contrat rétroactif, de manière à couvrir non seulement six albums listés dans une annexe, à savoir quatre albums originaux, *Hard Road To Travel*, *Jimmy Cliff*, *Another Cycle* et *Struggling Man*, publiés respectivement par Island en 1967, 1969 (donc en principe sous l'empire du contrat de 1967), 1971 et 1973 (donc en dehors du champ de ce dernier). Cette même annexe liste deux compilations, le double album *Best of Jimmy Cliff* publié en 1975 et *Reggae Greats* publié en 1984. Ce contrat de 1995 ne mentionne pas les rémunérations légales d'artiste et de producteur, mais comporte cependant « une cession de tous les droits de Jimmy Cliff présents et futurs quels qu'ils soient », ce qui permet à Island/Universal de justifier des inscriptions de ces enregistrements et compilations à son nom dans la base de données de la SCPP à compter du 1er janvier 1986, ainsi que dans la base de données de la PPL depuis 1996. Ces inscriptions ont permis à Island/Universal de s'approprier les rémunérations légales producteurs générées par l'exploitation de ces phonogrammes en France et au Royaume-Uni.

Il est vrai que ce contrat de 1995 a porté les royalties payées à Jimmy Cliff, qui étaient d'un montant de 3% dans son contrat de 1967, à 16% pour les USA et le Royaume-Uni et à 15% pour les autres marchés majeurs (mais non rétroactivement...). En réalité, cette augmentation est largement compensée par les rémunérations légales perçues indûment par Island/Universal. Le pompon c'est que ledit contrat de 1975 contient une clause par laquelle Jimmy Cliff renonce à poursuivre Island Records

Ltd. et Chris Blackwell pour tous les actes commis par ceux-ci avant 1995 !

Les quelques affaires Island/Universal citées, celles d'I Jahman, de Max Romeo et de Jimmy Cliff, portaient sur la non-exécution de contrats ambigus, pour ne pas dire nuls, qui ont permis à ces sociétés d'exploiter et même de s'approprier pendant des décennies les principaux tubes de ces artistes sans leur verser leur juste rémunération.

Le cas des Wailers est différent. Ceux-ci ont été victimes d'une arnaque a postériori, puisqu'ils auraient cédé, par contrat, leurs droits sur l'ensemble de leurs enregistrements, non pas futurs, mais passés et donc réalisés.

Contrairement à ce que voudrait faire croire le Conseil des avocats, l'instance ordinale qui les représente officiellement, le métier d'avocat implique bien souvent un travail d'enquête méticuleux. Aux États-Unis, les avocats se font souvent assister par toutes sortes d'enquêteurs professionnels, y compris par des détectives, qui dans les affaires pénales travaillent parallèlement à la police et aux services du procureur. En droit français, en matière pénale, ce travail d'investigation est le monopole exclusif des juges d'instruction, dont on ne peut contester les investigations que lors des audiences de plaidoirie.

Et pourtant, même en droit civil, les litiges impliquent souvent des recherches, qui peuvent avoir des conséquences pénales dès lors qu'en droit français la contrefaçon est aussi bien un délit civil que pénal. Et toute exploitation d'une œuvre ou d'un enregistrement au mépris des droits des auteurs ou des titulaires des droits voisins est un acte de contrefaçon. Tous les litiges relatifs aux phonogrammes de musique jamaïcaine nécessitent des recherches préalables afin d'établir précisément les conditions de leur enregistrement. Ce sont elles qui déterminent leur statut légal, tant au regard des sociétés qui les exploitent que des rémunérations légales qu'ils génèrent.

Lorsque j'ai commencé à défendre les droits des artistes et des producteurs de reggae, à partir de 2002, les informations sur les phonogrammes auxquelles on pouvait accéder sur Internet étaient limitées.

Par ailleurs, du point de vue juridique, les groupes présentent des spécificités dont on doit tenir compte. Il faut distinguer entre ceux dont les membres fondateurs sont précisément identifiés, qui constituent une sorte de noyau, éventuellement modifié au fil des temps suite au décès ou au départ de certains de ces membres. Ainsi, les Beatles sont pour la quasi-totalité de leurs enregistrements ces quatre garçons dans le vent, John Lennon, Paul McCartney, George Harrison et Ringo Starr. Ce n'est pas le cas de Rolling Stones, qui ont perdu Brian Jones en 1969, remplacé par Mick Taylor, lui-même remplacé par Ronnie Woods en 1974, alors que Bill Wyman a quitté le groupe en 1993 et a été remplacé, mais non officiellement, par Darryl Jones. Néanmoins, que ce soit pour les Beatles ou les Rolling Stones, tous ceux qui ont participé à l'enregistrement des albums de ces deux groupes sont précisément identifiables, non seulement album par album, mais également même pour chacun des phonogrammes reproduits sur ceux-ci. Ils constituent des groupes de *featured artists*, une expression/concept qui n'a pas son équivalent en français (artistes vedettes ?).

Dans le cas de Bob Marley, depuis près de cinq décennies on ne connaît pour ainsi dire que ce chanteur ; quant aux Wailers, ils ne sont bien souvent considérés que comme son *backing band*, son orchestre. Il s'agit là d'une grave erreur, tant sur le plan historique que juridique. Sans reprendre l'évolution de ce nom et de ce groupe depuis les années 1963, intéressons-nous à sa composition depuis l'album *Catch a Fire*, le premier sorti sous le label Island au printemps 1973. Il s'agit du dernier album auquel a participé Bunny Wailer et le premier formé avec le noyau des Upsetters, les deux frères Barrett, Aston 'Family Man', bassiste et Carlton 'Carlie', batteur. À ceux-ci se joindront pour les albums suivants Al Anderson et Junior Marvin à la guitare et aux claviers Earl 'Wya' Lindo et Tyrone Downie, ainsi qu'Alvin 'Secco' Patterson aux percussions. À cette formation de base qui a légèrement varié selon les albums s'ajoutent les choristes des I Threes (Rita Marley, Judy Mowatt et Marcia Griffiths), ainsi que pour certains enregistrements une section de cuivres (Glen Da Costa, Ronald 'Nambo' Robinson et David Madden).

J'ai représenté tous les Wailers et même les I Threes. Mais Tyrone Downie est le seul que j'ai véritablement connu et rencontré à plusieurs reprises. Car, fait peu connu, celui-ci résidait en France, notamment à Montpellier. Malgré sa notoriété et le fait qu'à chaque minute une radio joue quelque part dans le monde un enregistrement de Bob Marley auquel il a participé, il avait régulièrement des problèmes financiers. Une année j'ai même dû, un jour de Noël, le dépanner d'urgence en lui avançant quelques centaines d'euros que j'ai dû virer en Afrique, dans un hôtel où il passait quelques jours de vacances avec ses enfants. Si Tyrone Downie a pu louer un appartement en France c'est grâce à Karl Zéro, qui s'était porté garant et caution pour lui. Ce journaliste, grand fan des Wailers, a même enregistré avec ceux-ci son album *HiFi Calypso* dans un studio de Dax en juillet 2003. Dans cet album, il reprend des classiques de merengue, de mento et de calypso. Sur Youtube on peut accéder à son *making of* dans lequel on entend Tyrone, malheureusement décédé depuis, faire à plusieurs reprises des commentaires en français.

Si Chris Blackwell a bien signé un contrat avec Bob Marley en 1972, il n'en n'a jamais signé avec les Wailers, ce qui n'est pas sans poser de problème. Comme l'a soutenu Aston Barrett devant un tribunal anglais, ils constituaient une sorte de société de fait : Bob Marley leur donnait de l'argent, en liquide, généralement après les concerts, mais ils n'ont jamais été véritablement rémunérés pour les albums commercialisés d'abord par Island Records Ltd., puis par Island Records Inc, deux sociétés absorbées ensuite par le groupe Universal.

Leur drame c'est que le 2 mars 1994, alors qu'ils étaient pourtant assistés par un avocat américain, six membres des Wailers ont signé un accord transactionnel avec la société Island Logic Inc., une des nombreuses filiales de la société Island. Mais, selon ma lecture, cet accord ne concernait nullement une cession des droits voisins des Wailers, mais uniquement la propriété matérielle de bandes enregistrées dont on avait découvert l'existence en 1993. Cet accord transactionnel ne visait pas et ne pouvait pas viser les albums *Natty Dread, Live ! At the Lyceum, Rastaman Vibration, Exodus, Kaya, Babylon By Bus, Survival, Uprising* et *Confrontation*, qu'il ne mentionne pas. Tous ces albums ont, d'après le site Discogs, fait l'objet de près de 250 versions/éditions en moyenne à la date de juin 2023 et 271 pour l'album *Live ! At the Lyceum* sorti en novembre 1975.

En échange de la cession de tous leurs droits sur la propriété des dites bandes, les six Wailers signataires de cet accord reçurent contractuellement la somme de 500 000 US $. Mais une fois déduits les honoraires des avocats, qui d'après mes souvenirs représentaient la moitié de cette somme, chaque Wailers n'a reçu environ que 40.000 US.$. Un accord similaire avait été signé le 19 janvier 1994 par Island Logic avec Marcia Griffiths et Judy Mowatt. Ne figuraient donc parmi les signataires de ces transactions ni Rita Marley ni la succession de Bob Marley, ce qui démontre que ceux-ci étaient de mèche avec Island.

Le seul qui a tenté de contester le champ de cet accord et de faire valoir ses droits à l'encontre d'Island/Universal est Aston 'Family Man' Barrett. En 2004 il a engagé Laurence Gilmore, un avocat (barrister) membre d'un prestigieux cabinet londonien, pour engager une procédure contre cette société en Angleterre. Comme les procédures anglaises sont longues et complexes, il faut les préparer pendant plusieurs mois. C'est à cette occasion que j'ai rencontré dans mon cabinet Laurence Gilmore, venu prendre à Paris la déposition de Cynthia 'Cindy' Breakspeare, Miss Monde 1976 et mère de Damian Marley, le fils qu'elle a eu du chanteur en 1978, lui-même devenu célèbre avec l'album *Welcome to Jamrock* sorti en 2005 sur Tuff Gong/Universal.

L'audience devant la High Court de Londres a duré plusieurs semaines. Mais, par un jugement rendu le 15 mai 2006, celle-ci a débouté Aston Family Man' Barrett de son action et de ses demandes en paiement de 60 millions de livres sterling, engagé en son nom et en celui de son frère Carlton décédé, à l'encontre d'Island/Universal Records pour les albums *Catch A Fire, Natty Dread, Live ! At the Lyceum, Rastaman Vibration, Exodus, Kaya, Babylon By Bus, Survival, Uprising* et *Confrontation*. Selon son avocat, Bob Marley avait en quelque sorte signé son contrat avec Island Records en son nom et pour le compte des Wailers et notamment d'Aston 'Family Man' et Carlton Barrett. Une partie de la procédure et des débats a tourné autour de l'accord transactionnel signé en 1994 par les Wailers. Compte tenu de cet accord, Justice Kim Lewison, le magistrat qui a rendu le jugement, a même considéré que la procédure engagée par Aston Barrett était abusive.

Aston Barrett, comme ses avocats et les autres Wailers, n'ont pas eu de chance car si ce procès s'était déroulé quelques mois plus tard, son issue aurait peut-être été différente. En effet, le 12 décembre 2006 le parlement européen adoptait une directive relative à la durée de protection du droit d'auteur et de certains droits voisins, qui étendait la durée de protection de ces droits, ceux des artistes et des producteurs, de 50 à 70 ans à compter de la date de leur première fixation. Ainsi, lorsque les Wailers ont signé l'accord transactionnel de 1994, l'album *Natty Dread* qui avait été enregistrée et publié en 1974 devait tomber dans le domaine public le 1er janvier 2025, alors que suite à la transcription de la directive du 12 décembre 2006, il ne tombera dans le domaine public que le 1er janvier 2045 en Grande-Bretagne (malgré le *Brexit*) et dans les autres pays européens. Ainsi, grâce à cette évolution législative, rien que pour les enregistrements de Bob Marley et des Wailers c'est au moins 200 millions d'euros supplémentaires que Island/Universal va gagner, uniquement en droits voisins, sur cette période additionnelle de 20 ans. Aussi la directive de 2006 a-t-elle prévu que les profits supplémentaires ainsi générés devaient également bénéficier aux artistes. En conséquence elle prévoyait que pour cette protection additionnelle de 20 ans les producteurs, ou leurs ayants droit, devaient renégocier leurs contrats de manière à assurer 20% de redevances aux artistes, soit, dans le cas des albums de Bob Marley & The Wailers, 10% au profit de la succession de Bob Marley et 10% au profit des Wailers.

C'est la raison pour laquelle en 2008 ou 2009, alors que la quasi-totalité des Wailers, dont j'étais le conseil, vivaient encore, j'ai contacté l'avocat d'Universal pour lui proposer de négocier un contrat pour cette extension de la prolongation de 20 ans de la durée de protection des albums de Bob Marley et des Wailers, une proposition à laquelle celui-ci n'a même pas daigné répondre. En réalité dès le 20/06 2007 Island/Universal a parié sur la mort prochaine des Wailers, sachant qu'après celle-ci leurs successions seraient en déshérence, pour une raison ou pour une autre et qu'ils pourraient ainsi continuer à exploiter les albums sans avoir à verser un centime de royalties à leurs enfants ou ayants droit.

Ceci dit, je ne me suis pas laissé démonter, j'ai tenté de trouver une faille, notamment dans la transaction signée en 1994 par les Wailers. C'est ainsi qu'en 2008 j'ai assigné Universal Music France au nom de la succession de Carlton Barrett, représentée par son frère Aston 'Family Man' et au nom de Vin Gordon, de Glen Da Costa et David Madden pour l'album *Kaya*. Par jugement en date du 11 mars 2010 le tribunal de Paris les a déclaré recevables dans leur action et a condamné Universal Music France à payer à Aston 'Family Man', en qualité d'administrateur de la succession de son frère Carlton, 5 000 €, ainsi que 4 000 € à Vin Gordon, Glen Da Costa et David Madden en réparation de leur préjudice économique. Par contre il n'a fait droit ni à ma demande de dommage moral, ni à ma mesure d'interdiction de l'album *Kaya*. Universal Music France a fait appel de ce jugement qui a été confirmé par un arrêt de la Cour de Paris du 29 mai 2013.

Mais cela n'a pas empêché Island/Universal de continuer à exploiter l'album *Kaya* dans le monde entier, y compris en France, tout en sachant pertinemment que cette exploitation était en violation des droits de Carlton Barrett, Vin Gordon, Glen Da Costa et David Madden.

Pendant que les vétérans du reggae meurent dans la misère, Chris Blackwell publie des autobiographies successives où il *arrange* sa légende au gré de son égo, comme si le reggae n'avait pas été le produit des ghettos, mais le sien, celui de *White Hell*, l'Enfer blanc.

# X – Le label Trojan/Sanctuary, véritable cheval de Troie.

Tous les amateurs de reggae connaissent le label Trojan. C'est le 28 juillet 1967 que Chris Blackwell et Lee Gopthal, un comptable indo-jamaïcain qui avait distribué les disques d'Island Records en Grande-Bretagne, ont fondé la société Trojan Recordings Ltd.. À l'origine, celle-ci avait pour objet de commercialiser en Grande-Bretagne les enregistrements produits en Jamaïque par Duke Reid, d'où le nom de Trojan qui avait été celui du sound system de ce producteur. Mais dès 1968 Trojan s'était orienté vers l'édition d'autres enregistrements que ceux du catalogue de Duke Reid et durant les années 1970 et 1980 ce label a commercialisé des albums et compilations de centaines d'artistes, tous enregistrés par des producteurs jamaïcains. Il est devenu de ce fait l'incarnation du reggae et de son histoire pour les amateurs, qui ignorent pour la plupart que les enregistrements qu'ils écoutent sont volés aux chanteurs.

Pourquoi en 1967 Chris Blackwell, alors propriétaire du label Island Records Ltd., a-t-il eu l'idée, l'envie ou le besoin de créer, non pas un sous-label, mais une autre société dédiée à la fabrication et à la commercialisation de singles, d'albums et de compilations de reggae ? Les faits parlent d'eux-même. Les décennies suivantes ont montré qu'en jouant entre Island Records Ltd. et Trojan Records Ltd., les dirigeants de ces sociétés ont pu commercialiser ces disques sans payer de royalties à leurs interprètes, pas plus qu'à leurs véritables producteurs.

On citera d'abord comme exemple les enregistrements de *Wonderful World, Beautiful People* et de *Hard Road to Travel* de Jimmy Cliff, sortis en 1969 chez Trojan Records en tant que face A et B d'un single produit par Leslie Kong, sur lequel figure la mention Island Music ℗ 1969, alors que ce même single, avec les deux mêmes titres sortis la même année sur le label Island Records, porte la mention A Trojan Recording.

*Wonderful World, Beautiful People* de Jimmy Cliff :
le label Island avec la mention A Trojan Recording,
le label Trojan avec la mention Island Music ℗ 1969.

Donc selon Trojan, il s'agit de deux phonogrammes dont les droits de producteurs appartiennent à Island ; alors que pour Island, ceux-ci appartiennent à Trojan... chacun servant d'alibi à l'autre. Le problème, c'est que Trojan n'a jamais eu de contrat avec Jimmy Cliff, comme cela a été jugé le 25 octobre 2006 par la 3e section de la 3e chambre du tribunal de grande instance de Paris qui a condamné la société PIAS pour avoir importé en vendu en France l'album éponyme *Jimmy Cliff* de Trojan sur lequel étaient reproduits ces deux phonogrammes. Le plus révélateur, c'est que lors de cette procédure Sanctuary Records, alors propriétaire du label Trojan, s'est bien gardée d'appeler Island Records en garantie, alors que celle-ci prétend pourtant avoir un contrat valide avec Jimmy Cliff pour lesdits enregistrements. Ce qu'Island Records est bien entendu incapable de prouver : comment aurait-elle financé les enregistrements de ces deux phonogrammes réalisés dans le studio de Leslie Kong en Jamaïque ? Les motivations de Blackwell en créant ces deux sociétés, Island et Trojan, apparaissent alors évidentes : elles ont permis l'exploitation de nombreux enregistrements d'artistes et de producteurs jamaïcains à des centaines de milliers d'exemplaires sans que ceux-ci en soient avertis, ni qu'ils perçoivent de royalties sur leur commercialisation.

En ce qui concerne Jimmy Cliff, un de ses albums les plus largement commercialisés est son LP éponyme *Jimmy Cliff* sorti en 1969 en Angleterre sous le label Trojan Records. Mais quelques semaines plus tard, il sort avec la même couverture sous le label Island.

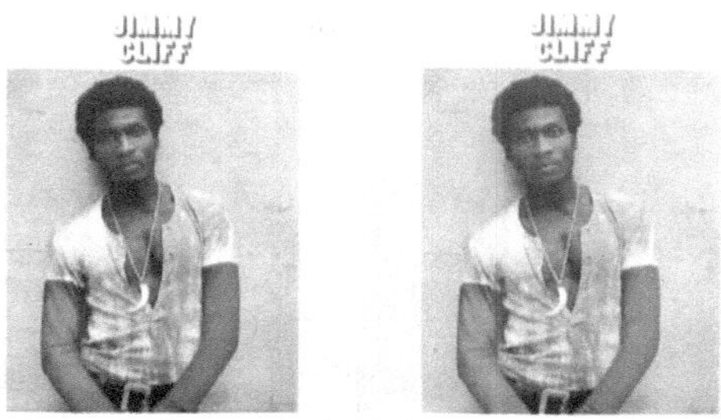

L'album éponyme *Jimmy Cliff* : la version Trojan (à gauche) et la version Island sorties toutes les deux en 1969.

En 2024, le site Discogs recensait 70 versions de cet album. L'année de sa sortie, en 1969, il a été commercialisé en Jamaïque sur le label Beverley's Records de Leslie Kong, dans plusieurs pays d'Amérique latine sur le label Philips et aux Pays-Bas et en Allemagne sur le label Island Records.

L'album *Wonderful World, Beautiful People*, A&M, 1970.

Mais la version la plus connue de cet album est celle commercialisée depuis 1970 aux État-Unis sous le titre *Wonderful World, Beautiful People* par la société A&M, alors une société canadienne et cela sous licence Island Records. Cet album, dont la pochette est très différente de l'album original *Jimmy Cliff* de Trojan, comporte les mêmes onze enregistrements ou phonogrammes, dans le même ordre. Il est accessible sur toutes les plateformes de streaming et sur Spotify il est crédité © 1972 A&M Records, ℗ 1972, UMG Recordings Inc..

En août 2024, trois enregistrements de cet album, *Wonderful World, Beautiful People*, *Many Rivers to Cross* et *Hard Road to Travel* avaient été streamés sur Spotify respectivement, 75, 25 et 6 millions de fois.

Quant aux phonogrammes *You Can Get It If You Really Want* et *Be Aware*, ils ont également été exploités par Trojan sur un single où il est mentionné Island Records ℗ 1970, une exploitation également jugée illicite par le tribunal de grande instance de Paris.

Selon le site Discogs, le catalogue Trojan comporte 3209 titres dont au moins 90% d'albums et/ou de compilations. Mais Trojan est surtout connu pour ses *Box Set*, des coffrets cartonnés de trois LPs, ou plus tard trois CD. Il s'agit de compilations sur des thèmes variés, comme le *Trojan Reggae Sisters Box Set* qui regroupe cinquante titres interprétés par des femmes : *Gipsy Man* de Marcia Griffiths, *Hurt So Good* de Susan Cadogan, *Groovin'* des Gaylettes, *Emergency Call* de Judy Mowatt etc.

*Trojan Reggae Sisters Box Set*, Trojan, 2003.

Rapidement Trojan a connu un succès d'estime grâce *Red Red Wine* (1969) de Tony Tribe, un chanteur peu connu du public français. Le premier titre de Trojan à s'être classé n°1 dans les hit-parades britannique a été *Double Barrel* de Dave et ansel Collins, sorti au printemps 1971, streamé plus de dix millions de fois sur Spotify en juin 2023, suivi quelques mois plus tard d'un autre tube, *Everything I Own* de Ken Boothe. Les années suivantes Trojan a connu des succès notables grâce aux enregistrements du label Upsetter de Lee Perry ou d'Harry J's All Stars, qui incluent d'innombrables chanteurs ou trios vocaux : The Pioneers, Jimmy Cliff, Bruce Ruffin, Dennis Brown, Gregory Isaacs... Sans oublier, bien sûr, les rééditions des premiers albums de Bob Marley, notamment ceux enregistrés avec Lee Perry, qui restent pour beaucoup d'aficionados le summum de leurs productions – même si le disque Trojan, très mal pressé au départ, a mis du temps à s'imposer.

La société Trojan Recordings Ltd. et son catalogue ont été vendus une première fois durant le milieu des années 1970 à Allied Records Ltd. qui a continué de commercialiser des albums et des compilations sous le label Trojan Records. En 1985 ce label et son catalogue ont été acquis par un comptable, Colin Newman, collectionneur de disques passionné de reggae. En 2001, la société Sanctuary Records Group Ltd. est devenue le quatrième propriétaire du catalogue Trojan pour la somme de 10 millions de livres sterling. En août 2007, Universal Music Group (UMG) a acquis, par un rachat d'actions de 87,68 millions de dollars américains, 90% de Sanctuary Records. Universal avait entre-temps racheté les labels RAS Records et Creole Records, tous deux également spécialisés dans le reggae. Cette valorisation tient compte du fait que ces catalogues bénéficiaient d'une protection supplémentaire de 20 années suite à l'adoption de la directive européenne de 2006 sur la durée des droits voisins. Enfin, en 2013, UMG a revendu Sanctuary Records à BMG Entertainment, qui exploite son catalogue par divers canaux – c'est donc son sixième propriétaire. Ainsi, les rééditions sur Music On Vinyl réalisées à partir de 2017 se font via Townsend Music, une société qui gère également la boutique en ligne de Trojan Records.

Rares sont donc les artistes, ou même les producteurs jamaïcains, dont les enregistrements n'ont pas été exploités par le label Trojan à un moment ou un autre. Et pourtant en 2002-2003 la quasi-totalité de ces artistes et même certains producteurs, affirmaient n'avoir jamais signé de contrat avec cette société et n'avoir jamais perçu un centime de royalties de celle-ci.

Avant d'engager une quelconque procédure je devais donc faire le point avec mes clients sur leurs relations avec Trojan et/ou Sanctuary. La première difficulté était de savoir s'ils avaient eu des relations contractuelles avec l'une de ces sociétés. Moi qui suis avocat, je serais bien incapable de retrouver les contrats d'édition que j'ai signés il y a une vingtaine d'années, à plus forte raison ceux signés il y a près d'une cinquantaine d'années. La situation est pire pour des artistes, ou même des producteurs, qui ne disposent pas de secrétariat ni d'archives et qui ont tous déménagé de nombreuses fois au cours de leur vie, souvent sur plusieurs continents. Aussi je préparai un questionnaire que j'adressai à mes clients, où il leur suffisait de cocher des cases, mais moins d'une dizaine me l'ont retourné.

La première difficulté à laquelle j'étais confronté tenait au fait qu'il fallait que je démontre que les compilations litigieuses de Trojan étaient bien vendues en France. Il me fallait donc en acquérir au moins une copie. Mais comme celles-ci ne comportaient souvent qu'un ou deux enregistrements de mes clients, j'ai dû en acheter des dizaines.

J'ai lancé une première assignation contre PIAS, l'importateur des disques Trojan en France, au nom d'Horace Andy, de Freddie McGregor, de Dennis Alcapone, de Dave Barker, d'Eric 'Monty' Morris, de Boris Gardiner, d'Owen Gray, de Max Romeo, de Ras Michael, de Justin Hinds, de Johnny 'Dizzy' Moore, de Ken Parker, de Scientist (né Hopeton Brown), des Chosen Few, de Winston Francis et de Roy Shirley. PIAS ne manqua pas de demander chaque fois la garantie de Sanctuary Records.

Dans son jugement du 25 octobre 2006, le tribunal de Paris jugea qu'il n'était pas compétent pour entendre les demandes de Dave Barker, d'Owen Gray, de Dennis Alcapone, d'Horace Andy et de Max Romeo, au motif que ceux-ci auraient signé avec Trojan/Sanctuary des contrats soumis au droit anglais et aux juridictions anglaises. Mais le tribunal fit droit à l'action et aux demandes des autres artistes et il accorda 350 € de dommages et intérêts à Freddie McGregor, 3 000 € à Eric 'Monty Morris, 1500 € à Boris Gardiner, 7050 € à Ras Michael, 8750 € à Johnny 'Dizzy' Moore, 4 450 € à Scientist, 200 € à Winston Francis, 1 400 € à Roy Shirley et 4 850 € à trois membres des Chosen Few, sommes qui devaient être payées solidairement par PIAS et Sanctuary.

Tous ces dommages-intérêts, calculés sur la base des royalties qui auraient dû leur revenir durant les cinq années précédant l'assignation, sont bien modestes, pour ne pas dire ridicules, comparés au préjudice économique et moral réellement subi par ces artistes durant, non pas cinq années, mais près d'une quarantaine d'années par l'exploitation illicite de leurs enregistrements aussi bien en France qu'à l'étranger. Ce jugement, comme tous les autres, était en réalité un blanc seing pour que Sanctuary, puis Univesal en enfin BMG, continuent d'exploiter illicitement le catalogue Trojan.

Max Romeo fut débouté de son action et de ses demandes, qui portaient notamment sur l'album *Wet Dream*, car le tribunal a considéré que Trojan/Sanctuary pouvait se prévaloir d'un contrat sur celui-ci. Et pourtant en juin 2003 Sanctuary avait adressé au chanteur une lettre/contrat aux termes de laquelle la maison de disques lui proposait 1 000 £ en contrepartie de tous ses droits sur le titre *Wet Dream*, sans aucune précision concernant la version concernée : était-ce le phonogramme de l'album ou un autre enregistrement du même nom? En tout état de cause, Max Romeo n'avait pas signé cette lettre/contrat et cela aurait dû suffire au tribunal pour juger qu'il n'avait jamais autorisé l'exploitation de l'album.

Le 15 juin 2005, j'avais également, dans une action séparée, assigné PIAS au nom de Jimmy Cliff, pour son album éponyme comportant 11 enregistrements commercialisés par ce label.

Dans son jugement du 25 octobre 2006, le tribunal condamne PIAS en tant que distributeur et Sanctuary qui avait été appelée en garantie en tant que fabricant, à payer à cet artiste 340 000 € de dommages et intérêts pour avoir commercialisé en France, sans son autorisation, des albums et compilations de ses enregistrements. Ce jugement allouait également 20 000 € à Jimmy Cliff pour l'utilisation sans autorisation de son image pour la vente des albums litigieux. PIAS et Sanctuary firent appel de ce jugement, qui fut confirmé par la Cour de Paris le 6 février 2008.

Au total j'ai engagé sept procédures contre PIAS, l'importateur des disques Trojan en France, au nom d'une cinquantaine d'artistes, notamment Aston et Carlton Barrett, Glen Adams et Alva Reggie Lewis (The Upsetters), Winston Jarrett, The Meditations (Ansel Cridland, Winston Watson et Danny Clarke), Arleen Julia Ruddock (fille et unique héritière de King Tubby), Hopeton Lewis, les Symarip/Pyramids (Roy Ellis et Monty Newssmith), The Viceroys (Neville Ingram, Wesley Tinglin et Michael Gabbidon), Vin Gordon, Michael Rose, ansel Collins, Keeling Beckford, Glen Brown et K.C. White, ainsi qu'au nom du producteur Clive Chin. PIAS a chaque fois sollicité la garantie de Sanctuary. Sept de ces procédures ont donné lieu à des jugements dont cinq ont fait l'objet de procédures d'appel.

Une procédure qui mérite d'être citée est celle que j'ai engagée contre PIAS au nom d'Aston et Carlton Barrett, de Glen Adams et d'Alva 'Reggie' pour les albums des Wailers produits par Lee Perrry et sortis sur son label Upsetter (*Soul Revolution Part II*, *The best of the Wailers* et *Soul Rebels*), commercialisés alors sous le label Trojan. Cette procédure fut en effet retardée pendant plusieurs mois par l'avocat de PIAS, mais sa tactique se retourna contre ses clients puisque le juge de mise en état, qui administre la procédure, rendit une ordonnance le 25 mai 2007 condamnant ceux-ci à payer une provision de 20 000 € aux quatre demandeurs, une condamnation confirmée par une jugement du 11 janvier 2008. Depuis cette condamnation cependant, ces mêmes albums continuent à être fabriqués aux Pays-Bas et commercialisés dans toute l'Europe par Universal International Music BV. J'ai donc envoyé une lettre de mise en demeure à cette société, mais celle-ci est restée sans réponse.

Dans la mesure où des enregistrements de mes clients figuraient sur plusieurs albums et compilations, plus d'une centaine de ceux-ci étaient concernés par les procédures. Le problème de droit posé dans tous ces litiges était identique, puisqu'il concernait des enregistrements fixés en Jamaïque dans les années 1960, 1970 et même 1980 sans l'accord écrit des artistes, enregistrements qui ont servi dans les années 2002-2005 à la fabrication de disques en Angleterre par la société Sanctuary, avant d'être importés et revendus en France par la société PIAS.

L'ensemble des jugements PIAS/Sanctuary, dont les principes ont été confirmé par trois arrêts rendus par la Cour de cassation dans d'autres procédures, ont d'abord affirmé que la Jamaïque étant membre de la Convention de Rome et qu'ils bénéficient en France du traitement national, c'est-à-dire du droit et de la protection accordés à des enregistrements fixés en France. Ces décisions ont considéré que les artistes jamaïcains, comme d'ailleurs les artistes français, bénéficient de trois droits distincts, en ce qu'ils devaient autoriser par écrit :

(i) l'enregistrement ou la fixation de leur prestation ;

(ii) la reproduction de cet enregistrement sur un support, que ce soit un disque vinyle et/ou un CD ;

(iii) la commercialisation ou la communication au public de ces reproductions.

Si la fixation des performances avait eu lieu en Jamaïque dans les années 1960-1980 dans des circonstances mal définies, la reproduction de ces fixations sur des disques fabriqués en Angleterre par Sanctuary dans les années 2002-2005, sans l'autorisation écrite des artistes, était illégale et en les important en France PIAS était en violation des droits desdits artistes. Dans toutes les procédures PIAS a été condamné pour contrefaçon pour avoir commercialisé des disques au mépris des droits des artistes. Mais le montant des dommages et intérêts que PIAS a été condamné à payer étaient proportionnels au nombre d'albums et/ou de compilations importés et vendus en France sur la seule période de 5 ans précédent la date de l'assignation, en l'occurrence 2003, c'est à dire pour la période 1998-2003. Ce nombre, malheureusement, ne constituait que le 1/50$^{e}$ des ventes réalisées par le label Trojan depuis sa fondation.

Dans la plupart des jugements Sanctuary devait garantir PIAS des condamnations, ce qui fait que j'ai pu effectivement obtenir le paiement du total des sommes allouées, sauf dans deux jugements, si ma mémoire est bonne, où PIAS et Sanctuary ont été condamnés séparément. Malgré tous mes efforts, je n'ai pu obtenir le paiement des condamnations mises à la charge de Sanctuary, qui venait d'être rachetée par Universal, car ses bureaux de Londres étaient vides.

Sanctuary avait recruté Delroy Williams, un artiste jamaïcain, pour tenter de convaincre ses compatriotes de signer des accords transactionnels avec cette société. Les sommes proposées en échange étaient ridicules comparées à la valeur du catalogue. On peut citer ainsi l'accord transactionnel proposé en 1973 par Sanctuary à Ken Parker, par lequel celui-ci devait leur céder, ainsi qu'à Universal, la totalité de ses droits passés et futurs sur vingt enregistrements exploités par le label Trojan/Sanctuary. En échange, ils offraient au chanteur 10 000 £, alors que certains des titres concernés avaient une grande notoriété, notamment *True, True, True* qui faisait l'objet de près de deux millions de streams sur Spotify en juin 2023.

Tous les jugements rendus en France dans les années 2006-2012, dont certains avec des mesures d'interdiction sous astreinte, n'ont pas empêché Universal, puis BMG, le dernier acquéreur du catalogue Trojan/Sanctuary, de continuer à exploiter celui-ci dans le monde entier, aussi bien sous forme de disques et de téléchargements que de streams. Même s'ils sont un jour condamnés, ce ne sera que pour une petite fraction du bénéfice retiré de cette exploitation, surtout si entre temps ces artistes ont eu la bonne idée de mourir.

Il est difficile de connaître le chiffre d'affaires exact généré par l'exploitation du catalogue Trojan/Sanctuary, dont plus de 75% des titres sont probablement exploités illicitement, sans l'accord des artistes ni même, dans certains cas, des producteurs. Ce sont peut-être quatre ou cinq millions d'euros qui sont ainsi détournés annuellement à leur préjudice. Mais ce qui est grave, c'est que la plupart des artistes lésés sont peu connus et vivent, ou plutôt survivent dans des conditions très précaires, quand ce n'est n'est pas dans une misère noire, ce qui a laisse totalement indifférents les dirigeants de Sanctuary, d'Universal et maintenant ceux de BMG, uniquement préoccupés par leurs bonus.

BANK OF JAMAICA
Produced
A Harder Version
Fifty
MOODIE MUSIC
MML 2667
1
MONEY HONEY
DONALD DUFFUS
A Moodie Music Ltd Production
2000
AF4093
Dollars

# XI – Le label Greensleeves et ses dubs historiques, un épineux problème de droit.

Parmi les autres labels de reggae, le plus important est sans nul doute Greensleeves, fondé en Angleterre par le manager et producteur Chris Cracknell (à ne pas confondre avec Chris Blackwell) et Chris Sedgwick. À l'origine, en novembre 1975, ceux-ci avaient ouvert une boutique spécialisée dans la vente de disques de reggae et de soul dans le quartier de West Ealing, à Londres, avant de déménager à Shepherd's Bush. Ce n'est que deux ans plus tard, en 1977, qu'ils lancent leur propre label Greensleeves. Celui-ci fut ensuite intégré dans les activités de la société Greensleeves Records Ltd. enregistrée le 23 juillet 1978.

En 2006 Greensleeves Records a été achetée par le Zest Group, avant d'être rachetée en 2008 par la société américaine VP Records, basée à New-York et fondée à l'origine, en 1979, par Vincent 'Randy' Chin et sa femme Patricia.

Le label Greensleeves est sans nul doute le plus important label de reggae du monde en termes de chiffres de vente. Le site Discogs listait en août 2024, 2 487 titres d'albums et de singles commercialisés par celui-ci. Son catalogue est très hétéroclite, car aux titres classiques de reggae des années 1970 et 1980 s'ajoutent depuis une vingtaine d'années des titres plus internationaux enregistrés par des stars comme Sean Paul.

En 2007, j'ai engagé une procédure contre PIAS France, pour l'importation et la commercialisation dans l'Hexagone d'albums de Ras Michael, de Scientist et de King Tubby, fabriqués en Angleterre par Greensleeves Records Ltd. sans l'autorisation de ces artistes ou de leurs ayants droit.

Cette procédure est celle qui m'a donné le plus de fil à retordre ! On pourrait penser que tous les styles de reggae sont égaux devant la loi et que tous bénéficient de la même protection que celle accordée aux valses et au rock'n'roll. En ce qui concerne le reggae, cela n'est pas vraiment le cas et faire reconnaître le dub comme un genre musical à part entière a été un véritable combat judiciaire.

Le droit d'auteur a vu le jour en France à l'époque révolutionnaire, en 1791-1793 et il s'est consolidé, aussi bien dans l'Hexagone qu'en Europe, durant le XIXe siècle, grande époque de la musique classique. Aussi, au regard du droit d'auteur, une composition musicale existe d'abord sous forme de partition musicale. La musique est en principe une œuvre tridimensionnelle, caractérisée par sa mélodie, son harmonie et son rythme, dont la reproduction isolée ou combinée peut constituer, selon la jurisprudence, un acte de contrefaçon. Ce rapport entre les trois éléments et surtout entre l'harmonie et le rythme, est une véritable caractéristique culturelle, pour ne pas dire civilisationnelle, de la musique occidentale.

Indépendamment du fait que les musiques non occidentales sont construites sur d'autres structures musicales, l'apparition d'instruments électroniques, notamment de synthétiseurs, puis de logiciels de composition, a totalement modifié la création dans le domaine musical. La plupart des compositions sont, depuis quelques années, confiées à des compositeurs qui ignorent tout du solfège et sont incapables de lire une partition. Ils créent leurs musiques à l'oreille et une fois leur travail terminé, l'ordinateur leur imprime la partition, à moins qu'ils ne se contentent de l'enregistrement audio. Par ailleurs, le recours à des systèmes électroniques est à l'origine de nouveaux types de musique qui, depuis deux décennies, dominent les hit-parades, avec les tubes de deejay mixeurs comme les Français David Guetta et Bob Sinclar.

Le phénomène des deejays a vu le jour en Jamaïque avec les sound systems et ceux-ci sont également à l'origine du *mixing*, ou remixage, devenu, en Jamaïque, un style à part entière : le dub. Il s'agit généralement du remix d'un riddim instrumental sans la voix du chanteur (ou à peine quelques phrases *floutées* par l'écho), travaillé à coups d'effets et de techniques diverses. Ces dubs servent souvent de face B au single de la chanson elle-même et les deejays peuvent intervenir dessus et créer leur propre version. Ces deejays mixeurs posent un double problème juridique, d'abord au regard du droit d'auteur, dans la mesure où l'on peut se demander s'ils ne sont pas des sortes de créateurs/auteurs et au regard du droit des artistes-interprètes, qualification dont certains magistrats les excluent. Qu'en est-il vraiment ?

Les deejays mixeurs mixent, c'est-à-dire manipulent des enregistrements préexistants. Néanmoins leurs mixes sont parfaitement reconnaissables et identifiables. Devant le succès rencontré par des deejays mixeurs français comme David Guetta et Bob Sinclar, la SACEM les a rapidement reconnus comme coauteurs bénéficiant d'un droit d'arrangement, en principe d'un douzième des droits reconnus aux auteurs-compositeurs.

Les mixes de David Guetta et de Bob Sinclar sont exploités sous leurs noms, que ce soit sur des albums ou sur leurs phonogrammes proposés en streaming sur Spotify. En juin 2023, David Guetta comptait 73 978 551 auditeurs mensuels sur cette plateforme et deux de ses titres, dont *I'm Good (Blue)* avaient été streamés plus d'un milliard de fois. Personne en France n'a jamais douté que ces deux mixeurs sont des artistes-interprètes à part entière.

*Scientist Encounters Pac-Man*, Greensleeves, 1982.

L'assignation que j'ai délivrée à PIAS France en 2007 visait notamment six albums de dub de Scientist, parmi lesquels figuraient *Scientist Encounters Pac Mac* et *Scientist Meets The Space Invaders*, ainsi que l'album *Dangerous Dub* de King Tubby.

En cours de procédure, PIAS avait demandé la garantie du fabricant, la société anglaise Greensleeves Records Ltd.. Pour défendre ses clients, son avocat n'avait pas trouvé d'autre argument que de plaider que Scientist et King Tubby n'étaient pas des artistes, mais *de simples techniciens, des ingénieurs du son.*

La loi française, qui ne fait que retranscrire le principe posé par les conventions internationales, définit l'artiste-interprète comme « la personne qui représente, chante, récite, déclame, joue ou exécute de toute autre manière une œuvre littéraire ou artistique » (article L212-1 CPI).

Le débat à lui seul montrait la mauvaise foi de la société Greensleeves, qui commercialise des albums de Scientist et de King Tubby avec leurs noms en gros sur les pochettes, mais dont elle contestait par ailleurs la qualité d'artiste-interprète.

Même les arguments les plus fallacieux peuvent convaincre certains juges. Je fus néanmoins très surpris d'apprendre que dans son jugement du 5 novembre 2008, le tribunal de Paris avait jugé irrecevables l'action et les demandes de mon client au motif :

« qu'une table de mixage n'est pas un instrument et que la prestation de Scientist constitue une prestation de mixage pouvant donner un son particulier mais demeure "essentiellement technique" ainsi que relevé dans un extrait de l'encyclopédie du reggae produite aux débats ».

Je décidai de faire appel, une procédure qui prit près de trois années, durant lesquelles mon associé et moi-même fûmes harcelés au téléphone presque tous les soirs par Scientist. Heureusement par un arrêt du 14 décembre 2011, la cour d'appel de Paris infirma le jugement de première instance en jugeant notamment que :

« Considérant que Scientist prétend que les six albums le concernant listés dans le présent dispositif (dont un commercialisé sous deux pochettes différentes) comportent ses interprétations d'enregistrements, précisant que s'il a manipulé sur une platine des enregistrements existants, la musique qui en est issue reflète sa personnalité et elle est reconnaissable par les amateurs de reggae ; qu'à cet égard il est suffisamment établi que les enregistrements en cause contiennent des versions dub de différents artistes, le dub jamaïcain se caractérisant, ainsi qu'il résulte de précisions "d'ordre historique et esthétique" extraites de l'encyclopédie du reggae (1960-1980) citée par les premiers juges, par "la recherche d'atmosphères", notamment "en transformant" [...] la version originale au gré de diverses techniques » ; que le tribunal n'a pas tiré les conséquences d'une telle définition, alors que celle-ci et l'écoute à laquelle la cour a procédé des enregistrements produits (tel *Rid The World Of The Evil Curse Of The Vampires*) démontrent que les prestations en cause renvoient à une atmosphère particulière (tel l'univers de l'épouvante, comme relevé dans un extrait consacré à Scientist de l'encyclopédie précitée), traduisant des choix dépassant un simple travail technique et constituant une interprétation à part entière, même si celle-ci est construite sur des enregistrements existants.

Qu'il n'est au demeurant pas sans intérêt de relever que les extraits de sites Internet produits (amazon.fr, alapage.com ou fnac.com) démontrent que les albums en cause sont commercialisés en France comme des disques de Scientist et évalués comme tels par les internautes, même s'ils sont basés sur les rythmiques d'autrui. Qu'en fait ces enregistrements ont indiscutablement été interprétés par Scientist en vue d'obtenir une ambiance particulière et sa personnalité transparaît ainsi dans ses prestations, lesquelles s'avèrent indispensables pour l'élaboration des albums litigieux, qui donnent à écouter une interprétation différente d'enregistrements préexistants. Que dans ces conditions, la qualité d'artiste interprète ne saurait être sérieusement déniée à Scientist pour les réalisations litigieuses, alors qu'en l'espèce l'utilisation d'outils techniques et d'interprétations préexistantes n'exclut nullement le caractère personnel et déterminant de l'exécution des œuvres musicales constituées par Scientist ».

L'arrêt alloua à l'artiste 12 000 € de dommages et intérêts pour l'importation et la commercialisation illicites en France de six de ses albums. Il admit également la recevabilité d'Arleen Ruddock, la fille de King Tubby et son unique héritière, à laquelle il alloua 5 600 € de dommages pour l'importation et la commercialisation de l'album *Dangerous Dub* de son père. Enfin il alloua 4 000 € à Ras Michael pour l'importation de ses albums *Rastafari* et *Kibir Am Lak*.

L'affaire n'en resta pas là : Greensleeves saisit la Cour de cassation d'un pourvoi dont elle fut déboutée par un arrêt du 10 décembre 2014. Mais il m'avait fallu près de sept ans pour faire valoir en justice les droits de Scientist !

# XII – Virgin Front Line, la face obscure de Sir Richard Branson ?

Hélène Lee, dans son article *La Jamaïque, réservoir à tubes entubé*, avait enquêté sur plusieurs titres exploités par EMI sous licence de Culture Press dans une compilation *Absolute Reggae*. C'est ainsi que je me suis intéressé non pas à EMI, mais au label Virgin Front Line, dont provient un grand nombre de titres de la compilation en question.

Il suffit de lancer une recherche sur Internet pour accéder à des dizaines de biographies, toutes plus élogieuses les unes que les autres, de *Sir* Richard Branson. En 1998, il a raconté sa vie dans les moindres détails dans un livre publié en anglais sous le titre très racoleur de *Losing My Virginity*, titre qui ne sera pas retenu pour ses nombreuses traductions, vendues généralement sous le titre *L'Autobiographie*. En 2002-2003 j'ai acquis, pour un euro l'exemplaire, une dizaine de copies de cet ouvrage, que je ne manquai pas de verser aux débats dans les procédures où Virgin était mise en cause, mais aucun magistrat n'a jamais pris la peine de le lire, ni même de lire les extraits que je ne manquais pas de reproduire dans mes conclusions.

Comme pour Chris Blackwell, il est difficile de discerner dans la vie de Richard Branson autre chose qu'une succession de hasards et d'opportunités que celui-ci a su adroitement saisir. Le milieu familial joue autant que la personnalité propre et si celui-ci décide un jour de fonder sa propre compagnie aérienne cela n'est sans doute pas étranger au fait que sa mère était hôtesse de l'air.

Mais à première vue Richard Branson n'avait aucun lien avec la Jamaïque, ni même avec l'industrie du disque. Tout au plus peut-on citer l'anecdote de sa tante, qui, dit-on, crut entendre un jour une brebis chanter *Baa Baa Black Sheep*[33] et se mit en tête d'enregistrer cette rengaine. L'enregistrement parvient à la quatrième place du Top 20 anglais !

En 1966, alors qu'il n'était encore qu'un collégien de quinze ans, Richard Branson lança avec Nick Powell, un ami d'enfance, un petit magazine, *Student*, financé dès l'origine par de la publicité. Des milliers de jeunes ont tenté l'aventure d'un magazine destiné aux lycéens, mais rares sont ceux qui lui ont consacré plus d'une année scolaire avant de renoncer à sa publication ou d'en confier la charge à d'autres. Richard Branson, lui, s'est investi pendant quatre ans dans la publication de son magazine qui a connu un réel succès, avec des tirages atteignant jusqu'à 50 000 exemplaires. *Student* est à l'origine d'un enchaînement d'événements qui vont orienter ses entreprises commerciales. Comme il l'a lui-même écrit : « À force de réfléchir au prix élevé des disques et au lectorat de *Student*, j'en vins à me demander s'il ne serait pas possible de s'appuyer sur des magazines pour proposer un système de vente par correspondance de disques à tarif réduit. La première publicité parut dans le dernier numéro de *Student*. Il fallait trouver un nom à cette société capable de vendre par correspondance – un nom accrocheur, qui tenait la route par lui-même sans faire nécessairement référence aux étudiants. Assis en cercle dans les profondeurs de notre crypte, nous nous creusions la cervelle en quête d'un nom de marque. Slipped Disc tenait la corde depuis un moment quand une des filles présentes s'exclama :

– J'ai trouvé ! Qu'est-ce que vous diriez de 'Virgin' ? Après tout, on est tous complètement vierges dans ce métier.

[33] D'après Wikipédia il s'agirait d'une chanson enfantine dont la plus ancienne version date de 1731, à l'origine de la chanson française *Ah vous dirai-je maman* qui date de 1761.

– Je ne vois pas beaucoup de vierges ici, remarqua une autre fille en riant. Mais tu as raison, ça ne nous ferait sûrement pas de mal d'en avoir une avec nous, ne serait-ce que de nom.

– D'accord, lâchai-je sur-le-champ. Va pour Virgin. Ainsi naquit Virgin en 1970. »[34]

L'année suivante une grève des postes faillit bien sonner le glas de la jeune entreprise de distribution de disques par correspondance. Un événement à première vue catastrophique, mais qui fut à l'origine d'une nouvelle entreprise : afin d'écouler leurs stocks de disques, Richard Branson et ses associés de l'époque décidèrent d'ouvrir un magasin où ils pourraient les vendre directement. Ils négocièrent l'accès à l'entresol inoccupé d'un magasin de chaussures d'Oxford Street, qui devient la première boutique à l'enseigne Virgin. À la suite de cette acquisition, Richard Branson commença à s'intéresser à l'industrie du disque et découvrit que celle-ci comprenait plusieurs niveaux d'intervenants, mais que les studios d'enregistrement – la première pièce du puzzle – étaient rares. Quelques mois plus tard, il décide de se mettre à la recherche d'une maison à la campagne susceptible d'être reconvertie en studio d'enregistrement. Grâce à plusieurs prêts, il parvint à réunir les 30.000 livres sterling nécessaires à l'achat d'une vieille bâtisse, The Manor, à Shipton-on-Cherwell, à huit kilomètres environ au nord d'Oxford.

À la même époque, Richard Branson découvrit que les disques étaient vendus à des prix bien différents d'un pays à l'autre. Au Royaume-Uni, comme en France, ils étaient considérés comme des produits de luxe passibles d'une TVA à 33%, ce qui n'était pas le cas en Belgique. L'idée lui vint de commercialiser dans le magasin Virgin d'Oxford Street des disques officiellement destinés à l'exportation en Belgique, donc exemptés de TVA. C'est ainsi qu'à la fin de l'année 1971 il fut mis en examen au titre 301 du Code des douanes de 1952 pour la commercialisation frauduleuse de 10 000 disques destinés à l'exportation et passa même une nuit en cellule. Mais heureusement pour lui, « au Royaume-Uni, les services fiscaux

[34] Branson R., *L'Autobiographie,* Scali 2005, p. 90

s'intéressent davantage à faire rentrer de l'argent qu'à se lancer dans de coûteux procès. Le 18 août 1971 il négocia une transaction avec les douanes, aux termes de laquelle il fut convenu qu'il leur verserait immédiatement 15 000 livres, plus 45 000 livres payables en trois fois sur les trois années suivantes. Le total était calculé pour représenter le triple des bénéfices réalisés illégalement par Virgin »[35].

En plus de son studio d'enregistrement The Manor, Richard Branson eut l'idée d'offrir les services de son réseau de vente de disques à des producteurs indépendants. « Les trois activités [studio, label et distribution] étaient complémentaires ; cette complémentarité profiterait en premier lieu aux groupes ayant signé chez nous, qui paieraient moins cher la location du Manoir et bénéficieraient d'une promotion prioritaire dans les boutiques Virgin »[36].

Dans la mesure où The Manor n'était jamais réservé à 100%, Richard Branson pouvait utiliser le temps où celui-ci était inoccupé pour produire les enregistrements d'artistes qui n'avaient pas de contrat avec une maison de disques. Ses associés et lui savaient que le premier artiste à engager était Mike Oldfield, alors troisième guitariste de réserve de la comédie musicale *Hair*. Ce musicien avait enregistré un morceau long de dix-huit minutes, sans titre ni paroles, qu'il avait fait écouter à Tom Newman et Simon Draper, deux associés de Richard Branson qui en furent médusés. « Ils tentèrent d'aider Mike Oldfield à se faire engager par une maison de disques, mais toutes refusèrent. C'est ainsi qu'un an plus tard, Simon Draper et Richard Branson décident de lancer une compagnie de disques. Ils appelèrent Mike Oldfield, qui n'avait toujours pas signé de contrat et eut même du mal à croire que Virgin était disposée à le produire. Ils lui proposèrent de s'installer au Manor et de travailler sur son disque chaque fois que le studio serait libre »[37].

---

[35] Branson R., *L'Autobiographie*, Scali 2005, p. 114 et 116

[36] Branson R., L'Autobiographie, Scali 2005, p. 129

[37] Branson R., *L'Autobiographie*, Scali 2005, p. 130

Comme le reconnaît Richard Branson, « dans la mesure où Mike Oldfield était le premier artiste produit par Virgin, mon associé Simon Draper et moi n'avions pas la moindre idée de la sorte de contrat qu'il fallait lui proposer. » Il se trouve que Sandy Denny, l'ex-chanteuse de Fairport Convention, vient d'enregistrer au Manor et leur montre une copie de son contrat avec Island Records. C'était un contrat-type qu'ils se contentèrent de recopier mot pour mot en remplaçant seulement Island Records et Sandy Denny par Virgin Music et Mike Oldfield. Ce contrat stipulait que Mike Oldfield devait enregistrer dix albums pour Virgin Music, en échange de quoi il percevra des royalties (de 5%) sur 90% du prix de vente du disque (les 10% restants revenant à la maison d'édition pour couvrir les frais d'emballage et de casse). « Comme Mike n'avait aucun revenu, nous lui accordâmes le salaire standard en vigueur chez Virgin : 20 livres par semaine déductibles de ses futurs droits d'auteur si jamais ceux-ci venaient un jour à se concrétiser »[38].

Cette confidence de Richard Branson révèle plusieurs détails intéressants, notamment que le premier contrat, comme ceux qu'il allait faire signer aux artistes en 1972-1973 voire peut-être même les années suivantes, était la copie conforme de celui qu'Island Records faisait signer aux artistes anglais en 1972.

Richard Branson précise également que « l'enregistrement de ce qui allait devenir *Tubular Bells* prit à Mike Oldfield une bonne partie de l'année 1973. Il s'agissait d'un enchaînement extraordinairement complexe de prouesses musicales et techniques et Tom Newman l'ingénieur du son et lui, retravaillaient sans cesse leur ouvrage. Mike jouait plus de vingt instruments ; il enregistra quelque 2 300 prises avant de s'estimer satisfait. « Entre-temps, nous nous efforcions de louer le Manor aussi souvent que possible : Mike était donc fréquemment interrompu dans son travail et prié de faire place nette lorsque les Rolling Stones ou Adam Faith pointaient leur nez »[39]. En d'autres termes, l'investissement de Richard

[38] Branson R., *L'Autobiographie*, Scali 2005, p. 130
[39] Branson R., *L'Autobiographie*, Scali 2005, p. 133

Branson dans la production de *Tubular Bells* fut en réalité limité, puisqu'il se borna à mettre le studio à la disposition de Mike Oldfield quand celui-ci n'était pas réservé.

L'album *Tubular Bells* est enfin prêt en mai 1973. Les deux premières semaines, les ventes présentèrent un encéphalogramme plat. L'intervention de l'animateur radio John Peel, qui fut le premier à diffuser régulièrement le titre, puis la performance en concert le 25 juin au Queen Elizabeth Hall, changèrent la donne. « Une semaine plus tard, le 14 juillet 1973, *Tubular Bells* fit son entrée dans le hit-parade des albums à la vingt-troisième place. En août il était numéro un. Au cours des quinze années suivantes, tous les albums de Mike Oldfield atteindraient au minimum le Top 10 »[40]. Entre 1973 et le début des années 2020 ce sont plus de 18 millions d'exemplaires de *Tubular Bells* qui ont été vendus dans le monde. En juin 2024 les principaux enregistrements de Mike Oldfield ont été streamés près de 300 millions de fois rien que sur Spotify.

La sortie de *Tubular Bells* obligea Richard Branson à s'interroger sur les autres maillons de l'industrie du disque, car pour faire fabriquer et commercialiser cet album dans l'ensemble du Royaume-Uni, Virgin devait impérativement signer un accord avec une société capable de lui fournir ces services. Island Records, la compagnie de Chris Blackwell, offrit à Virgin de les lui fournir : « [...] un contrat très alléchant, assorti de royalties fixées à 18%, 5% des droits revenant à Mike Oldfield. Cela représentait tout de même 28,5 pence par disque, soit un profit de 171 000 livres si *Tubular Bells* atteignait le double platine – 600 000 exemplaires »[41].

Mais Richard Branson et Simon Draper furent d'un autre avis. Comme ils disposaient alors de quatorze magasins en Grande-Bretagne pour vendre *Tubular Bells*, ils se sentaient capables de le distribuer eux-mêmes. Dans ce cas, « si les ventes atteignaient 600.000 exemplaires, les recettes brutes s'élèveraient à 1,3 million de livres. Virgin toucherait, après

---

40 Branson R., *L'Autobiographie,* Scali 2005, p. 146

41 Branson R., *L'Autobiographie*, Scali 2005, p. 147

déduction de la marge des détaillants, 920 000 livres desquelles il fallait soustraire 65 700 livres payables à Mike Oldfield et 197 000 (les frais de fabrication) à Island Records, ce qui laissait 660 000 livres de bénéfice, à répartir entre la promotion de l'album et de futurs investissements »[42].

Virgin conclut donc avec Island Records un accord aux termes duquel Island fabriquerait les disques mais les distribuerait sous la marque Virgin, moyennant une rétribution pour Island allant de 10% à 15% des recettes.

En 1976 Richard Branson décida de commercialiser des disques de reggae, à l'exemple de Chris Blackwell. Pour cela il se rendit en Jamaïque « afin d'y engager lui aussi quelques groupes de reggae ». Dans son autobiographie il écrit « qu'au bout de quelques jours il avait réussi à recruter Peter Tosh, membre avec Bob Marley et Bunny Wailer du trio original des Wailers, ainsi que U Roy », qui était alors peu connu en dehors de la Jamaïque. Les mots engager et recruter ne doivent pas être lus littéralement, car Richard Branson n'a jamais véritablement eu Peter Tosh sous contrat. Il a plutôt acheté des droits de commercialisation sur certains de ses enregistrements, comme il le fit pour d'autres artistes et groupes. Parmi ceux-ci figuraient les Gladiators et les Mighty Diamonds, qui avaient signé des contrats photocopiés, identiques jusqu'à leurs ratures, avec la même tache de café, tous datés et signés du 29 juin 1976.

*Legalize It*, le premier album de Peter Tosh sur le label Virgin, a consacré l'arrivée de cette société et de ce label sur le créneau du reggae. On se doit d'abord de rappeler que Peter Tosh a fait partie, à partir de 1966, d'abord des Wailin' Wailers, puis des Wailers, qu'il a quittés en 1973. L'un de ses derniers concerts avec ce groupe, donné pour KSAN Radio en Californie le 31 octobre 1973, est sorti sous forme d'album en 1991 chez Island sous le titre *Talkin' Blues.* En 1973 Peter Tosh a fondé en Jamaïque son propre label Intel-Diplo ou Intel-Diplo H.I.M., l'acronyme d'Intelligent Diplomat For His Imperial Majesty..

---

[42] Branson R., *L'Autobiographie,* Scali 2005, p. 148

*Legalize it* et *Brand New Second Hand* de Peter Tosh parus en 1975 sur le label Intel-Diplo H.I.M..

Selon Discogs, l'album *Legalize It*, qui comporte dix phonogrammes, est sorti en 1976, sur les labels Columbia, Virgin, CBS, Sony, Island Records et Intel-Diplo, Toujours d'après Discogs il a été enregistré en 1975-1976 en Jamaïque dans le studio Treasure Isle, ainsi que dans celui de Randy's. Les éditions de Columbia, de Virgin et de CBS portent toutes la même notice de copyright à savoir ℗ 1976 CBS Inc.. Mais plusieurs de ces dix phonogrammes, notamment *Legalize It* et *Brand New Second Hand* sont sortis en 1975 en Jamaïque sous le label de Peter Tosh, Intel-Diplo H.I.M.

La société CBS Inc. n'a pu produire l'album *Legalize It* de Peter Tosh en 1976, dès lors qu'il est prouvé que les principaux phonogrammes de cet album ont été enregistrés en Jamaïque en 1975 où ils ont été commercialisés sous le label Intel-Diplo H.I.M.

Cet album s'est très bien vendu en 1977 et durant les derniers mois de l'année, Virgin vit affluer du Nigeria un flot croissant de commandes pour les albums de reggae commercialisés sur ce label. Richard Branson fut intrigué par l'importance de ces commandes et fit la constatation qu'à cette époque le label Island de Chris Blackwell était virtuellement le seul sur le marché à éditer ce type de musique et ce alors que depuis quelques mois un son nouveau de reggae avait commencé à se manifester : les deejays et les animateurs jamaïcains avaient pris l'habitude de psalmodier des phrases en argot ou des slogans politiques sur fond de lignes rythmiques. C'était une forme de rap avant la lettre. On les appelait "toasters" et U Roy était justement l'un d'eux ».

Aussi, « certain qu'il devait y avoir d'autres toasters en Jamaïque », Richard Branson décida de s'y rendre. Au début de l'année 1978, accompagné de Johnny Rotten des Sex Pistols et de Ken Berry, un de ses collaborateurs, il s'envola pour Kingston dans le but « d'y engager des formations de reggae et des toasters ». Sachant le peu de foi que les Jamaïcains mettent dans les contrats écrits, ils voyageaient avec une mallette contenant 30 000 dollars américains en espèces. Arrivés sur place, ils établirent leurs quartiers au Sheraton de Kingston. « La rumeur eut tôt fait de se répandre que trois gringos descendus en ville auditionnaient et un flot de musiciens vint frapper à la porte de notre chambre. Ken (Berry) attendait, assis sur le lit avec sa mallette pleine de billets, pendant que Johnny Rotten et Branson écoutaient les bandes qu'on leur présentait et bavardaient avec les artistes. C'est Johnny Rotten qui choisissait ceux qu'il fallait engager ; Ken ouvrait ensuite sa mallette et en sortait des liasses de billets verts. Les dollars américains valaient de l'or en Jamaïque, où les produits importés étaient quasiment interdits et où tout s'achetait au marché noir. Certains musiciens étaient tellement désireux de nous impressionner qu'ils venaient parfois avec leurs instruments et la chambre se trouva plus d'une fois envahie de rastafari dégingandés, coiffés d'énormes bonnets à rayures rouges, jaunes et vertes »[43].

Comme il le relate lui-même, en l'espace d'une semaine, Richard Branson engagea presque vingt groupes de reggae et découvrit deux toasters talentueux, Prince Far-I et Tapa Zukie. Il ne mentionne pas les noms de cette petite vingtaine de groupes de reggae mais ce qui est certain c'est qu'en 1978 U Brown allait également signer un contrat avec sa société.

Tous les contrats signés par Virgin dans les années 1976-1978 pour les enregistrements de groupes comme les Gladiators, The Mighty Diamonds, The Abyssinians, Culture et les Twinkle Brothers, ainsi que de nombreux artistes comme U Brown, I Roy, Gregory Isaacs, Johnny Clarke ou Big Youth, allaient constituer le catalogue de 276 albums et compilations

[43] Branson R., *L'Autobiographie*, Scali 2005, p. 190

de reggae qui seraient commercialisés plus tard sur le label Front Line.

Sa maison de disques établie, l'intérêt de Richard Branson allait se porter vers un tout nouveau domaine : l'aviation. Sans doute avait-il constaté, lors de ses aventures jamaïcaines, que le transport des groupes jusqu'en Europe grevait largement les budgets. En 1984, il lança sa compagnie aérienne, Virgin Atlantic. Fort de son succès, le groupe Virgin fut introduit en bourse deux ans plus tard (1986). Le 4 mars 1992 Richard Branson vend finalement Virgin Music à Thorn EMI pour 560 millions de livres, soit un milliard de dollars de l'époque. Les différentes marques Virgin sont cependant restées la propriété de Virgin Enterprises Ltd.. Depuis 2012, le catalogue de Virgin Music est exploité sous licence par le groupe Universal Music.

*Weather Balloon* de U. Brown sorti sur Gorgon Records en 1978. *You Can't Keep a Good Man Down* de U-Brown sorti sur Virgin en 1979.

Le plus surréaliste fut l'argumentation d'EMI concernant U Roy et les documents produits par cette société pour justifier le non-paiement de ses redevances au célèbre toaster. U Roy avait semble-t-il signé avec Virgin Records un contrat le 5 janvier 1976. Or depuis cette date Virgin ne pouvait justifier d'aucun bordereau de redevances, ni du paiement à cet artiste de sommes quelconques. En revanche, elle produisait deux bordereaux de redevances soi-disant adressés à son producteur Tony Robinson pour la période juillet 2002-juin 2003, courriers dont l'adresse avait d'ailleurs été barrée. Virgin Records affirmait, sans l'établir, qu'elle aurait versé à Tony Robinson les redevances contractuellement dues à U Roy ; quant à celles afférentes à l'album *With Words of Wisdom*, sorti en 1974 sur le label Attack de Duke Reid avant sa publication par Virgin en 1979, elle prétendait les avoir versées… à Mme Sonia Pottinger ! Or s'il est vrai que Tony Robinson, dit 'Prince Tony', est bien le producteur de plusieurs albums de U Roy (*Dread In Babylon, Natty Rebel, Rasta Ambassador, Crucial Cuts* et *Jah Son Of Africa*) il n'en demeure pas moins que U Roy n'avait, lui, perçu aucune royalty de Virgin pour l'exploitation par celle-ci de ses enregistrements. Tony Robinson avait bien été le manager de U Roy pendant plus de vingt ans, mais il y avait des années qu'ils n'entretenaient plus aucune relation et Virgin semblait même ignorer son adresse. Après des mois de recherches j'ai réussi à contacter Tony Robinson en Floride, où il vivait depuis quelques années et celui-ci m'a affirmé n'avoir jamais reçu de royalties de Virgin. Quant aux enregistrements de U Roy produits par Duke Reid, il aurait été stupéfiant qu'ils aient pu faire l'objet de royalties au profit de Sonia Pottinger, qui n'avait rigoureusement rien à voir dans l'histoire !

Le principal grief de mes clients, U Roy, U Brown, les Gladiators et les Mighty Diamonds, à l'encontre de Virgin/EMI concerne ces redevances impayées depuis plus de vingt ans et l'absence de bordereaux de redevances pour ces albums commercialisés dans le monde entier à plusieurs millions d'exemplaires. J'ai fini par assigner EMI Music France devant le tribunal de Nanterre. Dans mes écritures, je soulignais notamment que la société EMI Music France invoquait le bénéfice d'un contrat dit *Matrix Exchange Agreement* signé le 1er avril 1996 entre la société EMI Music International Services Ltd. et le groupe Virgin Records. Or la totalité des enregistrements de reggae qu'elle exploitait en France était inscrite à son nom dans la base de données de la SCPP et non au nom de Virgin Records. Dès lors que EMI Music France n'exploitait pas les enregistrements litigieux comme un simple licencié, mais comme si elle en était propriétaire, il lui appartenait également d'assumer les obligations résultant de ces exploitations, ce qu'elle refusait de faire. Par ailleurs en matière de droits d'auteur la loi prévoit que les contrats d'édition sont des contrats *intuitu personae* qui ne peuvent être transférés à des tiers sans l'autorisation expresse des auteurs. Or EMI Music France revendiquait le bénéfice de contrats signés par des artistes entre 1975 et 1979 avec la société Virgin Records et cela à la suite de plusieurs cessions dont ceux-ci n'avaient jamais été informés, comme la cession, en 1992, de la société EMI Group PLC à la société Virgin Records Group ainsi que toutes ses filiales, dont la société Virgin Records et que le 1er avril 1996 EMI Music International Services Ltd. aurait concédé à la société Virgin Records Group l'exploitation de son catalogue en France, où ils étaient pourtant exploités par EMI Music France.

Le 2 février 2006 le tribunal de Nanterre rendit un jugement favorable à certains de mes clients puisqu'il condamna EMI Music France à payer à chacun du trio Mighty Diamonds 20000€ de dommages-intérêts pour avoir exploité leurs enregistrements sans contrat et il fit même interdiction à cette société d'exploiter leurs albums *Deeper Roots, Go Seek Your Rights, Ice On Fire* et *Right Time* sous astreinte de 100 € par infraction constatée. En revanche, ce même jugement rejeta les demandes de U Roy, de U Brown et des trois membres des Gladiators pour l'indemnisation de l'exploitation illégale de leurs enregistrements et il rejeta également les demandes de U Brown et des Gladiators en leur qualité de producteurs. Ce même jugement avait considéré que les contrats conclus avec les artistes n'ont pas fait l'objet d'une cession mais que l'exploitation des enregistrements en France résulte de licences d'exploitation, aussi le moyen tiré de la nécessité d'une notification des cessions successives des contrats doit être écarté. Bref les sociétés Virgin et EMI peuvent se licencier et se re-licencier le même catalogue l'une à l'autre, certainement pour des raisons fiscales, sans que cela puisse être critiqué par les artistes ou les producteurs.

De surcroît, malheureusement, ce jugement a été totalement infirmé en appel par un arrêt de la cour d'appel de Versailles du 22 mars 2007.

Néanmoins ma croisade contre Virgin a dû produire quelques effets, puisque dans les mois qui ont suivi Virgin Records a contacté quelques artistes, notamment Tappa Zukie pour son enregistrement *MPLA*, afin de leur faire parvenir quelques centaines d'euros de royalties, qu'elle affirmait leur être dues.

Au total, sur une période d'un peu moins d'une cinquantaine d'années, ce sont une douzaine de millions d'euros, peut-être une vingtaine, que Virgin et EMI se sont appropriés illicitement en royalties et rémunérations légales qui auraient dû être payées aux artistes et aux producteurs jamaïcains dont les enregistrements ont été exploités sur les labels Virgin et Virgin Front Line.

Quant à mes clients artistes, notamment U Roy, U Brown, les Gladiators et les Mighty Diamonds, ceux-ci reprochaient surtout à Virgin/EMI de ne pas leur avoir fait parvenir de bordereaux de redevances et de ne pas leur avoir payé de redevances depuis plus de vingt ans pour leurs albums commercialisés dans le monde entier à plusieurs millions d'exemplaires.

Dans la mesure où ces albums étaient non seulement commercialisés en France par EMI Music France, mais que tous les enregistrements figurant sur ceux-ci étaient inscrits au nom de cette société dans la base de données de la SCPP, c'est à la société EMI que je me suis adressé pour qu'elle me fasse parvenir les contrats et bordereaux de royalties correspondant aux albums de mes clients. Paradoxalement EMI Music France revendiqua le bénéfice d'un accord cadre (*matrix agreement*) conclu avec Virgin Records pour me renvoyer vers celle-ci. On m'adressa à une juriste, Berrin Latif, susceptible de me répondre. Mes échanges avec celle-ci ne furent pas inutiles puisqu'ils me permirent de constater que les contrats signés par Richard Branson avec U Roy, les Gladiators et les Mighty Diamonds en 1976, totalement identiques, comme celui signé avec U Brown en 1978, présentaient de nombreux problèmes tant sur la forme que sur le fond. Sur la forme il est pour le moins surprenant que celui signé par U Roy avec Virgin le 5 janvier 1976 ait été cosigné par Tony Robinson, qui était alors le producteur et en quelque sorte le manager de l'artiste.

Quant au contrat signé par U Brown avec Virgin en 1978, en réalité un contrat de distribution de deux albums, *Mr Brown*

*Something* et *You Can't Keep a Good Man Down*, pour lequel celui-ci n'a touché qu'une avance sur redevances de 1 250 £ par album, pose également un problème dès lors que Virgin Records s'est purement et simplement approprié ces productions. De plus, l'album *You Can't Keep a Good Man Down* exploité à partir de 1979 par Virgin Front Line, qui se présente comme son producteur, est en réalité l'album *Weather Balloon* interprété et produit par U Brown en Jamaïque où il a été commercialisé en 1978 sur le label Gorgon Records. Et tous les enregistrements de ces albums sont inscrits dans les diverses bases de données producteurs au nom de Virgin/EMI – et non sous celui de U Brown.

# XIII – Culture Press et la nébuleuse Charly Records, la quatrième major, un groupe fantôme multinational.

Les majors, les trois groupes multinationaux Universal Music Group (UMG), Sony Music Entertainment et Warner Music Group (WMG), qui en 2024 représentaient à elles trois entre 70% et 75% de l'industrie musicale, sont le résultat de dizaines de fusions, d'absorptions et de rachats intervenus sur une période d'une cinquantaine d'années. Ainsi le groupe allemand BMG Entertainment (Bertelsmann Music Group), fondé en 1987 a fusionné avec Sony Music Entertainment en 2005.

Chaque major regroupe des dizaines de labels de disques, dont certains ont vu le jour il y a plus d'un siècle, ainsi que des dizaines de sociétés d'édition, qui vont probablement changer encore de propriétaire dans les mois et les années à venir. Bref, le chanteur qui a signé un contrat d'artiste avec la société Polydor ou PolyGram dans les années 1960 a vu son contrat passer d'une société à une autre au moins une fois par décennie.

Mais ces transferts de contrats sont surtout la conséquence de regroupements, de fusions et d'acquisitions ; ils ne résultent pas d'une fraude organisée, même si au cours de ces opérations les majors oublient souvent l'existence d'un certain nombre de contrats d'artistes, qu'elles négligent d'honorer, alors qu'elles exploitent toujours leurs enregistrements. Ainsi, Universal semble avoir oublié, ou officiellement perdu, les contrats signés par Island dans les années 1970 avec certains artistes jamaïcains.

Mais en plus des trois majors de l'industrie musicale connues de tous, il en existe une quatrième dont l'existence est beaucoup plus obscure, car personne ne connaît véritablement le nom de son dirigeant, ni celui de ses actionnaires, pas plus que son chiffre d'affaires. Cette société existe depuis une cinquantaine d'années, opère à partir de paradis fiscaux, change régulièrement de nom et de structure et elle a été condamnée à plusieurs reprises sur divers continents : elle est sans doute l'une des plus grandes organisations criminelles internationales. Nous la désignerons ici sous le nom générique de Charly. Mais d'abord, nous devons parler de la société française qui lui est affiliée, la société Culture Press, par laquelle nous avons été amenés à nous intéresser à cette nébuleuse mafieuse.

Avant le 27 septembre 2001 et la publication dans Libération de l'article *Jamaïque, le réservoir à tubes entubé* d'Hélène Lee, je n'avais jamais entendu parler de la société Culture Press. Il est vrai qu'à cette date, mon savoir en matière de reggae était très limité. Hélène Lee écrivait :

« À Kingston, où un tueur coûte moins cher qu'un avocat, le bruit court qu'un contrat aurait été lancé contre Enzo Hamilton, cet ancien associé de Trojan, directeur de la société Culture Press (ex-Esoldun). On lui impute la ruine de la veuve de Duke Reid, dont il aurait saisi le catalogue et la maison pour une brèche à un contrat. Plus récemment on l'accuse d'avoir donné 48 titres à Virgin France pour le coffret *Absolute Reggae* en se réclamant de contrats caducs. Si tel était le cas, Virgin, qui examine les documents, gèlerait les royalties jusqu'à règlement du litige.

Ses conclusions ne sont pas encore connues mais il y a anguille sous roche. Libération a pu consulter un contrat dont se réclame Hamilton dans une autre affaire. Daté du début des années 1990, il porte en en-tête un indicatif téléphonique inauguré en 1998 seulement. Hamilton jure qu'il a versé plus de 800 000 francs, soit 122 000 €, au producteur Bunny Lee et que cette avance n'étant pas encore remboursée, il conserve les droits. Il exhibe par ailleurs un contrat de 1993 avec le producteur Niney, mais il manque les pages concernant la durée du contrat et le matériel concerné. "C'était pour un seul album, s'exclame Niney et il ne m'a pas payé". Et les artistes ? "Quand ils nous envoient leurs avocats, nous payons", dit Hamilton, narquois. »

Ce sont ces deux paragraphes qui ont valu à Hélène Lee et à Libération d'être condamnés pour diffamation à l'encontre d'Enzo Hamilton. Et pourtant, les accusations portées par la journaliste ne révélaient que la partie émergée de l'iceberg et Culture Press, comme Virgin France, finira par être condamnée par la cour d'appel de Paris pour avoir inclus des phonogrammes qui ne leur appartenaient pas dans la compilation *Absolute Reggae*, au mépris des droits de nombreux artistes jamaïcains.

Quelques mois plus tard, j'ai rencontré Enzo Hamilton lorsqu'il est venu témoigner devant le tribunal correctionnel de Paris. J'ai découvert un véritable comédien aux cheveux grisonnants qui, pour l'audience, avait revêtu un costume sur mesure style gentleman anglais et s'appuyait sur une canne à pommeau. Malgré son nom, il se disait le descendant d'une lignée impériale allemande – du moins dans la version recueillie par Hélène Lee. Il avait il est vrai beaucoup d'imagination.

La société Culture Press a été fondée en 1984 en Angleterre par Enzo Hamilton et Webster Shrowder, deux anciens employés de Trojan, où ils avaient appris combien il était facile de duper les artistes jamaïcains. Durant les deux années de sa période anglaise, Culture Press a commercialisé huit albums dont trois de reggae : Max Romeo, King Tubby et Sly & Robbie. Deux ans plus tard, Culture Press déménageait en France, à Nanterre, où elle fut inscrite au RCS de Paris le 18 septembre 1986 sous la dénomination sociale Esoldun SARL. Mais parallèlement Enzo Hamilton continue de fabriquer et de commercialiser des albums et des compilations de reggae, non seulement sur le label Culture Press, mais aussi sur deux sous-labels, Lagoon et Crocodisc.

Le 2 décembre 1996 Esoldun changea de dénomination sociale pour adopter celle de Culture Press et le 8 décembre elle déposa à l'INPI la marque semi-figurative Culture Press. Le site

Discogs recensait, en 2023, 291 albums parus sur le label Culture Press, 286 sur le label Esoldun, 139 sur le label Lagoon, 21 sur le label Culture Reggae et 19 sur le label Crocodisc. Au total plus de 400 albums et compilations de reggae ont dû être fabriqués et commercialisés par Culture Press sous ces cinq labels. Si l'on considère qu'il y a en moyenne 14 titres par album, cela représente environ 5600 phonogrammes, ce qui montre bien l'ampleur du problème.

Parallèlement, Enzo Hamilton créait en Angleterre le 29 janvier 1988 la société Hartglobe Ltd., qui avait officiellement pour directeur Joël Arlot. Après la démission de celui-ci le 24 janvier 1997 Enzo Hamilton occupe son poste jusqu'au 7 mai 2010. Mais dès l'origine de cette société, c'est Enzo Hamilton qui signe les contrats de Hartglobe Ltd. en qualité de représentant de celle-ci.

De son côté Webster Shrowder, l'associé d'Enzo Hamilton, s'associait au producteur jamaïcain Bunny Lee pour créer en Angleterre, le 27 juin 1975, la société Vulcan Records Ltd. Son existence fut brève, puisqu'elle fut liquidée en décembre 1977, après avoir commercialisé une trentaine d'albums sur le label Vulcan et plus de soixante-dix sur le label Grounation.

Il ressort de tout cela qu'à partir du milieu des années 1980 a été constitué par Enzo Hamilton, directement ou indirectement, un réseau de sociétés et de labels : en Grande Bretagne Culture Press, Hartglobe, Vulcan, Grounation etc. et en France : Esoldun, Culture Press, Lagoon, Crocodisc... Dès cette époque, Enzo Hamilton était également en affaires avec Jean-Luc Young, le fondateur de la nébuleuse Charly, dont nous reparlerons plus longuement.

Chez Trojan, où Enzo Hamilton et Webster Shrowder avaient fait leurs classes, ils avaient appris que pour donner un semblant de légitimité à leurs labels, ils devaient signer des contrats avec les producteurs jamaïcains – ou leurs ayants droit. Car dès les années 1980 les droits sur des productions prestigieuses comme celles de Duke Reid étaient déjà administrés par leurs veuves, particulièrement vulnérables et sans connaissances juridiques, ce qui facilitait les visées des deux comparses. Trojan leur avait également appris comment on pouvait, par une large palette de clauses, retirer à leurs cocontractants tous les droits qu'ils semblaient avoir obtenus par d'autres clauses. Et puis il y avait le style Enzo. À Kingston, on rit encore au souvenir des visites de ce personnage sympathique et bon vivant qui, à la fin de soirées bien arrosées, faisait signer des contrats aux musiciens ivres (heureux encore lorsqu'il n'emportait pas les deux copies du contrat avec lui !)

L'article de *Libération* faisait référence à deux contrats conclus entre des producteurs jamaïcains, Bunny Lee et Niney 'The Observer' et Culture Press représentée par Enzo Hamilton. Il s'agit de deux cas d'école.

Le premier contrat, daté du 1er mars 199? (le dernier chiffre est illisible), était signé entre, d'une part, Bunny Lee et Webster Shrowder, conjointement appelés les donneurs de licences (*licensors*) et d'autre part Hartglobe Ltd. et Esoldun SARL, les licenciés représentés respectivement par Enzo Hamilton et Joël Arlot. Il était précisé que la licence accordée bénéficiait à Hartglobe Ltd. pour le Royaume Uni et à Esoldun pour le reste du monde à l'exception de la Jamaïque. Ce contrat portait spécifiquement – mais sans limitation pour autant – tous les répertoires, catalogues et matériels exploités sur les labels Starlight Records, Vulcan (appartenant en partie à Bunny Lee et à Webster Shrowder), Bush, Third World, WIRL et Grounation. Ledit contrat, soumis au droit français, était conclu pour une durée initiale de dix ans, mais il était renouvelable automatiquement, sauf dénonciation par lettre recommandée au moins trois mois avant sa date de renouvellement.

La redevance théoriquement payable aux deux donneurs de licence était de 20% sur le prix de gros, pourcentage sujet à des réductions pouvant atteindre 45%, à partager entre eux deux selon les termes d'une annexe (non jointe). Pour les sous-licences consenties par les licenciés, les redevances étaient partagées à 50% avec les donneurs de licence. En d'autres termes, à supposer que la redevance revenant à Bunny Lee soit de 10%, dès lors que les licenciés, Culture Press et Hartglobe, exploitaient son catalogue via un autre licencié, comme par exemple Charly, sa redevance chutait à 5% ; et si celui-ci utilisait lui-même un sous-licencié, sa redevance n'était plus que de

2,5%. Ainsi, en faisant fabriquer les albums par des licenciés, voire des sous-licenciés, Culture Press et Hartglobe pouvaient réduire la redevance de 10% théoriquement à Bunny Lee à 5%, voire 2,5%.

Le contrat de Winston 'Niney' Holness était du même acabit. Il avait été signé le 25 avril 1993 entre Niney et, conjointement, Hartglobe Ltd. et Esoldun SARL. Ces deux sociétés étaient représentées par un même homme, Enzo Hamilton, qui apposa les deux signatures. Pourtant, à l'époque, ce n'était pas Hamilton le représentant légal d'Hartglobe Ltd., mais Joël Arlot. Et pour finir, cerise sur le gâteau, le montant de la redevance due à Niney en contrepartie de son apport était illisible.

Suite à la condamnation pour diffamation d'Hélène Lee j'ai engagé quatre ou cinq actions contre Culture Press. J'ai lancé la première procédure au nom de ceux qui avaient témoigné en faveur de la journaliste, à savoir Max Romeo, Winston McAnuff, Niney Holness et Bunny Lee. Le tribunal de Paris a rendu le 13 avril 2005 un jugement qui leur était très favorable. Après avoir rejeté les exceptions d'irrecevabilité soulevées par la société Culture Press et dit que le contrat conclu le 1er mars 1991 entre Bunny Lee/Webster Shrowder et Culture Press ne conférait à cette dernière aucun droit d'exploitation des interprétations de Max Romeo sur le territoire français pour les albums *Wet Dream* et *On the Beach*. Quant aux albums *Let The Power Fall On I* et *Max Romeo Sings Bob Marley At The Dancehall*, le tribunal jugea qu'ils avaient été importés en France illicitement sans l'autorisation écrite de cet artiste, exigée en plus de celle du producteur, ce que Culture Press en sa qualité de professionnel ne pouvait ignorer. En conséquence, pour le tribunal les exploitations des enregistrements de Max Romeo par importation et commercialisation en France constituaient des contrefaçons et il a fait interdiction à la société Culture Press de poursuivre ces exploitations sous astreinte de 10 000 € par infraction constatée. Il a aussi condamné cette société à payer à Max Romeo 60 000 € à titre de dommages et intérêts. Ce même jugement prononça la nullité du contrat conclu le 1er mars 1991 entre Bunny Lee/Webster Shrowder et la société Culture Press « faute de détermination d'objets». Mais s'il a condamné Culture Press à payer à Bunny Lee 50 000 € à titre de dommages et intérêts, le tribunal a également condamné celui-ci à restituer la somme de 47 889 € par lui perçue au titre d'avances. Enfin, il a condamné Culture Press à payer à Winston Boyd McAnuff la somme de 15 000 € à titre de dommages pour l'exploitation illicite de son album *One Love*. Néanmoins ce jugement déclarait irrecevable la demande et l'action de Niney Holness en nullité et en résolution du contrat en date du 25 avril 1993, pour une raison procédurale, faute de mise en cause de la société Hartglobe Ltd. qui de ce fait ne faisait pas partie de la procédure.

Ce jugement a été le premier rendu en France en matière d'artistes et de producteurs jamaïcains. En ce qui concerne les artistes, à savoir Max Romeo et Winston McAnuff, il a été dit et jugé pour la première fois que l'autorisation de l'artiste était requise indépendamment de celle du producteur puisque chacun disposait d'un droit propre. En ce qui concerne la nullité des contrats de producteur de Bunny Lee avec Culture Press et Webster Shrowder, celle-ci était à l'évidence justifiée, l'objet du contrat n'étant pas mentionné. Quant à l'irrecevabilité du contrat conclu par Bunny Lee avec, conjointement, Culture Press et la société anglaise Hartglobe, elle est discutable dès lors que Enzo Hamilton, alors gérant de Culture Press, avait également signé le contrat au nom de Hartglobe, dont il était en réalité l'un des dirigeants.

Malheureusement en appel, par un arrêt du 21 février 2007, la cour d'appel de Paris a non seulement confirmé que Niney Holness était irrecevable en son action et ses demandes, mais il a également infirmé le reste du jugement. Elle a déclaré Bunny Lee également irrecevable en ses demandes en nullité et en résolution du contrat conclu le 1er mars 1991 et a débouté Max Romeo et Winston McAnuff de toutes leurs demandes. On peut s'interroger sur cette infirmation, totalement contraire au droit en ce qui concerne les artistes, puisque par la suite trois arrêts de la Cour de cassation confirmeront que leur autorisation écrite est toujours nécessaire pour l'exploitation de leurs enregistrements. Je n'avais pas démérité, malheureusement l'arrêt a été rendu par une formation dont le président ne cachait pas ses sympathies maçonniques et rendait ses décisions en fonction des liens qu'il entretenait avec certains avocats ou l'antipathie qu'il portait à d'autres. Je n'ai pas souvenir d'avoir gagné une seule affaire dans la vingtaine que j'ai dû plaider devant ce président au cours des deux ou trois années durant lesquelles il a occupé le poste, avant de prendre sa retraite et de rejoindre un gros cabinet d'avocats d'affaires.

Ma seconde procédure contre Culture Press, ainsi que contre EMI, était engagée au nom de Ras Michael, de Leonard Dillon, leader du groupe The Ethiopians et de Johnny 'Dizzy' Moore, qui malheureusement décéda quelques semaines après la saisine du tribunal. Dans son jugement rendu le 11 février 2009, celui-ci rejeta l'intervention du fils de Johnny Moore, Otis Kirk Moore, non habilité, « pour défaut de qualité, à agir pour le compte de la succession de son père ». Il déboute également Ras Michael et Leonard Dillon de leur action et de leurs demandes. Heureusement ce jugement fut partiellement réformé en appel et Culture Press fut condamnée à payer 30000 € à Ras Michael pour l'exploitation illicite de ses albums *New Name*, *Nyabinghi* et *Kibir Am Lak* et 25 000 € à Leonard Dillon pour l'album *The Ethiopians meet Sir J. Johnson & Friends*, tandis qu'EMI était condamnée à leur payer respectivement 5 000 € et 3 000 € pour la reproduction de leurs enregistrements sur la compilation *Absolute Reggae*. Cet arrêt fit l'objet d'un pourvoi en cassation par Culture Press, qui fut rejeté par un arrêt du 19 juin 2013 dont je n'ai découvert l'existence qu'en rédigeant ces lignes.

J'engageai également une procédure contre Culture Press et EMI, toujours pour des titres reproduits sur la compilation *Absolute Reggae*, mais cette fois-ci au nom de Jimmy Cliff, Dillinger, Dennis Alcapone et Boris Gardiner. Indépendamment du fait que Jimmy Cliff, qui avait épousé une Française, vivait alors en banlieue parisienne, il est clair qu'il était l'un des chanteurs préférés des Français, fait confirmé par un sondage réalisé en 2000. Quand Cliff affirme n'avoir jamais signé de contrat avec une société quelle qu'elle soit, ou qu'un de ses albums enregistrés en public l'a été sans son autorisation, sa parole compte. J'aurais certainement eu plus de difficultés si je n'avais défendu qu'un chanteur surnommé Alcapone, ou

Dillinger l'auteur de *Cocaine In My Brain, d'*autant qu'aucun des magistrats n'avait jamais entendu parler de ces deux artistes, pas plus que de Boris Gardiner.

Le tribunal rend son jugement le 18 février 2009. En ce qui concerne Jimmy Cliff, il jugea d'abord que Culture Press avait exploité illicitement douze enregistrements lui appartenant et la condamna à lui payer 26 000 € de dommages et intérêts, tandis qu'EMI, qui avait reproduit deux de ces mêmes enregistrements sur sa compilation *Absolute Reggae*, était condamnée à lui verser 6 000 € de dommages et intérêts. Le tribunal jugea également que Jimmy Cliff était le producteur des douze enregistrements que Culture Press s'était appropriés par le biais d'une inscription fallacieuse à son nom dans la base de données de la SCPP, inscription dont le tribunal ordonna la rectification. En ce qui concerne Dillinger, le jugement dit que Culture Press avait exploité illicitement son album *Cornbread*, tandis qu'EMI avait reproduit illicitement son titre *Cocaine In My Brain* sur la compilation *Absolute Reggae* ; en conséquence, il les condamna à lui payer respectivement 24 000 € et 2 000 €. Enfin Culture Press fut condamnée à payer 1 000 € de dommages et intérêts à Dennis Alcapone pour l'exploitation illicite de son titre *Picture or No Picture*, tandis qu'EMI était condamnée à payer 1 000 € à Boris Gardiner pour l'exploitation illicite de son titre *Commanding Wife* sur la compilation *Absolute Reggae*.

Ce jugement a été confirmé en appel par la cour d'appel de Paris le 15 octobre 2010. Le pourvoi contre cet arrêt a été rejeté par la Cour de cassation le 18 février 2015, encore une fois par un arrêt dont je viens à peine de découvrir l'existence.

Mais je n'ai jamais pu récupérer la totalité des sommes auxquelles avait été condamnée Culture Press. Celle-ci a d'abord demandé en justice des facilités de paiement qui lui furent accordées, mais elle cessa de payer après la troisième ou la quatrième échéance. Puis elle se met officiellement en faillite et est même radiée du registre du tribunal de commerce de Paris. Pourtant, étrangement, cette société n'interrompit jamais ses activités. Et quelques mois plus tard elle était inscrite à nouveau au registre du commerce de Paris, comme immatriculée au RCS le 03/02/1987 avec comme nouveau gérant un homme de paille. Il est clair que cette réinscription n'a été possible qu'avec la complicité d'un employé du tribunal de commerce.

En conclusion de ces trois affaires contre Culture Press, dont deux portaient sur la compilation *Absolute Reggae* mise en cause par Hélène Lee, le droit a triomphé dans deux affaires, à l'origine de deux arrêts d'appel confirmés par la Cour de cassation. Ces arrêts ont affirmé que les enregistrements exploités par Culture Press sans l'autorisation des artistes, comme ceux licenciés par cette société à EMI pour l'album *Absolute Reggae*, constituaient des contrefaçons. Dans la troisième affaire, qui reposait pourtant sur les mêmes faits et soulevait les mêmes problèmes de droit, j'ai perdu. Le droit a perdu face Aux sympathies d'un magistrat.

Enfin, j'engageai une autre procédure au nom de Bunny Lee contre Culture Press pour obtenir la nullité du contrat qu'il avait signé avec celle-ci. Là encore, j'ai obtenu, par un jugement du 25 septembre 2009, non pas la nullité, en raison d'un vice affectant sa formation, mais sa résolution, en raison de sa mauvaise exécution. Mais encore une fois, ce jugement favorable à Bunny Lee a été infirmé en appel.

En 2024, la société Culture Press, « au capital de 150 000 € », existait toujours. Depuis 2012 sa gérante est officiellement Djemaia Hamilton, la veuve d'Enzo Hamilton, qui a ajouté au champ d'action de son mari une nouvelle spécialité : la musique arabe, aussi mal protégée apparemment que le reggae. Ses bilans sont toujours aussi étranges : pour les années 2021 et 2022 elle a déclaré réaliser un chiffre d'affaires de 0,00 euro. Sur son bilan 2021 figurent 12 100 € d'actifs et 2 200 € de pertes.

Au fil des procédures, j'ai pu avoir accès à de nombreux documents et compléter les informations dont je disposais, non seulement sur la société Culture Press mais sur les sociétés avec lesquelles celle-ci était liée, d'abord la société Hartglobe Ltd., puis la nébuleuse Charly.

En effet, la société française Culture Press, conjointement avec la société anglaise Hartglobe, toutes deux représentées par Enzo Hamilton, avaient signé un contrat de licence d'une durée de trois ans, du 1er janvier 2001 au 29 février 2004, avec la société Charly Acquisitions Ltd.. Celle-ci avait alors son siège sur l'île de Sark, via Guernesey. Qui a entendu parler de l'île de Sark ? Selon Wikipédia « c'est une petite île anglo-normande de 5,4 km$^2$, située dans la Manche, très proche de Guernesey… C'est un État dépendant de la Couronne britannique ». Bref, il s'agit d'un paradis fiscal, à quelques kilomètres de la France, dont tous les Français ignorent l'existence, à l'exception d'une poignée d'escrocs.

Cette licence a été renouvelée par un contrat de huit pages en date du 1er mars 2004, où le nom du représentant de Charly Acquisitions Ltd. n'est pas mentionné et dont la signature est illisible. Le contrat portait sur tous les enregistrements du catalogue Treasure Isle ainsi que du catalogue Beverley's, ainsi que ceux listés dans les 145 pages suivantes (annexe A), soit près de 8 000 enregistrements. On note par exemple sur cette liste alphabétique, à la lettre A, des enregistrements d'Admiral Bailey, Admiral Tibett, Al Campbell, Albert Collins, Aladdin Sane, Alton Ellis, Alvis Wayne, Amos Milburn, ansel Collins, Anthony Johnson, Augustus Pablo; à la lettre B, on trouve BB Seaton, Baba Brooks, Bad Manners, Barry Biggs, Barry Brown, Beenie Man, Beres Hammond etc. Il faut souligner qu'aucun de ces artistes, pour la plupart inconnus hors du public reggae, n'a jamais entendu parler des sociétés Culture Press, Hartglobe et Charly, qui depuis des années exploitent leurs enregistrements sans leur autorisation et sans leur verser un centime.

Il semble qu'à l'origine la société Charly ait été fondée en France en 1974 par un Français, Jean-Luc Young, avant d'être transférée en Angleterre en 1975. Jean-Luc Young était déjà dans le milieu musical.; dès la fin des années 1960 il avait été impliqué dans le mensuel *Actuel*, alors très prisé par les jeunes. Ce magazine, lancé en 1967, s'est rapidement associé à un tout nouveau label de jazz d'avant-garde, BYG Records, un acronyme issu du nom de ses trois fondateurs (Fernand Boruso, Jean-Luc Young et Jean Georgakarakos dit 'Karakos'). Young et Karakos ont fondé par la suite le label Celluloïd. Vingt ans plus tard Jean Karakos sera, avec Olivier Lorsac son associé de l'époque, à l'origine de *La Lambada* interprétée par Loalwa Braz, le tube planétaire de l'été 1989 qui s'est vendu à plus de

15 millions d'exemplaires, énorme plagiat pour certains, magnifique coup de marketing pour d'autres.

En 1969 BYG Records et le magazine Actuel firent parler d'eux en organisant à Amougies en Belgique, du 24 au 28 octobre, le Festival Actuel, avec près de 80 000 spectateurs. À ce festival participaient notamment Ten Years After, Zoo, Archie Shepp, The Nice, l'Art Ensemble of Chicago, Yes, Gong, Ame Son et Soft Machine, avec Frank Zappa comme maître de cérémonie. Plusieurs jazzmen ont par la suite accusé BYG Records d'avoir édité certains de leurs enregistrements live, des bootlegs, sans leur autorisation. Aussi, n'est-il pas surprenant qu'en 2022 la société Charly ait encore réédité deux albums d'Archie Shepp du label BYG Records.

Après s'être implantée à Londres en 1975, la société Charly s'est spécialisée dans la réédition, d'abord sous licence, de catalogues américains, notamment du label Sun, fondé en 1952 par Sam Phillips. Celui-ci, dans les années 1950 et 1960 avait produit et/ou obtenu les droits sur les enregistrements d'artistes célèbres, comme Johnny Cash, Carl Perkins, Jerry Lee Lewis, ainsi que sur les premiers enregistrements d'Elvis Presley. Sun avait aussi récupéré le catalogue Vee Jay, un label fondé en 1953 par deux Afro-Américains, qui ont été les premiers, en 1963/4, à signer un contrat avec les Beatles aux États-Unis.

Jean-Luc Young réalisa très rapidement que le droit américain comportait de nombreuses failles et donc autant d'opportunités. En droit américain, l'artiste-interprète dont le nom apparaît sur la pochette, dit *featured artist*, dispose conjointement avec le producteur du *copyright* sur l'enregistrement sonore (*copyright in the sound recording*). Jusque dans les années 1990 le producteur, souvent à la fin d'une séance de studio, se faisait céder par l'artiste la totalité de son *copyright* sur l'enregistrement pour une somme forfaitaire. C'est ainsi James Brown a cédé à son producteur new-yorkais les droits sur son tube planétaire *It's a Man's Man's World* pour quelques centaines de dollars, de mémoire 500 US $. Ce producteur a fait faillite quelques années plus tard et les droits sur ce tube sont passés de main en main avant d'être revendiqués par Charly. Pour cet enregistrement sorti en 1966 et toujours exploité depuis, ni James Brown, ni, depuis sa mort, ses héritiers, n'ont jamais perçu un centime de redevances. Dans la base de données de la SCPP on trouve cinquante-trois enregistrements de ce titre, mais certains correspondent à des périodes de gestion différentes d'un même enregistrement et il ne doit exister en réalité qu'une trentaine de versions différentes de ce titre enregistrées par James Brown, généralement aux États-Unis (Universal 1961, 1964, 1972, 1966, 1967, 1969 (live), 1991, Sony 1993, 1995, Trema (live) 1983, Decca 1969 etc. et même en France (Warner 1988 etc.). Mais dans la base de données de la SCPP française ne figure pas l'enregistrement sur lequel Charly prétend détenir des droits, car celui-ci a été exclu de la société de gestion collective en 2002 en raison de ses fraudes.

Charly a opéré sous diverses dénominations qui se sont succédé à un rythme rapide, notamment Charly Holdings, Charly Acquisitions Ltd., Lennox Holdings etc. Celles-ci ont changé d'adresse au fil des ans, toujours dans des paradis fiscaux comme l'île de Sark, le Panama, Nevis et les îles Turques-et-Caïques. Elle a souvent agi par l'intermédiaire de structures affiliées, notamment Charly Licensing ApS au Danemark (présentée comme son agent), Culture Press en France, Hartglobe en Angleterre etc. Mais parmi les silhouettes qui se profilent derrière cette nébuleuse revient toujours le même nom : Jean-Luc Young.

En 2023 le site Discogs recensait 3 654 albums et compilations, de tous genres musicaux, commercialisés sur le label Charly. Sur la base de 14 titres en moyenne par album, cela représentait au total 51.156 titres. Mais Charly revendique aussi des droits sur d'autres sociétés et/ou leurs catalogues, notamment ceux de la société Lennox Records, qui, selon un catalogue versé aux débats dans le cadre d'une procédure judiciaire, comportait au moins 10 000 titres d'artistes tels que Barry White, José Feliciano, Marvin Gaye, Gladys Knight, Nat King Cole, Jerry Lee Lewis, Carl Perkins, Chuck Berry et Jimi Hendrix pour n'en citer que quelques-uns.

Avec un catalogue d'au moins soixante-dix mille enregistrements, Charly est donc en réalité une véritable *major* même si elle n'apparaît jamais dans les enquêtes sur l'industrie du disque.

Le catalogue de Lennox Records, qui appartient à Charly, liste huit phonogrammes de Jimi Hendrix (mort en 1970), dont *Tomorrow Never Knows*, inscrit dans la base de données de la PPL avec 1974 comme date de diffusion. Les droits de producteur appartiendraient à la société The Orchard Enterprises. Le phonogramme de *Tomorrow Never Knows* est accessible sur Spotify, où il fait partie de l'album *Red House*, exploité depuis le 1er janvier 1999 par la société Pegasus Entertainment Ltd.. Quels sont les liens entre The Orchard et Pegasus Entertainment ? Et par quel document The Orchard dispose-t-il des droits de Hendrix, décédé en 1970 ? La question mérite d'être posée.

En Californie, Charly Holdings, alors enregistrée au Panama, a été condamnée pour contrefaçon par un arrêt définitif de la cour d'appel du neuvième circuit en date du 21 février 1997, confirmant le jugement rendu le 27 juillet 1995 qui avait ordonné à cette société de payer plus de cinq millions de dollars de dommages et intérêts à la société MCA pour sa contrefaçon du catalogue de Chess Records. Pour échapper aux suites de ces condamnations, la société Charly Holdings Inc., sise alors au Panama, a cédé tous les droits de son catalogue par un contrat en date du 1er juin 1995 avec l'établissement Anfra, situé à Vaduz au Liechtenstein, pour la somme de 7 millions de livres sterling. Mais le même jour, à savoir le 1er juin 1995, cette même société Charly Holdings transférait l'ensemble des droits et obligations dont elle bénéficiait sur ces contrats à la société anglaise Korda Investment Ltd. Le 7 février 1997, enfin, Korda Investment transférait le tout à la société anglaise Lennox Holdings Ltd..

Quatre années plus tard, la société MCA a de nouveau fait condamner très sévèrement Charly pour contrefaçon, mais cette fois-ci en Angleterre. Mais dans la mesure où Charly s'est toujours abritée dans des paradis fiscaux pour échapper aux jugements prononcés contre elle, une action avait été diligentée à l'encontre de la personne qui semblait en être le dirigeant, à savoir Jean-Luc Young, qui par ailleurs affirmait n'être qu'un simple salarié. Comme cela a été noté par les magistrats de la cour d'appel de Londres dans son arrêt rendu le 5 octobre 2001 :

> « Le principal propriétaire de la société Charly Holdings est un mystère. Officiellement elle était administrée de Zurich par M. Raymond-Claude Foex, un consultant financier âgé de plus 80 ans qui a toujours invoqué le bénéfice de la loi suisse pour refuser de divulguer le nom de ses actionnaires. Mais les tribunaux anglais ont relevé qu'en 1972 une compagnie du nom de Charly Holdings avait déjà été créée au Liechtenstein par un ressortissant français, M. Jean-Luc Young. En 1981 M. Young aurait vendu son catalogue et le nom de sa société, cette vente étant à l'origine de la nouvelle société Charly Holdings Inc. sise au Panama ».

Étant précisé qu'il ressort de l'arrêt rendu par la cour d'appel de Londres que « M. Jean-Luc Young, qui a alors travaillé comme consultant pour cette société (Charly Holdings Inc.), a affirmé en justice, à plusieurs reprises, qu'il ne connaissait pas le nom de ses actionnaires ».

En ce qui me concerne j'ai plaidé entre 2006 et 2012 quatre affaires contre Charly, non pas en demande pour des artistes ou des producteurs jamaïcains, mais en défense pour diverses sociétés françaises dont la FNAC, ainsi que pour une société allemande et un homme d'affaires allemand. Dans ces affaires, les assignations étaient diligentées par la société Charly Acquisitions Ltd., société de droit de Nevis, agissant en la personne de ses représentants légaux, ayant son siège social Springates Building, Government Road, Charlestown et la société Lennox Holdings Ltd., société de droit des îles Turques-et-Caïques, agissant en la personne de ses représentants légaux, ayant son siège social 25, Britannic House, Providenciales Turks and Caicos Islands. Toutes ces actions auraient dû être jugées irrecevables, pour la bonne raison que la France n'ayant aucun accord judiciaire avec l'île de Nevis, ou les îles Turques-et-Caïques, cela interdit qu'on puisse y faire exécuter une décision rendue par un tribunal français. Par ailleurs, dans ces deux paradis fiscaux, la législation en matière de droit des sociétés exige seulement que celles-ci aient un correspondant local, mais elle ne permet pas de connaître le nom de leurs actionnaires ou de leurs dirigeants, ni même de connaître leur bilan annuel. Bref ces sociétés peuvent agir en justice devant les juridictions françaises, alors qu'elles sont intouchables et qu'il est impossible de connaître le nom de leurs dirigeants et de leurs actionnaires. Cherchez l'erreur !

Bien entendu j'ai toujours, dans chaque affaire, non seulement soulevé cette irrecevabilité mais également demandé que Charly Acquisitions Ltd. et Lennox Holdings Ltd. versent aux débats la liste de leurs actionnaires, le nom de leurs dirigeants ainsi que leurs bilans comptables des trois dernières années. Cette demande légitime, présentée aussi bien devant le tribunal de commerce de Paris, les tribunaux de grande instance de Paris et de Nanterre, que devant les cours d'appel de Paris et de Versailles, n'a jamais abouti, alors que les magistrats de ces juridictions étaient parfaitement informés de l'histoire de cette nébuleuse ainsi que des condamnations dont elle avait fait l'objet en Californie et en Angleterre. Chaque fois, tout a été fait pour protéger l'identité des personnes qui se cachent derrière Charly, ainsi que les millions d'euros qu'elle détourne illicitement au préjudice de dizaines de producteurs et de centaines d'artistes, des millions qui aboutissent dans un paradis fiscal avant d'être répartis à on ne sait qui d'une manière occulte.

Dans un litige engagé en France par la société Charly Acquisitions, sise sur l'île de Nevis et son agent, la société Charly Licensing ApS, société de droit danois, contre notamment un homme d'affaires allemand, la cour d'appel de Paris a jugé le 8 décembre 2010 que :

> « 1) La société Charly Acquisitions se prétend titulaire, à titre exclusif, de seize enregistrements reproduits dans l'album du coffret litigieux *Rock'n'roll Forever* Little Richard, en vertu d'un contrat conclu le 23 janvier 2002 par lequel elle aurait acquis de la société Vee Jay le droit de fabriquer, distribuer et vendre des disques reproduisant les enregistrements originaux du

catalogue Vee-Jay et ce à titre exclusif pour le territoire de l'Europe… mais la société Charly Acquisitions ne rapporte pas la preuve qu'elle serait titulaire des droits sur les enregistrements des œuvres de Little Richard précédemment visées.
2) la société Charly Acquisitions se prétend également titulaire des droits sur seize enregistrements interprétés par Jerry Lee Lewis, dix-neuf enregistrements interprétés par Roy Orbison, dix-sept enregistrements interprétés par Charlie Rich, seize enregistrements interprétés par Carl Perkins ; qu'elle invoque, pour justifier de ses droits sur les titres en cause, un accord verbal conclu en 1996 et confirmé par un contrat conclu le 1er août 2001 avec la société Sun Entertainment lui concédant une licence d'exploitation exclusive pour l'Europe de l'ensemble de son catalogue… mais que (le document versé aux débats) ne suffit pas à démontrer la recevabilité à agir de la société Charly Acquisitions au regard des enregistrements visés.
3) La société Charly Acquisitions se présente encore comme titulaire, à titre exclusif, de seize enregistrements reproduits dans l'album *Rock'n'Roll Forever* Buddy Holly & the Picks, invoquant pour cela un contrat conclu avec la société Pick Records du 15 avril 1996 avec ses avenants des 3 octobre 1997 et 1er octobre 2002 ainsi qu'un contrat du 1er janvier 2004 ; mais considérant que les œuvres visées à l'annexe du contrat et aux avenants ne sont désignées que par des titres qui ne permettent pas de s'assurer de la référence précise des enregistrements et des conditions de leur production, ni de la chaîne des droits au terme de laquelle les droits afférents à ces œuvres seraient entrés dans le patrimoine de la société concédante, l'arrêt a conclu que la société Charly Acquisitions ne pouvait se prévaloir en justice des droits sur ces enregistrements, pas plus

> que sur ceux de Fats Domino et des Platters, revendiqués par ailleurs. En d'autres termes, le tribunal a conclu que cette société se prévalait de contrats bidon pour revendiquer des droits sur de nombreux enregistrements. »

Je me dois de citer un autre arrêt de la cour d'appel de Paris rendu le 8 décembre 2009, dans une affaire où les sociétés Charly Acquisitions et Lennox Holdings étaient demanderesses :

> « Considérant que la société Lennox Holdings revendique treize enregistrements interprétés par Chuck Berry, douze par Elvis Presley, treize par Duane Eddy, huit par Bo Diddley, onze par The Coasters, seize par Johnny and The Hurricanes et deux par Roy Orbison ; elle expose qu'elle tient les droits revendiqués au terme de la chaîne de contrats suivants :
>
> - le 1er mai 1988, la société Sansu Enterprises a concédé à la société Charly Holdings, à titre exclusif pour l'Europe, l'ensemble des droits d'exploitation se rapportant aux enregistrements appartenant à son catalogue,
> - le 10 juin 1992, la société Sansu Enterprises a cédé à la société Excell Music l'ensemble des droits, titres et intérêts attachés aux enregistrements de son catalogue,
> - le 29 avril 1994, le contrat du 1er mai 1988 visé ci-dessus a été confirmé et étendu par la société Excell Music venant aux droits de la société Sansu Enterprises,
> - le 1er juin 1995, la société Charly Holdings a cédé à la société Korda Investments l'ensemble des droits et obligations attachés au catalogue Sansu,
> - le 7 février 1997, la société Korda Investments a cédé à la société Lennox Holdings l'ensemble des droits et obligations attachés se rapportant au catalogue Sansu,

- le 21 novembre 1997, le tribunal fédéral des faillites des États-Unis du district oriental de l'État de Louisiane a rendu une ordonnance confirmant un plan de restructuration en vertu duquel la société Excell Music a fait apport à la société Gulf Coast Music de ses droits sur les enregistrements qu'elle détenait et les contrats d'exploitation qui y étaient attachés ; dans le cadre de cette procédure, la liste définitive des enregistrements ainsi cédés à la société Gulf Coast Music a été établie, dans laquelle, selon l'appelante, figurent les enregistrements revendiqués ;

Mais considérant que le contrat du 1er mai 1988 ne mentionne aucun titre de chanson ou d'album et ne comporte aucun renvoi à une annexe quelconque ; que, dès lors, rien ne permet de rattacher à ce contrat la pièce présentée par les appelantes comme une annexe de celui-ci et qui serait supposée donner la liste des enregistrements objet du contrat, étant observé, comme le souligne justement Me Thoux, ès qualités, que ce document n'est pas paraphé par le représentant de la société Charly Holdings, à la différence des autres pages du contrat, ce qui permet de douter de sa valeur à titre de pièce contractuelle et lui retire toute force probante;

Qu'il n'est, par ailleurs, nullement justifié des conditions dans lesquelles la société Sansu Entreprises aurait elle-même acquis, au terme d'une chaîne de droits régulière, les droits des artistes et des producteurs concernés par les enregistrements litigieux ; que les appelantes s'abstiennent de toute contestation quant à la pertinence de ce moyen ;

Considérant, dès lors que la chaîne telle que présentée par la société Lennox Holdings pour justifier de ses droits ne permet pas de déterminer avec certitude les enregistrements sur lesquels

> portent le premier contrat visé, qu'il est sans intérêt d'examiner la pertinence des justifications laborieuses des appelantes quant aux nombreuses invraisemblances et contradictions qui ressortent de l'examen de cette chaîne de droits particulièrement confuse et embrouillée ;
>
> Considérant, en synthèse, que les sociétés appelantes n'apportent pas la preuve qu'elles seraient titulaires des droits d'exploitation relatifs aux œuvres prétendument contrefaites ; que, dès lors, elles échouent à démontrer qu'elles seraient recevable à agir en contrefaçon de ces mêmes œuvres ».

Bref, les sociétés Charly Acquisitions et Lennox Holdings affirment détenir des droits d'artistes américains en vertu de plusieurs contrats conclus avec des sociétés qui avaient fait faillite et n'existaient plus depuis de nombreuses années.

Les arrêts cités ci-dessus, qui n'avaient pas fait droit aux actions et aux demandes de Charly Acquisitions et de Lennox Holdings, ont été rendus conformément au droit, pourtant ce n'est pas ce qu'a jugé la Cour de cassation dans deux arrêts distincts. Ainsi l'un de ces arrêts a été cassé par celle-ci le 14 novembre 2012 au motif suivant :

> « En l'absence de toute revendication émanant de la personne physique ou morale qui a pris l'initiative et la responsabilité de la première fixation d'une séquence de sons, ou des ayants droit de celle-ci, l'exploitation publique, paisible et non équivoque d'un enregistrement par une personne physique ou morale sous son nom, est de nature à faire présumer à l'égard des tiers recherchés pour contrefaçon que celle-ci est titulaire sur l'enregistrement des droits prévus à l'article L. 213-1 du Code de la propriété intellectuelle. »

Les magistrats de la Cour de cassation ont immédiatement pu constater que les sièges des sociétés Charly Acquisitions et Lennox Holdings étaient situés dans des paradis fiscaux situés dans des îles des Antilles, qui n'ont pas d'accord judiciaire avec la France, ce qui n'est pas sans conséquence puisque dans une affaire Harmonia Mundi, ce sont 20 000 € d'honoraires et de frais d'avocats que ces sociétés avaient été condamnées à rembourser. Ce sont des sociétés dont on ne connaît qu'une adresse postale et dont on ignore même l'identité du dirigeant. Si les magistrats avaient lu le dossier ils auraient été informés du fait que ces deux sociétés faisaient partie d'une nébuleuse mafieuse condamnée en Californie et en Angleterre, dont on ne connaissait pas les actionnaires et qui n'avaient jamais publié de bilan. Malgré cela, ils ont pourtant jugé de manière péremptoire que celles-ci avaient des droits sur tous les enregistrements qu'elles revendiquaient, un droit de propriété que personne ne pouvait contester puisque dans la plupart des cas leurs légitimes producteurs étaient décédés. La Cour de cassation a ainsi validé le droit de propriété de Charly Acquisitions et Lennox Holdings sur des dizaines de milliers d'enregistrements acquis dans des conditions troubles, au mépris des droits de leurs légitimes producteurs et exploités illégitimement en violation des droits des artistes. Ce faisant, la valeur de ces catalogues, qui était nulle, a été portée à plusieurs dizaines de millions d'euros. Pourquoi un tel cadeau à une organisation mafieuse condamnée sévèrement en Angleterre et aux États-Unis ? Les magistrats de la Cour de cassation sont des vieux routiers, quel a été leur intérêt à défendre les droits économiques de deux sociétés situées dans des paradis fiscaux ?

Le site Discogs qui, en juin 2023, listait 3501 albums sous le label Charly Records précisait :

> « Label britannique, apparaît également sous la forme "CHARLY" uniquement. Code label : LC 8477 / LC 08477 (Charly) ou LC 4647 / LC 04647 (Charly Records). Label spécialisé dans la réédition de musiques anciennes, notamment issues des catalogues Sun Record Company et Vee Jay. Fondé par Jean-Luc Young en France en 1974, déménagé en Angleterre en 1975 »

Bien qu'étant une société britannique, Charly Records a, au cours de son histoire, créé plusieurs sociétés associées pour les licences et les droits, notamment Charly Records International ApS (basée au Danemark) et Charly Holdings Inc. (enregistré aux États-Unis). Dans les années 1990, ils ont adopté la fabrication par procuration des sorties de CD via Movieplay Portuguesa SARL, d'où la société de droits SPA trouvée sur ces sorties, bien que les disques aient souvent été fabriqués par MPO en France. Toutes ces versions étaient destinées au marché britannique uniquement, avec des licences Ariston en Italie et des licences Spalax en France. Selon Giorgio Gomelsky, un producteur qui a travaillé avec Charly Records dans les années 70, ce label a sorti et sous-licencié à plusieurs reprises des enregistrements sans l'approbation des artistes.

Charly Records (UK) Limited a été dissoute en 2001 et, sous une nouvelle direction, est devenue une partie du groupe Snapper Music, distribuée par Snapper Music. Sous-labels : Affinity, Caliente, Charly Blues, Charly Blues Masterworks, Charly Brasil, Charly Classics, Charly Disco International, Charly Films, Charly Groove, Charly Latin, Charly R&B, Charly Rock, Classic Blues, Classic Populaire, Classic Rock (5), Classic Roy Ayers Productions, Classic Soul, Decal, Deluxe Classic Series, Double Headed Monsters, Fania Salsa Classics, Instant, Le Jazz, Legendary Record Labels, Original Vee Jay Recordings, Stars On Sun, Série Sun Rockabilly Legends ».

Bref, indépendamment du fait que tous les juristes anglais connaissent le jugement rendu en 2001 dans l'affaire MCA contre Charly Holdings, car il fait jurisprudence en matière de droit du travail, même sur Discogs il est écrit que cette société, qui a changé de nom et de siège social à de nombreuses reprises et exploite des enregistrements *sans l'approbation des artistes* sur une vingtaine de sous-labels et de nombreuses licences, continue de sévir en 2024, sans être empêchée, voire peut-être même avec la complicité d'un certain nombre de magistrats.

Quant à la société Hartglobe Ltd., qui est contrôlée par une société sise au Panama, elle figure toujours comme étant *active* dans la base de données de Companies House ; la société Charly Records y est même, à nouveau, officiellement inscrite.

Il serait utile que le gouvernement de la Jamaïque, ainsi d'ailleurs que le gouvernement américain, saisisse Interpol pour qu'une enquête internationale soit enfin diligentée à l'encontre de la nébuleuse Charly. D'autant plus que depuis le 12 juillet 2022, une société Charly Record Ltd., avec un siège à Londres, est de nouveau inscrite. Les tentacules de l'hydre ne cessent de repousser...

Danny Sims († 2012) figure parmi les personnages troubles qui ont joué un rôle crucial dans le reggae, puisqu'on lui prête des liens avec la mafia. Lui aussi peut prétendre au titre de découvreur de Bob Marley, auquel il fait signer en 1967, avant Island, un contrat d'édition avec sa société Cayman Music. Le destin de cet Afro-Américain né au Mississippi en 1936 va véritablement démarrer en 1962/3 lorsqu'il rencontre un autre Afro-Américain, l'auteur-compositeur et chanteur Johnny Nash († 2020), né à Houston au Texas. La carrière de ce dernier a débuté en 1957/1958, mais elle va aussi prendre un tournant grâce à sa rencontre avec Danny Sims, avec lequel il fonde en 1964 à New York le label JoDa Records. Celui-ci fait faillite en 1966. Johnny Nash et Danny Sims partent alors vivre en Jamaïque avec l'intention d'y distribuer des disques d'artistes américains. En 1967, associés au producteur Arthur Jenkins, ils fondent à New York le label JAD Records, un acronyme de leurs trois initiales. Danny Sims va alors produire et manager Bob Marley, qui va enregistrer entre 1967 et 1972 près de 200 maquettes pour le label JAD Records, dont *Stir it Up*. Ce label va cesser ses activités 1971, avant de ressusciter en 1991 grâce à l'Américain Roger Steffens et au Français Bruno Blum, qui ont édité une série de 10 albums sous le titre *Complete Bob Marley & The Wailers 1967-1972*. Le site Discogs liste 147 albums, compilations et singles sortis sur le label JAD Records (Johnny Nash, Bob Marley & The Wailers, Peter Tosh...).

Parmi les enregistrements commercialisés par JAD Records on doit mentionner *Hold Me Tight*, de Johnny Nash sorti en 1968 sur l'album du même nom. Classé n°1 au Canada, 5e au Billboard 100, ce titre est souvent considéré comme l'un des premiers enregistrements de reggae/rocksteady. Mais la notoriété de Johnny Nash est surtout due au fait qu'il est l'auteur-compositeur de *I Can See Clearly Now*, qu'il a interprété en 1972 mais qui deviendra un succès planétaire grâce à l'interprétation de Jimmy Cliff.

Parallèlement à JAD Records, Danny Sims a également créé une société d'édition, Cayman Music, qui comptait parmi ses associés Paul Castellano, de la famille Gambino, qui sera abattu devant le Sparks Steak House à New York le 16 décembre 1985. En 1987 Cayman Music prit sous contrat Bob Marley contre une rémunération de 100 dollars par mois. Le joyau du catalogue Cayman Music est sans nul doute *I Shot The Sheriff*, célèbre aussi bien grâce à son interprétation par Bob Marley (1973), que par celle, la même année, d'Eric Clapton.

En 2018, la société Primary Wave a acquis, pour 50 millions de dollars américains, 80% des parts de Chris Blackwell dans le catalogue de Blue Mountain.

En mars 1992 Cayman Music a vendu à Island Logic Ltd., une filiale d'Island Records, les titres de Bob Marley dont elle détenait les droits d'édition, titres qui ont été ensuite cédés à Blue Mountain Music Ltd., une autre filiale d'Island. En 2014, cette cession a fait l'objet d'un litige tranché par la High Court de Londres, qui posait la question de savoir si le contrat de cession signé par Cayman Music incluait ou non 13 œuvres de Bob Marley que celui-ci avait enregistrées sous divers noms, parmi lesquelles figurait le célèbre *No Woman, No Cry*. Le tribunal a débouté Cayman Music de son action et de ses demandes et a confirmé que la cession visait bien toutes les œuvres de Bob Marley du catalogue Cayman Music.

Plusieurs artistes jamaïcains ont créé leur propre maison d'édition. Cela a été le cas pour Bob Marley (Tuff Gong Music Ltd.) et I Jahman (Tree Roots Publishing). D'ailleurs le fait qu'I Jahman ait dès l'origine refusé de céder ses droits d'édition à Chris Blackwell est certainement à l'origine de la résiliation de son contrat d'artiste. C'est pour ces raisons qu'en matière d'édition un grand nombre d'artistes jamaïcains évitent Island et confient plus volontiers leurs droits à la société anglaise Westbury Music, plus indépendante car elle n'est liée à aucune major de l'industrie musicale.

La quasi-totalité des auteurs-compositeurs en Jamaïque, comme ailleurs dans le monde, ignorent qu'ils ne sont pas obligés d'avoir un éditeur et que dans ce cas les droits d'auteurs sont partagés à 50% entre l'auteur et le compositeur. Mais il est évident que si l'on est à la fois l'auteur, le compositeur, l'éditeur d'une œuvre, ainsi que son interprète et son producteur, lorsqu'une radio nationale diffuse un titre qui génère 24 € de droits d'auteurs, collectés par la SACEM et 18 € de rémunération équitable collectée par la SPRE, cet artiste qui cumule les cinq casquettes d'auteur, compositeur, éditeur, interprète et producteur perçoit la totalité des 42 € ainsi collectés, moins les charges administratives des diverses organisations de gestion collective qui doivent s'élever au total à près de 20% soit environ 8,40 €. C'est la raison pour laquelle le Français Patrick Hernandez, pour son tube planétaire *Born To Be Alive* streamé 155 millions de fois sur Spotify en juin 2023 et dont il est à la fois l'auteur, le compositeur, l'éditeur et l'artiste-interprète, perçoit chaque mois depuis une quarantaine d'années près de 1 500 € en royalties et droits divers, alors que cet enregistrement date de 1978 ! Si *I Can See Clearly Now*, le titre le plus streamé de Jimmy Cliff, rapporte à celui-ci des royalties et des rémunérations légales comme auteur, ce n'est rien comparé aux droits d'auteur que ce titre génère au profit des héritiers de son auteur-compositeur Johnny Nash, mort en 2020, car ce titre a été interprété par une douzaine d'artistes dont Ray Charles, Maxi Priest, Gladys Knight, Bobby Goldsboro, Horace Andy etc., ainsi que par Claude François, en 1972, dans une version française, sous le titre *Toi et le Soleil.* Mais quels que soient le montant de ces droits d'auteurs, les héritiers n'en percevront qu'à peu près la moitié, le reste allant à l'ensemble éditeur/sous-éditeurs de cette œuvre.

En 2020, le marché mondial de l'édition musicale était évalué à environ 5,9 milliards de dollars. Il est difficile de connaître sa répartition exacte entre les différents éditeurs, car dans les principaux pays occidentaux on trouve aussi bien des éditeurs indépendants que des filiales de majors. Au regard des chiffres de la SACEM, qui a réparti 1,05 milliard d'euros en 2022, la quote-part des éditeurs a dû être d'environ 350/400 millions d'euros, dont près de 70 millions pour Universal Music Publishing. Au total, mondialement, ce sont entre 50 et

100 millions d'euros qui échappent ainsi chaque année aux auteurs et compositeurs jamaïcains au profit de leurs éditeurs.

La succession de Bob Marley, qui perçoit en moyenne, depuis la mort du chanteur, entre 15 et 18 millions de dollars de droits divers par an, a été spoliée de ses droits de producteur ou de coproducteur, dès lors que les frais d'enregistrement lui ont été facturés et déduits de ses ventes. Dans cette hypothèse, elle a également été spoliée des rémunérations légales liées à cette qualité de producteur et/ou de coproducteur. Quant aux droits d'édition de ses chansons, on sait qu'Island/Universal les obtient généralement en conditionnant son contrat d'artiste à la signature d'un contrat d'édition, comme cela a souvent été le cas. Les droits ainsi soustraits chaque année à la succession s'élèvent à près de 300 millions d'euros à la date où nous écrivons ces lignes (juin 2024). Si à cela on ajoute les royalties non payées aux Wailers, les enregistrements de Jimmy Cliff exploités par Island/Universal au mépris de ses droits, les enregistrements d'autres artistes de reggae exploités sur le sous-label Reggae Refreshers d'Island/Universal au mépris des droits des artistes et des producteurs, ou en violation de clauses contractuelles, ce sont au moins 100 millions d'euros de plus dont ont été privés tous ces ayants droits jamaïcains par Island/Universal.

# XIV – Une autre plaie : les bootlegs.

En droit on distingue deux sortes de reproductions illicites : les contrefaçons et les *bootlegs*. Constitue une contrefaçon tout enregistrement copié illicitement sans l'autorisation des titulaires des droits, pour être commercialisé auprès du public, généralement sous forme de CD ou de DVD. Quant aux bootlegs, ce sont des enregistrements réalisés illicitement dans une salle de concert, sans l'autorisation de l'artiste et généralement à son insu, dans le but d'être commercialisés, également sans son consentement. La notion de bootleg devient de plus en plus floue au fil des années, notamment à cause des téléphones portables, utilisés pour enregistrer les concerts, d'autant plus que ces enregistrements ne sont plus exploités sur des supports, mais postés directement sur Internet, le plus souvent sur Youtube.

Entre 1960 et 2010, à l'époque des disques vinyle, puis des CD, nombreux sont les artistes qui ont été victimes de bootlegs dans le monde entier. D'ailleurs de nombreux labels s'étaient en quelque sorte spécialisés dans la fabrication et la vente de bootlegs, une activité à laquelle certains ont renoncé après plusieurs années suite à de sévères condamnations en justice et que d'autres pratiquent encore actuellement.

Sur tous les continents il existe des sociétés qui fabriquent et commercialisent des bootlegs. En juin 2024 le site Discogs listait 795 labels de disques bootlegs ! Parmi ceux-ci on trouve de nombreux enregistrements *non-officiels* de Jimi Hendrix, de Led Zeppelin et des Pink Floyd, commercialisés sur le label Triangle Records présenté par Discogs comme le label de bootleg qui réédite des CD de Pyramid Records sous les mêmes références catalogue. En France, dans le domaine du jazz, le label BYG fondé en 1967 par Fernand Boruso, Jean-Luc Young et Jean Karakos se spécialise pour ainsi dire dans les bootlegs.

En France, avant la loi du 3 juillet 1985, dite Loi Lang, aucune disposition légale ne protégeait les artistes contre l'enregistrement non autorisé de leurs interprétations. Néanmoins le problème s'était déjà posé devant les tribunaux, peut-être à plusieurs reprises, mais en 2003/4, les bases de données juridiques étaient très chères et difficiles d'accès et la jurisprudence connue résultait surtout des décisions, sinon publiées, du moins référencées dans les revues juridiques. À la suite de longues recherches je finis par trouver dans la *Gazette du Palais* la référence d'un arrêt rendu par la Cour de Paris dans une affaire Thelonious Monk. Cette affaire portait sur la commercialisation en France dans les années 1990 d'un bootleg de cet artiste enregistré dans un bar de New York en 1963. Comme la Loi Lang de 1983 n'était pas rétroactive, se posait la question du droit applicable en France à cet enregistrement réalisé à New York à l'insu de l'artiste. Le litige était d'autant plus complexe que Thelonious Monk étant décédé en 1982, les défendeurs arguèrent, mais sans pouvoir en apporter la preuve par un quelconque écrit, que celui-ci était parfaitement au courant de cet enregistrement dont il aurait autorisé l'exploitation. Pour le tribunal, comme en appel pour la cour, l'exploitation de l'enregistrement non autorisé de l'artiste constituait une atteinte à son droit de la personnalité et fut sanctionné sur le fondement de ce motif.

Le premier bootleg de reggae auquel j'ai été confronté était un album de seize phonogrammes de Jimmy Cliff, fabriqué et commercialisé en France par la société Culture Press sur les labels Lagoon et Esoldun, sous le titre *Live 93*. Sur sa pochette il était précisé « enregistré en avril 1993 à l'Académie de Brixton ». J'aurais pu me douter qu'il s'agissait d'un bootleg, mais seul Jimmy Cliff lui-même pouvait me le confirmer. Lors d'une de ses visites à mon cabinet je lui montrai une copie de l'album, dont il ignorait l'existence.

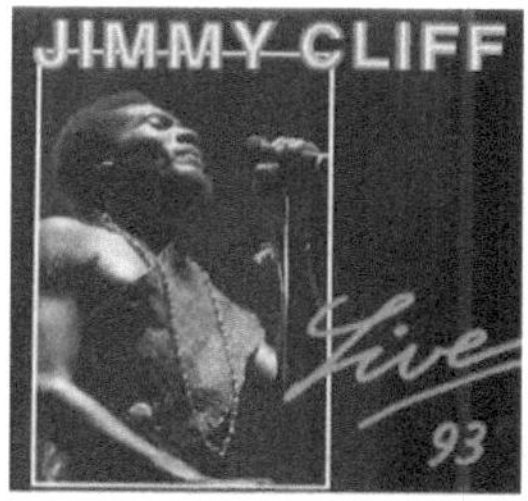


Jimmy Cliff, *Live 93,* bootleg vendu sous le label Lagoon.

Il ne me restait plus qu'à assigner la société Culture Press devant le tribunal de Paris. L'avocate de Culture Press plaida que l'enregistrement du concert ayant nécessité de gros moyens techniques, Jimmy Cliff savait pertinemment que le concert était enregistré et qu'il avait en quelque sorte donné tacitement son consentement. Mais pour Jimmy Cliff il s'agissait là d'un enregistrement destiné à des fins d'archivage et il n'en avait jamais autorisé la reproduction et l'exploitation commerciale. Le tribunal condamna la société Culture Press.

Mais en matière de reggae, ce sont surtout les concerts des Wailers qui ont fait l'objet de bootlegs. En février 2007, en parcourant les albums de reggae d'un rayon de la FNAC, je découvris, par hasard, l'existence de deux bootlegs de Bob Marley & The Wailers fabriquées au Japon par la société AMJ (Absorb Music Japan), qui s'était spécialisée dans la fabrication et la vente sous forme de CD ou de doubles bootlegs dans le monde entier, y compris en France. Le site Discogs répertorie même le catalogue de cette société, qui comporte 315 albums, parmi lesquels figurent les bootlegs de Bob Marley & The Wailers.

D'emblée je savais qu'il s'agissait de bootlegs, car non seulement je n'avais jamais entendu parler de ces albums, mais comme ils étaient importés directement du Japon certains portaient même des autocollants en japonais. Mais comme j'étais alors l'avocat de la FNAC je ne pouvais assigner celle-ci. Il me fallait trouver ces bootlegs en vente chez l'un de ses concurrents, en l'occurrence au magasin Virgin Store des Champs Élysées. J'y achetai immédiatement une copie des différents albums proposés à la vente, accompagnée d'une facture détaillée pour éviter toute contestation quant à leur origine et à leur commercialisation. De retour à mon cabinet, j'appelai Tyrone Downie, qui vivait en France et venait régulièrement à Paris. Celui-ci m'ayant confirmé qu'il ignorait l'existence de ces albums, je contactai tous les autres Wailers dont j'avais déjà eu l'occasion de défendre les intérêts en justice, à savoir Aston 'Family Man' Barrett, qui représentait également la succession de son frère Carlton, Al Anderson, Earl 'Wya' Lindo, Junior Marvin, ainsi que les choristes Judy Mowatt et Marcia Griffiths, auxquels s'ajouterait plus tard Alvin 'Seeco' Patterson, le percussionniste.

En février 2007, la société Virgin Mégastore des Champs Élysée commercialise les CD et double CD suivants, tous d'origine japonaise : Bob Marley & The Wailers – *Africa*, Bob Marley & The Wailers – *Milan, Italy 1980*, Bob Marley & The Wailers – *Oakland, California 1979*, Bob Marley & The Wailers – *Agoura Hall 1975*, Bob Marley & The Wailers – *Beacon Theater, NY*, Bob Marley & The Wailers – *Best Live* (enregistré lors de trois concerts différents, Boston 1976, Gabon 1980 et Zimbabwe 1980) ; Bob Marley & The Wailers – *Pennsylvania '76*, Bob Marley & The Wailers – *Boston 1976*, Bob Marley & The Wailers – *Studio Recordings More in Matrix, Bob Marley & The Wailers in Paris '80 ;* Bob Marley & The Wailers – *Philadelphia '78 ;* Bob Marley & The Wailers – *Japan ;* Bob Marley & The Wailers – Boston '78 ; Bob Marley & The Wailers – *England '76* et Bob Marley & The Wailers – *Boston '75*. Il existait donc au moins quinze albums ou coffrets (CD ou double CD), comportant un total de cent-soixante-dix-huit phonogrammes, fabriqués illicitement au Japon par la société AMJ (Absorb Music Japan) et importés et commercialisés en France par la société Virgin Store et ses enseignes.

Mais ces albums ne constituaient qu'une partie des bootlegs de Bob Marley fabriqués et commercialisés par AMJ : elle en proposait 35 à ses clients, notamment un *Live in Connecticut*, un *Zimbabwe '80*, un *Portland '78*, un *Live at Miami '80*, un *Apollo New York '89*, un *St Paul Minnesota '75*, un *Live At Quiet Knight Club* etc.

Bob Marley & The Wailers, *Boston '75*,
l'un des très nombreux bootlegs d'AMJ.

En bref, entre 1998 et 2010, la société AMJ a dû commercialiser des dizaines, voire des centaines de milliers de bootlegs de Bob Marley & The Wailers.

Tous ces bootlegs sont autant d'archives que devrait récupérer la succession de Bob Marley, ainsi que les héritiers de Wailers, pour éventuellement les exploiter dans leur intérêt commun, ou qui devraient être conservés par le gouvernement jamaïcain car chacun a sa propre histoire.

Je n'étais pas très rassuré lorsque j'ai assigné Virgin Stores au début de l'année 2008, dans la mesure où les bootlegs objets du litige avaient été enregistrés dans des pays différents, sur au moins trois continents. Mais cette question n'a pas vraiment fait l'objet de débats, car les plaidoiries ont surtout porté sur le montant des dommages et intérêts à allouer à chacun des demandeurs, dans la mesure où Virgin Stores n'avait commercialisé que quelques dizaines d'exemplaires de chacun des bootlegs litigieux.

Par jugement en date du 29 mai 2009, le TGI de Paris a dit qu'en important et en commercialisant en France 15 albums bootlegs enregistrés et fabriqués sans le consentement des Wailers la société Virgin Stores avait commis des actes de contrefaçon et en conséquence il a condamné celle-ci à payer à chacun des neuf demandeurs 10 000 € de dommages-intérêts, soit au total 90000€.

En appel, tout le débat a encore une fois porté uniquement sur les 10.000 € de dommages et intérêts que Virgin Stores avait été condamnée à payer à chacun des Wailers en première instance. Celle-ci soulignait que ce montant de 10 000 € pour 15 albums comportant un total de 178 phonogrammes, correspondait à un montant de 666 € par album, ou de 3,74 € par phonogramme. Pour la Cour, cette somme ne semblait pas disproportionnée au regard du préjudice subi, compte tenu aussi bien du nombre de CD litigieux que « de la mauvaise qualité de ces enregistrements réalisés en cachette et susceptibles de porter atteinte à leur réputation ». En conséquence, par un arrêt du 7 septembre 2011, la Cour d'appel confirma ce quantum de 10 000 € de dommages et intérêts alloué à chacun des demandeurs, à l'exception de Junior Marvin qui n'a reçu que 6 000 € car il n'avait pas participé à tous les concerts ayant fait l'objet des enregistrements illicites.

Mais la principale victime de ces bootlegs, la succession de Bob Marley, n'a reçu aucune indemnité, puisqu'elle n'était pas partie à cette procédure. Bien que grassement payés, ses avocats américains pourtant officiellement chargés de défendre ses intérêts n'ont jamais poursuivi la société japonaise AMJ qui a ainsi pu commercialiser des centaines de milliers de bootlegs.

DVD – Bob Marley & The Wailers,
*The Legend Live Santa Barbara County Bowl, Nov. 25th 1979*
(Sanctuary).

En septembre 2003 j'ai découvert que dans les magasins FNAC, ainsi que sur les sites web d'Alapage et de la Fnac, on offrait à la vente un DVD commercialisé par Sanctuary sous le titre Bob Marley & The Wailers – *The Legend Live Santa Barbara County Bowl, November 25th, 1979.*

J'en achetai une copie que j'ai montrée à Tyrone Downie. Il ignorait son existence. La fabrication et la commercialisation de ce DVD avait peut-être été autorisée par l'avocat américain de la succession de Bob Marley, avec lequel j'avais de mauvaises relations, mais en ce cas il aurait dû également solliciter l'autorisation des Wailers.

Avant d'agir, je devais déterminer quels étaient les Wailers qui avaient participé à ce concert du 25 novembre 1979 au County Bowl de Santa Barbara en Californie, ce qui fut facile dans la mesure où leurs noms étaient mentionnés sur la pochette du DVD. J'assigne donc au nom de neuf Wailers le vendeur de l'exemplaire que je m'étais procuré, à savoir la société CDiscount, ainsi que son distributeur-importateur français, la société Aventi Distribution France. Celui-ci appela en garantie la société anglaise Aventi Distribution Ltd., qui elle-même appela en garantie la société Sanctuary Ltd.. Cette cascade d'appels en garantie retarda la procédure de plusieurs mois. À ma grande stupéfaction le jugement qui fut finalement rendu le 12 octobre 2007 par le tribunal de Paris, déclara l'action et les demandes des Wailers irrecevables. En effet, alors qu'en matière d'enregistrements sonores, les bootlegs sont interdits par application de l'article L.212-3 du Code de la propriété intellectuelle qui dispose que « sont soumises à l'autorisation écrite de l'artiste-interprète la fixation de sa prestation, sa reproduction et sa communication au public », la situation n'est pas aussi claire en matière d'enregistrements vidéo, car la loi considère que les *acteurs* d'une œuvre audiovisuelle ont cédé leurs droits à son producteur. Et c'est celui-ci qui dispose en principe d'un droit d'autoriser ou d'interdire l'exploitation ou la reproduction de ladite œuvre audiovisuelle. Bref en simplifiant à l'extrême le jugement rendu le 12 octobre 2007 a jugé que la captation du concert donné par Bob Marley et les Wailers au Santa Barbara County Bowl le 25 septembre 1979 n'était pas le bootleg illicite d'un concert, mais une œuvre audiovisuelle sur laquelle les Wailers en tant qu'artistes/acteurs n'avaient aucun droit !

Heureusement, en appel, la Cour de Paris réinterpréta l'article L.335-4 du Code de la propriété intellectuelle et jugea, dans son arrêt du 23 novembre 2011, que celui-ci sanctionnait aussi bien les enregistrements sonores que audiovisuels des artistes dès lors que ceux-ci étaient réalisés sans leur consentement. Et la Cour alloua 12000 € de dommages et intérêts à chacun des demandeurs, compte tenu du fait que le DVD litigieux avait été vendu à 10 000 exemplaires en France.

# XV – La SACEM et comment celle-ci a littéralement laissé crever Justin Hinds.

En France tout le monde a entendu parler de la Société des Auteurs, Compositeurs et Éditeurs de Musique, plus connue sous l'acronyme de SACEM. Pour les Parisiens, celle-ci est incarnée par son magnifique siège social, situé au pied du pont de Neuilly et la majorité des Français connaît son amphithéâtre où sont remises chaque année les Victoires de la Musique, une cérémonie retransmise à la télévision. Sinon, à l'exception des centaines de milliers de commerçants qui doivent payer mensuellement des droits à la SACEM pour pouvoir diffuser de la musique dans leurs locaux, les Français connaissent surtout cette organisation de gestion collective pour les scandales qui l'agitent périodiquement.

La SACEM se targue d'une ascendance glorieuse – la révolution française et les Droits de l'Homme – et il est incontestable que ses fondateurs ont joué un rôle déterminant dans le développement d'un droit qui était encore embryonnaire. Car les lois françaises de 1791 et 1793 qui ont posé les fondements du droit d'auteur ne visaient que la propriété littéraire et artistique, donc les œuvres littéraires et non pas les œuvres musicales. En 1793 et durant les décennies suivantes, les compositions musicales, avec ou sans paroles, étaient imprimées et commercialisées sous forme de partitions. Elles étaient assimilées à une variété particulière d'écrits. Aussi, jusqu'en 1850, les auteurs-compositeurs, comme les auteurs de livres, disposaient seulement d'un droit qu'ils cèdent à des éditeurs. En matière de compositions musicales, avec ou sans paroles, il s'agissait du droit d'imprimer celles-ci sous forme de partitions qui étaient ensuite commercialisées, bien souvent par des vendeurs de rue. En contrepartie, les auteurs-compositeurs percevaient des redevances sur la vente de ces partitions. Mais ils ne bénéficiaient alors d'aucun autre droit. La personne qui achetait une partition pouvait interpréter celle-ci en privé ou même en public dans le cadre de concerts.

En mars 1847, trois auteurs-compositeurs, Ernest Bourget, Paul Henrion et Victor Parizot refusèrent de payer leurs consommations au café-concert Les Ambassadeurs, estimant qu'ils n'avaient pas à régler celles-ci, dès lors que dans cet établissement on jouait leurs œuvres sans les rétribuer en retour. Cet incident fut à l'origine d'une procédure au terme de laquelle, le 28 avril 1849, un arrêt de la Cour de Paris leur reconnut un droit de représentation publique sur l'exécution publique de leurs œuvres, une expression qui, alors, au-delà des cafés-concerts, englobait également les concerts et les bals.

Mais pour percevoir les redevances dues au titre du droit de représentation publique lors des concerts donnés dans tout l'Hexagone, encore fallait-il que quelqu'un aille physiquement les collecter. C'est ainsi que le 20 février 1850, Ernest Bourget, Paul Henrion, Victor Parizot ainsi que Jules Colombier, tinrent la première séance du Syndicat provisoire des auteurs, compositeurs et éditeurs de musique. Dans un premier temps ils fondèrent l'Agence centrale pour la perception des droits d'auteurs et compositeurs de musique, qui réunissait alors 221 sociétaires, dont la liste fut envoyée à tous les lieux de concerts parisiens. En 1850, pour sa première année d'existence, celle-ci a collecté 9205 francs de l'époque, soit environ 30100 €.

Comme la structure syndicale de cette agence n'était pas appropriée, le 31 janvier 1851 M^e^ Halphen, notaire à Paris, entérina la création de la SACEM sous forme de société civile, sur le même modèle que celui déjà adopté pour les pièces de théâtre par la SACD. La SACEM est officiellement inaugurée le 28 février 1851. Ses statuts disposent qu'elle avait pour objet « la protection mutuelle de ses membres envers les entrepreneurs de spectacle et établissements publics qui exécutent des œuvres musicales ». Les membres de cette société civile étaient en quelque sorte ses actionnaires. Aussi pour être admis à la SACEM et en devenir membres les auteurs et compositeurs devaient-ils céder à celle-ci leur droit de représentation publique.

Mais pourquoi diable la SACEM regroupe-t-elle aussi bien des auteurs et des compositeurs que des éditeurs de musique ? Il s'agit là simplement d'une incongruité historique. Avant 1849 les compositions musicales étant assimilées à des œuvres littéraires, les auteurs et compositeurs cédaient tous leurs droits d'auteur à leurs éditeurs respectifs : aussi lors de la création de la SACEM ils n'ont apporté à celle-ci que la gestion des droits de leurs compositions futures, les éditeurs restant seuls propriétaires des droits sur leurs anciennes compositions. Face à cette situation, un accord fut trouvé : les éditeurs ont cédé et partagé leurs droits sur les anciennes œuvres des auteurs et compositeurs, celles antérieures à 1850, qui en échange ont cédé et partagé leurs droits sur leurs œuvres futures ! Mais les éditeurs, qui ne sont pas des auteurs, n'auraient jamais dû devenir membres de la SACEM, car ce faisant ils ont depuis plus d'un siècle et demi lésé les auteurs-compositeurs de près de la moitié de leurs redevances.

La SACEM était à l'origine une sorte de club très fermé, puisque pour devenir membre il fallait, jusqu'à la fin du XX^e^ siècle, passer un examen d'entrée, comme le fit Georges Moustaki en qualité d'auteur, ou la chanteuse Buzy en qualité de compositrice. Par ailleurs, une fois l'adhésion acceptée, l'auteur et/ou compositeur devait patienter quelques années avant de devenir un sociétaire à part entière. Ainsi, Buzy qui a adhéré à la SACEM le 1^er^ juillet 1981, n'en est devenue sociétaire définitive que le 24 avril 1990. L'obligation de fournir les partitions des compositions pour pouvoir les inscrire handicapait aussi les compositeurs, qui créaient des œuvres musicales sans maîtriser le solfège. Le simple coût de la transcription (dans les 100 € par chanson) pouvait également s'avérer rédhibitoire pour un compositeur débutant. Mais depuis la vague de la *world music* l'afflux de musiciens non formés au solfège a forcé la SACEM à accepter des CD ou des enregistrements téléchargés, un pas vers une démocratisation du métier de compositeur.

Pendant près d'un siècle, la SACEM a surtout collecté des droits de représentation publique lors des concerts. Leur montant a légèrement augmenté avec la diffusion de la musique à la radio à partir des années 1920, mais il est resté modeste. Car en France dès le 30 juin 1923, le droit de radiodiffusion est devenu un monopole d'État. Dans les années 1930, la France ne comptait que six stations de radio, dont deux publiques et quatre privées. Aussi le montant des droits de diffusion publique collecté par la SACEM a-t-il peu augmenté pendant une cinquantaine d'années. Juste après la Seconde Guerre mondiale, dans les années 1945-50, les recettes annuelles de la SACEM s'élevaient à 220/230 millions de francs, soit environ 35 millions d'euros. Mais tout a changé à partir de 1981, avec l'apparition des radios libres, dont un grand nombre de radios musicales. Depuis, les collectes de la SACEM ont augmenté d'une manière exponentielle.

On ne compte plus les ouvrages et les articles écrits pour dénoncer les divers scandales qui ont miné la SACEM pendant des décennies. Parmi les plus connus on peut citer tous ceux relatifs à Alphonse Tournier et à son fils Jean-Loup, qui ont pour ainsi dire contrôlé la SACEM pendant près de cinquante ans.

Alphonse Tournier, qui avait fait la guerre de 14-18, était un éminent germaniste qui avait séjourné à maintes reprises en Allemagne – au point que ses amis le surnommaient 'Ralph'. Il s'est lancé dans le business de la musique en 1921 en prenant la direction de la société Edifo, l'ancêtre de la SDRM, qui gérait les droits de reproduction mécanique. En 1929 il fonda le Bureau international de l'édition mécanique (BIEM), une fédération européenne de sociétés d'auteurs dont il devint le directeur général.

En 1935, Edifo fut mise en liquidation judiciaire après que sa gestion eut été mise en cause par des sociétaires contestataires. Alphonse Tournier s'arrange alors pour faire racheter ses archives par la SACEM, qui les joint à celles du BIEM. Celles-ci comprenaient notamment les fichiers de tous les auteurs et compositeurs avec leur pseudonyme, ainsi que leur adresse et la liste de leurs œuvres. Toujours en 1935, Alphonse Tournier participa à la création de la Société des droits de reproduction mécanique (SDRM) – une filiale commune de la SACEM, du BIEM et de la Société des auteurs et compositeurs dramatiques (SACD), chargée de gérer le droit de reproduction mécanique, c'est à dire tous les droits de reproduction sur disque, film ou bande magnétique. Un an plus tard, la SDRM rejoignait la Confédération internationale des sociétés d'auteurs (CISAC), dont le congrès annuel se tint en 1936, à Berlin, juste après les Jeux olympiques, sous le patronage du Dr Goebbels.

Durant la Seconde Guerre Mondiale, suite à une circulaire du 17 novembre 1941, les responsables de la SACEM prirent l'initiative de bloquer les avoirs des auteurs juifs en demandant à tous les sociétaires de fournir une déclaration d'*aryenneté*, sous la menace d'internement en camp de concentration s'ils n'obtempéraient pas. Les avoirs juifs furent ainsi purement et simplement confisqués par la SACEM. Le rôle joué par Alphonse Tournier dans leur spoliation ne sera révélé qu'une cinquantaine d'années plus tard.

Nommé conseiller technique du Conseil d'administration de la SACEM en 1949, Alphonse Tournier fait embaucher en novembre 1950 son fils Jean-Loup dans le service juridique de cette société, dirigé par Jean-Jacques Lemoine. Quelques années plus tard, Jean-Loup Tournier sera d'abord délégué général de la SACEM pour l'Amérique du Nord (1955-60), puis Directeur général de la SACEM (1961-92) et enfin président du directoire de la SACEM (1992-2001). Suite à plusieurs modifications des statuts de la SACEM, il devient indéboulonnable à partir de 1992.

Mais quatre années plus tard, ma route allait croiser celle de Jean-Loup Tournier dans de drôles de circonstances. En 1996, lors d'un colloque international de l'Organisation Mondiale de la Propriété Intellectuelle (OMPI) qui s'est tenu à Paris, Bruce Lehman m'a demandé si j'étais intéressé par le poste de directeur général de cette organisation qui allait se libérer l'année suivante, car Árpád Bogsch, son titulaire depuis près de vingt-cinq ans, devait prendre sa retraite. Il s'agit d'un poste peu connu, mais il est l'un des quatre ou cinq plus importants des organisations internationales, avec le Secrétariat Général de l'ONU, la présidence de la Banque mondiale et celle du Fonds Monétaire International. Indépendamment de son rôle technique, qui est mal connu, puisqu'elle assure la coordination mondiale et l'harmonisation des systèmes et des conventions, en matière de droits d'auteur, de dessins et modèles, de marques et de brevets, cette organisation internationale est une des rares dont le budget est alimenté par des ressources propres et non par les contributions des États, comme l'est celui de l'UNESCO.

Pour des raisons politiques, les États-Unis ne pouvaient désigner un candidat américain. Aussi Bruce Lehman était-il disposé à appuyer la candidature d'un spécialiste maîtrisant tous les domaines de la propriété intellectuelle, ce qui était mon cas. Mais pour cela, je devais préalablement recevoir l'aval du gouvernement français. Ce ne fut pas le cas, car à ma grande stupéfaction celui-ci soutenait la candidature de Jean-Louis Tournier dans le but de récupérer son poste de directeur général et de président de la SACEM pour un haut fonctionnaire de ce ministère. Âgé de 67 ans, celui-ci n'avait aucune compétence en matière de propriété intellectuelle. C'est alors que j'ai découvert que les postes de direction des organisations internationales étaient presque toujours attribués pour des raisons politiques à des personnes peu qualifiées pour les occuper. Nommer une personne, généralement un politicien, à la tête d'une organisation internationale est le meilleur moyen de s'en débarrasser.

C'est un soudanais, Kamil Idris, qui fut nommé directeur général de l'OMPI après Árpád Bogsch. En dehors du fait que celui-ci était le représentant du Soudan à l'OMPI, il était non seulement dépourvu de toute compétence en matière de propriété intellectuelle, mais il fut par la suite accusé de fraude et de corruption pour un montant de plusieurs millions de dollars avant d'être mis à la retraite. Pour s'opposer à ce départ forcé, Kamil Idris prétendit alors être âgé de 52 ans en lieu et place des 62 ans figurant sur son curriculum vitae officiel ! Mais la nomination de Kamil Idris n'est qu'un exemple parmi d'autres. En France, on pourrait citer des nominations tout aussi surréalistes, pour ne pas dire *népotiques*, à la présidence de l'OHMI/EUIPO à Alicante, ou celle de directeur de l'Office Européen des Brevets à Munich. Comme par hasard toutes ces magouilles, sur lesquelles aucun journaliste n'a véritablement enquêté, ont eu lieu sous les septennats de François Mitterrand et de Jacques Chirac : gauche et droite, bonnet blanc et blanc bonnet.

Finalement c'est un auteur-compositeur et producteur, Daniel Vangarde, le père de Thomas Bangalter (la moitié casquée de Daft Punk), connu aussi et surtout pour les tubes qu'il a composés pour de nombreux artistes mais plus particulièrement pour la Compagnie Créole (*C'est bon pour le moral*, *Vive le Douanier Rousseau !*, *Le Bal masqué* etc...) qui finira par faire tomber Jean-Loup Tournier. Il avait constaté que ses chansons les plus populaires, qui passaient souvent dans les discothèques, mais tard dans la nuit, n'étaient jamais prises en compte par les agents de la SACEM. Il intenta alors un procès à la SACEM pour obtenir la nomination d'un expert afin d'analyser ses comptes, mais fut débouté de son action et de ses demandes. Alors Daniel Vangarde, qui était d'origine juive polonaise, eut l'idée de faire des recherches dans les archives de la SACEM sur les agissements de celle-ci sous l'Occupation à l'égard des auteurs-compositeurs juifs. C'est ainsi qu'il mit à jour une note interne du 7 novembre 1941, qui éditait le fichage des auteurs non aryens, décidait du blocage de leurs droits, en les menaçant d'internement en camp de concentration s'ils n'obtempéraient pas. Par ailleurs, Jean-Loup Tournier reconnut que sa famille était amie de celle du Dr Goebbels, ce qui enfonça le clou. C'est dans ce contexte qu'il est poussé à la démission en 2001.

Les premiers statuts de la SACEM déposés et enregistrés en 1851 ont fait l'objet de modifications régulières, d'abord le 11 mars 1889, puis le 16 décembre 1900, le 23 juin 1902, le 29 mai 1905, le 15 octobre 1923, le 31 mai 1926, le 28 mai 1927, le 14 mai 1928, le 10 mai 1933, le 25 mars 1936, le 13 mai 1936, le 2 mai 1939, le 19 mars 1946 etc. et six fois de plus sur la période 2017-2021.

Jusqu'en 2017 le droit n'encadre pas véritablement les statuts des organisations de gestion collective de droits, ce qui n'est plus le cas depuis une ordonnance du 22 décembre 2016, qui a retranscrit en droit français les dispositions d'une directive européenne. Avant cette date la SACEM, comme les autres sociétés de perception de droits, était organisée sous forme de société civile, une sorte de club dont les statuts n'étaient pas véritablement régis par des dispositions légales et dont personne n'avait même questionné la légalité.

Or, au début du XX$^{e}$ siècle, les statuts de la SACEM ont servi de modèles à ceux de la PRS en Grande-Bretagne ainsi qu'à l'ASCAP et à la BMI aux États-Unis, le seul pays qui avait alors adopté des lois anti-trust et dont les magistrats ont remise en cause leur légalité.

Aux États-Unis, pays de libre concurrence, on a assisté dès le développement de la radiodiffusion à la création de centaines de stations de radios privées. Aussi les auteurs compositeurs américains, dès les années 1920, comptaient sur les droits de représentation publique payés par ces diffuseurs. L'American Society of Composers, Authors and Publishers dite ASCAP, fondée en 1914 avec des statuts identiques à ceux de la SACEM, a, dans les années 1930, exigé que les quelques 600 stations de radio qui émettaient aux États-Unis paient, en contrepartie de l'accès à son répertoire, une redevance proportionnelle à leur chiffre d'affaires. Cette demande provoqua une révolte des stations de radio, au point que durant les années 1937-1938 elles se mirent à diffuser uniquement de la musique latino-américaine, qui relevait alors du domaine public, plutôt que les œuvres du répertoire de l'ASCAP. Le 25 février 1941, une juridiction fédérale fut finalement saisie d'une plainte pour violation du droit de la concurrence. Selon les stations de radio, l'ASCAP violait l'article premier du *Sherman Act* (la loi anti-trust de 1890) en contrôlant 75% de la musique jouée aux États-Unis. Les radios prétendaient également que le conseil d'administration de l'ASCAP, composé d'administrateurs qui ne cessaient de se réélire mutuellement, fixait d'une manière abusive et unilatérale le prix de la majorité des représentations musicales données aux États-Unis. La plainte visait également d'autres pratiques, comme par exemple le fait que les films sonorisés avec des musiques inscrites au répertoire de l'ASCAP ne pouvaient être projetés que dans des cinémas ayant souscrit avec celle-ci un contrat de représentation... Le litige fut finalement réglé par un jugement négocié (*Consent decree*) en mars 1941. Bien que ce jugement ait été modifié en 1950, il reste d'actualité et on peut même affirmer qu'il régit, aujourd'hui encore, la structure et le fonctionnement de l'ASCAP et des autres organisations de gestion collective de droits. Par ailleurs, pour éviter une situation monopolistique, les stations de radio créèrent en 1941 leur propre société de gestion des droits, la Broadcast Music Inc. ou BMI. Cependant le jugement négocié du 4 mars 1941 ne mit pas fin à toutes les plaintes des utilisateurs du répertoire de l'ASCAP et/ou des membres de cette société. Pour ces utilisateurs, les redevances exigées par l'ASCAP n'étaient toujours pas *raisonnables*. Quant aux compositeurs, il leur était souvent difficile d'adhérer à l'ASCAP car celle-ci exigeait de leurs membres qu'ils consacrent l'essentiel de leurs activités à la composition musicale. Enfin, les uns comme les autres prétendaient que le jugement n'avait pas mis fin à la pratique des nominations réciproques des administrateurs de l'ASCAP, qui permettait à ceux-ci de siéger à vie.

Aussi, le 18 juillet 1948, dans l'affaire Alden-Rochelle dans laquelle des propriétaires de salles de cinéma affrontaient l'ASCAP, le juge Leibell condamna celle-ci pour atteinte à la concurrence et monopole illicite. Comme ce jugement fit immédiatement jurisprudence au Minnesota, l'administration américaine décida de modifier en conséquence le jugement négocié avec l'ASCAP en 1941. Ces jugements américains soulignèrent, à plusieurs reprises, le fait que les statuts de l'ASCAP, identiques à ceux de la SACEM jusqu'au début du XXI^e^ siècle, « ressemblaient fort à ceux d'une organisation mafieuse ».

Par la suite, les rapports entre les sociétés de gestion collective de droits et les utilisateurs américains ont été régis par des dispositions législatives. Ainsi, plusieurs articles du *Copyright Act* américain de 1976 (entré en vigueur le 1^er^ janvier 1978) visent l'ASCAP et les autres organisations de gestion collective. Mais la disposition la plus intéressante du

*Copyright Act* de 1976 vise la création d'un tribunal des redevances (Copyright Royalty Tribunal). Le principe n'est pas nouveau puisqu'en Grande-Bretagne les articles 23 à 30 du *Copyright Act* de 1956 avaient institué le Performing Rights Tribunal afin de « régir les conflits pouvant surgir entre les organismes de gestion et les personnes demandant des licences ou les organisations représentant de telles personnes ». En 1988, le *Copyright Act* a consacré le Copyright Royalty Tribunal dans ses articles 145 à 152. Le droit anglo-saxon se révèle riche en enseignements qu'on ne peut ignorer aujourd'hui, dès lors que les radios et les discothèques françaises puisent largement dans le répertoire américain. Les États-Unis représentent le plus grand marché mondial pour les œuvres musicales et audiovisuelles, un marché que les Français essaient désespérément de conquérir...

Pendant plus de 150 ans, la SACEM était une société opaque, qui a fait la fortune de nombreux escrocs et cela au détriment des auteurs et des compositeurs. Le scandale le plus connu, que l'on peut également qualifier de scandale d'État, est celui du *Boléro* de Ravel qui a fait l'objet d'un documentaire accessible sur Youtube (*Qui a volé le Boléro de Ravel ?*). Mais en réalité le scandale portait sur l'ensemble des droits d'auteur de Ravel, même si son *Boléro* est son œuvre la plus connue. En 1994 et 1995, sur les dix œuvres les plus exportées à l'international, cinq étaient de Ravel : le *Boléro*, les *Tableaux d'une exposition*, *Daphnis et Chloé*, le *Concerto en sol* et *Ma mère l'Oye*. En 2014, le *Boléro* et les *Tableaux d'une exposition* figurent encore dans le Top 20 des droits en provenance de l'étranger. Entre 1960 et 2010, le *Boléro* rapportait à lui seul chaque année plus de deux millions d'euros de droits.

En 1937, à la mort de Maurice Ravel, son frère Édouard hérite de ses droits. En 1954, à la suite d'un grave accident de voiture, lui-même se retrouva handicapé et dut faire appel à une infirmière, Jeanne Taverne, pour le soigner quotidiennement, tandis que l'époux de celle-ci, Alexandre, faisait office de chauffeur. En 1956, à la mort de l'épouse d'Édouard Ravel, les époux Taverne s'installent dans sa maison de Saint-Jean-de-Luz. C'est ainsi qu'à la mort d'Édouard Ravel Jeanne Taverne devint sa légataire universelle. En 1964 celle-ci mourut à son tour et c'est alors son mari Alexandre qui hérita de la fortune du Boléro, évaluée alors à 36 millions de francs, ainsi que des droits futurs. En 1969 Jean-Jacques Lemoine, qui avait été pendant plus de vingt ans le directeur juridique de la SACEM, démissionna pour devenir avocat et le conseil d'Alexandre Taverne. Ensemble, ils ont alors assigné en justice René Dommange, le directeur des éditions Durand, propriétaire des contrats d'édition de Ravel, afin d'obtenir une révision de ces mêmes contrats qui étaient très avantageux pour cet éditeur. René Dommange, âgé de plus de quatre-vingts ans, finit par céder tous les droits et contrats d'édition à Jean-Jacques Lemoine. Ce dernier créa alors en 1971, dans le paradis fiscal des Nouvelles-Hébrides, la société off-shore ARIMA (Artists Rights International Management Agency), avant de transférer les droits de Ravel à une autre société ARIMA domiciliée à Gibraltar, puis à une nouvelle société ARIMA sise à Tortola, puis à la Redfield BV Foundation à Amsterdam et enfin à la ARIMA domiciliée à Monaco. Car Jean-Jacques Lemoine, après avoir demandé et obtenu la citoyenneté suisse, a fini par s'installer à Monaco.

Mais l'histoire ne s'arrête pas là. Ravel avait bénéficié de la prorogation de droits liée à la deuxième guerre mondiale, soit 8 ans et 120 jours. Comme il est décédé le 26 décembre 1937, ses œuvres devaient, théoriquement, tomber dans le domaine public en 1996. Aussi, lors du vote de la Loi Lang en juillet 1983, Jean-Jacques Lemoine suscita un lobbying intense des éditeurs de musique, qui permit à ceux-ci d'obtenir une prolongation d'une durée de 20 ans pour les compositions musicales et les œuvres de Ravel ont ainsi été protégées en France jusqu'au 1er mai 2016. Cette extension était fort contestable, car l'arrêt Monet rendu par la Cour de cassation a supprimé les prolongations de guerre pour les œuvres bénéficiant de l'extension de 20 ans accordée par la directive européenne et donc toutes les œuvres de Ravel auraient dû tomber dans le domaine public le 1er janvier 2008 comme cela a été le cas dans les autres pays européens. Mais dans la mesure où à l'étranger les législations ne reconnaissent pas les prolongations de guerre françaises, le *Boléro* était tombé dans le domaine public depuis 2008 et depuis 2010 il ne rapportait plus, en moyenne, que 135 000 € par an.

Mais le scandale du *Boléro* de Ravel n'a pas pris fin pour autant. Car comme cette œuvre était à l'origine un ballet, en 2016 les ayants droit de Jean-Jacques Lemoine ont eu l'idée de faire intervenir les héritiers d'Alexandre Benois († 1960), un peintre et décorateur russe qui avait réalisé les décors du ballet lors de sa création. Ils ont saisi le tribunal judiciaire de Nanterre dans le but de faire qualifier le *Boléro* d'œuvre de collaboration et d'obtenir ainsi une nouvelle prolongation de ses droits jusqu'en 2031 (70 ans après la mort du dernier des co-auteurs). Par un jugement en date du 28 juin 2024, ce tribunal a rejeté les demandes des ayants droit de Maurice Ravel et d'Alexandre Benois et par conséquent le *Boléro* est resté dans le domaine public. La succession Benois, la succession Ravel et les sociétés des Pays-Bas et de Monaco par lesquelles transitent les droits de Maurice Ravel ont été condamnées conjointement à verser 100 000 € à la SACEM. Quant à l'héritière de Maurice Ravel, Evelyne Pen de Castel, elle a été condamnée à verser un euro à la SACEM « en réparation de son préjudice résultant de l'abus de droit moral d'auteur ».

Jusqu'au début des années 1990 la SACEM, qui imposait unilatéralement ses tarifs, faisait littéralement la loi en France. Personne ne pouvait en contester le montant, ou ceux qui tentaient de le faire étaient toujours déboutés de leur action. Et cela d'autant plus que la SACEM s'était assuré du soutien de la doctrine, des professeurs de droit, français et étrangers, qui chantaient ses louanges en français, en anglais et en espagnol, dans la *Revue Internationale du Droit d'Auteur* (RIDA) qu'elle subventionne. Les seuls à s'opposer à la SACEM étaient les gérants de discothèques, qui depuis le 1er janvier 1986 devaient également payer à la SPRE une rémunération équitable pour la musique diffusée dans leurs établissements.

Un jour deux frères, les Basset, propriétaires d'une discothèque à Grenoble et d'une autre à Fréjus, décidèrent non seulement de se révolter contre la SACEM, mais de le faire à la tête d'une véritable croisade à laquelle se joignirent rapidement une poignée d'autres discothèques de la région Alpes-Provence-Côte d'Azur.

Le 3 avril 1989 un des frères Basset déposa plainte contre la SACEM devant le doyen des juges d'instruction de Grenoble pour « trois pratiques discriminatoires » :

(i) la SACEM exigeait le paiement de 8,25% du chiffre d'affaires des discothèques, un taux supérieur à celui pratiqué dans les autres pays européens ;

(ii) certaines discothèques bénéficiaient de tarifs inférieurs ;

(iii) les discothèques réfractaires faisaient l'objet de poursuites ciblées.

Comme cette plainte fut rapidement classée sans suite, les frères Basset saisirent le tribunal de grande instance de Grenoble d'une action à l'encontre de la SACEM pour pratiques discriminatoires et abus de position dominante. Ce tribunal saisit alors le Conseil de la concurrence qui rend un avis le 24 juin 1997, sur la thématique c*irculez il n'y a rien à voir.* En effet, pour celui-ci, la SACEM avait une sorte de monopole légal et ne pouvait de ce fait commettre d'abus de position dominante. Les frères Basset furent donc condamnés en première instance, en appel, puis par la Cour de cassation. Mais la Cour d'appel de Versailles, saisie après renvoi de la Cour de cassation, finit le 20 novembre 1985 par saisir la Cour de justice européenne d'une demande de question préjudicielle, c'est-à-dire d'interprétation d'un article du Traité de Rome. Dans un article publié en 1989 à la RIDA Jean-Louis Tournier, alors directeur général de la SACEM et de la SDRM, qualifiait de « guerre judiciaire sans précédent » le conflit opposant la SACEM aux discothèques. La Cour européenne émit un premier arrêt Basset le 9 avril 1987 et un second arrêt Tournier le 13 juillet 1989, où elle a « dit pour droit » que :

> « L'article 86 du Traité de Rome interdit comme un abus l'imposition, par une société de gestion des droits d'auteur occupant une position dominante dans une partie substantielle du marché commun, d'avoir à payer une redevance dont le montant

> excède ce qui est nécessaire pour la gestion effective des droits. L'article 86 doit être interprété en ce qu'une société nationale de gestion des droits d'auteur se trouvant en position dominante sur une partie substantielle du marché commun impose des conditions de transaction non équitables lorsque les redevances qu'elle applique aux discothèques sont sensiblement plus élevées que celles pratiquées dans les autres États membres, dans la mesure où la comparaison des niveaux des tarifs a été effectuée sur une base homogène. Il en serait autrement si la société de droits d'auteur en question était en mesure de justifier une telle différence en se fondant sur des divergences objectives et pertinentes entre la gestion des droits d'auteur dans l'État membre concerné et celle dans les autres États membres ».

Les arrêts Basset/Tournier visent donc toute société de gestion collective de droits qui bénéficie d'un monopole de fait et pratique des tarifs qui, sur la base d'une comparaison effectuée sur une base homogène, sont substantiellement plus élevés que ceux pratiqués dans les autres pays de l'Union Européenne. Sur renvoi, la Cour de cassation a confirmé ce principe dans un arrêt du 8 novembre 1989.

Par la suite s'est posée la question de savoir si la règle posée par les arrêts Basset/Tournier ne concernait que la SACEM et les droits d'auteurs, ou aussi les autres sociétés de gestion collective de droits, notamment de droits voisins, ou même le droit de reprographie, voire également le montant de la rémunération pour copie privée. La Cour européenne a répondu favorablement à cette question dans son arrêt NOS/SENA du 6 février 2003 et il s'agit donc d'un principe général.

De nos jours, il est facile d'obtenir sur Internet les tarifs pratiqués par les différentes organisations de gestion collective de droits et de les comparer. Mais cela n'était pas le cas jusque vers l'an 2000.

De surcroît dans les années 1990, pour contourner les conséquences de l'arrêt Basset/Tournier, la SACEM, seule ou peut-être en concertation avec ses homologues européens, avait en matière de discothèques adopté un tarif particulier qu'on ne pouvait véritablement comparer avec ceux des pays voisins de la France. Certains tarifs retenaient un pourcentage de leur chiffre d'affaires, d'autres la superficie de la discothèque ou le nombre de ses clients et certaines tenaient également compte du nombre de jours et de leurs heures d'ouvertures. Bref, il était impossible de comparer sur une base homogène les tarifs pratiqués par la SACEM en France à l'égard des discothèques, avec ceux pratiqués par la SABAM en Belgique et/ou la GEMA en Allemagne. Ce qui est certain c'est qu'au final ils devaient être nettement moins élevés dans ces pays car le prix des consommations était alors nettement moins cher dans les discothèques belges et allemandes. Aussi chaque weekend des milliers de jeunes frontaliers français parcouraient quelques dizaines de kilomètres pour se rendre dans les discothèques en Belgique et en Allemagne pour économiser quelques euros. Et des dizaines de jeunes éméchés ont été victimes d'accidents en rentrant de ces discothèques tard dans la nuit ou tôt le matin. Combien de vies gâchées à cause de la SACEM ?

Au début des années 2010, j'ai déjeuné au restaurant le Train Bleu de la gare de Lyon avec l'avocat grenoblois des frères Basset ainsi qu'un des avocats de la SACEM. Après ce repas fort arrosé, nous avons évoqué, les uns et les autres, quelques souvenirs et on en vint rapidement à parler des démêlées judiciaires des frères Basset. C'est ainsi que j'appris que, paniqué d'apprendre que ceux-ci étaient en train de fédérer les discothèques corses, Jean-Loup Tournier, le directeur de la SACEM, les avait convoqués dans son bureau pour leur proposer un accord. S'ils cessaient de s'opposer à la SACEM et acceptaient de payer les redevances exigées par celle-ci, il s'engageait à leur rembourser celles-ci, voire un peu plus, en liquide ou sur un compte suisse. Après ce repas sympathique et instructif qui finit avec quelques digestifs, nous étions tous dans un drôle d'état. Mon confrère grenoblois faillit même manquer son train. Il dut courir pour y monter, avant de s'endormir...

pour ne se réveiller non pas à destination, mais à la Gare de Lyon – son train était revenu à Paris !

En matière de concerts *live*, le montant des droits de diffusion publique est un pourcentage des recettes *entrées*, en réalité de la totalité des recettes brutes. Son taux est de 11%, mais il peut être de 20%, dès lors qu'un contrat général de représentation a été conclu au moins 15 jours calendaires avant la manifestation. Dans la plupart des cas, ce taux est donc de 8,8% des recettes brutes.

Pour les radiodiffusions le montant des droits perçus par la SACEM au titre du droit d'exécution publique est proportionnel aux ressources du diffuseur. Le taux de base des radios musicales est de 6% calculé sur leur chiffre d'affaires, constitué en principe par leurs revenus publicitaires. Il varie donc selon les radios et le pourcentage de musique enregistrée qu'elles diffusent. Une radio musicale paie un taux de base plus important qu'une radio d'information qui ne diffuse pas ou peu de musique. En fonction du taux réellement appliqué au chiffre d'affaires des radios, on obtient un tarif de droits par seconde de musique diffusée. Aussi, si l'on prend un titre de 2'30s., soit au total de 150 secondes, en janvier 2023 les droits d'exécution publique payés par Europe 1 à la SACEM étaient d'environ 28 €, alors que pour le même titre diffusé sur Fun Radio ou NRJ leur montant était respectivement de 2,97 € et de 7,32 €.

Il est difficile de faire une moyenne, dès lors que les droits perçus par la SACEM pour une diffusion varient, selon les radios, d'au moins 1 à 10, voire plus. Mais pour faciliter notre exposé, partons du postulat qu'un passage radio génère environ 20 € de droits d'exécution publique perçus par la SACEM. Sur ce montant, on doit d'abord retirer les 10% de frais qui servent à rémunérer la société. Les 18 € restants sont alors répartis entre les ayants droit, selon une même clef de répartition, en principe 25%, soit 4,50 €, pour les auteurs, 25%, soit 4,50 €, pour les compositeurs et 50%, soit 9 € pour les éditeurs. Par contre, si l'œuvre n'a pas d'éditeur, la répartition atteint 50%, soit 9 €, pour l'auteur et 50%, soit 9 €, pour le compositeur.

Le business des éditeurs est particulièrement rentable puisque depuis des décennies moins de 10% des œuvres sont éditées sous forme de partitions. Et lorsque c'est le cas le coût de leur fabrication n'est plus très coûteuse, puisqu'elles peuvent aujourd'hui être réalisées avec des logiciels grand public, souvent gratuits comme Open MusicWriter ou MuseScore, avant d'être imprimées sur n'importe quelle imprimante ou système de reprographie. Par ailleurs, les éditeurs font rarement le travail que l'on est en droit d'attendre d'eux, à savoir la promotion active des œuvres de leurs clients auprès des artistes interprètes, des réalisateurs d'œuvres ou de publicités audiovisuelles ; d'autant que, dans la plupart des cas, ceux-ci n'ont pas leur mot à dire sur le choix des musiques, effectué en amont.

Indépendamment du fait que la SACEM a en moyenne 9 mois de perceptions en attente sur ses comptes, soit actuellement au moins 900 millions d'euros et qu'elle doit légalement répartir les sommes collectées dans ce même délai de 9 mois, la plupart des auteurs-compositeurs étrangers perçoivent les droits qui leurs sont dus dans leur pays de résidence, en principe par le biais d'une société avec laquelle la SACEM a un contrat de réciprocité, à savoir, en Angleterre, la PRS pour le droit de représentation publique et la MCPS pour le droit de reproduction mécanique; aux États-Unis, l'ASCAP, le BMI ou la SESAC pour le droit de représentation publique et HARRY FOX pour le droit de reproduction mécanique et en Jamaïque la JACAP pour le droit de représentation public et pour le droit de reproduction mécanique.

JACAP
Valuing Your Musical Creativity

La *Jamaica Association of Composers and Publishers*, fondée en 1998, avait en 2019 3876 membres, ce qui est très peu, même pour une petite île comme la Jamaïque. Selon son site web, en 2023, cette société – qui ne publie aucun bilan annuel officiel[44] – avait signé 27 accords de réciprocité, notamment avec l'ASCAP, la BMI, la SESAC et Harry Fox aux États-Unis, avec la PRS en Grand-Bretagne, mais aucun avec la SACEM en France. En conséquence lorsque les œuvres d'artistes jamaïcains sont diffusées publiquement en France, les droits de représentation publique afférents à ces diffusions sont collectés en France par la SACEM et répartis aux artistes, compositeurs et éditeurs jamaïcains près de deux ans après leur collecte lorsque ceux-ci sont membres de la PRS et près de 3 ans plus tard lorsque ceux-ci sont membres de la JACAP.

Le montant collecté par la SACEM n'a cessé de croître régulièrement à partir des années 1982-1983 et s'est accéléré depuis 2010 du fait qu'en lieu et place des disques, qui génèrent des droits de reproduction mécanique gérés par la SDRM, les utilisateurs de sont orientés vers des abonnements en streaming qui génèrent, eux, des droits de diffusion publique. Aussi en 2023 les droits collectés sur les exploitations numériques ou digitales ont représenté 35% des sommes collectées par la SACEM.

Depuis le départ forcé de Jean-Loup Tournier en 2001, les directeurs généraux de la SACEM et de la SDRM qui lui ont succédé, Bernard Miyet (un Énarque) puis Jean-Noël Tronc, ont plus ou moins été imposés par le ministère de la Culture.

Les statuts de la SACEM, comme ceux des autres organisations de gestion collective de droits, ont enfin été

---

[44] Selon la notice *Jamaica Association of Composers and Publishers* de Wikipédia, consultée en août 2024, celle-ci envoie régulièrement des bilans et données chiffrées à ses membres. Ce même article précise « to date JACAP has paid out over £180 million to members », une citation d'un article du *Jamaica Observer* du 9 mai 2015. Donc durant les 17 premières années de son existence, cette société aurait distribué 180 millions de dollars (US ?) à ses membres, soit en moyenne 11 millions de dollars américains par an ce qui est très peu, puisque cela correspond à moins d'une semaine de distribution de la SACEM. Mais, il faut néanmoins saluer les efforts de la JACAP pour faire respecter les droits de ses membres, notamment par des actions judiciaires, contre au moins 22 sociétés en 2018.

encadrés par une directive européenne du 26 février 2014, qui a été transposée en droit français par une ordonnance du 26 février 2014. Les statuts de la SACEM réformés en conséquence ne permettent plus aucun népotisme et le rôle du ministère de la Culture s'en est trouvé également réduit. Ce changement a été incarné par la nomination de Cécile Rap-Veber à la tête de cette organisation en 2021. Celle-ci n'est plus un haut-fonctionnaire mais une juriste qui a fait une partie de sa carrière comme directrice juridique d'Universal, donc dans l'industrie musicale.

Par ailleurs, comme les autres organisations de gestion collective, depuis la création le 1er août 2000, sous l'égide de la Cour des comptes, d'une Commission permanente de contrôle des sociétés de perception et de répartition (CPC SPRD), renommée depuis l'ordonnance du 22 décembre 2016 Commission de contrôle des organismes de gestion des droits d'auteur et des droits voisins, la SACEM, comme les autres organisations, est plus rigoureuse dans sa gestion.

Théoriquement le Conseil d'administration, composé de six auteurs, six compositeurs et six éditeurs élus pour trois ans, ainsi que d'un auteur-réalisateur titulaire et un auteur-réalisateur suppléant élus pour deux ans par leurs pairs en Assemblé Générale, prend toutes les décisions essentielles à la vie de la SACEM. Ainsi, il nomme le Directeur général gérant de la société. C'est celui-ci (ou en l'occurrence celle-ci), qui n'est pourtant qu'un/e simple salarié/e, qui dirige véritablement la SACEM avec les membres de son comité de direction.

Mais les informations sur la SACEM auxquelles on a accès dans son *Rapport annuel*, en lieu et place d'un véritable *Rapport de Transparence*, restent toujours relativement incomplètes, voire même superficielles.

En 2023, la SACEM a collecté 1487 millions d'euros (+5% vs 2022), dont notamment 557 millions d'euros pour le online (+13% vs 2022), grâce à 458000 milliards d'actes de streaming et de téléchargements traités, 318 millions d'euros pour la télévision/Radio/opérateurs (-4% vs 2022) et 388 millions d'euros pour les droits généraux (+18,5% vs 2022), notamment les concerts, ainsi que 94 millions d'euros de l'international

(+6% vs 2022), 81 millions d'euros de copie privée (-22% vs 2022) et 49 millions de droits phono/video (+1% vs 2022). Par ses *collectes*, donc son chiffre d'affaires, la SACEM figurait ainsi parmi les 100 plus grandes entreprises françaises.

La hausse des collectes de la SACEM lui a ainsi permis en 2023 d'affecter aux ayants droit un montant total supérieur à 1233 millions d'euros (+17% vs 2022). Plus de 458 000 auteurs, compositeurs et éditeurs partout dans le monde ont été rémunérés par la SACEM.

Cette même année 2023, la SACEM a enregistré plus de 13870 nouveaux membres à travers le monde, dont 28% ont moins de 25 ans ; ils ont rejoint la SACEM qui dépasse ainsi la barre des 224 470 membres. Cette Société a soutenu 3 657 projets de diffusion et de valorisation de la création et de la musique, en France comme à l'international, pour un montant total de 22,5 millions d'euros.

Enfin, plus important, le ratio charges nettes d'exploitation/collectes de la SACEM a baissé pour la deuxième année consécutive (10,76% en 2023 contre 11,65% en 2022). Mais il est difficile de connaître précisément le nombre de ses employés, qui au début de l'année 2021 devait être de 1150, après un licenciement collectif de 150 personnes, suite aux effets du Covid-19 qui avait mis au chômage partiel la moitié de ses salariés. Ces charges étaient constituées pour 125 millions d'euros de salaires, charges et frais de personnel et de 31,3 millions d'euros de charges diverses. Si la SACEM employait alors 1150 personnes, cela représente 108 695 € par employé, ce qui correspond à un salaire net moyen annuel d'environ 65 000 €. En 2010 les dix personnes les mieux rémunérées de la société avaient un salaire de 266 670 € par an (soit 5,5 fois le salaire moyen brut du personnel) et son président, alors Bernard Miyet, émargeait à environ 600 000 € annuel.

Conformément à la loi, la SACEM publie chaque année un *Rapport Annuel*, accessible sur Internet. Ses comptes sont analysés par la Commission de contrôle des organisations de gestion des droits d'auteurs et des droits voisins, une émanation de la Cour des comptes. Mais indépendamment du fait que depuis quelques années les rapports annuels de cette commission ne traitent plus que de quelques thèmes spécifiques, il ne s'agit en fait, comme tous les rapports de la Cour des comptes, que d'un document purement comptable, rédigé par des fonctionnaires qui n'ont aucune idée du *business de la musique*, incapables de détecter même les anomalies grossières qui sauteraient aux yeux de quiconque s'intéresse à la question.

On est même en droit de se demander si ces rapports ne mettent pas en exergue des points relativement peu importants pour masquer les questions fondamentales. Ainsi, pour prendre un exemple simple, alors que les quotas imposés aux radios d'un minimum de 40% de diffusion de chansons francophones sont difficilement respectés, ce qui implique que la majorité des titres diffusés sont anglophones, comment se fait-il que les droits redistribués aux auteurs compositeurs étrangers avoisinent seulement 20% ? Ou, posé différemment, comment se fait-il que la SACEM touche plus de droits d'auteurs de la société anglaise PRS qu'elle n'en reverse à celle-ci, alors que peu d'œuvres francophones sont diffusées en Grande-Bretagne ?

Sur près d'une cinquantaine d'années, entre 1970 et 2020, les deux œuvres françaises qui rapportaient le plus de droits d'auteur à l'étranger étaient la chanson *Comme d'habitude* de Claude François et le *Boléro* créé par Ravel.

La SACEM ne publie jamais le montant des droits d'auteurs générés par une œuvre, mais il lui arrive de publier des classements d'œuvres ayant généré le plus de droits d'auteurs. À titre d'exemple en 2017, la chanson ayant généré le plus de droits d'auteur en France était *Prayer In C*, interprétée par le groupe Lilly Wood & The Prick, dont la sortie remonte à 2014, suivi de *No me mires mas*, interprété par Kendji Girac, avec en troisième place *J'ai cherché* interprété par Amir. Toujours en 2017, la chanson française qui avait rapporté le plus de droits d'auteur à l'étranger était *My Way*, la version anglaise de *Comme d'habitude*, qui a fait l'objet de dizaines d'interprétations dont la plus connue est celle de Frank Sinatra. La musique de cette chanson a été composée par Jacques Revaux et Claude François, mais alors que Gilles Thibaut et Claude François sont les auteurs de la chanson française, c'est Paul Anka qui est l'auteur de sa version anglaise. *My Way*, interprété lors de la cérémonie de clôture de Jeux Olympiques 2024 par Yseult, dans un Stade de France où il devait y avoir près de 100 000 personnes, mais également retransmis en direct sur la chaîne française France.2 aux 18 millions de téléspectateurs, ainsi qu'à près d'un autre milliard de téléspectateurs du monde entier en *mondovision*, a dû générer plusieurs dizaines, voire même centaines de milliers d'euros uniquement en droits d'auteur ! Pour en revenir à 2017, en ce qui concerne les chansons françaises qui ont rapporté le plus à l'étranger, en seconde position, on trouvait *Lean On*, titre interprété par le trio Major Lazer et le français DJ Snake, ainsi que *Les feuilles mortes* chanté par Yves Montand et La Vie en rose immortalisée par Édith Piaf. Ce qui est peu connu c'est qu'il existe également plusieurs versions en langues étrangères des Feuilles mortes, notamment une version anglaise Autumn Leaves interprétée par plus d'une dizaine d'artistes connus, comme Eric Clapton, Frank Sinatra, Nat King Cole et Barbra Streisand.

Officiellement la SACEM répartit des droits pour l'exploitation de plusieurs millions d'œuvres, mais en réalité chaque année au moins 80% des droits répartis, voire plus, sont affectés à moins de 1 000 œuvres. Si l'on prend les 2 900 000 d'œuvres qui ont touché des droits de la SACEM en 2021, donc 3,3% d'un répertoire qui en comportait alors près de 90 millions, près de 30% des droits répartis ont dû l'être à moins de 500 œuvres, 60% à moins de 9 500 œuvres et les autres 10% aux 2 890 000 œuvres restantes. Mais il s'agit là d'une supposition qui mériterait d'être confirmée. Aussi serait-il bon que la SACEM, comme toutes les autres organisations de gestion collective de droits, publie chaque année (i) le nombre d'ayants droit, français et étrangers, ayant perçus plus de 40 000 € de redevances ou de rémunérations légales, ainsi que (ii) la manière dont sont réparties ces redevances ou rémunérations légales, notamment le pourcentage réparti aux 10, 100 et 1 000 plus gros bénéficiaires.

Ce phénomène de concentration existe également en matière de droits voisins, où il est même plus visible. En octobre 2013, selon un rapport Yacast, 10 titres constituaient à eux seuls 74,3% de la programmation francophone de NRJ, 67,3% de celle des Skyrock et 64% de celle de Fun Radio. Ce manque de diversité dans certaines radios grand public a été pointé par l'Observatoire de la musique, qui a démontré que annuellement un grand nombre de radios ont plus de 50% de leurs titres en commun. Ce degré de consanguinité des tops 40 entre certaines stations est parfois massif, car quelques stations ont beaucoup de titres de leurs Tops 40 en commun avec les titres des Tops 40 de la plupart des radios musicales, voire, cas non exceptionnel, la totalité de leurs titres.

La concentration des diffusions est un phénomène confirmé par plusieurs études. L'analyse livrée par l'Observatoire de la musique montre que 2% à 3% des titres (ceux ayant des rotations supérieures à 400 diffusions) totalisent 75% des diffusions, pointait le consultant Jean-Marc Bordes dans son rapport remis au ministère de la Culture en mars 2014. Une tendance longue confirmée par une étude observant l'évolution des diffusions de 2003 à 2012.

Au début des années 2000, alors que la SACEM employait alors près de 2 000 personnes, elle affirmait qu'environ 2 000 auteurs et compositeurs, donc un nombre égal d'auteurs et de salariés de la société, pouvaient vivre de leurs droits d'auteur. En 2024, alors qu'elle avait environ 1 150 employés, ce sont environ 1 000 à 1 200 auteurs compositeurs qui ont reçu de quoi vivre correctement uniquement de ces redevances de droits d'auteurs, mais le ratio entre auteurs-compositeurs français et étrangers est difficile à déterminer. Par ailleurs, un auteur-compositeur qui perçoit 40 000 € de redevances uniquement de la SACEM en perçoit certainement également d'organisations étrangères et à cette somme il faut rajouter les redevances qui lui sont reversées par son éditeur, plus aléatoires, mais qui doivent également atteindre au minimum 10.000.€.

La SACEM ne perçoit que des droits d'auteur, notamment d'exécution ou de diffusion publique. Mais dès lors que l'on diffuse de la musique enregistrée, les diffuseurs, au sens large, doivent payer également la rémunération équitable perçue par la SPRE, qui bénéficie aux producteurs et aux artistes-interprètes. En 2023, un salon de coiffure de 5 employés maximum qui à partir d'une radio ou d'une télévision ou tout autre appareil sans haut-parleur supplémentaire diffusait de la musique enregistrée, devait payer annuellement 201,28 € de droits d'auteur à la SACEM, ou 161,02 € si elle bénéficiait d'un tarif réduit, ainsi que 124,92 € de rémunération équitable à la SPRE, soit au total entre 185 € et 325 €.

En ce qui concerne les Jamaïcains, mes relations avec la SACEM se limitent surtout au fait que celle-ci a littéralement laissé crever comme un chien mon client et ami Justin Hinds.

Jusqu'au début des années 1990, on disposait de peu d'informations sur les sociétés françaises de gestion collective, à l'exception des fascicules du *Jurisclasseur* rédigés par leurs différents directeurs juridiques et de rares articles, tous très élogieux. Il fallait alors être membre d'une de ces sociétés pour obtenir une copie du rapport annuel.

Il n'existait pas véritablement d'étude d'ensemble sur ces sociétés, jusqu'à la publication en 1992, par la Sous-Direction des Affaires juridiques de la Direction de l'Administration Générale du ministère de la Culture, d'une étude intitulée *La Mise en Œuvre du Droit d'Auteur et des Droits Voisins en France* ou *Rapport Florenson*, du nom de son auteur. C'est par hasard, en feuilletant ce rapport pour la dixième fois, que mon regard s'est un jour arrêté sur le paragraphe suivant :

> « La SACEM a organisé depuis 1860 une action de prévoyance et de solidarité au bénéfice des auteurs, compositeurs et éditeurs, financée (à hauteur de 110 223 854 FF en 1990 et de 110 805 821 FF en 1991), par une retenue :
>
> - de 10% des droits nets de diffusion publique répartis par la SACEM à l'ensemble des ayants droit français et étrangers (93 543 209 FF et 89 670 126 FF),
>
> - de 3% des droits de reproduction mécanique phono-radio-télévision distribués aux membres de la SACEM (14 141 356 FF et 18 375 573 FF) et

> - de 5% des droits de copie privée de ces mêmes membres (2.539.289 FF et 2 759 942 FF).
>
> La SACEM a créé un fonds de prévoyance qui permet de venir en aide à plus de 1600 sociétaires âgés de 55 ans et plus qui reçoivent chaque trimestre une allocation d'entraide dont le montant est déterminé par leur activité professionnelle en proportion de leurs droits. Elle a créé un fonds de solidarité destiné aux sociétaires malades, accidentés ou en difficulté ».

Les informations figurant dans ce *Rapport Florenson* de 1992, mises à jour, m'étaient confirmées en 2002 par le site web de la SACEM où, sous la rubrique Action Sociale il était écrit :

> « Action sociale : les auteurs solidaires
>
> La condition d'auteur est précaire, le succès éphémère. C'est pourquoi, dès son origine, la SACEM a mis en place une politique d'action sociale en faveur de ses membres. »

Le 20 décembre 1857, le grand compositeur italien Rossini écrit à la SACEM en demandant à y être admis. Il précise, après avoir indiqué l'honneur qui lui serait fait s'il était accepté, que l'ensemble de ses droits devra être versé à la future caisse de secours que la SACEM a entrepris de créer à l'attention des créateurs en difficulté.

Cette caisse voit le jour en 1860 et depuis lors, la politique sociale de la société n'a fait que se renforcer. Cette action est financée par des retenues sur les droits répartis: 10% sur les droits d'exécution publique, 3% sur les droits de reproduction mécanique et 5% sur ceux provenant de la copie privée.

Le Service des affaires sociales assure la gestion des deux fonds consacrés à l'action sociale :

(i) le fonds de prévoyance ;

(ii) le fonds de solidarité de la SACEM.

En matière de prévoyance, le Service des Affaires Sociales assure la gestion du Régime d'Allocations d'Entraide de la SACEM (RAES).

Dans le cadre du fonds de solidarité, il intervient auprès des sociétaires en difficulté.

Le service des affaires sociales met en outre à la disposition des sociétaires :

> (i) une mutuelle : la Société Mutualiste des Auteurs, Compositeurs & Éditeurs de Musique dont l'adhésion est ouverte aux sociétaires ayant généré un montant de droits d'auteur fixé annuellement par le Conseil d'administration de cette instance ;
> (ii) une association d'entraide reconnue d'utilité publique : le Comité du Cœur qui vient en aide aux créateurs en difficulté.

En sus de ces mécanismes, la SACEM a instauré, depuis quelques années, un partenariat, appelé *WellAway* (...) spécifiquement mis en place par la SACEM pour les créateurs [mais de quelle nationalité ?] résidants aux États-Unis, à leur propre demande.

Donc, depuis 1860, le Service des affaires sociales de la SACEM gère deux fonds consacrés à l'action sociale : le fonds de prévoyance et le fonds de solidarité. Il existe également un Comité du Cœur qui vient en aide aux créateurs en difficulté, ainsi qu'un partenariat WellAway pour les artistes résidant aux États Unis. Tous ces fonds sont alimentés par une retenue sur les droits répartis aux ayants droit français et étrangers, parmi lesquels figurent les auteurs, compositeurs et éditeurs jamaïcains.

Depuis quelques années l'appellation « fonds sociaux de la SACEM » a disparu et sur son site il est désormais fait référence à « 13 500 aides versées aux créateurs en situation de détresse liée à la crise sanitaire en 2020 et 2021 par le fonds de secours d'urgence et le Comité du cœur des sociétaires de la SACEM ». En 2022 ce sont près de 5 000 aides d'un montant total de 3,9 millions d'euros, dont un montant moyen de 780 € par aide, qui ont été versés par son seul Fonds de secours d'urgence. En 2023, le Comité du cœur a apporté aide et secours à 167 sociétaires traversant des difficultés de vie.

Il est normal que la SACEM vienne en aide à des auteurs et des compositeurs en détresse. Mais dès lors qu'elle collecte des redevances sur des œuvres d'auteurs et de compositeurs du monde entier, elle doit traiter ceux-ci de la même manière que les auteurs et les compositeurs français, indépendamment de leur race, sexe, nationalité ou religion.

Dans les derniers jours de l'année 2004, j'ai rencontré dans un hôtel où ils logeaient, Porte de Clichy si je me souviens bien, les membres du Jamaica All Stars, un groupe créé par Pierre Simonin, un documentariste et producteur français, sur le modèle du Buena Vista Social Club formé en 1996 pour faire revivre la musique cubaine. En plus des vétérans, Johnny Dizzy Moore, Skully Simms, Winston Sparrow Martin et Justin Hinds, il incluait quelques jeunes musiciens de l'Alpha Boys School de Kingston, comme Carron McGibbon qui par la suite s'établit à Clermont-Ferrand. Le Jamaica All Stars a enregistré trois albums sur le label Passage Production entre 2003 et 2005, notamment *Back to Zion*.

Le plus attachant des membres du Jamaica All Stars était sans nul doute leur doyen, Skully Simms, alors âgé de 70 ans, qui m'a offert son bien le plus précieux, une copie du CD *Long Long Time* de Bunny & Skully qu'il avait enregistré en duo avec Arthur Robinson. Mais la vedette du groupe était alors Justin Hinds, un chanteur qui avait connu son heure de gloire dans les années soixante avec les Dominoes, avec notamment le tube *Carry Go Bring Come* enregistré par Duke Reid, qui avait fait un tube en Jamaïque en 1963. Justin était déjà malade. J'imagine qu'il était probablement atteint d'un cancer des poumons (il fumait beaucoup) ; il était très faible et ne cessait de tousser. J'ai réfléchi plusieurs jours à la façon dont je pouvais le faire soigner correctement.

C'est alors que je me suis souvenu du fonds social de la SACEM. Aussi, le 14 février 2005, j'ai adressé une lettre recommandée à cette société pour lui demander de faire prendre en charge par son fonds social les frais médicaux, pour ne pas dire l'hospitalisation, non seulement de Justin Hinds, mais aussi d'Eric 'Monty' Morris, atteint d'une sclérose en plaque. Bien entendu je n'ai jamais reçu de réponse à ma demande. Depuis j'ai découvert que 116 œuvres de Justin Hinds étaient inscrites dans le répertoire de la SACEM et 18 pour Eric

'Monty' Morris, qui figure également comme éditeur pour ce répertoire.

Justin Hinds meurt quelques semaines plus tard à Kingston, le 16 mars 2005. J'ai immédiatement été informé de son décès par son fils, qui m'a téléphoné pour me demander de lui avancer de quoi payer les obsèques de son père.

Mais la manière dont la SACEM a littéralement laissé crever Justin Hinds n'a cessé de m'obséder.

C'est ainsi qu'au début de l'année 2008 j'ai raconté l'histoire à Jimmy Cliff et je lui ai expliqué que la SACEM taxait les auteurs-compositeurs jamaïcains pour son fonds d'aide sociale. Si je pouvais assigner celle-ci en son nom, on pourrait obtenir que les sommes prélevées sur les droits des auteurs-compositeurs jamaïcains leur soient restituées, de manière à financer la construction d'un hôpital ou d'une maison de retraite en Jamaïque. Avec son accord j'ai préparé un projet d'assignation au début du mois de janvier 2008, au nom de Jimmy Cliff (qui en juin 2023 avait 258 œuvres inscrites dans le répertoire de la SACEM) ainsi que d'une demi-douzaine d'autres auteurs-compositeurs jamaïcains qui avaient rejoint le mouvement. Dans ce projet, je soulignais d'abord que les auteurs/compositeurs jamaïcains, parmi lesquels figuraient les demandeurs, contribuaient depuis plus de cinquante ans – d'une manière forcée puisqu'on ne leur avait jamais demandé leur autorisation – au Fonds social de la SACEM, contribution dont j'avais évalué le montant à au moins 95000 € pour la seule année 2002. D'après mes calculs, les auteurs, compositeurs et éditeurs jamaïcains avaient été littéralement taxés de près de 3 millions d'euros au titre du fonds social de la SACEM, dont aucun n'avait jamais bénéficié, alors que, pour la plupart, ils n'avaient ni couverture sociale ni retraite et vivaient dans des conditions précaires.

Au regard des auteurs et compositeurs jamaïcains, cette pratique de la SACEM est illicite dès lors qu'on ne leur avait jamais demandé leur autorisation pour alimenter le fonds social d'une organisation dont la plupart n'étaient même pas membres et qui ne leur a jamais bénéficié. Cette pratique imposée unilatéralement constitue également un abus de position dominante.

En conséquence, dans mon projet d'assignation je demandais que 3 millions d'euros du Fonds social de la SACEM soient affectés par voie de justice à la construction d'une maison de retraite à Kingston destinée aux auteurs compositeurs jamaïcains, dont le fonctionnement devait également être financé par ce moyen.

Malheureusement, pour diverses raisons, je n'ai finalement pas pu délivrer cette assignation et la SACEM a continué à alimenter son Fonds social en taxant notamment les auteurs-compositeurs jamaïcains qui, à ma connaissance, ne bénéficient toujours pas de ce fonds à concurrence de leurs contributions.

Là encore il serait souhaitable que le gouvernement jamaïcain, au nom de tous ses citoyens artistes, compositeurs et éditeurs, mette la SACEM face à ses responsabilités et exige de celle-ci le financement d'une maison de retraite ou d'un centre médical à Kingston. Il est temps que les auteurs et compositeurs jamaïcains obtiennent la restitution des sommes qu'ils ont en quelque sorte avancé à la SACEM.

BANK OF JAMAICA
500
Produced
A Harder Version
MML 2657
1
MONEY MONEY
DONALD DUFFUS
A Moodie Music Ltd Production
Fifty
2000
AF4093
Dollars

# XVI – L'escroquerie aux contrats d'édition.

La maison d'édition musicale allemande Breitkopf & Härtel, connue pour ses partitions de Mozart, de Beethoven etc. a été fondée en 1719 à Leipzig par Bernhard Christoph Breitkopf et c'est, semble-t-il, la plus ancienne au monde. Elle précède d'un demi-siècle les éditions Henry Lemoine, créées à Paris en 1772, qui existent encore et sont toujours dirigées par les descendants de leur fondateur. Quant à l'éditeur musical Chappell & Co., il a vu le jour à Londres en 1811.

Ces éditeurs de partitions musicales qui ont vu le jour au XVIIIe et au début du XIXe siècle exerçaient alors un métier similaire à celui des imprimeurs-éditeurs d'œuvres littéraires, même si la composition et l'impression de partitions était alors plus complexe et plus coûteuse que celle des livres, réalisés, eux, à partir de caractères typographiques ordinaires.

Aussi, lorsqu'à la fin du XVIIIe siècle le droit d'auteur a été consacré par la loi, il a bénéficié de la même manière aux auteurs d'œuvres littéraires et aux auteurs de compositions musicales, ainsi qu'à leurs éditeurs respectifs. Mais à cette époque le droit d'auteur français, comme le *copyright* anglais, assimilait les partitions à des œuvres littéraires, qui n'étaient protégées que contre leur reproduction papier.

Mais lorsque, à partir de 1850, la jurisprudence puis la loi ont consacré et reconnu aux auteurs et aux compositeurs un droit de diffusion publique, puis à partir de 1905 un droit de reproduction mécanique, ces deux droits ne concernaient en aucune manière les éditeurs de partitions. C'est l'accord qui est intervenu au moment de la création de la SACEM en 1851 qui a attribué aux éditeurs une quote-part des droits de diffusion publique collectés au nom et pour le compte des auteurs et des compositeurs.

Pour une œuvre éditée, les droits de représentation publique payés par la SACEM sont statutaires, la clé de répartition ne varie pas : 33% sont versés à l'auteur, 33% au compositeur et 33% à l'éditeur. En d'autres termes, lorsque la SACEM répartit, au titre du droit de diffusion publique (diffusions radio/télévision), 1000 € de droits d'auteur, 333 € reviennent à l'auteur, 333 € au compositeur et 333 € à l'éditeur. Donc, pour certaines chansons intemporelles de Bob Marley, qui génèrent au moins 300 000 € de droits d'auteur annuellement, l'éditeur récupère au moins 100 000 €, si ce n'est plus. En matière de droits de reproduction mécanique, perçus par la SDRM, la clé de répartition est plus avantageuse pour les éditeurs, qui peuvent percevoir jusqu'à 50% des droits, le reste étant partagé à 25% pour l'auteur et à 25% pour le compositeur.

À l'origine, au XIX^e^ siècle, les éditeurs étaient uniquement des imprimeurs-éditeurs de partitions musicales. Suite à l'invention du disque, leur métier consistait également à trouver des interprètes pour les œuvres dont ils assurent la gestion. Avec le développement du cinéma et de l'audiovisuel, ils gèrent surtout le droit de synchronisation, c'est-à-dire le droit d'autoriser l'utilisation des œuvres comme bandes-son de films et d'œuvres audiovisuelles de toutes sortes, y compris publicitaires.

Il n'existe pas de lien entre les droits d'auteur et les droits des artistes, sauf lorsque celui-ci est également auteur-compositeur. En principe le label de disque ne rétribue l'artiste-interprète que par des royalties, versées proportionnellement à la commercialisation de ses enregistrements ou de ses albums. Cette commercialisation ne génère pas de droits d'auteur, contrairement à la reproduction mécanique et à la diffusion publique des enregistrements, qui sont en France collectés et payés aux auteurs, compositeurs et éditeurs par la SDRM et la SACEM.

Ces redevances de droits d'auteur collectées et payées par la SDRM/SACEM aux auteurs-compositeurs et éditeurs ont un statut et des origines différentes et ils obéissent à des mécanismes distincts des rémunérations légales collectées au profit des artistes, musiciens et producteurs et redistribuées à ceux-ci par l'ADAMI, la SPEDIDAM, la SCPP et la SPPF.

Pour comprendre le système, on peut recourir à une analogie. Le label de disques peut être comparé à un supermarché qui commercialise du pain. Celui-ci est fabriqué essentiellement à partir de farine, il est ensuite pétri par un boulanger, avant d'être cuit dans le four. Les droits de l'auteur compositeur peuvent être comparés à la farine d'un pain, alors que le boulanger est l'artiste interprète, qui a besoin d'un four, d'un studio d'enregistrement, ainsi que de musiciens mis à sa disposition par un producteur. Le propriétaire du four peut également disposer d'un supermarché, qui commercialise le pain : c'est la maison de disques, bien souvent une major.

Le supermarché qui commercialise ces pains réalise sur ceux-ci une marge constituée par la différence entre son prix de vente et ses coûts, qui comprennent notamment l'achat de la farine, le salaire du boulanger, l'amortissement du prix du four, ainsi que ses autres charges de distribution et de vente. Mais ses deux gros postes sont le prix de la farine et le salaire du boulanger. En devenant coéditeur le label est dans la situation de l'hypermarché qui vend du pain fabriqué avec de la farine dont il serait copropriétaire, donc sur laquelle il ferait une marge distincte. De la même manière que, dans notre exemple, le coût de la farine n'a, à première vue, aucun lien direct avec le salaire du boulanger, la marge supplémentaire perçue sur celle-ci permet de payer le boulanger. Ainsi un label peut-il récupérer une partie des royalties versées à l'artiste-interprète grâce à *la farine du disque*, les droits d'édition.

L'édition musicale est ainsi devenue pour les majors un des principaux moyens de s'approprier les droits d'auteur des artistes dont ils produisent et commercialisent les enregistrements, lorsque ceux-ci sont également auteurs-compositeurs. La part de ces éditeurs s'élève en effet au tiers, ou à la moitié, des droits de l'artiste. Dès leur création les majors se sont lancées dans l'édition musicale, qui est de ce fait également contrôlée par une poignée de groupes internationaux. Aussi sur le plan mondial, le marché de l'édition musicale était en 2022 contrôlé pour 60% par trois majors de l'édition musicale, Sony Music Publishing (24,7%), Universal Music Publishing (23,4%) et Warner Chappell Music Inc. (12%). Chacune de ces trois sociétés est le résultat de nombreuses fusions-acquisitions. Ainsi en 2016, Sony Music Publishing achetait aux héritiers de Michael Jackson, pour 750 millions de dollars, 50% des actions du catalogue ATV qui contrôlait notamment les droits d'édition des Beatles. Quant à Warner Chappell Music, Inc., une société américaine fondée en 1987, elle fit l'acquisition de la société anglaise Chappell & Co. alors propriété de Polygram, pour 200 millions de dollars. Warner Chappell Music, qui a des bureaux dans 20 pays, contrôle plus de 1,4 millions d'œuvres de près de 150 000 auteurs et compositeurs.

Bref, ces trois majors de l'édition musicale se sont partagées en 2023 près de 60% d'un marché mondial qui atteignait alors 1,1 milliards de dollars.

Chris Blackwell a rapidement réalisé l'intérêt d'avoir sa propre société d'édition musicale et dès le 21 août 1962 il fondait B.P.R. Music Ltd., renommée le 14 août 1967 Blue Mountain Music Ltd.. Cette filiale d'Island Records a été l'éditeur musical non seulement de Bob Marley, mais aussi de nombreux autres artistes et groupes britanniques comme Free et UB40. Mais Chris Blackwell a forcé la main à de nombreux artistes, qui étaient également des artistes-interprètes, en conditionnant la signature de leur contrat d'enregistrement avec Island Record à la signature d'un contrat d'édition avec Blue Mountain. C'est, me semble-t-il, le cas d'Inner Circle et de Third World. Comme nous l'avons exposé plus haut, IJahman ayant refusé de céder ses droits d'édition à Blue Mountain, son contrat avec Island fut rapidement résilié. Grâce aux contrats d'édition conclus par de nombreux artistes-auteurs-compositeurs jamaïcains, Island, qui était également producteur de leurs enregistrements, récupérait des droits sur la reproduction et la diffusion de leurs disques. Blue Mountain, qui fait partie de Universal Music Publishing, gère les droits de Bob Marley, de Toots & The Maytals, de

Burning Spear, des Congos etc. et plus récemment ceux de Chronixx ; c'est actuellement le poids lourd de l'édition en matière de reggae et de musique jamaïcaine.

Parmi mes clients jamaïcains un grand nombre avaient pour éditeur indépendant la société anglaise Westbury Music Publishing, créée à Londres en 1984, qui est relativement modeste puisqu'elle ne compte que quelques employés et n'administre qu'un catalogue d'un peu plus de 70 000 œuvres. Mais rien ne prouve que les auteurs-compositeurs qui ont confié leurs droits d'édition à Westbury soient mieux lotis que ceux qui ont opté pour Blue Mountain.

On n'est jamais mieux servi que par soi-même, aussi certains artistes-auteurs-compositeurs jamaïcains ont-ils fondé leur propre maison d'édition pour administrer eux-mêmes leurs droits, comme I Jahman qui, en plus de son propre label Jahmani, a créé Tree Roots Publishing, sa maison d'édition.

BANK OF JAMAICA
Produced
by
B. Lee
A Harder Version
MOODIE MUSIC
MML 2657
1
MONEY MONEY
DONALD DUFFUS
A Moodie Music Ltd Production
Fifty
2000
AF4093

# XVII – Des enregistrements tombés dans le domaine public pour les artistes mais pas pour les labels.

En France, comme en Europe, la durée des droits patrimoniaux (ou économiques) des auteurs a été harmonisée par une directive du 12 décembre 2006 : ceux-ci perdurent 70 ans après l'année qui suit le décès de l'auteur et/ou du compositeur. À la fin de cette période de 70 années post-mortem, les œuvres tombent, en principe, dans le domaine public. En matière d'œuvres littéraires, tout éditeur peut éditer, sans avoir à en demander l'autorisation, un ouvrage tombé dans le domaine public. Grâce à Internet, des sites spécialisés, comme celui de la Bibliothèque nationale, (https://gallica.bnf.fr) peuvent également poster et mettre à la disposition de tous, pour consultation ou téléchargement, des livres tombés dans le domaine public.

Donc en 2026 tous les ouvrages d'auteurs décédés en 1956 ou avant sont, en principe, dans le domaine public. Cette règle vaut également pour les textes et les musiques de compositions musicales avec ou sans paroles – donc des chansons. Les œuvres de Bach, Beethoven et Mozart, pour n'en citer que trois parmi les compositeurs classiques les plus célèbres, sont depuis des siècles dans le domaine public. Toute personne a le droit de copier leurs partitions et tout musicien a le droit d'interpréter leurs œuvres, en privé comme en public, sans avoir à payer pour cela des droits d'auteur à qui que ce soit.

Pour les droits voisins, les règles sont différentes. Suite à une directive européenne du 29 octobre 1993, la durée avait été fixée à 50 ans à compter du 1er janvier de l'année civile suivant la mise à disposition du phonogramme au public. Mais par une directive du 27 septembre 2011 elle a été portée à 70 ans. Cette extension de 50 à 70 ans fait l'objet d'une règle transitoire : les enregistrements réalisés avant 1964 ne bénéficient que d'une protection de 50 ans à compter de leur fixation et sont donc déjà tombés dans le domaine public. Seuls ceux fixés à partir de 1964 bénéficient de cette extension. En conséquence, alors que les enregistrements de 1964 restent protégés jusqu'en 2035, ceux de 1962 et 1963 sont déjà tombés dans le domaine public. De ce fait, les phonogrammes de mento, de merengue, de calypso et de rocksteady fixés avant 1964 sont dans le domaine public en Europe et peuvent y être exploités librement.

Mais la situation juridique de tous les enregistrements antérieurs à 1964 est plus complexe sur le plan international, car les États-Unis et la Jamaïque ont un système ou une législation différente, qui font que la plupart des enregistrements de musique jamaïcaine fixés avant 1964 sont encore protégés dans ces pays par un *copyright in the sound recording*.

C'est le cas aux États-Unis où la durée du *copyright in the sound recording* est alignée sur celle du *copyright* classique des auteurs-compositeurs, c'est-à-dire qu'elle est 75 ans post-mortem. Mais lorsque l'artiste-interprète n'est pas l'auteur et le compositeur de la chanson, la durée de protection des droits d'auteur est différente de celle accordée à l'enregistrement. Des enregistrements américains, comme les vingt-quatre chansons d'Elvis Presley enregistrées au studio Sun de Memphis, Tennessee, entre 1953 et 1955, sont dans le domaine public en Europe, mais ne le sont pas aux États-Unis. L'enregistrement de *That's All Right (Mama)* d'Elvis Presley, a été enregistré aux studios Sun le 6 juillet 1954. Il est dans le domaine public en Europe, mais aux États-Unis, il bénéficie en principe du *copyright in the sound recording* jusqu'en 2029. Mais l'auteur-compositeur de cette chanson est Arthur William 'Big Boy' Crudup qui est mort en 1974 et elle ne tombera dans le domaine public qu'en 2049.

La chanson *Greensleeves*, une ballade populaire anglaise du XVIe siècle, mise en musique par William Chatterton Dix en 1871, ses paroles et sa musique sont en principe dans le domaine public, sauf que celle-ci a pu faire l'objet d'arrangements qui sont eux protégés. Cette chanson a fait l'objet de dizaine d'enregistrements, dont certains sont dans le domaine public en Europe, alors qu'ils sont encore protégés aux États-Unis.

Tout cela pour dire qu'il existe très souvent des décalages entre les droits d'auteur et les droits voisins, ceux des artistes-interprètes, un décalage qui peut également être géographique. Mais la personne qui est abonnée à Spotify ou à Deezer paie toujours le même abonnement quel que soit le statut des droits sur les phonogrammes et les soi-disant *producteurs* perçoivent autant de redevances sur les enregistrements du domaine public que sur ceux qui ne le sont pas.

La Jamaïque a modifié son *Copyright Act* par un amendement en vigueur depuis le 30 juillet 2015, qui a, entre autres choses, prolongé de 45 ans post-mortem aussi bien la durée de protection des œuvres littéraires, donc des paroles des chansons et des compositions musicales, que celle des *sound recordings* (enregistrements) et cela rétroactivement, à compter du 1er janvier 2012. Grâce à cette modification, les œuvres créées après le 1er janvier 2012 et les interprétations fixées après cette date bénéficient d'une protection de 95 ans post-mortem, ce qui a eu pour effet de protéger à nouveau les enregistrements de *Many Rivers To Cross* de Jimmy Cliff et de *One Love* de Bob Marley, qui étaient déjà tombés dans le domaine public en Jamaïque.

Ainsi *Day-O (The Banana Boat Song)* et *Jump in the line*, enregistrés par Harry Belafonte en 1956 et 1961 respectivement, qui au mois d'août 2024, avaient été streamés respectivement 130 et 145 millions de fois sur Spotify, étaient encore protégés aux États-Unis ; mais dans le domaine public en Europe, ils étaient mis à la disposition du public dans le cadre d'abonnements mensuels payants par des plateformes comme Spotify et Deezer. Il n'est pas normal que ces plateformes commerciales puissent exploiter contre rémunération des enregistrements du domaine public. Il s'agit d'un acte d'enrichissement sans cause et de parasitisme.

Cette question devrait être tranchée par le tribunal judiciaire de Paris dans le litige qui oppose Jimmy Cliff à Spotify, une plateforme qui exploite commercialement ses premiers enregistrements, réalisés en 1962 et 1963 et de ce fait, en principe, dans le domaine public.

Mais rien n'interdit à des fans de mento, de merengue, de calypso ou de reggae de créer un site pour mettre gratuitement à la disposition du public européen des enregistrements antérieurs à 1964 et qui sont de ce fait dans le domaine public.

Cette question de l'exploitation commerciale par les plateformes comme Spotify et Deezer des interprétations et/ou des enregistrements tombés dans le domaine public dans certains pays devrait faire l'objet d'une convention internationale, qui obligerait ces plateformes à reverser le produit de ces ventes indues à une sorte de fonds d'aide à la création et/ou à la diffusion de *musiques du monde*. Une organisation désignée à cet effet dans chaque pays pourrait se voir attribuer le produit de ces enregistrements tombés dans le domaine public. Ainsi un organisme jamaïcain pourrait bénéficier du produit des enregistrements de mento, de calypso, de reggae... tombés dans le domaine public en Europe afin de financer des œuvres charitables ou d'autres actions en faveur de ces musiques. À défaut, l'Alpha Boys School pourrait en être la bénéficiaire.

# En guise de conclusion...

Ce livre souligne la complexité du droit de la musique, comme la situation particulière des artistes, des musiciens et des producteurs jamaïcains, qui au final permet à certains aigrefins de les escroquer en toute légalité, voire même avec la bénédiction des tribunaux. Mais la quasi-totalité des problèmes traités quotidiennement par les médias, comme par exemple la répression des refus d'obtempérer, sont tout aussi complexes. Les lecteurs, les auditeurs et les spectateurs de ces médias sont mal informés car la plupart, pour des raisons idéologiques, préfèrent passer certains sujets sous silence, comme *Le Monde* a préféré ignorer une escroquerie d'État, sous prétexte que celle-ci visait principalement les artistes et les producteurs américains.

Peu de journalistes se livrent à de véritables enquêtes, la plupart ne font que répéter des clichés. Rares sont ceux qui, comme Hélène Lee, se livrent sur le terrain à de véritables enquêtes. Cela a d'ailleurs valu à celle-ci de se retrouver rapidement devant un tribunal, la justice étant également utilisée de nos jours par les aigrefins pour réduire au silence ceux qui les dénoncent.

Les problèmes posés par l'argent du reggae sont, d'un certain point de vue, identiques à ceux posés par le conflit israélo-palestinien, par l'immigration, la sécurité etc. Leur compréhension nécessite une multiplicité de compétences, que ne peuvent avoir ni des journalistes, ni des universitaires qui ne connaissent que les aspects théoriques des sujets qu'ils étudient.

Bien que spécialisé dans tous les domaines des propriétés intellectuelles, il m'a fallu des années pour comprendre les particularités, non seulement du business de la musique, mais aussi celles de la Jamaïque et des Jamaïcains.

En relisant le manuscrit de ce livre, sur la manière dont l'argent du reggae, qui aurait dû revenir aux Jamaïcains et bénéficier à leur pays, la Jamaïque, a été détourné par une multitude d'intervenants et de sociétés commerciales et/ou de gestion collective de droits, force est constater que ce pillage organisé résulte d'abord et avant tout des lois, soit de lois obsolètes qui n'ont pas évolué parallèlement à l'industrie musicale, soit de lois, ou de dispositions législatives adoptées par certains États notamment la France, pour priver les artistes et les producteurs étrangers, à l'origine américains, mais également les Jamaïcains, qui sont en quelque sorte des victimes collatérales d'une grande partie, voire même de la totalité des rémunérations légales pourtant collectées et perçues en leur nom.

Chaque minute, si ce n'est même toutes les 20 secondes, une chanson de Bob Marley est diffusée sur une radio ou une télévision dans le monde. Pour calculer et répartir les droits liés à ces diffusions, tout comme pour les exploitations sur les différentes plateformes, les professionnels utilisent des bases de données, listant les auteurs, compositeurs et éditeurs de chaque chanson, ainsi que des bases de données listant pour chaque enregistrement son ou ses interprètes, ses musiciens ainsi que son producteur. Dans la plupart des pays, chaque société de gestion collective a sa propre base de données, alors que les données relatives à un même phonogramme de Bob Marley, par exemple *I Shot The Sheriff*, sont identiques et devraient figurer dans une base de données mondiale, unique, accessible et utilisée par tous. La multiplicité des bases de données existantes, qui ne sont pas interconnectées et qui contiennent souvent des données différentes, même contradictoires, n'ont pour objet que d'encourager les fraudes et les escroqueries.

Le droit de la musique, tout comme l'industrie musicale que nous connaissons de nos jours, se sont construits par strates et couches successives en fonction des évolutions technologiques. Mais d'un certain point de vue, jusqu'en l'an 2000, le *business*, qui a commencé à s'internationaliser à partir des années 1960 avec des stars mondiales comme les Beatles et les Rolling Stones, comprenait autant de marchés que de pays. Les organisations nationales, pour ne pas dire historiques de gestion collectives des droits d'auteur, comme la SACEM en France, la PRS en Grande-Bretagne etc..., comme les nombreuses organisations de gestion collectives de droits voisins (ADAMI, SPEDIDAM, SCPP, SPPF etc.) qui ont vu le jour en France en 1985 reposent sur un modèle obsolète.

Depuis quelques années, près de 85% du business de la musique enregistrée est réalisé sur des plateformes numériques mondiales, comme le sont la société suédoise Spotify et la société française Deezer. En 2024 Spotify était accessible dans 164 pays, même si les États-Unis comptait un peu plus de 50% de ses abonnés, générant alors près de 65% de revenus. Dans le même ordre d'idée, en 2024 la société américaine Sound-Exchange était, avec un peu plus d'un milliard de dollars collectés et redistribués, la plus grande organisation des gestion collective des droits voisins.

Tout cela pour dire qu'on pourrait en ce début de XXIe siècle n'avoir qu'une seule organisation de gestion collective par pays, voire même une organisation mondiale digitale, organisée un peu comme le système de paiement Swift, qui est relié aux systèmes Visa et Mastercard. Grâce à un tel système, tous les droits d'auteurs, comme toutes les rémunérations légales des artistes, musiciens et producteurs seraient gérées en ligne et en temps réel, collectées immédiatement à la moindre utilisation (diffusion ou stream) et aussitôt créditées sur un compte unique des ayants droit. Techniquement ce système est facile à mettre en place, comme l'a démontré une étude de faisabilité entreprise en 2017 avec la société française Atos.

Mais les États ou les gouvernements n'accepteront jamais un tel système, qui règlerait les problèmes financiers d'une grande partie des artistes du monde entier.

Quel État ou quel gouvernement est disposé à soutenir le développement d'un système qui garantit aux auteurs-compositeurs, ainsi qu'aux artistes-interprètes et aux producteurs le paiement en ligne et en temps réel de 99% des rémunérations collectées en leur nom, avec un coût de 2 ou 3% en frais de gestion ?

Accepter un tel système les obligerait à renoncer à un système fondé sur une multiplicité d'organisations nationales de gestion collective de droits qui ne sont pas interconnectées, grâce auxquelles entre 60 et 80% des droits collectés ne sont pas, pour diverses raisons, reversés à leurs légitimes ayants droit. Ces sommes, qui ne sont pas reversées à leurs légitimes ayants droit, servent à payer les salaires de personnes inutiles, pour ne pas dire même incompétentes, qui n'œuvrent que dans leur seul intérêt, quand elles ne servent pas à financer des actions nationales d'aide à la culture.

Le business de la musique est un seau percé, un véritable tonneau des Danaïdes, dont personne ne peut boucher les trous, car nombreux sont ceux qui s'y abreuvent. En France, en dehors de l'État français, les bénéficiaires du système sont les dirigeants de ces organisations de gestion collective (pour mémoire les dix personnes les mieux rémunérées de la SACEM perçoivent en moyenne un salaire brut de 250 000 €). Et en 2018, l'ensemble des organisations françaises de gestion collective qui collectaient alors 1 931 millions d'euros, employaient au total 2 166 salariés, pour un coût moyen annuel, toutes charges incluses, de 90 489 €, ce qui correspondait à un salaire moyen net de 50 000 €.

Enfin, on ne doit pas oublier que les majors, ainsi que Charly, la major ignorée de l'industrie du disque, profitent du système.

Dès 2003, j'avais préparé un rapport de 42 pages sur les problèmes juridiques liés à la musique d'origine jamaïcaine ou de la musique enregistrée par des artistes et des musiciens jamaïcains et/ou produite par des producteurs jamaïcains. Ce rapport, qui comportait dix recommandations, devait être remis au ministre de la Culture jamaïcain de l'époque, ce dont je n'ai malheureusement pas la preuve. Dès 2003, la Jamaïque pouvait prendre des mesures concrètes pour faire en sorte que, comme ses citoyens, elle bénéficie mieux, non seulement de l'argent du reggae, mais de l'argent de son industrie musicale et de ses talents. Mais rien n'a été fait alors, ni fait depuis.

À la fin de l'année 2017, déçu par mes dernières défaites contre l'ADAMI et la SPEDIDAM, j'avais un peu baissé les bras dans mes croisades pour les Jamaïcains. Durant l'été suivant j'ai passé une semaine de vacances bien méritées avec mes deux filles dans les Alpes autrichiennes, ainsi que quelques jours en Italie. Mais, fatigué à mon retour de vacances, j'ai consulté un médecin qui après quelques analyses m'a diagnostiqué un cancer de l'œsophage. Après une chimiothérapie, j'ai dû subir une opération, au terme de laquelle j'ai passé près de trois mois dans le coma. Et j'ai finalement dû renoncer à mon métier d'avocat et prendre ma retraite.

L'histoire pourrait s'arrêter là... Mais le 29 novembre 2021, j'étais contacté par mon ami John Murray Smith qui m'informait qu'un Jamaïcain avait fédéré à Londres plus d'une cinquantaine d'artistes et repris ma croisade contre les majors ainsi que contre les plateformes numériques. Des actions ont été engagées au nom de certains de ces artistes aux États-Unis, en Angleterre et en France.

C'est ainsi qu'en janvier 2024, mon ancien collaborateur Budes Hilaire de La Roche a assigné Spotify au nom de Jimmy Cliff. Et bien entendu, pendant près de huit mois, cette société a commencé à user de tactiques dilatoires... Et durant ces huit mois près d'une trentaine d'artistes, de musiciens et de producteurs jamaïcains, dont les enregistrements sont streamés chaque jour des milliers de fois sur Spotify, sont décédés...

BANK OF JAMAICA
WACKIE'S
WR 5252 (A)
STEREO
45 RPM
MONEY MONEY
H. HINDS
HORACE ANDY
A Harder Version
KING TUBBY'S
& The Agrovators
moodiemusic.co.uk
MOODIE MUSIC
MML 2657
1
(c)2002
Moodie Music Ltd
(p)2002
Moodie Music Ltd
MONEY MONEY
(R.HINDS/D.DUFFUS/R.MOODIE)
DONALD DUFFUS
A Moodie Music Ltd Production
STUDIO 1
Disco Style
Jamrec Music
CLD-1204A
MONEY WORRIES
ERNEST WILSON
2000
AF4093
MONEY DISCO
Dollars
YOU'LL GET YOUR PAY
LINTON COOPER
DISCO 45
Prince Tony
POCKET MONEY
The Gladiators

# Table des matières

Schémas et tableaux :

Dépôt légal mars 2026

Librinova

www.librinova.com

www.ingramcontent.com/pod-product-compliance
Lightning Source LLC
LaVergne TN
LVHW100250210926
848480LV00003B/886